朝鮮前期 貢納制 研究

지은이 朴道植

관동대학교 사범대학 역사교육과 졸업, 경희대학교 대학원 사학과 문학석사, 경희대학교 대학원 사학과 문학박사, 현 관동대학교 사학과 겸임교수

논 저

「朝鮮初期 講武制에 관한 一考察」(1987), 「朝鮮前期 貢物防納의 변천」(1995), 「朝鮮前期 8結作貢制에 관한 研究」(1995), 「16세기 國家財政과 貢納制 운영」(1998), 「<栗谷先生男妹分財記>의 연구」(2005), 「조선전기 수령의 私贈慣行」(2006), 「율곡 이이의 공납제 개혁안 연구」(2008), 『어촌 심언광 연구 총서』 1집(2010, 공저)

朝鮮前期 貢納制 研究

朴道植

2011년 7월 25일 초판 1쇄 발행

펴낸이 · 오일주
펴낸곳 · 도서출판 혜안

등록번호 · 제22-471호
등록일자 · 1993년 7월 30일

⑩ 121-836 서울시 마포구 서교동 326-26번지 102호
전화 · 3141-3711~2 / 팩시밀리 · 3141-3710
E-Mail hyeanpub@hanmail.net

ISBN 978-89-8494-425-1 93910

값 24,000 원

朝鮮前期 貢納制 研究

朴 道 植

혜안

머리말

이 책은 조선전기에 어느 군현에서 어떤 토산물이 생산되었고, 그것을 어떤 기준에 의해 징수하여 중앙각사에 납부하는 과정에 대한 연구의 일부이다. 필자가 이 글에서 의도했던 것은 다음과 같다.

중세사회의 부세제도는 민인에 대한 각종의 수취를 통하여 국가의 재정적 기반을 확보하려는 데 목적을 두고 있었다. 이 가운데 공납은 민인이 부담하는 전체 부세 중 6/10을 차지할 정도로 비중이 매우 높았다.

중앙정부는 공물 가운데 일부는 공조를 비롯하여 중앙각사 소속의 경공장들로 하여금 수공업 제품을 제작시키거나 장원서·사포서·전생서 등의 관영시설에서 花菓·蔬菜·祭享用犧牲 등을 길러 충당하기도 하였지만, 그 대부분은 지방군현으로부터 本色인 현물을 직접 수취하였다. 이들 공물은 관에서 준비하여 바치는 官備貢物과 각관의 民戶에서 수취·상납하는 民備貢物이 있었고, 그 밖에 민호 중에서 종사하는 생업에 따라 定役戶를 정해두고 특정한 물자의 규정된 양을 생산·포획·제조하여 상납하는 특수공물이 있었다. 이 가운데 대부분을 차지하는 것은 민비공물이었다.

공물은 각 민호에 일률적으로 분정한 것이 아니라 호의 등급에 따라 분정하였다. 조선초기의 호등은 공물분정에서 그 기준이 점차 人丁에서 田地로 옮겨가고 있는 추세였다. 공납제 운영에서 수취의 기준을 전결에 두었다는 것은 개별 민호가 보유한 가족·노비의 노동력보다 사적인 소유지의 다과를 기준으로 삼는 방식으로서 농민들의 보편적인 토지소유와 연작농업의 보편화라고 하는 농업생산력의 발전을 토대로 한 것이었다.

조선전기 사회의 규정적 영농형태는 1~2결을 소유한 소농민 경영이 주류를 이루고 있었다. 국가는 모양과 크기가 천차만별한 전국의 전지를 개별적으로 파악할 수 없었기 때문에 토지파악의 기본단위를 5結 1字丁으로 운영하였다. 5결 1자정은 量田뿐만 아니라 수취의 기초단위로 기능하였다. 과전법 조문에 수조지 분급의 최소 단위는 5결이었고, 전세도 5결 1자정 단위로 수취하였다.

각호에 대한 공물 분정은 호등제에 준거한다는 규정이 마련되어 있었지만, 그것은 단지 호등에 따라 공물을 분정한다는 막연한 기준만이 규정되어 있을 뿐이었다. 그런데 공물에는 여러 가지 잡다한 종류가 있었기 때문에 설사 호의 대소에 따라 공물을 분정한다 하더라도 균일한 기준을 세운다는 것은 곤란하였다. 이러한 5등호제의 문제점을 해결하기 위해 시행한 것이 '8結作貢制'라 본다.

조선전기 국가경비의 운용은 『經國大典』에 橫看과 貢案에 의거한다는 것이 명문화되어 있었다. 공안은 태조 원년(1392) 10월 貢賦詳定都監에서 고려조의 歲入의 다과와 歲出의 경비를 참작하여 제정함에 따라 국가재정의 수입을 어느 정도 파악할 수 있었지만, 횡간은 건국한 지 70여 년이 경과한 세조대에 이르러서야 제정되었다. 횡간이 제정되기 이전에 국가의 경비지출은 '量入爲出'한다는 원칙이 있었지만, 실상은 용도의 다소를 그때마다 참작하여 마련하는 것이 관행이었다. 따라서 국가의 재정은 경비에 비하여 매우 방대한 공안의 수입으로 유지되었고, 이것은 결국 민인으로부터 공물을 부당하게 많이 거두게 되었던 것이다. 세종대에 경비식례를 제정한 것은 방만한 경비 운영과 과다한 각사의 경비 책정을 바로잡고자 추진된 것이라 할 수 있다.

조선의 문물제도는 세종조의 안정된 정국을 바탕으로 정비되기 시작하였

다. 특히 국가재정은 세종 자신의 발상에 따라 왕실재정뿐만 아니라 각사·각
관의 재정에도 적용시켜 이른바 一定限度性을 창시함으로써 정착되어 갔다.
이에 따라 공물의 수취도 종래의 상대적으로 자의적인 수탈방식에서 벗어나
점차 법제화되어 갔던 것이다. 세종대에 중앙각사의 經費式例를 제정한
것도 수입과 지출을 합리적으로 조정하려는 노력의 일환으로 진행된 것이라
하겠다.

각 군현에 분정된 공물은 그 지방에서 산출되는 토산물을 부과하는
任土作貢을 원칙으로 하였다. 그런데 토산물이 산출되는 지역에만 공물을
분정할 경우 그 지역은 중앙권력에 의해 항시 집중적으로 수탈의 대상이
되었다. 따라서 국가는 민인의 공물부담을 균평히 하고자 임토작공의 원칙에
위배됨에도 불구하고 不産貢物도 분정하였던 것이다. 이처럼 불산공물의
분정으로 인해 국초 이래 방납의 소지가 원래부터 없지 않았다. 그리하여
국가는 처음에 일부 특수기관 혹은 사원의 승려에게만 부분적으로 방납을
허용하였던 것이다. 그러나 방납은 점차 국가기관뿐만 아니라 관리(지주)·왕
실·부상대고·각사이노에 이르기까지 그 범위가 날로 확대되어 갔다. 자연경
제 하에서의 주구적 수탈은 일시적·우연적 현상에 불과할 뿐이지 항구적일
수는 없다. 방납이 지속적으로 행해질 수 있었던 것은 국가 전체로 볼
때 농업생산력의 발전을 배경으로 유통경제와 상품경제가 어느 정도 발달했
기 때문에 가능하였다고 생각된다.

이 책은 1995년에 제출한 필자의 박사학위논문『朝鮮前期 貢納制 硏究』를
수정 가필하여 펴낸 것이다. 학식과 재주가 없는 필자가 이 정도의 연구성과
라도 낼 수 있었던 것은 학부시절부터 지금까지 필자의 학업지도와 조언,
편달과 격려를 해주신 은사·선배·동료 여러분의 덕택이다. 특히 석·박사논
문을 지도해 주시면서 학자로서 지녀야 할 자세를 일러주시고 학위논문을
처음 작성할 때부터 세세하게 검토해주신 金泰永 선생님께 감사의 말씀을

8

드린다. 그리고 朴性鳳 선생님, 故 黃龍渾 선생님, 朴起緖 선생님, 鄭昌烈 선생님의 여러 지적과 조언도 많은 보탬이 되었음을 감사드린다.

이 보잘것없고 그다지 상품성이 없어 보이는 이 책을 내외적으로 어려운 경제형편인데도 출판될 수 있도록 흔쾌히 맡아주신 혜안의 오일주 사장님께 감사의 말씀을 드린다. 이 책을 아담하게 꾸며주신 김태규 선생님을 비롯한 편집부 여러분께도 감사의 말씀을 드린다.

끝으로 평생에 걸쳐 뒷바라지를 해주신 부모님에게 감사의 말씀 한번 제대로 못하였다. 이 작은 성과를 부모님 영전에 바쳐서 부모님의 은혜에 조금이나마 보답하고자 한다. 늘 한결 같은 마음으로 격려해주신 처가의 부모님께도 머리숙여 감사드린다. 별탈없이 잘 자라준 두 아이 지윤과 지은, 그리고 필자를 위해 불평불만 없이 자기를 희생하며 온갖 노력을 다해 준 아내 김윤희와 함께 발간의 기쁨을 나누고 싶다.

2011년 4월 7일
박 도 식

차 례

결 론 266

12

표 차례

서 론

    조선전기 국가의 歲入은 국가수입의 근본을 이루는 田稅·徭役·貢納과 그 보조를 이루는 鹽·鐵業, 山場·水梁稅, 工·商·船業에 대한 課稅가 있었다.[1] 이 가운데 공납은 민인이 부담하는 전체 부세 중 6/10을 차지할 정도로 비중이 매우 높았다.[2] 물론 이것이 통계적인 수치에 의거해서 산출되었다는 구체적인 자료는 찾아지지 않지만, 공납제가 대동법으로 개혁되었을 때 전세가 1結당 4斗를 징수한데 비하여 대동미는 이보다 훨씬 많은 12斗를 징수한 점으로 보아 그만큼 비중이 컸음을 알 수 있다.

    조선전기 공납제에 대한 본격적인 연구는 田川孝三에 의해 시작되었다.[3]

---

1) 『三峯集』 卷7, 朝鮮經國典(上) 賦典 摠序.

2) "本朝取民 如一家田稅 所出十分之四 而雜稅居十之六 所謂雜稅者 卽諸色貢物代納者也"(『世祖實錄』 卷33, 10年 5月 庚辰條 : 7-628라). 앞의 숫자 '7'은 국사편찬위원회刊 影印本의 책수, 뒤의 숫자 '628'은 페이지數, '라'는 하단 왼쪽을 말함. 이하 同.

3) 田川孝三, 1956, 「李朝貢物考」『朝鮮學報』9 ; 田川孝三, 1957, 「貢案と横看」『東洋學報』40-1·2 ; 田川孝三, 1958·1960, 「李朝進上考」『朝鮮學報』13, 15, 16 ; 田川孝三, 1960, 「朝鮮初期の貢納請負」『史學雜誌』69-9 ; 田川孝三, 1960, 「朝鮮初期における僧徒の貢納請負」『東洋學報』43-2 ; 田川孝三, 1961, 「貢納請負の公認と禁斷」『朝鮮學報』19 ; 田川孝三, 1964, 『李朝貢納制の研究』, 東洋文庫에 재수록. 위의 책에는 이외에「吏胥·奴隷の防納とその展開」와「貢賦·徭役制の崩壞と大同法」이 수록되어 있다.

그는 공납의 내용과 그 변동에 대한 제도사적인 정리는 물론 국가재정에서 공납이 차지하는 비중에 대해서도 심층적인 분석을 하였다.[4] 이후 이 분야에 대한 연구가 어느 정도 진척되었지만,[5] 공물의 부담층인 일반민호의 범위라든지 공물분정에서 기준의 변천 등에 대해서는 제대로 해명되지 않은 실정이다.

조선전기 국가재정에 대한 연구는 조세수취와 관련해서는 비교적 많은 연구가 진행되었지만, 재정운영이라는 측면에서 다룬 연구는 그다지 많지 않다.[6] 이들 연구는 주로 왕실재정, 국가재정의 세출입 구조, 중앙각사의 재정운영 등을 고찰하였고, 국가재정과 공납제 운영에 대해서는 거의 연구가 없는 실정이다.

방납에 대한 연구는 공납제 운영에서 가장 큰 문제를 야기시킨 폐해를 들어 부정적으로 보는 입장이 주류를 이루었다.[7] 또한 대동법 실시 이전의 공납제는 戶等制를 근간으로 하여 공물을 징수하던 것에서 私大同·大同法

---

4) 有井智德은 『李朝貢納制の研究』의 서평에서 그 문제점으로 지방의 공물분정에 대한 史的 필연성에 대한 설명, 공물부담층인 일반민호의 범위와 경제적 기반에 대한 고려, 戶役의 布納化 정도와 稅化의 정도에 대한 객관적 조건 등에 대한 설명 부재를 지적하고 있다(有井智德, 1967, 「田川孝三著 『李朝貢納制の研究』」 『朝鮮學報』 42).

5) 許種玉, 1984, 「朝鮮初期의 집권적 봉건국가권력의 물질적 기초에 관한 고찰」(2) 『社會科學論叢』 3-1, 부산대 ; 高錫珪, 1985, 「16·17세기 貢納制 개혁의 방향」 『韓國史論』 12 ; 金鍾哲, 1987, 「朝鮮前期의 賦役制·貢納制 研究成果와 「국사」 教科書의 敍述」 『歷史教育』 42 ; 朴道植, 1995, 『朝鮮前期 貢納制 研究』, 경희대 박사학위논문 ; 박현순, 1997, 「16~17세기 貢納制 운영의 변화」 『韓國史論』 38.

6) 李載龒, 1991, 「朝鮮前期의 國家財政과 收取制度」 『韓國史學』 12 ; 金盛祐, 1995, 「16세기 국가재정의 위기와 신분제의 변화」 『역사와 현실』 15 ; 宋洙煥, 2000, 『朝鮮前期 王室財政研究』, 집문당.

7) 田川孝三, 앞의 책 ; 宋正炫, 1962, 「李朝의 貢物防納制」 『歷史學研究』 1 ; 金潤坤, 1971, 「大同法의 施行을 둘러싼 찬반 양론과 그 배경」 『大東文化研究』 8 ; 金鎭鳳, 1973, 「朝鮮初期의 貢物代納制」 『史學研究』 22 ; 金鎭鳳, 1975, 「朝鮮初期 貢物防納에 대하여」 『史學研究』 26 ; 金玉根, 1988, 『朝鮮前期王朝財政史研究』(Ⅲ), 一潮閣.

의 실시에 따라 1결당 米穀을 징수하는 체제로 전환을 이루었다는 견해가
주류를 이루어 왔다.8) 그러나 1990년대에 들어와서는 방납을 유통경제의
발전과 연계시켜 긍정적으로 보는 견해도 제시되고 있고,9) 공납제에서
대동법으로 이행되어 가는 중간 형태라 할 수 있는 8결작공제가 실시되었다
는 견해도 제시되고 있다.10)

　중세사회의 부세제도는 민인에 대한 각종의 수취를 통하여 국가의 재정적
기반을 확보하려는 데 목적을 두고 있었다. 조선초기의 부세는 고려시기의
유제를 답습하거나 중국의 전통적 수취체제인 租·庸·調 체제를 원용하면서
도 당시의 사회경제적 실정에 맞는 새로운 수취제도를 창안·실시하였다.11)

　공납을 비롯한 요역·군역 등의 국가적 수취는 국가가 직접 민호를 수취의
주체로 설정한 것이 아니라 군현제에 입각한 지방 지배기구를 매개로 운영되
고 있었다.12) 그러나 이것이 군현을 하나의 단위로 책정하고 운용되었다고
는 하지만, 그 최종적인 부담은 민호에서 담당하였다.

　민호에 대한 공물 분정은 호구와 전결의 다과에 따라 부과되었기 때문에
공물을 수취하기 위해서는 무엇보다도 그 수취지반인 戶籍과 量案의 정비가

　8) 高錫珪, 1985, 「16·17世紀 貢納制 개혁의 방향」『韓國史論』 12 ; 金德珍, 1996,
　　「16~17세기의 私大同에 대한 一考察」『全南史學』 10.
　9) 이지원, 1990, 「16·17세기 前半 貢物防納의 構造와 流通經濟的 性格」『李載襲博士還
　　曆紀念 韓國史學論叢』; 백승철, 1994, 「16세기 부상대고의 성장과 상업활동」『역
　　사와현실』 13.
　10) 朴道植, 1995, 「朝鮮前期 8結作貢制에 관한 研究」『韓國史研究』 89 ; 이정철, 2009,
　　「조선시대 貢物分定 방식의 변화와 大同의 語義」『韓國史學報』 34 ; 이성임, 2009,
　　「16세기 지방 군현의 貢物分定과 수취」『역사와현실』 72.
　11) 이러한 예는 "有田則有租 有身則有役 有戶則有貢物"(『世宗實錄』 卷32, 8年 4月
　　辛卯條 : 3-24나) 혹은 "有田則有租 有戶則有調"(『世宗實錄』 卷42, 10年 12月 己亥
　　條 : 3-158나) 등에서 찾아진다.
　12) 조선전기 군현제에 관한 대표적인 연구로는 다음의 논문이 있다.
　　李樹健, 1984, 『韓國中世社會史研究』, 一潮閣 ; 李樹健, 1989, 『朝鮮時代 地方行政史』,
　　民音社 ; 李存熙, 1990, 『朝鮮時代地方行政制度研究』, 一志社.

전제되어야 하였다. 호구 파악은 공납·요역·군역의 징수·부과는 물론 소농민층의 재생산 기반을 조성하려는 국가의 의도와도 밀접한 관련을 가졌다.[13] 국가에서 호구수를 정확히 파악하지 못한 상황에서는 민인들에게서 공물은 물론 요역·군역 등을 제대로 부과할 수 없었다. 그러므로 국가는 호적을 정비해 장정의 총수와 거처를 확실히 파악하여 국가재정의 근간을 이루는 부세의 원천을 확보하려는 노력을 거듭하였던 것이다.

호구 파악의 대상인 인간은 유동하기 쉬웠던 반면 量田의 대상은 고정된 토지였다. 양전은 국가가 부세수취의 기초단위를 파악하는 것으로, 주로 새로 개간한 토지와 隱結을 조사하여 이를 양안에 수록함으로써 국가세수의 증대를 가져오는 데 그 목적이 있었다.[14]

고려말 조선초에는 휴한농법을 극복하면서 점차 상경연작농법으로 보편화되어 가는 추세에 있었다.[15] 이러한 농업생산력 발전에 따라 국가적 수취체제에서도 근본적인 변화를 수반하였다. 15세기 후반기에 실시된

---

13) 이와 관련 있는 연구로는 다음의 논문이 있다.
　　金錫亨, 1941,「李朝初期 國役編成의 基柢」『震檀學報』14 ; 有井智德, 1966,「李朝初期の戶籍法にいて」『朝鮮學報』39·40 ; 李樹健, 1971,「朝鮮初期 戶口硏究」『嶺南大論文集』(人文科學)5 ; 李樹健, 1974,「朝鮮初期 戶口의 移動현상」『李瑄根古稀紀念 韓國學論叢』; 韓永愚, 1977,「朝鮮前期 戶口總數에 대하여」『人口와 生活環境』; 李榮薰, 1988,「朝鮮後期 農民經營에서 主戶-挾戶關係」『朝鮮後期社會經濟史』, 한길사 ; 韓榮國, 1985,「朝鮮王朝 戶籍의 基礎的 硏究」『韓國史學』6 ; 韓榮國, 1989,「朝鮮初期 戶口統計에서의 戶와 口」『東洋學』19 ; 李鍾日, 1990,「朝鮮前期의 戶口·家族 財産相續制 硏究」『國史館論叢』14.

14) 金泰永, 1981,「科田法체제에서의 土地生産力과 量田」『韓國史硏究』35 ; 李鎬澈, 1986,「토지파악방식과 田結」『朝鮮前期農業經濟史硏究』; 李載龒, 1988,「16세기의 量田과 陳田收稅」『孫寶基博士停年紀念 韓國史學論叢』; 宮嶋博史, 1991,「朝鮮時代の量田とその性格」『朝鮮土地調査事業史の硏究』, 東京大 東洋文化硏究所.

15) 李泰鎭, 1979,「14·15세기 農業技術의 발달과 新興士族」『東洋學』9 ; 李泰鎭, 1984,「高麗末 朝鮮初의 社會變化」『震檀學報』55(이상 1985, 『韓國社會史硏究』에 재수록) ; 宮嶋博史, 1980,「朝鮮農業史上における15世紀」『朝鮮史叢』3 ; 宋讚燮, 1987,「朝鮮前期 農業史硏究의 動向과「국사」교과서의 검토」『歷史敎育』42 ; 廉定燮, 1995,「농업생산력의 발달」『한국역사입문』(2), 풀빛.

保法에 의한 군역의 편제방식은 戶단위에서 개별 人丁단위로 변화하고 있지만,[16] 공물과 요역은 철저히 田結數를 기준으로 부과되었다.[17]

조선전기 국가경비의 운용은 『經國大典』에 橫看과 貢案에 의거한다는 것이 명문화되어 있었다. 공안은 태조 원년(1392) 10월 貢賦詳定都監에서 고려조의 歲入의 다과와 歲出의 경비를 참작하여 제정함에 따라[18] 국가재정의 수입을 어느 정도 파악할 수 있었지만, 횡간은 건국한 지 70여 년이 경과한 세조대에 이르러서야 제정되었다. 횡간이 제정되기 이전에 국가의 경비지출은 '量入爲出'한다는 원칙이 있었지만,[19] 실상은 용도의 다소를 그때마다 짐작하여 마련하는 것이 관행이었다.[20] 따라서 국가의 재정은 경비에 비하여 매우 방대한 공안의 수입으로 유지되었고, 이것은 결국 민인으로부터 공물을 부당하게 많이 거두게 되었던 것이다.

조선의 문물제도는 세종조의 안정된 정국을 바탕으로 정비되기 시작하였다. 특히 국가재정은 세종 자신의 발상에 따라 왕실재정뿐만 아니라 각사·각관의 재정에도 적용시켜 이른바 一定限度性을 창시함으로써 정착되어 갔다. 이에 따라 공물의 수취도 종래의 상대적으로 자의적인 수탈방식에서 벗어나 점차 법제화되어 갔던 것이다. 세종대에 중앙각사의 經費式例를 제정한 것도 수입과 지출을 합리적으로 조정하려는 노력의 일환으로 진행된 것이라 하겠다.

조선전기의 공납제는 그 지방의 산물에 따라 분정하는 任土作貢을 원칙으

---

16) 閔賢九, 1983, 『朝鮮初期의 軍事制度와 政治』, 韓國硏究院, p.77.
17) "計戶口·田籍 以定貢賦"(『世宗實錄』卷58, 14年 12月 癸卯條 : 3-432라) ; "凡貢賦· 徭役 因民所耕田結負之數而定之"(『成宗實錄』卷4, 元年 4月 丙子條 : 8-491다).
18) 『太祖實錄』卷2, 元年 10月 庚申條 : 1-33나.
19) "諫官上言……謹稽周禮 司徒掌錢穀之數 冢宰掌出納之命 量入爲出 不至妄費 三年 耕 必有一年之蓄 以通制國用……自今一切用度 必須樽節 倣乎周禮九式之制 量入爲 出 以裕國用 以備不虞"(『太祖實錄』卷12, 6年 10月 辛卯條 : 1-110라~111가).
20) "(大司諫魚)得江曰……且前者無橫看之時 其用度多少 日時斟酌而爲之"(『中宗實 錄』卷65, 24年 5月 己未條 : 17-123라).

로 하였다. 그러나 不産貢物·難備之物의 분정 등으로 방납의 소지가 원래부터 없지 않았다. 국가는 처음에 일부 특수기관 혹은 사원의 승려에게만 방납을 부분적으로 허용하였고, 그 외의 방납행위는 일절 금지하였다. 그런데 방납이 점차 관권과 결탁한 各司吏奴·勢家下人 혹은 부상대고들에 의해 그것이 큰 이권으로 변질되면서, 방납자들이 민인의 直納하는 것을 방해하고 그들 자신이 청부적으로 대신 상납한 후에 그 代償을 구하게 되었다.[21] 방납이 방납자에게는 통상 '倍蓰' 혹은 '十倍之利'를 운위할 정도로 막대한 이익을 가져다주었지만, 이를 담당한 농민들에게는 가혹한 수탈로 작용하여 파산 유망하는 자도 적지 않았다.

자연경제 하에서의 誅求的 수탈은 일시적이고 우연적 현상에 불과할 뿐이지 항구적일 수는 없다. 방납은 고려시기부터 이미 있어 왔는데,[22] 조선왕조에 들어와 그것이 지속적으로 행해지고 더욱 번창하였다. 그 배경은 국가전체로 볼 때 농업생산력의 발전에 따른 잉여의 창출로 유통경제의 기반이 확대되어 갔기 때문이라 생각된다.[23]

한편 수령은 민인에게서 공물과 진상을 원래의 수량보다 많이 수취하여 중앙의 고위관리에게 사적으로 증여한 물품의 양도 상당하였다. 가령 16세기 중엽 미암 유희춘은 20여 년간의 오랜 유배기간 중에 노비를 검속하지 못하는 등 그 가계가 결코 넉넉지 않아 일반 양인상층과 별다를 바 없는

---

21) 공물매매·청부활동을 하는 자들을 정부측에서는 市井牟利之輩 혹은 防納之人·防納之徒라고 불특정하게 지칭하였지만, 시기가 지날수록 貢物이나 貢物上納主司와 관련하여 防納私主人·貢物主人·貢物私主人·各司牟利之輩·京各司私主人輩·京各司貢物主人 등으로 지칭되었다(이지원, 앞의 논문, pp.486~487).

22) 朴鍾進, 1993, 「高麗時期 貢物의 收取構造」『蔚山史學』6 ; 朴道植, 1993, 「高麗時代 貢納制의 推移」『慶熙史學』18.

23) 李泰鎭 1989, 「16세기 東아시아 경제변동과 정치·사회적 동향」『朝鮮儒敎社會史論』; 李景植, 1987, 「16세기 場市의 成立과 그 기반」『韓國史研究』57 ; 남원우, 1991, 「15세기 유통경제와 농민」『역사와 현실』5 ; 朴平植, 1999, 『조선전기 상업사연구』, 지식산업사 ; 朴平植, 2009, 『조선전기 교환경제와 상인연구』, 지식산업사.

처지였으나, 유배에서 解配되고 재사환 후 10여 년 동안 대·소 관직생활에서 그의 노비와 토지의 규모가 확대되고 있었다.[24] 여기서 주목되는 것은 미암의 관직생활에서 지방 수령과 관찰사로부터 사적으로 받은 물품의 수입이 그의 노비나 토지로부터의 수입을 훨씬 초과하여 실은 그의 경제생활의 중심부를 이루고 있었다는 사실이다. 유희춘이 10여 년간의 관직생활에서 사적으로 받은 물품은 무려 2,855회에 달하고 있었다.[25] 이는 이문건과 오희문의 경우에도 마찬가지였던 것으로 나타난다.[26] 미암 등이 관직을 통해 영위한 경제생활은 개인이 남긴 일기만을 자료로 하였다는 점에서 특수한 사례이고, 또 사적으로 물품을 증여하는 것이 성행했던 16세기의 경우에 불과할지 모르지만, 그 시사하는 바는 결코 작지 않다고 하겠다.

본고에서는 이상과 같은 점을 염두에 두고 기존의 연구성과를 바탕으로 어느 군현에서 어떤 토산물이 생산되었고, 그것을 어떠한 기준에 의해 징수하여 중앙각사에 납부하는 과정에 대해 고찰하고자 한다.

Ⅰ장에서는 고려전기 공납제의 내용, 12세기 이후 사회변동에 따른 공납제의 변동요인, 그리고 고려후기 공납제의 개정이 어떠한 방향으로 전개되었는가를 고찰하고자 한다.

Ⅱ장에서는 조선초기 공납제의 제정과 내용, 전세조공물의 설정과 수취, 각 군현에서 중앙각사에 납부한 공물의 종류와 조달방법, 그리고 공물은

---

24) 李成妊, 1995a,「조선중기 어느 兩班家門의 農地經營과 奴婢使喚－柳希春의『眉巖日記』를 중심으로－」『震檀學報』80.

25) 李成妊, 1995b,「16세기 朝鮮 兩班官僚의 仕宦과 그에 따른 收入」『歷史學報』145, pp.104~105.

26) 이문건의 경우 여묘기부터 유배기까지 226개월 동안 6,294(6,346)회 수증한 것으로 나타나는데, 이는 월평균 27.8(28.1)회로 유희춘(42.4회)과 오희문(21.3회)의 중간쯤에 이른다.
李成妊, 1999,「조선 중기 吳希文家의 商行爲와 그 성격」,『朝鮮時代史學報』8 ; 李成妊, 2001,「16세기 李文楗家의 收入과 經濟生活」『國史館論叢』97 ; 金素銀, 2002,「16세기 兩班士族의 수입과 경제생활－『默齋日記』를 중심으로－」『崇實史學』15.

왜 군현단위로 책정 운용되었고, 왜 一定不動의 성격을 지녔으며, 왜 任土作
貢의 원칙을 고수했는가에 대해 고찰하고자 한다.

Ⅲ장에서는 국가의 수취지반의 기초 자료인 호구조사와 양전사업의 실상,
그리고 민호에 대한 공물분정의 기준이 토지소유의 다과에 의한 5等戶制를
기준으로 운영되다가 대동법으로 이행되어 가는 중간 형태라 할 수 있는
8결작공제의 실시와 그 운영실태에 대해 고찰하고자 한다.

Ⅳ장에서는 橫看과 貢案의 내용, 국가재정이 일원화 과정에 대응하는
經費式例의 제정, 횡간이 제정되기 이전과 이후의 국가재정의 운영에 대해
고찰하고자 한다.

Ⅴ장에서는 방납이 사회경제적으로 행사한 긍정적 역할을 살펴보는 입장
에 서서 공물방납 금지법의 추이, 공물방납의 원인과 전개, 공물방납과
유통경제와의 관계에 대해 고찰하고자 한다.

Ⅵ장에서는 수령이 공적 수취하는 공납제에 편승하여 민인에게서 本數
이상을 징수한 공물과 진상을 私的으로 물품을 증여한 私贈의 관행에 대해
고찰하고자 한다.

I. 고려시대 공납제의 추이

1. 고려전기 공납의 내용

고려시대의 稅制에 대해『고려사』식화지 서문에는 "대개 唐制를 모방하였다"고 하였고, 식화지 곳곳에는 "唐의 租·庸·調 체제와 같다"고 하였다. 이러한 선입견에 의해 종래에는 고려시대의 수취구조를 일률적으로 唐制를 모방한 조·용·조 체계로 이해하여 왔다.[1] 그러나 최근에는 고려중기 이후부터 나타나는 常徭·雜貢의 실체를 어떻게 보느냐[2]에 따라 부세제의 기본 형태에 대한 의견을 각각 달리하고 있다. 즉 조·용·조 3稅 외에 각 지방의 토산물이나 수공업 제품을 납부하는 고려 특유의 稅目인 貢賦를 포함하여 네 가지로 보는 견해,[3] 전기에는 조·용·조 3稅 체제로 보고 후기에는 3세(租·

---

1) 今堀誠二, 1939,「高麗賦役考覈」(1·2·3)『社會經濟史學』9-3·4·5. 일반적으로『고려사』諸志 편찬을 담당한 찬자들은 고려의 諸제도가 唐制를 모방했다는 인식을 가지고 있는데, 그러한 인식은 諸志의 서문에 표출되어 있다. 그러나 고려의 諸제도가 형식적으로 당제를 모델로 하였을지라도 실제로는 고려의 독자적인 체제로 운영되고 있었다고 한다. 가령 兵志 序文에는 唐의 府兵制가 실시된 것처럼 기술되어 있으나, 실제로는 軍班氏族을 바탕으로 하는 軍戶制가 실시되었다(李基白, 1968,「高麗史 兵志의 檢討」『高麗兵制史研究』, pp.28~42).

2) 이에 대해서는 金載名, 1991,「高麗時代의 雜貢과 常徭」『淸溪史學』8 ; 李貞熙, 1992,「高麗後期 수취체제의 변화에 대한 일고찰-常徭·雜貢을 중심으로-」『釜山史學』22 참조.

布·役)에다 常徭·雜貢이 부가되었다는 견해,[4] 그리고 공부는 조세와 공물을
포괄한다고 보는 견해가 있다.[5]

식화지 항목에는 租稅와 貢賦, 그리고 科斂 등이 주요한 세목으로 설정되
어 있다. 이 가운데 과렴은 일종의 임시세의 성격을 지녔기 때문에 고려시대
국가재정의 양대 재원은 조세와 공부라 할 수 있다.[6] 식화지에 수록되어
있는 주요 세목이 조세와 공부로 설정된 것은 조세·공부(공물)·요역으로
정립된 조선초 세제의 영향을 받은『고려사』찬자들의 입장과 관련이 있다고
생각된다. 그들은 식화지에서 租稅·田稅·租·祿轉 등은 조세로, 貢賦·貢物·土
貢·外貢 등은 공부라는 수취체제를 표시하는 범칭으로 사용하고 있다.
이것은 중국의 전통적인 수취체제인 租·庸·調에 준거하면서도 당시의 사회
경제적 실정을 고려하여 새로운 수취체제의 제도적 정비가 이루어졌음을
의미한다고 생각된다.

공부는 고려시대의 세목들 중에서 가장 많은 용례를 가지고 있으며,
그 내용도 비교적 풍부하다.[7] 공부는 대체로 군현에 부과되는 공물의 의미로
사용되는 경우도 있었지만, 공물을 포함한 수취 일반으로 사용되는 경우도

3) 姜晋哲, 1980,『高麗土地制度史研究』, 고려대출판부 ; 李貞熙, 1985,「高麗後期
　徭役收取의 實態와 變化」『釜大史學』9.
4) 이혜옥·박종진은 공부는 3세(租·布·役)와 調로 구성되어 있다고 하는 점에서는
　견해를 같이하고 있으나, 調의 구성에 대해서는 견해를 달리한다. 이혜옥은 調는
　布類와 所의 공물인 常貢과 지방의 토산물인 別貢으로 구성되어 있다고 하였고(李惠
　玉, 1985,『高麗時代 稅制研究』, 이화여대 박사학위논문), 박종진은 調에는 布類,
　貢役, 所民의 공물로 구성되어 있다고 하였다(朴鍾進, 1990,「高麗時期 稅目의
　用例檢討」『國史館論叢』21).
5) 金載名, 앞의 논문.
6) 조세와 공부가 어떠한 기준에 의해 구분되었는지는 잘 알 수 없다. 이혜옥은
　조세·공부는 국가가 주현을 대상으로 수취할 때 쓰이는 용어이고, 租·調는 주현이
　소관내의 민으로부터 직접 수취할 때 쓰이는 용어라 한다. 그는 조세와 租·調를
　수취단계와 관련하여 구분하고 있다(李惠玉, 1980,「高麗時代 貢賦制의 一研究」
　『韓國史研究』31).
7) 이에 대해서는 朴鍾進, 1990, 앞의 논문 참조.

있었다.8) 그런데 전체적으로 고려시대 공부의 용례를 다른 세목과 비교해
보면 공부를 감면한 기록은 거의 없고 오히려 공부의 수입이 제대로 이루어지
지 못한 것에 대한 대책이나 그와 관련된 공부의 재조정과 관련된 것이
대부분이다. 물론 감면의 기록이 간혹 찾아지는 경우도 있지만, 이는 미납자
혹은 민에게 불편한 것 등 징수에 문제가 있는 것에 국한되어 있을 뿐이다.
또한 공부의 용례가 다른 세목과 함께 나타나는 경우는 거의 없고, 공부
단독으로 거론되고 있다는 점이 특징이다.9)

공부는 각종 광산물·직물류·동식물 및 그 가공품을 비롯하여 해산물·약재
등에 이르는 다양한 물종으로 이루어져 있었는데, 이것은 常貢과 別貢에
의해 충당되었다. 상공은 국가의 각 관청에 납부하는 공물 중 그 품목·수량·시
기 등이 정해져 있던 공물이었고, 별공은 왕실이나 국가의 각 기관에서
수요에 따라서 수시로 부과하는 공물이었다.10)

공부의 수취는 태조 때부터 확인되지만,11) 그것이 제정되는 것은 광종
때이다.12) 공부의 수취체제는 군현단위로 하여 설정되었고, 그 징수 책임은

---

8) 충렬왕 22년(1296) 6월 中贊 洪子藩의 上書에는 "二曰 貢賦已有定額 又於諸道
家抽細麻布 實係橫斂 宜禁絶之 三曰 田無役主 亡丁多矣 民無恒心 逃戶衆矣 凡有貢
賦 仍令遺民當之 此所以日益彫弊也 宜令賜給田 隨其多少 納其貢賦 四曰 諸道貢賦
已有定數 今又以虎豹熊皮爲貢 不唯科斂煩重 恐致猛獸害人 誠宜禁之"(『高麗史』
卷78, 食貨志1 田制 貢賦 : 中-729~730)라 하여 사급전의 다소에 따라 공부를
납부해야 한다고 할 때의 공부는 田租를 의미하고, 정해진 공부 외에 細麻布나
虎皮·豹皮·熊皮를 더 걷는 것을 금해야 한다고 할 때의 공부는 군현단위의 공물을
의미한다.

9) 朴鍾進, 1990, 앞의 논문.

10) 姜晋哲, 앞의 책, p.279.

11) "太祖十五年夏五月甲申 諭群臣曰……今四方勞役不息 供費旣多 貢賦未省 竊恐緣此
以致天譴 夙夜憂懼 不敢遑寧 軍國貢賦難以蠲免 尙慮群臣 不行公道 使民怨咨 或懷
非分之心 致此變異 各宜悛心 毋及於禍"(『高麗史』 卷2, 世家2 : 上-48~49).

12) "定宗四年 光宗卽位 命元甫式會 元尹信康等 定州縣歲貢之額"(『高麗史』卷78, 食貨
志1 田制 貢賦 : 中-729). 당시 세공액의 정비는 처음으로 주현에 대한 공부의
수취를 했다는 뜻이 아니라 태조 이래 일정한 기준에 입각하지 못하고 있던 공부의

수령에게 있었다. 수령과 함께 안렴사 등이 거론되는 것은 다만 공부징수를 위해 각도에 파견된 이들에게도 책임을 물으려는 추세가 반영된 것이라 하겠다.[13]

각 군현에 부과된 공물은 지방특산물과 밀접한 관계가 있었다. 이는 濟州의 橘,[14] 鹽州·海州·安州의 鐵,[15] 翼嶺縣의 黃金[16] 등이 그 지역의 공물로 정해진 것에서 알 수 있다. 공물은 본래 현물로 수취하였으나 고려중기 이후 민간생산과 유통경제의 발달로 인해 布로 대신 납부하는 대납제가 확산되어 갔다.[17] 이러한 사실은 문종 20년(1066) 諸군현에서 매년 상공으로 바치던 쇠가죽[牛皮]·쇠힘줄[牛筋]·쇠뿔[牛角] 따위의 공물 일부를 평포로서 折價代納하도록 한 것과,[18] 예종 10년(1115) 녹봉의 일부를 포류로 지급할 때의 기준을 고쳐 정했던 것[19]을 통해 확인할 수 있다.

군현공물의 일부는 군현민들의 貢役을 통해 조달되었다. 가령 "내(李仁老)가 孟城 수령으로 나갔을 때 都督府의 명령을 받들어 御墨 5천정을 만들어

수취기준을 재조정하여 주현이 납부해야 할 공부의 액수를 할정한 것이며, 그 목적은 지방간의 불균등한 수취를 해소하여 공부의 수취체제를 확립하고 부세수취의 증가를 도모하는데 있었다고 한다(安秉佑, 1986, 「高麗初期 財政運營體系의 成立」『高麗史의 諸問題』, 三英社, p.405).

13) 朴鍾進, 1990, 앞의 논문.

14) "文宗六年三月壬申 三司奏 耽羅國歲貢橘子 改定一百包子 永爲定制 從之"(『高麗史』卷7, 世家6：上-151).

15) "文宗十二年春二月辛亥 都兵馬使奏 (安西都護府)界內鐵貢 舊充兵器 近創興王寺 又令加賦 民不堪苦 請减鹽海安三州 丁酉戊戌二年 軍器貢鐵 專供興王之用 以紓勞弊 從之"(『高麗史』卷8, 世家8：上-165).

16) "文宗十七年正月戊申 三司奏 翼嶺縣及西北面成州礜田場地 産黃金 請附貢籍"(『高麗史』卷8, 世家8：上-171).

17) 박종진, 1993, 앞의 논문.

18) "文宗二十年六月判 諸州縣每年常貢牛皮筋角 以平布折價代納"(『高麗史』卷78, 食貨志1 田制 貢賦：中-729).

19) "睿宗十年三司改定 祿折計法 大絹一匹折米一石七斗 絲綿小絹各一匹折七斗 小平布一匹折一斗二升五合 大綾一匹折四石 中絹一匹折一石 縣紬一匹折六斗 常平紋羅一匹折一石七斗五升 大紋羅一匹折二石五斗"(『高麗史』卷80, 食貨志3 祿俸：中-758).

봄에 먼저 납부해야 했음으로 역마를 타고 孔巖村에 가서 백성을 부려
소나무 그을음[松煙] 100斛을 채취하게 하고 良工을 모아 직접 역을 독려하여
두 달만에 끝냈다."[20]고 하였는데, 당시 먹 생산을 위해 소나무의 그을음
채취를 비롯한 각종 요역에는 공암촌과 그 주변의 민호들이 동원되었다.
여기서의 요역은 다름 아닌 공물조달을 위해 동원된 공역이었다. 당시
군현단위로 부과된 공물의 품목은 다양하였기 때문에 그것을 조달하기
위한 공역의 형태 역시 다양하였을 것이라 짐작된다.

군현공물에 포함된 물품 중 상당수는 특수행정구역인 所에서 생산되었다.
고려시대에는 金所, 銀所, 銅所, 鐵所, 絲所, 紬所, 紙所, 瓦所, 炭所, 鹽所,
墨所, 藿所, 瓷器所, 魚梁所, 薑所 등 다양한 종류의 소가 있었다.[21] 所는
특산물을 전업적으로 생산하였는데, 소는 그 소속에 따라 중앙의 각사나
왕실에 예속되어 그 생산물을 납부하였다.[22]

각 군현에 부과된 공물은 공안에 수록되어 있었다. 공안에는 공물납부의
주체였던 군현단위로 작성된 郡縣貢案, 공물 수납의 주체였던 각 관청단위로
작성된 各司貢案, 그리고 그것들을 종합하여 작성한 三司貢案이 있었을
것으로 짐작된다.[23] 가령 靖宗 7년(1041) 정월 기사에 각 주현에서 1년에
납부하는 공물의 수량이 황금 10냥, 白銀 2斤, 布 50匹, 白赤銅 50斤, 鐵

20) 『破閑集』 卷上.
21) 『新增東國輿地勝覽』 卷7, 京畿 驪州牧 古跡條.
22) 고려시대 각종 所의 수취구조에 대해서는 다음과 같은 견해가 있다. 所는 군현의
    행정체계와 다른 특수행정구역으로서 국가에서 필요로 하는 각종 물품을 전문적으
    로 생산하여 국가의 중앙부에 직접 연결되어 공납을 행하였다는 견해(北村秀人,
    1960,「高麗時代の「所」制度について」『朝鮮學報』50), 군현 예하의 일반촌락으로서
    국가에 부담해야 할 특정의 공물을 생산하는데 적합한 조건을 갖춘 곳이었다는
    견해(朴宗基, 1984,「高麗 部曲制의 構造와 性格」『韓國史論』10), 그리고 常貢이나
    요역을 부담하는 주현민과는 달리 別貢만을 부담하였다는 견해가 있다(金炫榮,
    1986,「고려시기의 所에 대한 재검토」『韓國史論』15).
23) 朴鍾進, 1993,「高麗時期 貢物의 收取構造」『蔚山史學』6, p.53.

300斤, 鹽 300碩, 絲緜 40斤, 油蜜 1碩이라 한 것24)은 군현공안에 수록되어
있는 공물의 액수와 종류에 대한 좋은 예라 하겠다.

고려전기 공물의 수취는 12세기에 들어와 군현민과 소민의 유망으로
인해 변동을 가져오게 된다. 민의 유망은 고려초기부터 나타나고 있지만,
특히 12세기에 들어와서는 더욱 광범위하게 전개되어 갔다.25) 유민의 발생
은 전근대사회의 농업생산이 갖는 불안정성으로 인해 항상 발생할 가능성이
있었지만, 12세기에 들어와 민이 광범위하게 유망하게 된 원인에 대해서는
다음의 기사가 주목된다.

　　예종 3년(1108) 2월에 判하기를, "경기의 州縣들에서는 常貢 이외의 요역
　이 煩重해서 백성들이 이를 고통으로 여기어 날이 갈수록 점점 유망하니,
　주관하는 관청에서는 그 貢役의 多少에 대해 해당 界首官들과 酌定하여
　시행하도록 할 것이다. 銅·鐵·瓷器·紙·墨 등의 雜所는 別貢 물품을 징수하는
　것이 너무 과중해서 匠人들이 고통을 견디지 못하여 도피하니, 바라건대
　해당 관청에서는 각 所에서 바치는 別貢과 常貢의 多少를 보고하도록
　하라."고 하였다(『高麗史』 卷78, 食貨志1 田制 貢賦 : 中-729).

즉 경기 주현에서는 상공 외에 요역이 煩重해서 대규모의 유망현상이
발생하고 있는데, 그 중에서도 특정한 물품의 생산을 전담하였던 所民의
유망이 가장 심하다는 것이다. 특히 '銅·鐵·瓷器·紙·墨 등의 雜所' 이하의
기사는 別貢 때문에 所民의 유망이 발생하게 되었다는 것을 나타내주는
명백한 증거라 하겠다. 특정한 물품의 생산을 전담하였던 소지역에서 유망이
특히 심했던 것은 일반군현에 비해 부담이 과중했기 때문이었다.26) 그후

---

24) 『高麗史』 卷78, 食貨志1 田制 租稅 : 中-706.
25) 蔡雄錫, 1990, 「12, 13세기 향촌사회의 변동과 '민'의 대응」 『역사와 현실』 3 참조.
26) 12세기 후반 이후 지방의 전업적인 수공업집단인 소의 붕괴는 가내수공업의 발달,
　　유통경제의 성장으로 인해 점진적으로 붕괴를 더욱 촉진시켰을 것이라는 견해도

부곡지역의 해체로 인해 종래 소로부터 충당해오던 각종 공물은 일반 군현에 부과되었다.27)

2. 공납제의 변동과 정부의 대응책

12세기 이후 광범위한 유망민의 발생은 국가로 하여금 공물 수취를 불가능하게 만들어 이전에 수취해 오던 공물의 양조차 확보할 수 없게 하였다.28) 국가가 농민들로부터 안정적인 공물수취를 위해서는 무엇보다도 이들이 농토에서 유리하지 않고 농업생산에 전념하도록 생활안정책을 마련해주는 것이 급선무였다.

국가에서는 농민의 광범위한 유망현상을 해소하기 위해 族徵·隣徵 등의 徵斂을 단속하거나 力役 감면, 저습지와 진전 개발, 토지의 성질에 적합한 곡종을 栽植 장려하는 권농정책을 실시하기도 하였고,29) 監務를 파견하여 유망한 백성을 안집시키기도 하였다.30)

고려전기 이래 국가는 本貫制의 지배질서 아래 호구를 각 본관 내에서 규제하였는데,31) 광범위한 유망으로 인해 이와 같은 민의 파악방식은 사실상 불가능하였다. 이에 국가에서는 유망민을 현 거주지에 편적하여 수취를 하는데, 이러한 수취체제를 貢戶制라 하고 이에 편적된 민을 貢戶라고 한다.32) 이것은 분명 종전의 본관제에 의해 운영되어 오던 형태와는 다른

있다(姜晋哲, 앞의 책, pp.42~48).

27) 徐明禧, 1990,「高麗時代「鐵所」에 대한 研究」『한국사연구』69.

28) "睿宗元年三月 西海按察使奏 谷州·峽溪縣民多流亡 頗闕貢賦 請蠲三年租稅 終之"(『高麗史節要』卷7).

29) 金東洙, 1989,「고려 中·後期의 監務 파견」『全南史學』3, pp.28~29.

30) "睿宗元年四月庚寅 詔曰 頃因所司奏 以西海道儒州·安岳·長淵等縣 人物流亡 始差監務官 使之安撫 逐致流民漸還 産業日盛"(『高麗史』卷12, 世家12 : 上-249).

31) 蔡雄錫, 1986,「高麗前期의 社會構造와 本貫制」『高麗史의 諸問題』참조.

양상을 보여주는 것이라 하겠다. 공호의 편성과 감무 파견[33]의 상호관련성 여부는 구체적인 자료가 찾아지지 않아 잘 알 수 없지만, 농민의 광범위한 유망을 방지하려는 일이 당시 국가의 중요한 관심사였음을 미루어 볼 때 이들 상호간에 밀접한 관련이 있었을 것으로 본다.[34]

공호는 사료에 명종 18년(1188) 처음 나타나는 것으로 보아 이전부터 이미 존재하였다고 본다.[35] 공호는 12세기 이후 국가가 수탈의 대상으로 삼고 있던 농민이 유망함에 따라 국가재정의 중요한 물자를 공급해 주었던 수취체제가 붕괴 일로에 놓여 거의 제구실을 하지 못하게 되자, 유망민들을 현거주지에 각각 안치시켜 이들로부터 수취한데서 비롯되었다고 생각된다.

충숙왕 12년(1325) 10월에 하교하기를, "각처에 있는 鹽戶는 정해진 수가

---

32) 공호제는 원종 11년(1270)을 획선으로 하여 본관을 통한 거주지 통제정책이 변화하여 이전부터 부분적으로 시행하여 오다가 田民辨正·更定貢賦와 民戶計點·녹과전 설치 등 국가의 전반적인 체제정비와 더불어 전반적으로 시행되었다고 한다(蔡雄錫, 위의 논문, pp.68~69).

33) 감무 파견의 동기에 대해서는 북방민족과의 충돌에 따른 사회불안과 전쟁준비(元昌愛, 1984,「고려 중·후기 監務增置와 지방제도의 변천」『淸溪史學』1), 지방제도의 확대라는 정치적 차원의 확대(羅恪淳, 1988,「高麗時代 監務에 대한 硏究」『退村閔丙河停年紀念史學論叢』, 속현지역의 성장(金東洙, 앞의 논문), 所의 장악과 수조권자에 대한 통제(이인재, 1991,「고려 중후기 지방제 개혁과 감무」『外大史學』·3) 등의 측면에서 다각도로 검토하였다. 그런데 인종 21년(1143)에 縣令과 監務가 동시에 파견되는 사례(『高麗史』卷56, 地理志 : 中-254)를 고려할 때 감무가 기존의 수령과는 성격이 다른 外官이라 볼 수 있다.

34) 박종기는 감무의 파견과 貢戶 편성의 상호관련성에 대해 농민의 유망방지와 중앙정부가 민중지배를 강화하려는 정책과 밀접한 관련이 있었을 것이라 한다(朴宗基, 1990,『高麗時代 部曲制硏究』, pp.194~195).

35) 『高麗史』卷78, 食貨志1 貢賦 明宗 18년 3월조 : 中-729. 호적에 등록되어 군현 주민의 일환을 이루는 공호는 貢役을 부담하는 자로서, 田稅·鄕役 등의 특정한 역을 제외한 일반 요역 모두를 부담하였다. 그런데 이것은 수취부담이란 측면에서의 명칭이고, 포괄적인 의미에서는 百姓을 말한다고 한다(北村秀人, 1981,「高麗時代の貢戶について」『人文硏究』32-9, 大阪市立大). 한편 貢戶民은 處干과 所民이 主구성인자였을 것이라는 견해도 있다(이인재, 앞의 논문, p.125).

있고 貢鹽은 정해진 액수가 있는데, 근년에 와서 염호는 날로 줄어들었으나 바치는 액수는 그대로 있다. 중앙과 지방에서 소금을 관할하는 관원들은 실지 조사를 하지 않고 도망간 호가 내어야 할 소금까지 貢戶에게 加徵하여 본래의 수를 채우고 있기 때문에 민이 심히 이를 괴로워한다. 만약 도망간 자가 있으면 所在 官司에서 추쇄하여 本役으로 돌려보내게 하고, (도망하여) 찾아내지 못한 자와 죽었거나 자손이 없는 자에 대해서는 공액 전부를 없애도록 할 것이다. 諸倉의 貢民들도 또한 이 예에 따르라" 하였다(『高麗史』卷79, 食貨志2 鹽法 : 中-741).

즉 각처에 있는 염호는 정해진 수가 있고 그들이 바치는 소금은 정해진 수가 있는데, 근래 염호의 수가 날로 감소하고 있는데도 바치는 액수는 변하지 않고 그대로 있다. 그런데 이를 관할하는 관원들은 실지 조사를 하지 않고 도망간 호가 내야 할 소금까지 공호에게 加徵하여 본래의 액수를 채우기 때문에 민이 심히 고통스러워 하니, 도망간 자가 있을 경우에는 추쇄하여 본역으로 복귀시키고, 추쇄가 불가능한 자와 당사자가 죽었거나 자손이 없는 자에 대해서는 바치는 액수를 전부 없애라고 하였다. 이 기사에는 염호와 공호가 함께 등장하고 있다. 이들의 관계에 대해서는 이들의 부담체계나 계층이 전혀 다른 존재였다고 보는 견해와[36] 염호를 공염을 부담하는 공호의 일종으로 보는 견해가 있다.[37] 여기서 貢民은 주부군현의 '貢戶之民'을 지칭한 것으로 보아 후자의 견해가 옳다고 이해된다.

명종 18년(1188) 3월에 制를 내려 이르기를, "諸 주부군현의 百姓들은 각각 貢役이 있는데, 근래에 지방 관료들이 使令에게 위촉하여 役價를 징수하고 그가 바쳐야 할 貢賦를 해당 연도가 지나면 면제시키니, 緣吏의 무리들도 모두 이 방식을 따르니 役이 고르지 않게 되고 있다. 貢戶之民들이

---

36) 北村秀人, 위의 논문, p.681.
37) 姜順吉, 1985, 「忠宣王의 鹽法改革과 鹽戶」『韓國史研究』48.

이 때문에 도망 流散하니, 각도에 파견된 使者들은 각지를 돌아다니며 조사하여 이러한 관원들이 있으면 죄를 나에게 보고하고, 기타 연리는 刑에 따라 파직시켜 공역을 고르게 하라." 하였다(『高麗史』卷78, 食貨志1 田制 貢賦 : 中-729).

주부군현의 백성은 모두 貢役을 부담하였는데, 지방수령과 吏屬들이 백성들로부터 미리 役價를 받아 착복하고 그 대신 그들의 공역을 면제해 주었기 때문에 나머지 백성들의 역부담이 과중하게 되어 역부담자인 공호들이 유망하게 되었다는 것이다. 공역을 면제받았던 층은 어느 정도 재력을 갖춘 농민층이었을 것이다. 그들은 지방수령과 이속들에게 역가를 선납하고 공역을 면제받음으로써 그렇지 못한 농민들에게 결과적으로 과중한 공역을 전가시켜 민의 유망을 초래하게 하는 요인으로 작용하였다.

공호는 원래 자기 田地를 경작하면서 국가에 조·용·조를 부담하였던 국가 직속의 공민적 존재인 농민이었다. 위의 사료에서 '諸 주부군현의 百姓'이라고 표현한 백성의 존재가 곧 그것을 말한다. 조·용·조를 부담하였던 공호는 무인정권, 몽골과의 전란 등의 사회적 변동을 겪고 난 이후 공민으로서의 사회경제적 자격을 상실당하고 王室·權貴의 농장에 예속되어 私民化한 비자립적 挾戶농민으로 점차 변질되어 갔다.[38] 다음의 기사는 공호의 원래 모습과 그로부터 변질된 모습을 보여준다.

충렬왕 4년(1278) 7월 왕이 원나라에 있을 때 哈伯 平章이 강수형·조인규에게 말하기를, "어제 칙령을 내려 백성들을 안집할 대책을 논의한 후에 보고하라." 하였다. 왕이 곧 재추와 3품 이상들에게 이것을 의논하라고 명하였더니, 모두가 말하기를 "上下 모두 處干을 없애고 부역을 부과하도록 하는 것이 가하다"고 말하였다(處干은 남의 땅을 경작하여 租는 그 주인에게

---

38) 金泰永, 1978, 「科田法下의 自營農에 대하여」『韓國史研究』20.

바치고 庸·調는 관에 내는데, 즉 佃戶이다]. 당시 권귀들이 민을 많이 차지하고 이것을 처간이라 하였는데, 3세를 포탈하였기 때문에 그 폐단이 아주 심하였다(『高麗史』 卷28, 世家28 : 上-581).

위의 기사는 몽골과의 전쟁이 끝난 지 얼마 되지 않은 講和 초기 고려의 국내사정을 전해주는데, 권귀들이 민호를 影占하여 避役이 극심하게 되자 元의 조정이 고려 백성의 안집책을 강구토록 종용한 내용이다. 그것은 권문세족들이 그들의 농장에 일반 양민들을 占匿·聚集하여 이들을 處干이라 지칭하고 사역함으로써 관에 부담해야할 3세를 모두 포탈하고 있기 때문에 처간을 혁파하고 부역을 부과하자는 것이다. 처간은 佃戶라고도 하였는데, 그들은 남의 토지를 경작하여 租는 그 주인에게 바치고, 庸과 調는 관에 부담하는 자라 하였다. 여기서 '남의 토지'라는 표현은 수조권이 설정된 토지, 즉 田主가 설정된 토지라는 뜻으로 풀이된다. 그러므로 처간의 원래 실체는 자영농민이었다. 그러나 이제는 권귀의 지배를 받는 처지로 전락하게 되었음을 위 사료는 전해준다. 처간은 적어도 자기 소유지는 그대로 소유하면서 국가의 부역을 비법적이나마 면제받는 대신에 私的으로 占匿되어 무상으로 부역을 제공당하고 있는 그러한 자영농민이었다.[39] 당시 권세가들은 자기의 田庄에 공호를 影占하여 公籍에 올리지 않고 사사로이 사역함으로써 貢役을 포탈하였는데, 자신의 농장에 招匿한 공호를 처간이라 지칭하였다고 본다.

처간의 성립 시기는 원간섭기에 들어서는 충렬왕 이후라 생각된다. '干'이란 칭호는 특정한 일을 하는 자의 卑稱으로, 조선초기에는 특정물자를 납부하거나 특정기관에 예속되어 천민에 준하는 처우를 받던 일부의 定役戶에게도 쓰여지게 되었다. 稱干者는 고려의 처간에 기원을 두고 특정기관에

---

39) 李景植, 1986, 「高麗末期의 私田問題」 『朝鮮前期土地制度硏究』, 일조각, pp.49~50.

예속되어 定役을 바치던 자가 '干'이라 지칭되면서 형성되었고, 조선초기에 많이 나타나는 칭간자가 공물·진상을 납부하던 정역호였던 것은 이러한 과정에서 형성되었을 것으로 보인다.[40]

공호는 왕측근 세력인 內豎之徒에게도 공역을 포탈당하기도 하였다.

> 우왕 14년(1388) 8월 헌부가 상소하기를, "……司僕寺는 乘輿의 馬政을 관장하는 곳으로 주나라 伯冏의 임무와 같은 것입니다. 임금을 가까이 모시는 사람이기 때문에 그 선발이 가장 중요한데, 근래에 와서 내시의 무리들이 별도로 內乘을 정해 그 직을 제 마음대로 임명하여 날로 그들의 횡포가 더욱 심합니다. 말먹이 꼴을 거둘 때에는 온갖 수단으로 겁탈하고 그것을 서울로 나를 때에는 農牛가 廢이나 넘어지니, 경기 고을들은 파산되고 독이 미치고 있습니다. 1개 州에서 바치는 곡초의 값이 布로 거의 900필에 달합니다. 주군이 모두 이러한데, 貢戶를 驅從이라는 명목으로 부리는 것이 거의 千百人에 달합니다. (그들을) 公籍에는 등록도 하지 않고 사사로이 농장을 설치하여 그들을 노예처럼 부립니다." 하였다(『高麗史』 卷84, 刑法志1 公式 職制 : 中-848~9).

즉 內乘은 왕실에서 필요로 하는 馬匹을 관장하던 사복시와는 별도로 둔 관부인데, 이것이 언제 설치되었는지는 확실하지 않지만 우왕 때 내시의 무리들이 그 직을 제 마음대로 임명하여 그들의 횡포가 매우 심하다는 것이다. 내승을 담당하고 있는 자들은 말 먹이를 지나치게 많이 수취할 뿐 아니라 많은 공호를 영점하여 公籍에 올리지 않고 자신들의 농장에서 사사로이 사역함으로써 공역을 포탈하였다.

몽골과 30여 년의 전쟁으로 국가와 왕실재정은 많은 진전의 발생으로 인해 수조지가 크게 감소되어 고갈된 상태였다. 원종 14년(1273)에는 內莊宅이 고갈되어 하루 저녁의 御飯米가 없을 정도였다는 점으로 보아[41] 당시의

---

40) 徐明禧, 앞의 논문.

왕실의 재정상태가 어떠했는지를 짐작할 수 있다. 충렬왕 때의 內房庫, 충선왕 때의 德泉庫, 충혜왕 때의 寶興庫 등은 이러한 연유에서 설치된 것이었다.[42]

고려중기 이후 常徭와 雜貢이라는 세목이 부과된 것도 국가재정의 확보와 관련이 있다고 생각된다. 잡공에 관한 기록은 고종 13년(1226)의 制에 처음 나타나는 것으로 보아,[43] 이전부터 시행해온 것으로 이해된다.[44] 이에 대한 구체적인 자료가 찾아지지 않아 단정할 수 없지만, 12세기 이후 유망민의 증가에 따라 공납 수취의 부족을 초래하게 되자 국가재정적 차원에서 새로이 부과된 부세라 생각된다.

상요와 잡공에서 주목되는 점은 3稅·常稅 등에 비해 자주 감면의 대상이 되고 있다는 점이다.[45] 이는 다른 세목에 비해 상대적으로 재정적인 중요성이 적고 징수의 명분이 약하였기 때문이라는 견해도 있지만, 한편으로는 그것의 부담이 무거워 이를 감면함으로써 농민을 안집하는 효과도 컸기 때문에 자주 감면 대상에 포함된 것이 아닌가 생각된다.

고려후기에는 과렴 등의 임시세를 징수하기도 하였다. 과렴은 국가에

---

41) "元宗十四年二月 庚子 內莊宅告匱 闕御飯米一夕"(『高麗史』 卷27, 世家27 : 上-557).

42) 周藤吉之, 1939, 「高麗朝より朝鮮初期に至る王室財政」 『東方學報』 10.

43) "高宗十三年三月 制曰 全羅道飢甚 有蓄儲州郡 宜發倉賑給 其無蓄儲州郡 各於私處 取其贏餘賑給 待豐年償之 自甲申年後 三稅常徭雜貢 並皆停減 以待豐年收納"(『高麗史』 卷80, 食貨志3 賑恤 水旱疫癘賑貸之制 : 中-771).

44) 강진철은 "獻宗元年冬 肅宗卽位詔 免州縣今年租稅 其徭貢未納者 限癸酉年蠲免"(『高麗史』 卷80, 食貨志3 賑恤 恩免之制 : 中-763)에 나오는 徭貢을 常徭와 雜貢의 약칭으로 간주하여 상요와 잡공은 고려전기(현종·숙종 이전)부터 있었다고 한다. 김재명은 "忠烈王二十四年正月 忠宣王卽位下敎……一, 諸州府郡縣 稅及常徭雜貢 住年未收者 幷今年徭貢 亦令全除"(『高麗史』 卷80, 食貨志3 賑恤 恩免之制 : 中-764)에 나오는 요공을 상요·잡공의 약칭으로 보고 있다. 그러나 박종진은 문자 그대로 요역에 의한 공물이라는 견해를 제시하고 있다(박종진, 1990, 앞의 논문).

45) 상요와 잡공이 고려중기 이후 하나의 세목으로 존재하였지만, 그 징수의 명분은 약한 반면에 백성들의 반발이 커지게 되자 충숙왕 원년에 잡공의 詳定이 이루어지게 되었다고 한다(박종진, 위의 논문, p.212).

큰 일이 생겼을 때 소요되는 임시지출에 대비한 일종의 부가세로서, 기록상으로 의종 이후 고려말까지 나타난다.[46] 특히 고종·원종·충렬왕 때에 집중되었는데, 이는 오랜 전쟁과 그 여파로 인해 재정수입이 악화된 반면 대원관계에 따른 재정지출이 늘어났기 때문이다. 당시 과렴의 용도는 일본정벌 부담, 대원관계와 관련된 國贐·盤纏비용 등이 많았다.[47] 민의 공물부담은 원간섭기 이후 더욱 가중되었다.

충숙왕 5년(1318) 5월에 하교하기를, "……(元에) 事大한 이래 國用이 번다함에 따라 사신을 諸道에 보내 공물을 징수하는데, 그 임무를 맡은 자가 公事를 빙자하여 개인의 이익을 도모하므로 사람들이 그것을 매우 괴로워하고 있다. 이제부터 공물과 程驛 등의 임무는 모두 提察에게 맡길 것이다.……원나라 황제에게 別進할 해산물로서 새우·조개 등에 대해 都津丞 申烜이 年例의 액수 외에 마음대로 그 수량을 늘리어 종전 액수와 함께 貢案에 기재하였기 때문에 민에게 많은 해를 끼쳤다. 이미 신훤을 옥에 가두어 죄를 다스리고 있으니 신훤이 증액한 수량을 삭제하라"고 하였다(『高麗史』 卷84, 刑法志1 公式 職制 : 中-845).

원갑섭기에는 원에서 매 뿐만 아니라 金·銀·布帛·곡물·인삼 등 갖가지 공물을 요구했다.[48] 원에 보낼 공물을 징수하는 과정에서 그 임무를 맡은 공물징수관이 公事를 빙자하여 사리를 도모함에 따라 민인의 수탈은 가중되었다. 충숙왕은 그들의 작폐를 막기 위해서 공물 수송의 임무를 모두 提察使에게 맡기도록 하였다. 諸道에 파견되어 공물을 징수했던 자들은 아마 別監이었을 것이다.[49] 또한 都津丞 申烜이 원나라 황제에게 別進할 해산물

---

46) 『高麗史』 卷79, 食貨志2 科斂 : 中-746.
47) 안병우, 1998, 「高麗後期 臨時稅 징수의 배경과 類型」 『한신논문집』 15. 國贐은 몽골사신에게 주는 路資이고, 盤纏은 고려사신에 주는 路資이다.
48) 張東翼, 1994, 「麗·元의 經濟的 關係」 『高麗後期外交史硏究』, pp.133~139.

을 연례의 액수 외에 마음대로 수량을 늘려 공안에 기재하여 민에게 많은
해를 끼치자, 충숙왕이 그를 옥에 가두고 죄를 다스리게 했던 것이다.

13세기 말 이후에는 공물대납이 확산되어 갔다. 고려중기에는 공물 일부
를 평포로서 折價代納케 한 경우도 있었지만,[50] 고려후기에는 전기와는
다른 양상을 띠고 있다.[51] 당시 대납을 주도하는 층은 부세를 거두는 諸司의
관리와 謀利之人·貨殖之徒·郡人住京者 등으로 지칭되는 사람들이었다.

> A-① 충렬왕 22년(1296) 5월 中贊 洪子藩이 조목으로써 민을 편리케 할
> 일을 올리기를, "……근래에 외방에 사고가 많아 納貢의 때를 잃게
> 되자 諸司의 官吏와 謀利人이 자기의 물품을 先納하고 그 文憑을 받아
> 지방에 내려가 그 값을 많이 취하기 때문에 민이 실로 감당하지 못하니
> 마땅히 이를 금해야 할 것입니다." 하였다(『高麗史』 卷84, 刑法志1 職制 :
> 中-843).
>
> A-② 충숙왕 후8년(1339) 5월 감찰사에서 금령을 榜示하기를, "兩倉에 납부
> 해야 할 祿轉과 各司에 납부해야 할 공물이 근래 輸納하는 시기를
> 잃어 용도가 부족하게 되어 貨殖之徒로 하여금 이 기회를 틈타 利를
> 얻게 하는 결과를 가져왔다. 이들은 먼저 本을 바치고 곧바로 그 지방에
> 가서 이익을 배로 거두니 민이 어찌 감당할 수 있으리오 각도의 存撫·按
> 廉·守令 等의 官員으로서 輸納의 기한을 늦춘 자에게는 엄중히 糾劾을
> 가할 것이다." 하였다(『高麗史』 卷78, 食貨志1 貢賦 : 中-730).

---

49) "忠宣王復位三年三月傳旨 一, 每遣別監 探取鶻子 民受其害 今後仰提察司 差人探
   取"(『高麗史』 卷84, 刑法志1 公式 職制 : 中-845).

50) 『高麗史』 卷78, 食貨志1 田制 貢賦 : 中-729.

51) 공물대납의 발생원인에 대해서는 국가재정의 궁핍화(白南雲, 1937, 『朝鮮封建社會
   經濟史』, pp.424~425), 貢賦上納의 연체(田川孝三, 1964, 『李朝貢納制の研究』,
   p.337), 권세가의 토지겸병과 농장의 확대가 실현되어 부의 축적이 다소 가능했던
   사회경제적 배경(鄭亨愚, 1965, 「高麗 貢物制度에 對하여」 『史學會誌』 5, p.58),
   민간 생산의 잉여가 비축될 수 있는 경제적 조건 하에서 유통경제의 발전(姜晉哲,
   앞의 책 및 金東哲, 1985, 「高麗末의 流通構造와 商人」 『釜大史學』 9) 등 다양한
   견해가 있다.

A-③ 공민왕 원년(1353) 2월 宥旨를 내리기를, "諸官司에 外郡의 貢賦를 未輸한 것은 먼저 郡人으로 京師에 거주하는 자에게 징수하니, 京師에 거주하는 자가 稱貸하고 민에게서 배로 거두며, 또 먼저 2·3년 혹은 4·5년의 貢賦를 징수하니 폐가 막심하다. 금후부터 무릇 공부를 守令·按廉이 납기 내에 送納하도록 하고, 監察은 엄중히 體察하여 민의 해를 제거하도록 하라." 하였다(『高麗史』 卷78, 食貨志1 貢賦 : 中-730).

A-①은 외방의 사고로 제 시기에 납공을 못하게 되자 諸司의 官吏와 謀利之人이 자기의 물품을 선납한 후에 친히 그 증빙문건을 받아 그 지방에 내려가서 민호로부터 값을 받는데 원래 바친 액수 이상을 징수함으로 인해 농민들이 피해를 받는다는 것이다.

A-②는 왜구의 출몰로 조운이 두절되어 납공의 適期를 잃게 되어 각사의 재정용도가 부족하게 되자 貨殖之徒가 이 기회를 틈타 대납하는데, 이들은 먼저 本을 바치고 그 지방에 내려가서 배로 징수하므로 민이 이를 감당하지 못한다는 것이다.

A-③은 諸官司에 外郡의 공부를 제때 납부하지 못할 때에는 해당 군현인 중 경중에 거주하는 자에게 먼저 공물을 징수하면, 이들은 稱貸하고 민에게서 배로 징수할 뿐만 아니라 2~3년 혹은 4~5년치의 공물을 引納하기도 하여 폐가 막심하다는 것이다.

당시 공물대납에 종사하였던 謀利之人·貨殖之徒를 어떤 특정 관사에 공부 수취관계로 예속되어 있는 군현사람으로 보는 견해도 있으나,[52] 이들은 유통구조 속에서 성장한 상인층이라 생각된다.[53] 이들은 공물을 대납한 후에 그 대가를 민으로부터 징수하였기 때문에, 공물대납은 결국 민호의 몰락을 촉진하였다.

---

52) 盧鏞弼, 1984, 「洪子藩의 便民十八事에 대한 연구」 『歷史學報』 102, p.41.
53) 金東哲, 앞의 논문.

이상에서 살펴본 권세가들의 공호민의 탈점과 공물징수관의 작폐, 공물대
납 등으로 인해 민의 부담은 날로 가중되어 민의 유망을 더욱 촉진시켰다.[54]
향리·백성 등은 공납액을 충당하기 위해 稱貸까지 하기도 하였고, 심지어
향리 중에는 스스로 목을 매는 자까지 발생하였다.[55]

국가의 재정은 더욱 어려운 지경에 처하게 되어 3년의 공물을 미리
받아들여도 오히려 부족한 실정이었다.[56] 국가는 재정을 해결하기 위해
常貢보다 橫斂에 치중해야 했다.[57] 충선왕은 국가재정의 위기를 극복하는
방법의 하나로 鹽전매제를 실시하여 제도의 염분을 民部에 소속시키고
염가를 전매하였지만, 염전매제는 얼마 안 되어 염호의 도망, 왜구의 침략,
권세가의 염분탈점 등으로 염의 공급부족 현상을 초래하였고, 염의 공급부족
은 管鹽官의 부정, 私鹽의 흥행 등 또 다른 문제점을 야기하였다.[58]

3. 고려후기 공납제 개정의 방향

공부는 군현단위로 설정되어 있었지만 그것을 최종적으로 부담하는 것은
民戶였다. 각 군현에서 민호를 대상으로 공물을 징수할 때에는 호구와
토지를 고려하여 호의 등급에 따라 분정하였다.

호를 등급별로 편성한 것은 수취체제와 밀접한 관계가 있는 것인데,

---

54) 『高麗史』卷84, 刑法志2 職制 : 中-843.

55) "忠惠王後四年七月 追徵各道往年貢賦 餘美縣吏 不堪其苦 遂自刎"(『高麗史』卷79,
食貨志2 戶口 : 中-732).

56) "辛禑十四年三月 九妃三翁主諸殿 上供之物浩繁 倉庫匱竭 預徵三年貢物 猶不足
又加橫斂 民甚苦之"(『高麗史』卷78, 食貨志1 田制 貢賦 : 中-730).

57) "忠烈王五年九月 分遣計點使於諸道 初都評議使司言……近來兵饉相仍 倉儲懸罄
橫斂重於常貢"(『高麗史』卷79, 食貨志2 戶口 : 中-732).

58) 姜順吉, 앞의 논문 및 權寧國, 1985, 「14세기 權鹽制의 成立과 運用」『韓國史論』
13 참조.

편제할 때 그 기준이 인정인가 토지인가는 매우 중요한 문제이다. 그것은 수취기준의 측면에서 뿐만 아니라 당시의 사회적 성격을 파악하는 단서가 된다는 점에서 주목해야 할 문제이기 때문이다. 그 기준에 대해서는 고려후기까지 변함없이 人丁의 多寡에 의해 부과되었다는 견해59)와 인정에서 田結기준으로 부과되었다는 견해60)가 있다.

고려전기의 호등편제는 "編戶는 人丁의 多寡에 따라 9등으로 나누어 부역을 정한다"61)고 하였는데, 공부와 요역은 9등호제에 의거하여 분정되었다.62) 인정의 다과에 따른 9등호제는 고려후기까지 계속 시행되었던 것으로 보인다.

> 우왕 원년 2월 교서를 내리기를, "민을 부리는 道는 되도록 후하게 해야 한다. 금후로는 각 지방의 민호를 모두 서울에서 현재 행하는 법에 의거하여 대·중·소 3등으로 분간하고, 중호는 2호를 합하여 1호로, 소호는 3호를 합하여 1호로 삼되, 무릇 징발에서 힘을 합하여 서로 돕게 함으로써 失所지 말게 하라" 하였다(『高麗史』 卷84, 刑法志1 公式 戶婚 : 中-853).

위의 기사는 외방 각처에서도 경중에서 행하는 3등호제를 良法으로 삼아 시행케 하려는 교서 내용으로 보아 우왕 원년(1375) 이전에는 이와는 다른 호등제가 실시되었음을 알 수 있다. 이는 이전까지 시행되던 9등호제를

---

59) 今堀誠二, 姜晉哲, 李惠玉(1985), 앞의 논문.

60) 李貞熙, 1985, 앞의 논문.

61) "編戶 以人丁多寡 分爲九等 定其賦役"(『高麗史』 卷84, 刑法志1 戶婚 : 中-852). 여기서 부역은 공부와 요역을 아울러 말한다(姜晉哲, 앞의 책, pp.275~276).

62) 이혜옥은 고려전기부터 후기에 이르는 어느 시기에 3등호제로 바뀌었다고 하였고 (李惠玉, 1980, 앞의 논문, pp.76~83), 김기흥은 고려초기를 제외하고 거의 全시기에 걸쳐 재산을 기준으로 한 3등호제가 실시되었다고 한다. 그 근거로 형법지 戶婚條의 내용에는 편년이 없고, 『고려사』의 다른 기록들에서 9등호제가 전혀 나타나지 않고 오히려 3등호제 기록이 많다는데 근거를 두고 있다(金基興, 1991, 『삼국 및 통일신라 세제의 연구』, pp.114~116).

대신하여 이제 3등호제를 시행하려고 한 내용을 담고 있다. 고려말에 이르러
3등호제가 극히 짧은 기간에 시행되기도 하였지만,[63] 그 이전의 대부분
기간에는 인정의 다과에 따른 9등호제가 실시되었다고 하겠다.

인정을 중시하였던 고려정부에서는 丁의 연령층에 있는 사람에 대해서는
철저하게 파악하였다. 고려초기의 호구조사는 기록이 찾아지지 않아 구체적
인 실상을 알 수 없다. 그러나 태조 때부터 지역에 따라서 호적의 형식을
띤 '郡司籍'이 존재하였고, 특히 성종 5년(986)에 內外의 호구조사를 시행하
였다는 「慶州府尹先生案」의 기록을 고려한다면 이미 전국적인 호구조사가
시행된 것으로 보인다.[64]

주현에서는 해마다 백성의 나이 16세부터 59세에 이르는 丁의 戶口를
헤아려 호적을 작성하여 이를 戶部에 바치면, 徵兵과 調役은 호적에 의거하
여 징발하였다.[65] 가장이 그의 가족 구성원에 대해 보고할 때 정에 해당되는
연령인데도 고의로 누락시키거나 혹은 나이를 늘리거나 줄여서 호적에
이름을 올리지 않고 課役을 면하게 한 행위,[66] 里正의 부주의로 인구를
누락시키거나 혹은 나이를 늘리거나 줄여서 호적에 이름을 올리지 않고
과역을 면하게 하는 행위에 대해서는 徒刑 혹은 杖刑에 처하였다.[67] 즉

---

63) 3등호제가 실시되었음을 시사하는 사료는 다음과 같다. "忠烈王十五年二月 富商
大戶三石 中戶二石 小戶一石 各道輸米有差 唯除東界平壤二道"(『高麗史』 卷79,
食貨志2 科斂 : 中-744) 및 "恭愍王三十一年九月 以調度不給 增斂於民 大戶米豆各
一石 中戶米豆各十斗 小戶米豆各五斗 名之曰 無端米 民甚苦之"(『高麗史』 卷79,
食貨志2 科斂 : 中-746).

64) 具山祐, 1988, 「高麗前期 鄕村支配體制의 成立」 『韓國史論』 20, p.101.

65) "國制 民年十六爲丁 始服國役 六十爲老而免役 州郡每歲 計口籍民 貢于戶部 凡徵兵
調役 以戶籍抄定"(『高麗史』 卷79, 食貨志2 戶口 : 中-732).

66) "家長 漏口及增減年壯 免課役者 一口徒一年 二口一年半 五口二年 七口二年半
九口三年 若增減非免課役 四口爲一口 罪止徒一年半"(『高麗史』 卷84, 刑法志1 公式
戶婚 : 中-852).

67) "里正 不覺漏脫增減 出入課役 一口笞四十 四口五十 七口杖六十 十口七十 十三口八
十 十六口九十 二十口一百 三十口徒一年 四十口一年半 五十口二年 六十口二年半

가장이나 이정이 丁에 해당하는 연령층에 있는 사람을 고의든 부주의든 간에 누락시켰을 경우에는 엄벌에 처했다.

　광종대에 공부제가 제정된 이후 개편이 이루어지는 것은 몽골과의 전쟁이 종료된 이후인 원종 10년(1269)의 일이었다.

　　충렬왕 18년(1292) 10월에 下敎하기를, "諸道의 민들이 (원과의) 전쟁이 일어난 이후 유망하여 실업하게 되어 원종 기사년에 民戶를 計點하고 貢賦를 다시 정하였으나, 그후 賦斂이 불균하여 민들이 그 고통을 받고 있으니 사신을 다시 보내어 戶口의 증감과 土田의 墾荒을 조사하여 민의 부세를 計定하여 민생을 편안케 하라" 하였다(『高麗史』 卷79, 食貨志2 戶口 : 中-732).

　기사년(원종 10년, 1269)의 공부는 민호를 계점하여 수립된 것으로써 몽골과의 전쟁으로 줄어든 공부의 양을 호구조사를 통해 재조정한 것이다. 이때 민호를 계점하여 공부를 다시 정하였으나 오직 호구만을 기준으로 한 불완전한 것이었기 때문에 공부 수취가 여전히 불균하여 민이 그 피해를 받게 되자, 충렬왕은 사신을 다시 파견하여 호구의 증감과 토지의 墾荒을 헤아려 공부를 개정하도록 하였다. 그후 충렬왕 34년(1308) 11월에 있었던 대사면을 선포한 하교에도 마찬가지 방향의 개혁이 시도되었다.

　　생각건대 祖王께서 나라를 창건할 때에는 법도가 모두 갖추어졌던 것이 후대에 내려오면서 점차 쇠퇴해졌다. 근년에는 또 간신이 세력을 잡아 國權을 우롱하고 기강을 문란하게 하여 公私의 민전을 모두 빼앗기게 되었다. 인민들은 먹기가 어렵게 되고 官의 창고는 텅 비게 되었으나 私門의 富는 넘치니 내가 통탄하는 바이다. 이에 使者를 뽑아 보내어 민전을 點數[點數民田]하고 조세를 균평하게 부과[均租定賦]하여 옛날의 법도를

若知情同家長 法科之"(『高麗史』 卷84, 刑法志1 公式 戶婚 : 中-852).

이어 쫓으려고 하는 것이다. 이것은 한편으로는 國用을 충분히 준비하기 위함이며, 한편으로는 녹봉을 넉넉히 주기 위함이며, 한편으로는 民産을 풍족하기 위한 것이다. 하물며 새로 왕위에 오른 때이니 마땅히 은택을 베풀어야 하겠다(『高麗史節要』 卷23).

즉 公私의 田民이 모두 私門에 탈점되어 있기 때문에 인민의 생활과 국가재정은 궁핍에서 벗어나지 못한 반면에 사문에는 富가 넘치고 있다는 것이다. 충선왕은 이것을 시정하기 위해 使人을 보내 민전을 點數하고 조세를 균평하게 부과하여 국용을 충분히 준비하고, 녹봉을 넉넉히 주고, 민산을 풍족하게 하겠다는 것이다. 위의 기사의 핵심내용은 '點數民田'과 '均租定賦'로 되어 있다. 이것은 호구뿐만 아니라 토지까지도 수괄함으로써 이전에 제정된 수취체제의 모순을 극복함과 동시에 향후 개혁에 있어 부세기준으로 삼겠다는 하나의 방향이 제시된 것이라 이해된다.[68]

다음의 기사는 상왕으로서 권한을 행사하고 있던 충선왕이 田民計定使를 불러 공부의 개정과 관련하여 하명한 기록이다.

(충숙왕 원년 정월) 충선왕이 전민계정사에게 유시하기를, "선왕께서 주현을 설치하고 공부를 정하여 적당한 시기에 민에게서 거두어 국용에 충당하였는데, (원과의) 전쟁이 일어난 이후부터 호구는 적어지고 전지는 황폐해져 공부의 수입이 예전과 같지 않게 되었다. 기사년에 양전하여 (공부)액을 정한 후로부터 提察·守令이 그 액을 고집하여 (그 수량에 도달할 때까지) 徵斂하기를 그치지 않으니 민들을 고통스럽게 하는 바가 실로 많다. 마땅히 현재의 전지와 호구를 가지고 공부를 다시 정하고[更定貢賦], 民이 유망하고 田野가 황폐한 것은 연한을 정하여 (공부를) 면제하도록 하고, 그 나머지 雜貢도 또한 詳定하되 감하는 것은 있어도 증가하는 것은 없게 할 것이며, 무릇 모든 민폐도 적절하게 고쳐 바로잡도록 하라."

---

68) 朴京安, 1990, 「甲寅柱案考」 『東方學志』 66, pp.106~114.

하였다(『高麗史』卷78, 食貨志1 貢賦 : 中-730).

원종 10년(1269)에 개정한 공부는 그후 호구가 줄고 토지가 황폐해졌기 때문에 공부의 수입이 줄어들게 되었으나 현지 수령들은 이를 고려하지 않고 그때 정한 액수를 그대로 고집하여 징수하니 그것이 현실에 맞지 않다는 것이다. 이로 인해 백성들이 고통을 겪고 있으므로 마땅히 현재 전지와 호구를 기준으로 하여 공부를 경정하도록 하고, 백성들이 유리하고 토지가 황폐된 경우는 연한을 정해 감면하고, 그 밖의 잡공은 마땅히 詳定하여 늘어남이 없도록 하고, 모든 민폐는 이치에 맞게 고쳐서 바로잡을 것을 명하고 있다.

여기서 주목되는 것은 전쟁으로 공부의 수입이 예전과 같지 않으나 기사년에 세액을 정한 이후 제찰·수령이 그 공부액을 고집하고 있다는 점이다. 이것은 충선왕의 재즉위년(1308) 직후 실시된 計點事業의 효과가 제한적이었기 때문에 공부를 부과함에 있어서는 불가피하게 기사년의 수취 기준을 따를 수밖에 없었다는 사실을 전해주는 것으로 이해된다. 충선왕은 바로 이 점에 문제가 있음을 알고 현재의 토지와 호구로써 공부를 다시 정하되 진황전에 대해서는 일정한 기간 동안 세를 감한다는 조치를 내리고 있다. 진황전에 대한 시한부 수세감면은 일차적으로는 유민을 방지하고 개간을 유도하면서도 이 시기 진전을 사칭하여 賜牌地로 삼거나 면세혜택을 누리고 있는 豪勢之家의 횡포를 견제하기 위한 조처로 보인다.[69] 여기서 '更定貢賦'는 양전과 호구조사를 통하여 군현단위의 공부를 조정하는 것만을 의미하는 것이 아니라 군현단위의 공부와 전세액의 재조정을 합하여 표현한 것이다.

충숙왕은 토지와 인구를 중심으로 공부를 개정하라고 한데 이어 채홍철을

---

69) 朴京安, 1985,「高麗後期의 陳田開墾과 私田」『學林』7, pp.63~64.

五道巡訪計定使로, 한중희를 副使로, 최득평을 判官으로 삼아 量田하여 공부를 제정하게 하였다.[70] 5도순방계정사의 역할은 전국을 돌며 州郡의 殘盛을 보아 그 공부액을 균정하게 하여 국용을 넉넉히 하도록 하되 반드시 백성들을 안집하는 것이었다.[71] 이때 5도 田籍을 작성하는 과정에서 이루어진 양전은 원종대 이후 진행된 토지개간과 생산력 발전으로 야기된 부세징수의 불균등 문제를 해소함과 동시에 공부를 개정하는데 있었다. 그리하여 호구만을 바탕으로 하여 불완전하게 조정된 기사년(원종 10년)의 공납액은 재조정되었다. 그 결과 이제 토지와 호구를 바탕으로 수세하는 것을 원칙으로 하였는데, 이것이 충숙왕 원년(1314)에 작성된 甲寅柱案이다.[72] 이는 6년에 걸쳐 실시된 전국적 규모의 量田과정에서 작성된 作丁臺帳이었다.[73] 민호에 대한 공납의 수취기준이 인정과 토지를 절충하여 부과되기 시작한 것은 갑인주안이 작성된 이후라고 본다.[74]

공납의 수취기준이 인정에서 토지를 절충하여 부과된 것은 이 시기 농업생산력의 상대적 발전에 따라 토지의 경제적 비중이 그만큼 커졌음을 반영한 것이라 할 수 있겠다.[75] 일반적으로 인정과 토지를 절충하여 부과함에 따라 농민경영의 교란 요인이 전기보다 상대적으로 줄어들게 되었으리라

---

70) "忠肅王元年二月 以知密直事蔡洪哲爲五道巡訪計定使·內府令韓仲熙爲副使·民部議郎崔得枰爲判官 量田制賦"(『高麗史』卷78, 食貨志1 貢賦 : 中-730).

71) "忠肅王元年閏三月 忠宣王傳旨曰 巡訪計定使蔡洪哲等 所定貢賦 視州郡殘盛 均定其額 以贍國用 要令百姓安業"(『高麗史』卷78, 食貨志1 貢賦 : 中-730).

72) 朴京安, 1990, 앞의 논문.

73) 李景植, 1991, 「高麗時期의 作丁制와 祖業田」『李元淳敎授停年紀念 歷史學論叢』.

74) 우왕 14년(1388) 8월 대사헌 趙浚이 "近來 戶籍法壞 守令不知其州之戶口 按廉不知一道之戶口……願今當量田 審其耕作之田 以所耕多寡 定其戶上中下三等 良賤生口 分揀成籍 守令貢于按廉 按廉貢于版圖 朝廷凡徵兵調役 有所憑依 及時發遣"(『高麗史』卷79, 食貨志2 戶口 : 中-732~733)이라 하여 所耕田 多寡에 따라 戶를 上·中·下 3等으로 구분하여 成籍하자는 주장도 이를 바탕으로 한 것이라 생각된다.

75) 안병우, 1994, 「고려후기 농업생산력의 발전과 농장」『14세기 고려의 정치와 사회』 참조.

기대되지만, 실제로는 그렇지 않았다.

우선 計點과정에서 수립된 부세제도는 여러 가지 장애에 직면하게 된다. 당시 몽골간섭기 하에서의 외압과 이에 편승한 부원세력배 등으로 야기된 사회구조의 모순은 갑인주안을 바탕으로 한 부세제의 원만한 수행을 어렵게 하였다.76) 이는 원간섭기 이후에도 마찬가지였다. 권세가는 宗廟·學校·倉庫田 등 국가기관 내지 왕실의 토지, 寺社·祿轉·軍需田과 國人의 世業田은 물론 민인을 탈점하였다.77) 이들의 토지탈점에 따른 功臣賜田의 확대로 貢賦之田도 날로 감축되어 갔다.78)

---

76) 朴京安, 1990, 「14世紀 甲寅柱案의 運營에 대하여」 『李載龒博士還曆紀念 韓國史學論叢』, pp.233~247.

77) "比來 紀綱大壞 貪墨成風 宗廟·學校·倉庫·寺社·祿轉·軍需田及國人世業田民 豪强之家 奪占幾盡 或已決仍執 或認民爲隷"(『高麗史』 卷132, 列傳45 叛逆6 辛旽:下-857).

78) "(忠肅王 5年 5月) 下敎 功臣賜田 山川爲標 所受日廣 而不納稅 貢賦之田 日益減縮其數外剩占者 窮推還本"(『高麗史』 卷78, 食貨志1 田制 功陰田柴:中-712).

Ⅱ. 조선전기 공납제의 내용과 성격

1. 조선초기 공납제의 제정과 내용

1) 공납제의 제정

태조 이성계는 고려말 이래 누적된 공납의 폐단을 제거하고 그 모순을 바로 잡기 위해 그의 원년(1392) 10월에 貢賦詳定都監을 설치하여 그 개선안을 모색하게 하였다.

공부상정도감에서 상서하기를, "삼가 생각하건대, 전하께서……왕위에 오르신 초기에 맨 먼저 신등에게 명하여 고려왕조 貢案에서 세입의 다과와 세출의 경비를 詳考하여 損益을 참작해서 쌓인 폐단을 제거하고 일정한 법을 세우게 하셨으니, 실로 백성의 복입니다. 신등이 가만히 듣건대, 나라를 보전하려면 먼저 백성들을 사랑하여야 하고, 백성을 사랑하려면 반드시 국가의 용도를 절약해야 한다고 합니다. 검소를 숭상하고 사치를 제거하는 것은 용도를 절약하는 큰 것이며, 부세를 경감하고 폐단이 있는 법을 고치는 일은 백성들을 진정으로 사랑하는 큰 것입니다. 옛날에 나라를 잘 다스리는 사람은 토지의 생산을 헤아려 공부를 정하였고, 물산의 수입을 헤아려 그 용도를 절약하였으니 이것이 經常의 법입니다. 무릇 그 나라를 다스리는 사람은 반드시 먼저 이것을 삼가해야만 되는데 하물며 창업의

46

초기이겠습니까?……(고려)말기에 와서는 더욱 그 욕심을 극도로 내어 여러 번 그 제도를 변경하여 세입을 증가시켰지만, 토목의 역사에 소모하거나 혹은 佛神의 崇奉에 다 없어져서 府庫에 남은 물건이 없어 國用이 넉넉하지 못하였으므로 常貢 외에 또 부당한 징수를 가하여 마침내 민이 곤궁하고 재물이 흩어지게 되어서 나라가 망하게 되었습니다. 지금 교화를 혁신하는 시기를 당하여 마땅히 개정해야 됩니다. 신등이 삼가 예전의 田籍을 詳考하여 토지의 물산을 분별하였고, 공부의 등급을 마련해서 예전의 액수를 적당히 감하여 常法으로 정하였습니다.……엎드려 생각하건대 전하께서는 절약하고 검소하여 시종토록 변하지 마시고, 용도를 절약하고 백성들을 사랑하여 萬世의 家法을 삼게 하소서. 지금 정한 공부의 액수를 기록하여 책을 만들어서 狀啓와 함께 올리니 중앙과 지방에 반포하여 영구히 成法으로 삼게 하소서." 하였다 (『태조실록』 권2, 원년 10월 경신조 : 1-33나다).

공납제의 제정 내용은 첫째, 고려왕조의 공안에 근거하여 세입의 다과와 세출의 경비를 상고하고 손익을 참작해서 오랫동안 쌓인 폐단을 제거하는 것이었다. 前朝의 폐단을 제거하는 일환으로 고려후기 민의 원성이 되었던 橫歛·預徵·加徵·공물대납 등을 규제함과 아울러 공부의 납부액을 감량하는 조처로서 민인에게 부가되었던 調布·貢賦·戶布·常徭·雜貢 등의 잡다한 현물세를 대폭적으로 정리하여 공부 한 가지로 규정하였다.[1] 둘째, 田籍을 상고하여 그 토지의 물산을 분별하고 공부의 등급을 마련해서 상납할 액수를 정하는 것이었다.

그런데 당시 제정된 공납제는 전국에 걸쳐 시행된 것은 아니었다. 제주는 바다로 막혀 있어 민호의 공부를 제정하지 못하다가 태종 8년(1408) 9월에 이르러 민호의 대소를 분간하여 공부를 제정하게 되었다.[2] 그리고 평안·함

---

1) 李貞熙, 1992,「高麗後期 수취체제의 변화에 대한 일고찰-常徭·雜貢을 중심으로-」『釜山史學』22, pp.27~28.

경 양도는 고려말에 많은 병란으로 전지가 황폐해짐에 따라 공부의 법을 제정하지 못하였다. 그 원인은 전지의 황폐로 인해 收租를 관대하게 하여 민생을 풍족하게 하려는 면도 있었지만,[3] 이 지역에 여진족의 침입이 계속되는 동안 군사문제 이외의 다른 문제에 대해서는 관심을 기울일 겨를이 없었을 것이다. 그후 徙民으로 민인이 증가되고 田野가 개간되자 태종 11년(1411)에 양전을 착수하여 동왕 13년(1413) 정월에 완료하였다. 그로부터 몇달 후 평안·함경 양도에서도 각도의 예에 따라 공부를 제정하게 되었다.[4] 조선의 공납제는 개국한 지 20여 년이 경과한 후에야 비로소 전국에 걸쳐 제정되었던 것이다.

2) 공납의 내용

(1) 공납의 종류

공납은 크게 貢物과 進上으로 나눌 수 있다. 공물에는 元貢物과 田稅條貢物이 있었다.[5] 이에 대해서는 다음의 기사가 참조된다.

국가의 제도에 수조할 때 水田에서는 稻米를, 旱田에서는 豆를 거두었다.

---

2) "初定濟州貢賦 議政府啓 濟州隔海 民戶貢賦 至今未定 乞大中小戶分揀 以其土産馬匹 大戶大馬一匹 中戶中馬一匹 小戶五幷中馬一匹 勿論雌雄 擇其可騎馬匹爲賦 自己丑年(태종 7년, 1407)春節 並令出陸"(『太宗實錄』 卷16, 8年 9月 丁巳條 : 1-450 다).

3) "司憲府上書……我國朝 隨土收貢 其制尙矣 惟東西二界 曩在前朝 累經兵亂 州郡騷然 田疇荒穢 移民入鎭 以供守禦 姑爲日耕之法 寬其收租 以裕民生 貢賦之法 未遑修擧"(『太宗實錄』 卷26, 13年 11月 辛巳條 : 1-693라).

4) "量東西兩界田 議政府啓 東西兩界量田事 已曾有旨 至今仍舊 以日耕收租 非惟多寡不均 每遇水旱 他道豆粟 輸轉賑乏 誠爲未便 宜當正月 分遣量田官 令依他道例量之 至三月農務方興 姑寢之 又當九月 分遣畢量何如 從之 分遣量田敬差官判典祀寺事文聚等五十二員于東西兩界"(『太宗實錄』 卷25, 13年 正月 丁亥條 : 1-659라).

5) "二十八司元貢物及田稅條貢物"(『湖西大同節目』).

豆를 거두고 미진한 것은 木棉·麻布와 油蜜 등 생활에 필요한 물품을 거두었는데, 이것을 이른바 田結貢物이라 한다. 그밖에 수전·한전의 결수를 계산하여 雜物을 부과시켜 各司에 납부하였는데, 이것을 元貢物이라 한다(『西厓集』卷14, 貢物作米議 ;『韓國文集叢刊』 52-283~4).

즉, 원공물은 수전·한전의 결수를 계산하여 거기에 잡물을 부과하여 중앙각사에 납부하는 것이었고, 전세조공물은 미곡 대신에 목면·마포·유밀 등을 징수하여 중앙각사에 납부하는 것이었다.[6]

조선전기 각 군현에서 중앙각사에 납부하는 공물에 대해 비교적 상세히 수록되어 있는 것으로는 『경상도지리지』·『세종실록』지리지·『신증동국여지승람』 등의 관찬지리지[7]와 사찬읍지[8]를 들 수 있다. 그중 『경지』와 『세지』의 도총론과 일반군현 항목에는 당해 지역의 산물이 수록되어 있다.

다음의 표에서 보듯이 두 지리지의 항목 명칭에서는 매우 다른 양상을 보이고 있다. 도총론의 경우 『경지』에는 도복상공으로만 되어 있고, 『세지』에는 이를 세분하여 궐부·궐공·약재·종양약재 4항목으로 되어 있다. 그리고 일반군현의 경우 『경지』에는 공부·토산공물·약재·토의경종 항목으로 되어 있고, 『세지』에는 토산·토공·약재·토의 항목으로 되어 있다.

---

6) 원공물은 土貢·元定貢物·元貢이라고도 하였고, 田稅條貢物은 田結貢物·田貢·田稅所出貢物·田稅所納貢物이라고도 하였다(田川孝三, 1964, 『李朝貢納制の硏究』, pp.3~4).

7) 이하는 『경상도지리지』는 『경지』로, 『세종실록』지리지는 『세지』로, 『신증동국여지승람』은 『승람』으로 각각 약칭함.

8) 사찬읍지는 국가의 명령에 의하지 않고 군현단위로 土族과 守令이 중심이 되어 편찬한 것을 말한다. 국가적 필요에 의해 일정한 規式에 맞추어 간략하게 정리한 전국지리와는 달리 읍지는 각 지역에서 지역의 거주지가 자신의 고장에 관해 기술하였음으로 내용이 풍부한 편이다. 읍지가 각 지방에서 광범위하게 편찬되는 것은 16세기 후반부터이다. 이에 대해서는 楊普景, 1998, 「조선 중기 私撰邑誌에 관한 연구」 『國史館論叢』 81 참조.

〈표 II-1〉『경지』와『세지』의 도총론과 일반군현 항목

구 분	『경상도지리지』	『세종실록』지리지
도 총 론	道卜常貢	厥 賦
		厥 貢
		藥 材
		種養藥材
일반군현	貢 賦	土 貢
	土産貢物	土 産
	藥 材	藥 材
	土宜耕種	土 宜

『경지』와『세지』의 구성이나 기재 내용을 달리하였던 것은 그 편찬 태도에 일정한 차이가 있었을 것이라 짐작된다. 그것은『경지』가 지방에 배정된 공물의 기록에 치중하였던 데 비해『세지』는 지방에서의 실제 생산물의 파악에 보다 더 큰 목적을 두었기 때문이라 이해된다.[9]

『경지』와『세지』의 항목에서 명칭이 일치하고 있는 것은 일반군현 항목의 약재와 토의(경종)뿐이다. 이를 제외하면 도총론에서는『경지』의 도복상공과『세지』의 궐부·궐공 항목이, 일반군현에서는『경지』의 공부·토산공물 항목과『세지』의 토산·토공 항목이 문제가 된다.

그러면 각 항목에 수록되어 있는 내용부터 살펴보도록 한다.『경지』 도총론의 도복상공 항목에는 단지 槍·角弓·筒介 등의 무기류를 비롯하여 鐵·獸皮·席子·布物·해산물·과실 등 모두 59종의 물품이 수록되어 있을 뿐이다.[10] 그러나『세지』도총론에는 4항목으로 세분되어 있을 뿐만 아니라 각 항목에 수록되어 있는 물종도『경지』도총론에 비해 훨씬 많이 수록되어

---

9) 金東洙, 1993,「『世宗實錄』地理志 産物項의 검토」『歷史學研究』12, p.409.
10) 『경지』도총론에 수록되어 있는 물산은 다음과 같다. "槍, 角弓, 箭, 筒介, 鐵甲, 鍊子甲, 紙甲, 環刀, 鐵頭具, 小刀子, 別馬, 正鐵, 虎皮, 豹皮, 鹿皮, 獐皮, 狸皮, 狐皮, 水獺皮, 竹席, 皮竹籠, 皮竹箱子, 滿花席子, 細綿紬, 細木棉, 笠草, 丁香脯, 鹿尾, 乾鹿, 獐, 猪, 天鵝, 野雁, 青魚, 年魚, 大口魚, 光魚, 銀口魚, 雙魚, 文魚, 生鮑, 紅蛤, 紫蝦, 海衣, 早藿, 牛毛, 細毛, 藁蒿, 石茸, 松茸, 新乾竹笋, 生梨, 石榴, 唐楸子, 乾柿子, 紅柿子, 松子, 皮狄栗, 大棗"(『慶尙道地理志』, 亞細亞文化社, p.106).

있다.

<표Ⅱ-2> 『세지』 도총론에 수록되어 있는 도별 물종

항목	도별	경기	충청	경상	전라	황해	강원	평안	함경
궐 부	곡 물 류	12	13	7	6	11	7	6	5
	유 밀 류	5	5	5	2	5	3	1	
	포 류	2	5	7	1		1		
	기 타	2	3	6		1	1		
	소 계	21	26	25	9	17	12	7	5
궐 공	과 실 류	4	4	9	16	3	6		
	광 물 류	1	2	2		3	1		2
	목 재 류	6	12			8	3		
	임 산 물	16	17	18	21	19	22	6	2
	수 산 물	5	8	15	28	12	12	11	9
	모 피 류		16	18	13	13	16	13	7
	금 수 류	3	11	8	18	10	11	7	4
	수공업품·원료	15	19	9	13	13	15		
	유 밀 류				2		2	5	2
	기 타		1	1	1	1	2	1	
	소 계	50	90	80	112	82	90	43	26
약 재		118	119	172	167	165	123	87	101
종 양 약 재		21	20	29	8	21	12	9	4
총 계		210	255	306	297	284	237	146	136

『세지』 도총론의 4항목에 수록되어 있는 각 도별 물종을 보면 함경·평안도
는 130여 종, 경상·전라·황해도는 280여 종 이상에 달하고 있다. 이들 물종
가운데 대부분을 차지하고 있는 것은 약재이다.

먼저 『세지』 도총론의 궐부 항목에 수록되어 각 도별 물종을 살펴보면
다음과 같다.11)

---

11) 『세지』 경기·충청·경상·전라·황해·강원·평안·함길도 厥賦條.

〈표Ⅱ-3〉『세지』도총론의 궐부 항목에 수록되어 있는 물종

도별	곡물류	유밀류	포류	기타
경기	稻米(粳米·白米·細粳米·粘粳米·糙米), 稷米, 豆(大豆·小豆·菉豆), 麥(大麥·小麥·蕎麥)	芝麻·蜂蜜·黃蠟·芝麻油·蘇子油	白苧布·正五升布	末醬芥子
충청	稻米(粳米·白米·細粳米·常粳米·粘粳米·粘白米·糙米), 稷米, 豆(菉豆·赤小豆·大豆), 麥(眞麥·蕎麥)	芝麻·蜂蜜·黃蠟·芝麻油·蘇子油	白苧布·紬布·綿布·正五升布·綿子	芥子草刷子瓢子
경상	稻米(白米·糙米·糯米·粟米), 豆(大豆·菉豆), 小麥	芝麻·香油·蘇子油·蜂蜜·黃蠟	綿紬·苧布·綿布·正布·雪綿子·常綿子·綿花	
전라	稻米(粳米·糙米), 豆(黃豆·小豆·菉豆), 小麥	芝麻·蘇子油	苧布	
황해	稻米(粳米·中米·糙米·粟米·糯米), 豆(大豆·小豆·菉豆), 麥(大麥·小麥·蕎麥)	芝麻·香油·蘇子油·蜂蜜·黃蠟		末醬
강원	稻米·粟米·黃豆·菉豆·赤小豆·眞麥·蕎麥	芝麻·芝麻油·蘇子油	正布	末醬
평안	稻米(糙米)·稷米·粟米·黍米·豆(大豆)·麥(小麥)	芝麻		
함길	稻米(糙米)·黃豆·麥(大麥·小麥)·粟米			

도총론의 궐부 항목에 수록되어 있는 물종은 稻·豆·麥·粟·黍·稷 등의 곡물류, 芝麻油·蘇子油·香油·蜂蜜·黃蠟 등의 유밀류, 白苧布·綿布·綿紬·苧布·正布 등의 포류, 그밖에 末醬·芥子 등이다. 궐부 항목에 수록되어 있는 곡물류·포류·유밀류는 후술하듯이 전세조공물로 수취된 것이었다.

곡물류의 기본 물종은 米·豆·麥이었지만, 각 물종별로 다양하게 구성되어 있다. 가령 米는 종류에 따라 멥쌀(粳米)과 찹쌀(糯米) 등으로 구분되어 있고, 도정 수준에 따라 細粳米·中米·粳米 등으로 구분되어 있다. 豆는 콩(大豆 : 黃豆)·팥(小豆)·녹두 등으로 구분되어 있고, 麥은 보리(大麥)·밀(小麥)·모밀(蕎麥) 등으로 구분되어 있다. 그리고 綿은 綿布·縣子·雪綿子·常綿

子 등으로 구분되어 있다.

『세지』도총론의 궐공 항목에 수록되어 있는 물종은 <표Ⅱ-2>에서 보듯이 대체로 과실류, 광물류, 목재류, 임산물, 수산물, 모피류, 금수류, 紙物·席子·器物·문방구류 등의 수공업제품과 그 원료, 농업생산물, 병기 및 선박 등이었는데, 이들 물종은 당시 일상생활 전반에 필요한 것들이었다.

그밖에『세지』도총론의 약재와 종양약재 항목은 그 쓰임새에 따라 구분하여 기록되어 있다. 궐공·약재 항목의 細註에 "이상의 雜貢·藥材는 土産이 희귀한 것은 各邑의 아래에 기록하고, 그 각읍마다 생산되는 것은 단지 이곳에 범례로만 기록하고 다시 기록하지 않는다"[12]고 한 것으로 보아 궐공·약재·종양약재는 각 군현에서 해당 지역에서 산출되는 토산물을 기록한 것이라 할 수 있다.[13]

다음은『경지』·『세지』일반군현의 항목에 수록되어 있는 물종에 대해 살펴보도록 한다. 먼저『경지』의 공부 항목에 수록되어 있는 물종을 정리하면 다음과 같다.

〈표Ⅱ-4〉『경지』공부 항목에 수록되어 있는 물종

구 분	품 목
곡물류	粘更米, 常中米, 造米, 田米, 間中米, 更米, 粘白米, 中米, 白米, 眞麥, 貢麥, 太(大豆), 菉豆
유밀류	清蜜, 眞油(胡麻油), 法油(荏胡麻油), 燭蜜, 眞荏子(胡麻)
포 류	木棉, 綿紬, 苧布, 紵布, 正五升布, 常綿子, 綿子, 雪五升布

『경지』공부 항목에 수록되어 있는 물종은『세지』도총론의 궐부 항목 물종과 일치한다. 따라서 이 항목은 전세조공물을 수록한 것이다.

토산·토의 항목의 성격을 파악하는 데는 다음 기사가 주목된다.

---

12)『世志』경기·경상·황해·평안·함길도 總論.

13) 金東洙, 앞의 논문, pp.399~400.

例에 따라 卜定된 貢賦에는 어떤 종류가 있고, 그 지역의 생산물은 어떤
종류가 있는가를 조사 보고하되, 토산의 金·銀·銅·鐵·珠玉·鉛·錫·篠·簜·藥
材·磁器·陶器 및 그 지역의 耕種에 적합한 잡물을 아울러 자세히 살펴서
조사 보고할 것.14)

『경지』의 일반군현 항목의 편찬 지침은 군현마다 貢賦, 土産, 土宜耕種을
조사 보고하도록 하였음을 알 수 있다. 그러나 군현에서의 보고 내용은
<표Ⅱ-1>에서 보듯이 토의경종을 제외하고 원래의 편찬지침과 달리 토산
은 토산공물이라 하였고, 약재는 항목을 독립시켜 수록하였다. 여기서 토산
과 약재는 해당 지역에서 생산되는 물종을, 토의경종은 해당 지역에서
경작하는데 적합한 작물을 의미하는 것으로 파악된다.

『세지』 일반군현의 항목에는 어떤 물종이 수록되어 있었는가에 대해
살펴보면 다음과 같다.

『세지』 토산 항목에는 金·銀·銅·鐵·珠玉 등의 광산물, 종류가 가장 많은
수산물, 송이·山芥·石茸·芝草 등의 임산물, 밤·배·모과 등의 과실류, 狐皮·鼠
皮·獺皮 등의 獸皮類 등이 수록되어 있다.15)

『세지』 토공 항목에 수록된 물종은 토산 항목에 수록된 물종과 크게
다른 것이 아니다. 『세지』에서 토공 항목에 수록될 수 있는 성격의 물종들을
토산이라는 새로운 항목을 설정하여 기록한 것은 중요한 의미를 가진다.
그것은 바로 『세지』가 『경지』에 비해 지방에서의 산출물의 파악에 보다
더 큰 관심을 기울이고 있었음을 알려주는 자료라고 생각되기 때문이다.16)

『세지』 토의 항목에는 곡물류, 과실류, 수공업 원료 및 기타 물종이 수록되어

---

14) "一, 依例卜定貢賦某某物 其土所産某某物 是如施行爲乎矣 土産金銀銅鐵珠玉鉛錫
篠簜藥材磁器陶器 其土宜耕種雜物 幷以備悉施行事"(『경지』 경주부, 아세아문화
사, p.126).

15) 金東洙, 앞의 논문, pp.392~396.

16) 金東洙, 1993,「『世宗實錄』 地理志의 기초적 고찰」『省谷論叢』 24, p.2139.

54

있는데, 이들 물종은『세지』도총론의 궐부 항목에 수록된 물종과 겹치는
것이 많다. 실제로 稻·麥·豆·黍·粟·稷 등의 곡물류와 桑·麻·苧·木花·雪綿子
등의 포류, 芝麻 등의 유밀류는『세지』도총론의 궐부 항목과 군현의 토의
항목에 많이 수록되어 있다. 그러나『세지』토의 항목의 물종은 해당지역에서
경작하는데 적합한 작물을 말하는 것이지 전세조공물로 상납된 것은 아니었다.

稻·麥·豆·黍·粟·菽·稷 등의 곡물류와 木棉·麻布 등의 포류는 전세조공물
로 상납하기도 하였으나, 공물로도 상납하였다. 가령『세지』에 의하면 충청
도에서는 麻·苧·綿花를, 경상도 안동에서는 雪綿子를, 전라도에서는 苧·麻·
綿花 등을 공물로 상납하였다. 또 예종 원년(1469) 6월 공조판서 양성지의
상서에 의하면, 하삼도에서는 綿布, 평안·황해도에서는 綿紬, 함길·강원도
에서는 常布, 충청도의 임천·한산에서는 生苧를 공물로 상납하였다.17)

이상에서 살펴본 바를 정리하면,『경지』도총론의 도복상공 항목에는
원공물과 전세조공물이 모두 수록되어 있고, 나머지 항목에는 원공물과
전세조공물이 구분되어 수록되어 있다. 이 가운데 전세조공물은『경지』
일반군현의 공부 항목과『세지』도총론의 궐부 항목에 수록되어 있다.
『세지』에서 전세조공물을 도총론에만 수록한 것은 개별 군현에 반복하여
기록하지 않는다는 방침에 따랐기 때문이라 생각된다.

도총론의 공물은 各道貢案에, 일반군현 항목의 공물은 各官貢案에 수록되
었다고 본다. 각관공안에는 당해 군현에 분정된 공물의 종류와 수량, 상납해
야할 정부관아가 명기되어 있었다. 이에 대해서는 전라도 순천부를 예로
들어보기로 한다.『昇平志』18)에는 순천부에서 중앙각사에 상납한 공물과

---

17)『睿宗實錄』卷6, 元年 6月 辛巳條 : 8-395가.
18)『승평지』는 광해군 10년(1618)에 순천부사로 재임 중이던 이수광이 편찬한 사찬읍지
이다. 모두 53개 항목으로 되어 있는데, 그 안에 진상과 공물항목이 있다. 물론
여기에 수록되어 있는 공물항목이 곧 조선전기의 것이라 할 수는 없겠지만, 당시
전라도는 대동법 시행 이전이므로 순천부의 공안을 기초로 하여 등재한 것이라
생각된다.

수량이 비교적 소상히 기록되어 있다.

<표Ⅱ-5> 순천부의 공물상납처와 상납물종

상납처	상납 공물 및 수량
내섬시	眞油 10斗, 小豆 1石(전세조공물)
풍저창	次草注紙 13권(전세조공물)
제용감	8升白苧布 2疋(전세조공물), 進獻虎皮·豹皮
광흥창	正布 114疋(전세조공물)
의영고	早藿 20斤, 粉藿 30斤, 海衣 30貼
장원서	石榴 40箇, 柚子 130箇, 果園結實
장흥고	九張付油芚 1番, 六張付油芚 4番, 四張付油芚 2番, 楮注紙 14卷, 供上紙 7卷, 進獻油芚 1番
군기시	鄕角弓 2張, 狄麻箭 2部, 片箭 2部, 槍 1柄, 環刀 1柄, 鐵甲 1領, 鐵兜 1頂, 大·中·小錚各1, 錚槌 3, 鼓 1, 雉羽 100箇, 雜羽 50箇, 鄕牛角 3對, 筋 1斤, 小藥線紙 15권, 中幅紙 1권
선공감	召乙釘 50箇, 串釘 8箇, 三甲所 3艮衣, 條所 3艮衣, 熟麻 2斤, 正鐵 186斤
사복시	馬衣 16領, 三甲所 16艮衣, 錢多曷 28部
혜민서	天門冬 1斤 8兩, 麥門冬 2斤, 白牽牛子 2斤, 半夏 3斤, 熟地黃 2斤, 石榴根皮 1斤, 苦參 3斤
사재감	小脯 2貼, 圓全鰒 6貼, 乾紅蛤 3石, 乾秀魚 60尾
봉상시	中脯 1貼
전생서	生猪 1口
교서관	冊紙 40貼, 時政記紙 8貼, 衣紙 15貼
사섬시	休紙 11斤 10兩
상의원	眞糸 15兩 1錢, 魚膠 3斤 14兩 4錢, 正筋 1斤 1兩 6錢, 梅實, 羊毛
예 조	進俸上品擣鍊紙 3卷, 中品擣鍊紙 1卷, 中紙 7卷, 廣狀紙 6卷
관상감	啓目紙 2卷, 日課紙 12卷
공 조	漆木 所出
조지서	楮田 所出

　순천부에서는 내섬시를 비롯하여 모두 21개처의 중앙각사에 70여 종의 공물을 상납하였다. 순천부에서 상납한 공물 가운데 상당수를 차지하는 것은 원공물이었고, 전세조공물은 내섬시에 상납한 眞油와 小豆, 풍저창에 상납한 次草注紙,[19] 제용감에 상납한 8升白苧布, 광흥창에 상납한 正布

_____

19) 초주지는 注書 등이 왕명을 받아 초를 잡는 데에 쓰이는 종이를 말함. 차초주지는

등이었다.

진상은 공물과는 달리 각도 관찰사, 병마·수군절도사를 위시한 지방장관이
국왕에 대한 奉上의 禮物로 국가의 제사에 사용되는 식물이나 각사에 필요한
물품이었다. 진상품은 이들 지방장관이 管下 각관에 부과하여 이를 마련한
다음 군수·현감 중에서 차사원을 선정하여 물목과 수량을 사용원에 상납하였
다.20) 진상명목에는 物膳進上(朔望進上·別膳·日次物膳及到界·瓜遞進上), 方
物進上(名日方物, 行幸·講武方物), 祭享進上, 藥材進上, 鷹子進上, 別例進上 등이
있었다.21) 진상물의 전체에 대해서는 실록에서 찾아지지 않지만, 『태조실록』
부터 『중종실록』까지 산견되는 것을 나타내면 다음 표와 같다.22)

〈표II-6〉 진상물의 종류

구 분	물　종
짐승류	生肉·生牛肉·猪·獐·鹿·半乾牙獐·乾獐·乾鹿·鹿尾·鹿舌·牛脯·丁香脯·長脯·片脯·山羊皮·豹皮·鹿皮·孕獐
어 류	銀口魚·生文魚·大口魚·海龜·江豚·玉腹·鰱魚卵·凍蟹·生鰒·石化
조 류	生雉·生雁·鴨·天鵝
소 채 과실류	蕨·蓴菜·蔬菜·松覃·山葡萄·獼猴桃·栗·甘榴·乳柑·紅柿·熟柿子·柑橘·新甘菜·甘草
기구류	蓑衣·矢筒·刀子·箭子·竹梳·木梳·竹皮席·草席·翡翠·衣襨·袱·表裡·冊紙等

진상물로는 짐승류·어류·조류·소채류·과실류·기구류를 비롯하여 모피·
의료, 그리고 기타 장식품 등이 포함되어 있음을 알 수 있다.

이상에서 살펴본 조선전기 공물과 진상물은 山林川澤에서 채취하거나
포획한 수렵물이 대부분을 차지하였고,23) 그 밖에 이를 가공한 수공업품과

　　품질이 약간 낮은 초주지를 말한다.

20) 金玉根, 1984, 『朝鮮王朝財政史研究』(Ⅰ), 一潮閣, p.16.

21) 田川孝三, 「李朝進上考」, 앞의 책.

22) 田川孝三, 위의 책, pp.99~100.

23) 김선경, 1994, 「朝鮮前期의 山林制度 － 조선 국가의 山林政策과 인민지배 －」 『國史
　　館論叢』 56 참조.

약간의 농업생산물이었다.

(2) 공납의 조달 방법

중앙정부는 공물·진상물 가운데 일부는 공조를 비롯하여 중앙각사 소속의 경공장들로 하여금 수공업 제품을 제작시키거나 장원서·사포서·전생서 등의 관영시설에서 花菓·蔬菜·祭享用犧牲 등을 길러 충당하기도 하였지만, 그 대부분은 지방군현으로부터 本色인 현물을 직접 수취하였다.

중앙각사에 납부하는 공물에는 관에서 준비하여 상납하는 官備貢物과 민호에서 수취·상납하는 民備貢物이 있었고,[24] 그 밖에 民戶 중에서 종사하는 생업에 따라 定役戶를 정해두고 특정한 물자의 규정된 양을 생산·포획·제조하여 상납하는 특수공물이 있었다. 진상물의 조달방법도 공물과 마찬가지였다.[25]

먼저 각 군현에 분정된 공물 가운데 당해 군현에서 준비하여 상납하는 관비공물에 대해 살펴보기로 한다.

A-① 호조에서 아뢰기를, "……元典의 조항에 '各官에는 園圃를 두어 계절에 따라 과일 나무를 많이 심어서 관가의 수요에 대비할 것이며, 민가의 과일이나 대나무를 사용하고 그 값을 치르지 않고 공공연히 가져다 사용하지 못하게 하며, 이를 위반하는 자는 장물죄에 처한다.'고 되어 있습니다." 하였다(『세종실록』 권31, 8년 2월 무진조 : 3-7가).

A-② 사간원 우사간대부 崔恒 등이 상소하기를, "……공물 방납을 금지함이 『六典』에 실려 있으니 참으로 아름다운 법인데, 지금 각도에서 雜貢을 모조리 중들에게 방납하도록 허락합니다.……만약 그 紙地·全漆·淸蜜·

---

24) "大司憲梁誠之上疏曰……養民重事 取民大節 宗社大計也 伏望殿下 特留宸念 謀及大臣 快斷更張 先取貢案 ──講求 水陸所産 各取所有之郡定之 其不緊之物 爲之減省 某物官自備納 某物民自備納"(『世祖實錄』 卷40, 12年 11月 庚午條 : 8-46나).

25) 田川孝三, 앞의 책, pp.228~247.

芝栗 등의 물건이라면 이전에는 수령이 거의 모두 官에서 준비하였기 때문에 폐단이 민에게 미치지 않았으나, 지금은 다 방납시키니 백성들의 재물을 손상함이 이루 말할 수 없습니다." 하였다(『문종실록』 권4, 즉위 년 10월 경자조 : 6-312가).

A-①의 과실은 각 군현의 과원에서 과일나무를 심어서 공물로 충당하였고, A-②의 紙地·全漆·芝栗은 각 군현에서 배양하여 공물로 충당하였음을 알 수 있다. 『경국대전』에 수록되어 있는 栽植 조항26)은 각 군현에서 공물상납 에 대비하여 둔 것이었다.27)

한편 牛·馬·羊·猪·羔 등은 각 군현에서 사육하여 공물·진상으로 상납하였 지만,28) 獐·鹿·虎·豹 등의 짐승류는 경기를 제외한 각도 도절제사, 主鎭 이하 萬戶·千戶·都尉 등이 강무에서 포획한 것을 납부하였다.

강무는 승평한 때를 당하여 해이해지기 쉬운 군사동원 체제를 바로 잡기 위해 농한기를 이용하여 수렵으로 군사를 훈련시키는 제도로, 그것은 뜻하지 않은 변고에 대비하여 대규모의 군사작전이 가능하도록 평시에 군사들에게 무예를 연마시킴으로써 위급한 사태에도 용이하게 대처하기 위해 실시한 군사훈련이었다.29) 古制(周禮)에 의하면 강무는 4계절에 걸쳐

---

26) "諸邑漆木·桑木·果木條數 及楮田·莞田·箭竹産處 成籍 藏於本曹 本道·本邑栽植培養"(『經國大典』 卷6, 工典 栽植條).

27) "諸邑楮·莞·漆 以培養所出 納貢"(『經國大典』 卷2, 戶典 徭賦條).

28) 『耽羅志』는 효종 4년(1653) 李元鎭이 편찬한 읍지이다. 『탐라지』의 貢獻 항목에는 進上歲貢馬와 牧貢物로 구분되어 있는데, 牧貢物條에는 내수사 이하 중앙각사 12사에 상납하는 공물과 수량이 수록되어 있다. 馬場條에는 "牧場 凡七所三十八字 馬時數六千四百五十四 每字群頭各一人 群副各二人 牧者各四人 以寺奴充定 每所有 馬監一人……營門有習馬六人 閱馬時揀擇進上馬"라 하여 말의 수가, 牛屯條에는 "國用祭享 黑牛元定十五首 今加定五首 幷二十首 每歲封進 而可合牛 常患不足 不得已擇民牛充送 代給雜色牛"라 하여 국용에 쓰이는 祭享黑牛의 수가 각각 기록되어 있다(李泰鎭·李相泰編, 1989, 『朝鮮時代 私撰邑誌』 25, 人文科學研究院, pp.223~228).

29) 朴道植, 1987, 「朝鮮初期 講武制에 대한 一考察」 『慶熙史學』 14.

행하는 것이 상례였지만,30) 태조 5년(1396) 11월 중국의 고제를 참작하여 만든 '蒐狩講武圖'에 의거하여 경중에서는 사계절 끝달에, 외방에서는 봄가을에 행하는 것으로 제정되었다가31) 정종대에 이르러 봄가을에 행하는 것으로 법제화하였다.32)

강무시 수렵의 대상은 백성들의 곡식을 해치는 짐승 제거에 있었고, 이때 잡은 짐승을 제사에 바쳤다. 강무를 통해 잡은 짐승을 종묘에 제물로 드린다는 논의가 제기된 것은 태조 3년(1394) 3월이었다.33) 당시 태조는 武備를 강화하기 위하여 정도전으로 하여금 5軍陣圖를 강론케 하는 한편, 절제사로서 훈련에 불참하거나 혹은 명령을 어긴 자에게는 처벌한다는 교지를 내리면서 "사냥에서 포획하게 될 날짐승을 고제에 따라 종묘에 천신하는 것이 어떠한가"를 묻자, 정도전은 "마땅히 그래야 한다"고 대답하였다. 그러나 강무시에 포획한 금수를 종묘에 제물로 바치기 시작한 것은 정종대이다. 그후 중국의 고제를 참작하여 유교적인 의례의 구비와 군사훈련이라는 요청위에서 태종 2년(1402) 6월에 蒐狩法이, 동왕 14년(1414) 2월에 講武事宜가 제정되었고, 세종대에 이르러 제도가 정비되었다.

강무의 목적은 군사훈련에 있었지만, 그 포획물을 공물·진상으로 조달하는 것도 주요한 목적의 하나였다.

B-① 전라도 해도찰방 韓雍이 各浦의 事宜를 올려 아뢰기를, "각포의 萬戶·千戶·領船頭目이 해상의 방어를 여사로 여기고, 군기감에 바치는 貫甲皮와 內廂의 月課貫甲皮를 판비한다고 칭하고 領船軍을 거느리고 항상 사냥하는 것을 일삼으니, 만일 혹시 적을 만나게 되면 패할 염려가 없지

---

30) 『朝鮮經國典』 政典, 田獵條.
31) 『太祖實錄』 卷10, 5年 11月 甲申條 : 1-98다.
32) 『太宗實錄』 卷4, 2年 9月 己亥條 : 1-246다 ; 『太宗實錄』 卷6, 3年 10月 乙卯條 : 1-280다.
33) 『太祖實錄』 卷5, 3年 3月 庚戌條 : 1-60나.

않습니다. 내상의 월과와 군기감에 바치는 관갑피를 모두 면제하여 오로지 방어에 전력하게 하소서.……" 하였다(『태종실록』 권15, 8년 5월 기미조 : 1-439나).

B-② 병조에서 아뢰기를, "각도 도절제사가 進上과 國用에 쓸 돼지와 사슴을 잡을 때, 兵營에 가까운 각 고을의 軍官을 거느리고 간다는 법은 여러 謄錄을 상고하여 보아도 기록된 곳이 없습니다. 금후로는 당번인 병영 소속의 군관을 몰고 가게 하고, 만약 부득이 別例의 일이 있거든 군관의 수를 참작하여 아뢰어 교지를 물어서 시행하게 하소서." 하였다(『세종실록』 권28, 7년 4월 정묘조 : 2-663라).

B-③ 도승지 이극증이 草한 사목에 이르기를, "1. 제읍의 수령들이 상시로 사냥해 잡은 노루와 사슴이 반드시 많아 그 가죽은 공물을 충당할 수가 있으니, 굳이 민간에서 責出할 필요가 없다. 그런데 지금 공물로 바치는 皮物을 모두 민간에서 징수하고, 그 官家에서 잡은 것은 私用을 삼고 있으니 매우 적당하지 못한 일이다." 하였다(『성종실록』 권2, 원년 정월 기해조 : 8-458라).

B-①은 군기감에 바치는 貫甲皮와 內廂(도절제사의 군영)의 月課貫甲皮를 各浦의 萬戶·千戶·領船頭目이 管下의 水軍을 이끌고 사냥하여 포획한 것으로 충당한다는 것이다. B-②는 도절제사가 진상과 국용에 쓸 돼지와 사슴을 포획할 때 병영에 가까운 각 고을의 軍官을 거느리고 수렵한다는 것이고,[34] B-③은 제읍의 수령들이 상시 사냥하여 잡은 노루와 사슴가죽을 공물로 충당하기에 족한데도 그 관가에서 잡은 것은 그 읍의 수령이 사사로이 써버리고 이를 민간에서 징수하여 바친다는 것이다. 즉 各浦의 萬戶·千戶·領船頭目과 제읍의 수령들이 貫甲皮, 돼지·사슴과 노루·사슴가죽 등을 상시 사냥하여 잡은 것으로 공물·진상에 충당하였음을 알 수 있다.

---

34) 평안·함경도의 변경지역에서는 虎皮·豹皮·鹿皮를 진상하기 위해 防戍軍과 留防軍을 山行狩獵에 동원하기도 하였다(『成宗實錄』 卷40, 5年 3月 丙戌條 : 9-93다).

그런데 토지가 개간되고 백성들이 증가함에 따라 사슴과 노루 등의 짐승은 날로 감소하여 갔다. 이에 당해 군현에서는 다른 동물로 대신할 것을 요구하거나 무역하여 상납하였다.

C-① 경상도의 陳言 내용에 있는 한 조항에 '……1. 녹용의 사냥은 열에 하나도 얻지 못합니다. 때는 5월이어서 농사일에 방해가 되고 또 긴요한 약도 아니니 供上을 제외하고는 헤아려 숫자를 減定하게 하소서. 1. 토지가 개간되고 백성들은 조밀하여 禽獸가 드물어 비록 兵馬를 수고롭게 한다 하더라도 공물을 충당할 수 없으니, 원컨대 이제부터는 공상을 제외한 각처의 말린 노루고기와 사슴고기는 각 고을에서 기르는 돼지와 염소로써 대치하게 하소서.' 하였다(『태종실록』 권33, 17년 윤5월 갑자조 : 2-166가).

C-② 전 가각고 부녹사 濯毖가 상서하여 時務를 조목조목 아뢰기를, "1. 근년 이래 乾鹿脯·乾獐脯·丁香脯를 준비할 때 官府에서 민을 모아 사냥하는데, 사람의 수가 千百에 이르며 산과 들을 덮어서 열흘 동안이나 잡아도 잡은 짐승은 두세 마리에 불과합니다. 만일 혹 잡지 못하면 널리 사방으로 구매하여 바칩니다." 하였다(『세종실록』 권107, 30년 10월 신유조 : 5-101다).

C-①은 토지가 개간되고 백성들의 수가 증가함에 따라 날짐승이 드물어져 兵馬를 수고롭게 하더라도 공물을 충당할 수 없으니, 供上을 제외한 각처의 말린 노루고기와 사슴고기는 각 고을에서 기르는 돼지와 염소로 대신할 것을 요구하고 있다. C-②는 근년 이래 乾鹿脯·乾獐脯·丁香脯를 준비할 때 官府에서 많은 민을 동원하여 열흘 동안 잡은 짐승이 두세 마리에 불과하며, 짐승을 잡지 못할 때에는 무역하여 상납한다는 것이다.

각 군현에 분정된 대부분의 공물은 민호에서 수취하여 납부하는 민비공물이었다.[35] 그 밖에 정부기관에 소속되어 所定의 職務·生産勞務에 대대로

종사하며 특수공물을 납부하는 定役戶가 있었다. 정역호에는 正常炭定役
戶·鹽干·鷹師·藥夫·生鮮干·酥油赤·生雁干·阿波赤·海作軍·山丁干·鮑作干
등이 있었다.36) 이들은 종사하는 생업에 따라 특정한 물자를 공물·진상으로
납부하는 대신 전세 이외의 諸잡역을 일체 면제받았다.37) 그리고 특수한
물자를 생산하기 위해 일반민 혹은 군사를 동원하여 마치 정역호와 같이
그 의무를 명시해서 '某某軍'으로 부르는 경우도 있었는데, 燒木軍·漢都鍊瓦
軍·吹鍊軍·採捕軍 등이 그러한 예에 속하였다.38)

각 군현에서 自備하여 상납하던 관비공물은 시대의 추이와 함께 점차
민호에게 전가되었다. 이는 성종 원년(1470) 도승지 李克增이 草한 事目에
"(漆木은) 지금 전적으로 (관에서) 배양하지 않고 민간에서 責納하고 있으니
매우 불가하다"39)고 한 것이라든지, 명종 12년(1557) 5월 단양군수 黃俊良의
民弊 10조 가운데 山行의 폐단에 대해 "封進하는 數는 일찍이 정해진 법이
있고 사냥하는 사람도 각기 해당자가 있는 것인데, 지금은 짐승의 사냥을
오로지 民에게만 의존하고 있다"40)고 한 것에서 알 수 있다. 정역호 역시
시대의 추이와 함께 점차 폐지되어 갔고, 그들이 담당하던 공물·진상은

---

35) "各司所貢之物 皆出民戶"(『世宗實錄』 卷42, 10年 12月 己亥條 : 3-158나).

36) 田川孝三, 앞의 책, pp.71~72.

37) 생선간의 경우, "司饔房請自漢江至通津水邊各官 良人及公賤奴子一百戶 定爲生鮮
干 分三番 除雜役日進鮮味 以供內膳 令司宰監糾擧 從之"(『世宗實錄』 卷92, 23年
3月 丁未條 : 4-337가) 혹은 "議政府據禮曹呈申 司饔房屬生鮮干擇有雙丁富實人
依前額一百二十戶爲定 勿給奉足 除所耕貢賦外 諸雜役 一皆蠲減 從之"(『世宗實錄』
卷117, 29年 9月 戊申條 : 5-38가)라 하였고, 鐵干도 "戶曹啓 黃海道監司關內 前此鐵
干 除雜役 給口分田 專委鍊鐵……今以口分田 屬于軍資 所居之里 柴木殆盡 專事農
業以生 依平民例 供雜役"(『世宗實錄』 卷50, 12年 12月 丁卯條 : 3-275나)이라 하여
잡역이 면제되었다.

38) 劉承源, 1987, 「朝鮮初期의 「身良役賤」 階層」 『朝鮮初期身分制研究』, 乙酉文化社,
pp.237~238.

39) 『成宗實錄』 卷2, 元年 正月 己亥條 : 8-458라.

40) 『明宗實錄』 卷22, 12年 5月 己未條 : 20-409다.

일반민호에게 전가되었다.

2. 전세조공물의 설정과 수취

　과전법의 전세규정에 의하면 수전에서는 糙米를, 한전에서는 잡곡을 수취하는 것을 원칙으로 하였다.[41] 그러나 전세 수취에서 곡물 대신에 正布·綿布·綿紬·苧布 등을 거두기도 하였는데, 이를 전세조공물이라 하였다.[42] 전세조공물은 '田稅所出貢物' 혹은 '田稅所納貢物'이라 하여 전세에서 나오는 공물 혹은 전세에서 바치는 공물이라 해석된다. 그래서 布類의 경우 外方田稅白苧布·田稅布貨·田稅布子 등으로 지칭되었고,[43] 참기름(胡麻油)·들기름(水蘇油)과 꿀(淸蜜)·밀랍(燭蜜) 등이 팥(小豆)·모밀(蕎麥)·中米와 함께 전세로 지칭되었던 것이다.[44]

---

41) "凡公私田租 每水田一結 糙米三十斗 旱田一結 雜穀三十斗"(『高麗史』 卷78, 食貨志1 田制 祿科田 : 中-725).

42) 전세조공물에 대한 최초의 연구자는 田川孝三이다. 그는 전세로 징수하던 기본 物目인 米·豆·麥類 외에 布·油·蜜類도 있었음을 지적하고, 이들 품목이 미곡과 구분되어 전세조공물 등 다양하게 지칭되었음을 밝혔다(田川孝三, 1964, 『李朝貢納制の硏究』, pp.3~16). 그후 박도식은 조선전기 공물의 종류를 다루면서 이를 부분적으로 언급한 바 있다(朴道植, 1995, 『朝鮮前期 貢納制硏究』 제2장 「朝鮮前期 공납제의 내용과 그 성격」, 경희대 박사학위논문). 이재룡은 전세조공물의 일부를 이루는 布類를 중심으로 해서 布貨田의 규모와 분포상황, 포화전이 가장 많았던 경상도 田稅의 운송과 布貨田稅와의 관계, 田稅布貨價의 변동 등을 추적하였다(李載龒, 1995, 「朝鮮初期 布貨田에 대한 一考察」 『韓國史硏究』 91). 강제훈은 전세조공물의 물품을 내는 토지와 해당 토지에서 내는 물품, 즉 位田과 貢物 양자를 모두 고려하여 位田과 전세조공물과의 관계, 민의 담세부담, 位田의 운영방식에 대해 검토하였다(姜制勳, 1998, 「朝鮮初期의 田稅貢物」 『歷史學報』 158).

43) 『경국대전』에도 田稅紬·綿·苧·正布가 확인된다(『經國大典』 卷2, 戶典 徭賦條).

44) "議政府據戶曹呈啓 江原道諸邑 因雨水旱霜 失農爲甚 明年種食 過半不給 請今年田稅內 京中諸司 用度最緊 胡麻油·水蘇油·蕎麥·小豆·淸蜜·燭蜜 及豊儲廣興倉所納 白中米外 其餘田稅 並納于州倉 以補種子 從之"(『端宗實錄』 卷8, 元年 10月 甲辰條 :

1) 전세조공물의 설정 배경

과전법 체제하에서의 전세는 쌀·보리·밀 등의 곡물류와 면포·마포 등의
布類 등을 수취하였다. 이들 현물을 운반하는 데는 부피와 무게에 따라
여러 가지의 운송수단이 사용되었다. 특히 미곡과 같은 대량의 화물을
먼 곳으로 운반하는 데는 선박이 가장 적절한 수단이었다. 조선왕조 건국
후 한양을 새 도읍지로 정할 때 조운에 적합한지에 특히 유의하였던 것도
이와 밀접한 관계가 있다.[45] 실제로 한양은 그 남쪽으로 한강이 연해 있어
남한강·북한강을 통해 충청도·강원도 내륙지방과 연결되었고, 한강 하구를
거쳐 서해안과 이어져 충청도·전라도 또는 황해도·평안도의 해안지방과
교통이 용이하였다.[46]

이에 조선정부는 건국 직후부터 조운제 정비에 적극적 관심을 보여
고려말 왜구의 침입 등으로 파괴된 조창을 보수, 증설하여 빠른 시일 내에
정상화하는 데 노력하였다.[47] 그것은 그후『경국대전』의 반포를 계기로
자리잡게 되었다.

경기와 강원도 일부 지역의 전세는 京倉에 직접 납부하였고, 충청도의
전세는 아산의 貢稅串倉에, 충청도와 경상도의 전세는 충주의 可興倉에,
전라도의 전세는 함열의 德城倉과 영광의 法聖浦倉과 나주의 榮山倉에,
강원도의 전세는 원주의 興元倉과 춘천의 昭陽江倉에, 황해도의 전세는
배천의 金谷浦倉과 강음의 助邑浦倉에 각각 수납하여 운송하였다.[48] 평안·
함경도와 제주 3군현의 전세는 조운하지 않고 각각 해당 도에서 그대로

6-631다).

45)『太祖實錄』卷3, 2年 2月 甲申條 : 1-40라.

46) 崔完基, 1976,「李朝前期 漕運試考」『白山學報』20.

47)『太祖實錄』卷4, 2年 8月 癸未條 : 1-48나 ;『太宗實錄』卷2, 元年 8月 戊午條 : 1-210
라.

48)『經國大典』卷2, 戶典 漕運條.

보관하였다.[49] 평안·함경도는 국가에서 전세로 수납한 것이 거의 없고 당해 지역 赴防軍의 식량과 기타 경비 등에 쓰였고, 제주 3군현은 당해 지역의 방어 등에 쓰였다.

조선초기에 설치된 조창은 한강 연안에 3개소, 예성강 연안에 2개소, 그리고 해안지역에 4개소가 있었다. 수적으로 볼 때 강변의 조창이 해안의 것보다 많았지만, 그 운송량은 그리 많지 않았다. 조선정부가 역점을 둔 것은 연해안에 설치한 조창에서의 해운이었다. 그 이유는 해운의 대상인 전라도·충청도 지역의 전세가 국가재정의 태반을 지탱했기 때문이다.[50]

충청도·경상도의 조세 조운은 가흥창과 공세곶창을 거점으로 하고 있지만, 건국 직후에는 여러 곳에서 조세를 수납하고 있었다. 예컨대 충청도 서해안 지방의 조세는 貢稅串·慶陽浦·犯斤川 등지에서, 내륙지방의 조세는 한강 연안의 淵遷·仰巖·亏音安浦·堆乎浦·梨浦 등지에서 각각 수납하여 京倉으로 운송하였다.[51]

경상도의 조세는 육로와 해로를 통해 운송하였다. 태조 원년(1392)에 貢賦를 詳定할 때 경상도 '上道諸郡'에는 布貨를 많이 바치도록 정하여

---

49) 평안도의 경우 "각 고을 조세는 모두 본고을 창고에 수송하며, 오직 義州倉만이 龍川·麟山의 조세를 거두어 저장한다"(『世宗實錄』卷154, 지리지 평안도)고 하였고, 함경도의 경우 "本道의 부세는 모두 그 邑의 軍倉에 바치어 緩急한 粮餉에 대비한다"(『世宗實錄』卷154, 지리지 함길도)고 하였다. 그리고 전라도에서는 제주도 내의 3군현을 제외한 모든 군현의 전세를 영산창과 덕성창에 분할 수납하였다(『世宗實錄』卷154, 지리지 전라도). 이는 그후『經國大典』卷2, 戶典 漕轉條에 그대로 수록되었다.

50) 하삼도의 稅貢米豆는 태종 2년(1402) 6월 총 102,314석이었는데, 이는 漕運을 통해 수납되었다(『太宗實錄』卷3, 2年 6月 癸丑條 : 1-235다). 전라도 지방의 전세는 다른 지방에 비해 가장 많이 상납하였다. 15세기 초에는 약 7만~9만 석, 16세기 중엽에는 10만여 석으로서 총세액의 절반을 넘고 있었다(『太宗實錄』卷24, 12年 11月 甲申條 : 1-653나 ;『太宗實錄』卷26, 13年 8月 丙辰條 : 1-681라 ;『中宗實錄』卷75, 28年 6月 癸未條 : 17-437라).

51)『世宗實錄』卷149, 地理志 충청도 총론.

육로로 상납하게 하였고, '沿邊各官'에는 미곡을 많이 바치도록 정하여 海路로 漕運하게 하였다.52) 즉 조선 건국초에 경상도의 '상도제군'과 '연변각관'은 전세의 수취물과 운송 루트가 서로 달랐음을 알 수 있다.

경상도 '상도제군'의 전세는 충주 金遷의 慶原倉에 수납한 후 여기서 한강의 수로를 이용하여 한양으로 운송하였다. 그런데 경상도 북부내륙지방에서 충청도 금천까지 전세를 운송하는 데는 그 길이 멀 뿐만 아니라 그 사이에 있는 조령이나 죽령의 험준한 고개를 넘어야만 하였다. 경상도 '상도제군'에 布貨를 많이 배정한 것도 이와 밀접한 관계가 있었다. 이에 대해서는 태종 2년(1402) 9월 사헌부·사간원의 상소가 주목된다.

> 가만히 보건대, 경상도는 산이 막히고 바다가 막히어 그 조세 輸納의 어려움이 타도의 倍가 되기 때문에 고려조 이래로 그 지방 産物의 편의에 따라 혹은 紬布로 거두고, 혹은 綿絮로 거두어 일찍이 粟·米를 거두지 않았으니, (이는) 백성의 희망에 따른 것이었습니다. 이처럼 제도를 정하여 500년을 내려오며 행하였어도 폐단이 없었습니다(『태종실록』 권4, 2년 9월 갑진조 : 1-246라).

경상도의 전세 운송은 타도에 비해 어려움이 배나 되었기 때문에 고려시대부터 곡물 대신에 紬布·綿絮를 수납해 왔다는 것이다. 공민왕 11년(1362) 白文寶의 箚子에 "경상도 전세는 타도와 한가지이나 운송비용이 또한 그 전세보다도 배가 든다"53)고 한 것이라든지, 태종 4년 9월 사간원의 상소에 "경상도는 서울에서 거리가 1천 리이니 그 輸納의 어려움은 다른 도에 비할 바가 아니다"54)고 한 것은 경상도의 전세 운송이 타도에 비해 어려웠음

---

52) 『世宗實錄』 卷56, 14年 4月 乙巳條 : 3-384가.

53) "恭愍王十一年 密直提學白文寶上箚子……慶尙之田 則稅與他道 雖一而漕輓之費 亦倍其稅"(『高麗史』 卷78, 食貨志1 田制 租稅 : 中-728).

54) "命議政府議司諫院上疏 疏曰……慶尙一道 去京千里 其輸納之難 非他道比"(『太宗

을 말해준다. 경상도 '상도제군'의 전세를 주로 포화의 형태로 징수하였던
것은 그 운송에 즈음하여 勞役에 종사하는 농민의 고역을 다소라도 완화하려
고 하는 국가의 배려를 나타낸 것이라 생각된다.[55]

경상도 남부 '연해각관'의 전세는 창원 馬山倉, 사천 通陽倉, 김해 佛巖倉
등의 조창에 수납하였다가 京倉으로 운송하였다.[56] 그러나 조운을 통한
운송 과정에서 잦은 해난사고의 발생으로 인적·물적의 피해가 많아지자
정종 원년(1399)에 陸運으로 되돌아갔다가, 태종 원년(1401)에 육운이 수운
에 비해 폐단이 많다고 하여 경상도 '상도주현'을 제외한 삼남지역의 전세를
다시 조운토록 하였다.[57] 조운이 재개되면서 경상도 연해각관의 전세는
종전과 달리 전라도 순천 海龍倉에 수납하였다가 운송하였다.[58] 그러나
조운이 재개된 지 2년 후인 태종 3년 5월 경상도 조운선 34척이 조운 중에
풍랑으로 침몰하여 船軍 1천여 명이 익사하고 미곡 1만여 석이 손실되는
해난사고가 발생하자,[59] 국가에서는 미곡의 운반을 수로로 할 것인가 육로
로 할 것인가의 가부를 의논한다.

당시 朴錫命 등은 "육로로 운송[陸轉]하는 곤란이 漕運하는 것보다 심하
다"고 하여 조운을 지지하는 입장이었으나, 태종은 "육로로 운송하는 것의
어려움은 牛馬의 수고뿐이다"거나 혹은 "人命은 상하지 않는다"[60]고 하여
육운을 지지하는 입장이었다. 의정부·사평부·승추부 등은 "경상도 下道의
漕運數가 4만여 석에 불과한데, 가끔 바람과 물이 순조롭지 못하여 배가
깨어지고 사람이 빠져 죽었을 뿐만 아니라, 또 매년 船軍이 한 番은 漕轉으로

實錄』卷8, 4年 9月 癸丑條 : 1-306가).
55) 六反田豊, 1987, 「李朝初期の田稅輸送體制」『朝鮮學報』123, p.50.
56) 六反田豊, 위의 논문, p.48.
57) 『太宗實錄』卷2, 元年 8月 戊午條 : 1-210라.
58) 六反田豊, 앞의 논문, pp.54~55.
59) 『太宗實錄』卷5, 3年 5月 辛巳條 : 1-264다.
60) 『太宗實錄』卷5, 3年 5月 丙午條 : 1-265라.

인하여 서울로 올라오고 한 番은 방어로 인하여 모두 農時를 잃는다"[61]고 하여 육운을 지지하는 입장이었다. 사간원은 "조운과 육운이 모두 폐가 있어 행할 수 없다"는 입장이었다.[62]

이러한 논의를 거쳐 태종 3년 6월에 이르러 경상도 '沿海各官'의 전세운송은 하륜의 건의에 따라 육운으로 결정되었다.[63] 이에 따라 지금까지 전라도 순천 해룡창에 수납하여 오던 경상도 연해안 지방의 전세는 충주 금천에 위치한 경원창에 수납하였다가, 다시 한강의 수로를 통해 京倉에 납부하였다. 이로부터 조운은 전라·충청 양도만으로 한정되었다. 세조 11년(1465)에는 경원창을 인근의 가흥리로 옮겨 가흥창이라 하고, 그 규모를 확장하여 경상도 전세는 물론 梨浦·堆乎浦 등지에서 수납하던 충청도 지역의 전세도 총괄하여 수납 운송케 하였다.

경상도의 전세 운송을 육운으로 전환하면서 해난사고는 없어졌으나, 충주 가흥창에 전세를 수납하는데는 여러 가지 폐단이 있었다. 경상도의 전세를 충주 가흥창까지 운송하는데 먼 곳은 10일 혹은 15일이나 걸려 大嶺을 넘어 수납하였기 때문에 사람과 가축이 지치고, 게다가 충주에서 수납을 기다리는 날짜가 5·6일이나 되었다.[64] 경상도 납세인이 전세의 미곡 수납보다 布納을 희망하였던 것도 이 때문이었다. 일찍이 하삼도 問民疾苦使 盧閈이 복명하는 자리에서 태종이 "지금 백성으로 하여금 布貢을 바치게 하면, 백성들이 모두 기뻐하겠는가?"라고 물었을 때, 노한이 "백성들이 布貢을 바치려고 하는 것이 大旱에 비를 바라는 것과 같습니다"[65]라고 답한 것은 이러한 사정을 말해준다고 하겠다.

---

61) 『太宗實錄』 卷5, 3年 5月 辛亥條 : 1-266가.
62) 『太宗實錄』 卷5, 3年 6月 壬子條 : 1-267가.
63) 『太宗實錄』 卷5, 3年 6月 丁巳條 : 1-267라.
64) 『世宗實錄』 卷89, 22年 5月 庚戌條 : 4-286가.
65) 『太宗實錄』 卷2, 元年 12月 甲戌條 : 1-220다.

2) 전세조공물의 수조지 규모

조선전기 중앙각사의 재정은 국가에서 지급받은 各司位田과 지방 군현에서 바치는 공물 등을 재원으로 삼아 이를 독자적으로 관리·지출하는 經費自辦의 원칙 아래 운용되었다.[66] 각사위전은 주로 供上기관에 소속되어 있는 토지로 각지에 흩어져 있었는데,[67] 이는 民田 위에 설정된 국가수조지였다.[68]

전세조공물은 주로 王室供上을 담당하는 기관에서 수취하였다. 즉 왕실과 관련 있는 내자시·내섬시·인순부·인수부 등에서는 供上에 필요한 油·蜜·布를, 예빈시에서는 사신의 宴享이나 祭享에 사용할 油蜜을, 의영고에서는 사신접대나 궁궐에서 필요한 油蜜을, 제용감에서는 衣服하사·倭人에게 답례·進獻 등에 필요한 布類를 각사에 소속되어 있는 位田에서 각각 수취하였다.[69] 그러면 전세조공물을 수취하는 위전의 규모는 어느 정도 설정되어 있었을까. 이에 대해서는 태종 원년(1401) 5월 공부상정도감에서 올린 내용에 잘 나타나 있다.

공부상정도감에서 공부의 수를 올리어 아뢰기를, "諸庫·宮司 소속의 收布田 25,031結은 이제 3분의 1을 正五升布로 거두고, 나머지는 米로 거둡니다. 收蜜田 1,310結·收蠟田 710結·收油田 947結은 供上의 年例와

---

66) 吳定燮, 1992,「高麗末·朝鮮初 各司位田을 통해서 본 국가재정」『韓國史論』27 및 朴道植, 1996,「朝鮮初期 國家財政과 貢納制 운영」『關東史學』7.

67) 각사위전을 분급받은 것으로 확인되는 관청으로는 軍資監·廣興倉·豊儲倉·內資寺·內瞻寺·承寧府·恭安府·敬承府·仁壽府·仁順府·供正庫(導官署·司導寺)·尙衣院·濟用監·奉常寺·禮賓寺·養賢庫·軍器監·義盈庫·繕工監·沈藏庫·戶曹·工曹 등을 들 수 있다(吳定燮, 위의 논문, p.165).

68) 金泰永, 1983,「科田法體制下의 收租權的 土地支配關係의 변천」『朝鮮前期土地制度史硏究』참조.

69) 吳定燮, 앞의 논문, pp.185~187. 공상기관 가운데 인순부와 인수부는 세조 11년(1465)경에 폐지된다. 참고로 조선후기에 이르러 전세조공물이 상납되는 각사는 모두 8개 각사로 나타난다. 8개 각사는 봉상시·내자시·내섬시·제용감·사도시·의영고·풍저창·광흥창이다(『湖南廳事例』, 收租條).

別例로 쓸 蜜 30石, 蠟 120斤, 油 70石으로 計定하여 定屬하고, 나머지는 米로 거둡니다. 收綿田 37結은 代田으로 定屬하고, 호조 소속의 收正五升布田 22,132結은 代田으로 定屬하며, 나머지는 米로 거둡니다. 공조 소속의 收白苧布 164匹田은 米로 거둡니다. 內府寺 소속의 收正五升布田 7,372結·收油田 622結·收苧布田 1,265結은 代田으로 定屬하고, 광흥창 소속의 收油田 3,300結·收正五升布田 27,978結은 모두 米로 거둡니다. 상항 收米田 내의 代田은 布貨雜物로써 賦를 정하고, 이전에 布貨雜物田 내의 實田은 米로 거두되 각각 그 수에 준해서 수납하고, 각도의 원근과 운반의 난이로 三司에서 수를 정해서 行移하게 하소서." 하니, 임금이 그대로 따랐다(『태종실록』 권1, 원년 5월 신묘조 : 1-203나다).

제고·궁사 및 호조·공조·내부시·광흥창 등에서는 당해각사에 소속되어 있는 位田에서 布, 蜜, 蠟, 油, 苧布, 米布 등을 전세로 징수하였고, 수취물에 따라 크게 收米田과 收布貨雜物田으로 구분되어 있었다. 收布貨雜物田 내에서도 각사별로 수취하는 전세의 수취물에 따라 收米·收布·收蜜·收蠟·收油·收苧布田 등으로 나누어 파악하였다. 이를 표로 나타내면 다음과 같다.

〈표 Ⅱ-7〉 태종 원년(1401) 각사에 분급한 位田

분급관청	분급 위전	수 량	내 용
諸庫·宮司	收 布 田	25,031結	1/3은 正五升布로, 2/3는 米로 수취.
	收 蜜 田	1,310結	蜜 30石 ┐
	收 蠟 田	710結	蠟 120石 ├은 定屬하고 나머지는 米로 수취.
	收 油 田	947結	油 70石 ┘
	收 棉 田	37結	代田으로 定屬.
戶 曹	收正五升布田	22,132結	代田으로 定屬. 나머지는 米로 수취.
工 曹	收白苧布田	164匹田	米로 수취.
內府寺	收正五升布田	7,372結	代田으로 定屬.
	收 油 田	622結	
	收 苧 布 田	1,265結	
廣興倉	收 油 田	3,300結	모두 米로 수취.
	收正五升布田	27,978結	

각사에 분급되어 있던 위전의 규모는 제고·궁사 및 호조·내부시·광흥창 소속의 收五升布田이 82,513결, 공조 소속의 收白苧布田이 164결, 내부시 소속의 收苧布田이 1,265결, 제고·궁사 소속의 收綿田이 37결이었다. 이 밖에 收蜜田이 1,310결, 收蠟田이 710결, 收油田이 4,869결이었다. 각사에 분급한 전체의 위전 규모는 90,700결에 달하였다. 태종 원년 전국의 토지를 80만 결70)로 파악하고 있는 사실과 대비해 보면 그 규모는 결코 작지 않다. 각사 위전 가운데 가장 큰 비중을 차지하고 있는 것은 布貨位田이었다.

각사위전에서 전세조공물로 수취한 布類는 白苧布·綿紬·綿布·正布(正五升布) 등이었다(<표Ⅱ-3> 참조). (白)苧布는 경기·충청도·경상도·전라도에서, 綿紬는 충청도·경상도에서, 正布는 경기·충청도·경상도·강원도에서, 綿子는 충청도·경상도에서, 綿花는 경상도에서 수취하였다. 포류의 원료 생산지를 표로 나타내면 다음과 같다.

〈표Ⅱ-8〉『세지』土宜 항목에 보이는 포류 생산지

종류 도별(군현수)	桑	麻	木棉	苧
경 기(41)	36	36	0	0
충청도(55)	22	8	3	10
경상도(66)	25	31	13	1
전라도(56)	41	49	27	14
황해도(24)	5	11	0	2
강원도(24)	24	24	0	2
평안도(47)	43	43	0	0
함경도(22)	8	14	0	0
계 (335)	204	216	43	29

위의 표에 의하면 桑과 麻는 全道에서 생산되었고, 苧와 木棉은 일부 도에서만 생산되었다. 苧는 충청·경상·전라·황해·강원도에서 생산되었는

---

70) 『太宗實錄』 卷3, 2年 2月 戊午條 : 1-224라.

데, 이 가운데 충청도와 전라도가 苧생산지의 약 80%를 차지하고 있다. 그리고 목면은 충청·경상·전라도에서 생산되었는데, 충청도는 55개 군현 가운데 3개 군현, 경상도는 66개 군현 가운데 13개 군현, 전라도는 56개 군현 가운데 27개 군현이 목면 생산지로 되어 있다. 그 중에서도 경상도와 전라도가 분포율이 매우 높은 편이다.

포화전은 경기·충청·경상·전라·강원도에 설정되어 있었는데, 경상도에 가장 많이 설정되어 있었다. 『경지』에 의하면, 111개 군현(속현 포함) 가운데 正5升布를 납부한 군현이 107곳, 苧布는 106곳, 綿紬는 82곳, 木棉은 64곳, 綿子는 90곳, 綿花는 진주 1곳에서만 납부하였다.

3) 전세조공물의 수조율

과전법의 전세규정에 의하면 공·사전을 막론하고 수전 1결에서는 糙米 30두를, 한전 1결에서는 잡곡 30두 혹은 布 1필을 거두는 것으로 규정되어 있었다.[71] 한전 1결에서 布 1필을 거둔 것은 당시 5綜布 1필 값이 米 3·4두, 豆 7·8두였고, 正布 1필이 5綜布 4필이었기 때문에 米 15斗·豆 30두로 정하였던 것이다.[72] 즉 한전 1결에서는 정포 1필을 거두었으나 수전 1결에서는 정포 2필을 거두었다.[73]

과전법 하에서 전세는 1/10租率에 따라 1결당 30두라는 세액이 법제화되어 있었지만, 농사의 작황에 따라 조세를 감면하게 되어 있었다. 이처럼

---

71) "司諫院上疏曰……每水田一結 取造米三十斗 旱田一結 收雜穀三十斗 又田一結 收布一匹 以爲一代之成憲"(『世宗實錄』 卷86, 21年 7月 丁卯條 : 4-228나).

72) 『世宗實錄』 卷49, 12年 8月 戊寅條 : 3-252가 ; 『世宗實錄』 卷73, 18年 閏6月 甲申條 : 4-18다 ; 『世宗實錄』 卷76, 19年 2月 己巳條 : 4-53가나.

73) "傳旨戶曹 今有議者 以爲前此各道布貨位田之數 已曾詳定 姑以正布言之 各司該納 正布元數 幾至十萬餘匹 每一匹 旱田則一結 豆三十斗 水田則五十卜 米十五斗"(『世宗實錄』 卷76, 19年 2月 己巳條 : 4-53가).

전세는 隨損給損法이 적용되었지만,[74] 전세조공물은 이 법이 적용되지 않는 정액전세였다. 즉 전세조공물은 전세 대신 정액의 布나 油蜜 등을 바쳤고, 米豆를 내는 토지는 작황 정도에 따라 조세를 내고 있었다.

전세조공물의 운영 방식이 크게 변하는 것은 태종 9년(1409) 3월에 와서이다. 즉 사헌부에서 "전세는 수손급손이 적용되나 稅布田만은 이 법이 적용되지 않아 풍흉에 관계없이 거두어들인다"고 하여 이에 대해 시정할 것을 건의하자, 의정부의 논의를 거쳐 마침내 전세조공물도 수손급손법이 적용된다.[75]

태종 16년(1416)에는 하륜과 의정부·육조에 명하여 苧布田·綿紬田·木棉位田을 詳定하였다. 10升苧布 1필은 旱田 2結 50卜·水田 1結 25卜, 9升綿紬와 7升 木棉 1필은 旱田 3結·水田 1結 50卜을 할당하고 있다.[76] 따라서 10升苧布 1필은 正布 2.5匹, 9升綿紬와 7升 木棉 1필은 正布 1.5필에 준하는 것이었다.

세종 5년(1423) 3월에는 白苧布位田을 개정하였다. 즉 종전에 12升白苧布 1필은 田 4結 70卜(黃豆 141斗), 11升白苧布 1필은 田 4結 27卜(황두 128斗 1升)으로 각각 할당하던 것을 이때에 이르러 10升白苧布 1필은 田 3結(황두 90斗), 9升布 1필은 田 2結 50卜(황두 75斗), 8升布 1필은 田 2結 25卜(황두 67斗 5升)으로 각각 배당되었다.[77] 태종 16년에 10升苧布 1필이 田 2結 50卜에서 배당되었던 것이 이때에 이르러 3결로 배당되었던 것이다. 12升·11升의 白苧布를 제외하였던 것은 농가에서 이러한 細布를 정해진 규정대로 직조할 수 없어 京中에서 상인으로부터 구입하여 납부하였고, 또 당시 명나라에 파견하는 使節의 노자 및 明使의 頭目 등에게 사급하는 10升,

74) 『三峯集』卷13, 「朝鮮經國典」(上) 蠲免條 ; 『太祖實錄』卷15, 7年 9月 甲申條 : 1-137다.
75) 『太宗實錄』卷17, 9年 3月 壬戌條 : 1-477다.
76) 『太宗實錄』卷32, 16年 8月 乙丑條 : 2-131가.
77) 『世宗實錄』卷19, 5年 3月 甲申條 : 2-529가.

8·9升의 白苧布의 수요가 증가했기 때문이었다.

건국초 정포 1필에 米 15斗·콩 30두였던 田稅布價가 재조정되는 것은 세종 18·19년에 貢法이 제정되면서부터이다.[78] 공법제정 과정에서 전세조 공물에 대해 최초로 논의되는 것은 세종 12년(1430)이다.

> 관인들에게 절급한 私田은 그만두고라도 풍저창·광흥창·내자시·내섬 시·봉상시·인수부·인순부·의영고·군자감 등의 중앙각사 소속의 田地와 외방 각관의 衙祿·廩給田, 站驛田 등에 대한 位田은 각 기관마다 그 수조지를 計定하여 분속시켜 왔다. 이제 貢法에 따라 일률적으로 결당 10斗씩 수조한 다면 반드시 전지를 加給해야 하고 그렇게 되면 군자전이 크게 줄어든다(『세종실록』 권49, 12년 8월 무인조 : 3-253라).

위에 제시된 의견은 정액세법으로서 공법을 시행하기 위해서는 미리 검토 정비되어야 할 문제점이었다. 공법 논의의 초두에 그러한 문제점이 제시되었다는 사실은 그 논의가 이미 오래 전부터 계속되어 오고 있음을 반영하는 것이었다고 해석하기도 한다.[79]

그후 세종 18년(1436) 윤6월에 의정부참찬 河演은 "민간의 布價가 쌀은 5·6두, 콩은 10여 두에 불과한데, 田稅布는 米 15두·豆 30두에 준한다는 것은 과다한 것 같으니, 다시 米는 10두로, 豆는 20두로 고쳐 정할 것"[80]을 건의하였다. 그의 말대로라면 田稅布價는 국초에 비해 3배나 폭등한 것이 된다. 그리하여 그는 정포 1필당 미두의 값을 각각 1/3씩 감하여 米 10두·豆

---

78) 공법에 대한 논의는 세종 10년(1428)을 전후해 본격적으로 제기되어 세종 19년 법령으로 효력을 발하는 1차안이 공포되었고, 세종 22년에 수정된 2차안이 발효되었다. 다시 세종 26년에 3차 확정안이 정해졌다. 이에 대해서는 金泰永, 「朝鮮前期 貢法의 成立과 그 展開」, 앞의 책 참조.

79) 金泰永, 위의 책, pp.270~271.

80) 『世宗實錄』 卷73, 18年 閏6月 甲申條 : 4-18다.

20두로 정할 것을 청하였던 것이다. 이에 세종은 19년(1437) 2월 호조에 전지하기를, "正布의 시가는 米 5·6斗, 豆 15斗인데, 전년 공법의 과정에서 正布 1필가로 米 10두·豆 20두의 책정 논의도 과다한 것이니, 정포 1필가는 米 7두 5승, 豆 15두로 개정하고, 기타 명주·면포·저포 및 雜位米豆를 상항에 의하여 알맞게 감하는 것이 어떠한가를 숙의하여 알리라"고 하였다.[81] 이 개정 논의는 동년 3월에 이르러 이전에 米 15두·豆 30두이던 전세포가를 豆에서 10두, 米에서 5두씩 감하여 豆는 20두, 米는 10두로 삼아 수납케 하고, 명주·면포·저포 및 잡위미두도 이에 준하여 量減케 하여 그해 가을부터 시행케 하였다.[82]

세종 19년(1437) 7월에 공법이 일단 공포하기에 이르렀는데, 이때 상정된 내용은 土品에 따라 전국을 3等道로 구분하고, 다시 각 等道를 종래의 전품에 따라 3등전으로 나누어 수세액을 20~12斗로 정하였다. 단 수전은 糙米, 한전은 黃豆로 수납하였다.[83]

공법은 그후 몇 차례의 개정을 거쳐 세종 26년(1444) 11월에 이르러 확정 공포되었다. 田은 6등으로 구분하고 한전의 소출은 전례에 따라 수전의 절반으로 정하였다. 즉 上上田 수전 1결의 稅米가 米 20斗이면 한전의 세는 黃豆는 20斗, 田米는 10斗를 징수하고, 雜位田은 앞으로 고쳐 詳定·折給 하기까지 우선 종래의 절수지 그대로 획급한다는 것이었다.[84]

새로운 수세법인 공법의 확정에 따라 잡위전도 조정할 필요가 있었다.

---

81) 『世宗實錄』卷76, 19年 2月 己巳條 : 4-53가나.
82) 『世宗實錄』卷76, 19年 3月 己酉條 : 4-60라.
83) 『世宗實錄』卷78, 19年 7月 丁酉條 : 4-87라~8가.

구분	上田 1結	中田 1結	下田 1結
上等道(경상도·전라도·충청도)	20斗	18斗	16斗
中等道(경기도·강원도·황해도)	18斗	16斗	14斗
下等道(함길도·평안도)	15斗	14斗	12斗

84) 『世宗實錄』卷106, 26年 11月 戊子條 : 4-593다.

왜냐하면 6등전품의 분등과 거기에 따른 새로운 각등 結積의 편성은 국가 각 기관의 기능유지에 적절한 규모의 각 位田 설정을 불가피하게 하였을 뿐만 아니라, 이제 전국적으로 통일되는 수세제 하에서는 分司 分屬의 재정 운용방식이 극히 불편해지고 있었기 때문이다.

태종 9년(1409)에 전세조공물도 농사의 작황에 따라 조세를 감면하는 수손급손법이 적용되었음은 전술한 바 있다. 따라서 풍흉에 따라 각사의 歲收 증감은 매년 다를 수밖에 없었다. 이러한 문제점을 시정하기 위해 시행한 것이 세종 27년(1445)의 國用田制이다.

전에는 각도의 전지를 京中各司位田과 外軍資位田으로 分屬하여 恒貢의 數에 충당하였으나 해마다 損實이 같지 않기 때문에 그 부족한 것을 外軍資 로 推移하여 보충하였습니다. 이 때문에 계산이 매우 번잡하며, 비록 공법으 로 계산해도 역시 번잡하기는 마찬가지입니다. 지금부터 州郡의 驛館·公衙· 公須 등 位田 이외 京中의 兩倉(풍저창·광흥창)과 각사위전을 모두 없애고 國用田이라 칭하고, 각관의 수령이 경중각사에 납부하는 일정한 수를 계산 하여 민호에 분정해 輸納하게 하며, 그 나머지는 모두 그 官의 國庫에 들이게 하면 계산이 편리할 뿐만 아니라 민간이 납부하는 米穀·蜜蠟·布貨의 어렵고 쉬운 것과 고되고 헐한 것이 공평을 기할 수 있을 것입니다(『세종실 록』 권109, 27년 7월 을유조 : 4-624다라).

즉 국용전제 시행 이전에는 전국의 토지가 경중각사위전과 외군자위전으 로 분속되어 있어 해마다 풍흉에 따라 전세수납의 양에 차이가 생겨 경중각사 에서는 그 세입이 부족할 경우 으레 外軍資에서 빌려서 충당하였다. 그런데 각사위전제의 형태는 각사 개별적으로 운영되어 지출에 관한 사무가 번잡하 였을 뿐만 아니라 이번에 새로 설정된 공법으로 계산해도 번잡하기는 마찬가 지였다. 그리하여 州郡의 驛田·衙祿田·公須田을 제외한 京中의 豊儲倉·廣興 倉位田과 各司位田을 모두 혁파하고 이를 國用田으로 귀속시켰던 것이다.

그리고 외방 각관에서는 경중각사에 납부하는 일정한 수를 계산해 민호에 분정하여 輸納하게 하고, 나머지는 지방관아의 國庫에 납입하게 하면 계산이 편리할 뿐만 아니라 민간에서 납부하던 전세조공물인 미곡·밀랍·포화의 어렵고 쉬운 것과 고되고 헐한 것 역시 공평을 기할 수 있다는 것이다. 국용전제가 시행되면서 전세조공물의 位田田稅도 개정되었다.

　　의정부에서 호조의 첩정에 의거하여 아뢰기를, "……전날의 각사위전에서 바친 수량을 상고하여 보면 正布 1필에 下田은 1結 20卜인데, 전지의 소출로 계산하면 콩은 19豆 2升, 白米는 15두에 精米 3斗이다. 아울러 下水田 1結 12卜 5束을 전지의 소출로 계산하면 米 18斗·油 1斗이고, 下田 61卜을 전지의 소출로 계산하면 콩 9斗 7升 6合·蠟 1斤이다. 下田 1結 21卜 9束을 전지의 소출로 계산하면 콩 19두 5승 4勺입니다. 다른 것도 모두 이와 같습니다. 合·勺까지 계산하여 심히 번쇄하므로, 合·勺의 수는 지금 없애소서." 하니, 그대로 따랐다(『세종실록』 권109, 27년 7월 을유조 : 4-624라).

　　전날 세종 19년(1437) 공법에서는 정포 1필에 下田 1결 20卜이 할당되었고, 그 소출액은 豆 19斗 2升이던 것이 이때에 이르러 두 19두로 정해졌다. 그러나 기름과 밀랍의 경우는 기름 1斗에 콩 9.76斗, 밀랍 1斤에 콩 19.50斗에 준한다는 그 수정된 수치만 확인될 뿐이다.

　　田稅布貨는 건국 초에 황두 30두에 준하던 것이 세종 19년에 19두로 개정되었고, 이것은 또다시 12두로 개정되었다.[85] 12두로 개정된 시기는 세종 27년 국용전제가 시행된 때라 생각된다. 이것은 다시 예종 원년(1469) 9월에 詳定所의 상계에 의하여 正布 1필은 黃豆 10斗에 준하도록 규정되었고,[86] 성종조에도 계속되었다.[87] 卑田 1결당 전세포화는 건국 초에 정포

─────────────────

85) "藝文館奉敎安處良啓 一, 慶尙道國用布子 舊法每一匹 準稅黃豆三十斗 後改以十九斗 又改以十二斗"(『睿宗實錄』 卷7, 元年 8月 丁卯條 : 8-411라).

1필이 황두 30斗에 준하던 것이 후에 減價되어 20斗·19斗·12斗·10斗로 납부하는 것으로 되었던 것이다.

전세조공물의 定價에서 기준 역할을 하였던 것은 정5승포였다. 원래 正布는 5升으로 짠 麻布를 지칭하였다. 그것은 전세조공물가를 詳定할 때 주로 정포가 논의되고 있고, 또 정포 정가의 변동에 따라 綿紬·綿布·苧布 및 雜物田의 米豆額을 조절하자는 기록에서도 확인된다.[88]

한편 면포 생산이 증대되면서 마포 대신 면포가 正布로 통칭되기에 이른다.[89] 고려말에 전래된 목면은 태종 10년 4월에 이르면 "위로 卿士에서 아래로 庶人에게 이르기까지 上衣·下裳을 모두 이것으로 만든다"[90]고 할 정도로 면포가 상당히 보급되었음을 보여준다. 물론 면포가 이 시기에 대중의 중요한 의료로 등장하였으나, 『세지』에 의하면 그 보급은 아직 하삼도에 국한되어 있다. 그러나 세종 27년(1445)에 이르면 "우리나라의 풍속에 모든 賣買에 있어서 반드시 면포로 값을 정하고, 면포가 부족하면 다른 물건으로 충당하는데, 그 유래가 오래 되어서 갑자기 고칠 수 없다"[91]고 할 정도로 면포가 마포를 압도하여 이제는 중요한 布貨가 되었다. 동왕 29년에는 奴婢身貢法을 개정하여 綿紬·正布와 더불어 綿布도 收納하도록 하였다.[92] 면화재배가 널리 보급되면서 면포는 농민들의 의생활의 변화를 가져왔을 뿐만 아니라 민간 사이의 거래나 혹은 부세납부에서 麻布를 밀어내

---

86) 『睿宗實錄』 卷7, 元年 9月 甲申條 : 8-414다.

87) 이는 성종 17년(1486) 대사헌 李瓊仝의 상소에 "正布는 농부의 田稅에서 나오므로 1필을 콩 10斗로 칩니다"(『成宗實錄』 卷196, 17年 10月 戊寅條 : 11-147나)라고 한데서 확인된다.

88) 姜制勳, 앞의 논문, p.78.

89) 金柄夏, 1970,「朝鮮前期의 貨幣流通 –布貨流通을 중심으로–」『慶熙史學』 2 ; 宋在璇, 1986,「16世紀 綿布의 貨幣機能」『邊太燮博士華甲紀念史學論叢』.

90) 『太宗實錄』 卷19, 10年 4月 甲辰條 : 1-540라.

91) 『世宗實錄』 卷110, 27年 10月 壬子條 : 4-641가.

92) 『世宗實錄』 卷115, 29年 正月 癸酉條 : 5-2가.

고 正布 혹은 常布의 위치를 차지하게 되었다. 면포가 國幣의 중요한 위치를
차지하였다는 것이나 노비신공으로 면포를 받게 되었다는 사실은 획기적인
것이라 하겠다.

田稅正布는 본래 5升布로 징수하는 것이 원칙이었으나 관리가 6升布로
加升하여 거두거나,[93] 심지어 8·9·10升布로 加升하여 징수하는 경우도
있었다.[94] 또 田稅布貨는『경국대전』에서 綿紬·綿布·苧布·正布로서 35척으
로 규정되어 있었는데, 당시 正布 2필이 면포 1필과, 정포 3필이 10升白苧布·9
升綿紬 및 7升木棉 1필과 等價되었다. 그러나 본래 35尺으로 규정되어
있던 것을 수령이 4·5척을 加徵하기도 하였다.[95]

3. 공납제의 성격

1) 군현단위의 분정

조선왕조의 군현제 정비는 태종대를 전후한 15세기에 이루어졌다. 그것은
고려의 다분히 신분적이고 계층적인 군현체제를 명실상부한 행정구역으로
개편하는 과정에서 속현과 향·소·부곡 등 임내의 정리, 규모가 작은 군현의
병합, 군현 명칭의 개정 등 지방제도의 전반적인 개혁을 단행한 것이었다.[96]
그리하여 군현은 그 토지와 인구의 규모에 따라 주·부·군·현으로 구획되었던
것이다.[97]

---

93) "下書諸道觀察使曰 人有言田稅正布 本以五升定式 而官吏濫收六升布 民甚苦之"(『成宗
實錄』卷242, 21年 7月 癸丑條 : 11-611나).
94)『成宗實錄』卷284, 24年 11月 癸丑條 : 12-442가.
95) "(獻納孫)仲暾曰 貢稅布 本三十五尺 而守令加徵四五尺 油蜜亦然 何以——糾察乎"(『燕
山君日記』卷25, 3年 7月 乙巳條 : 13-246다).
96) 李樹健, 1984,『韓國中世社會史研究』, 一潮閣 ; 李樹健, 1989,『朝鮮時代 地方行政史』,
民音社 참조.

조선전기에는 戶籍이라든가 量案이 자못 모호한 상태로 운용되고 있었다.
당시 농민은 국가의 강력한 통제 아래 긴박되어 있어 거주 이전의 자유가
없었는데도 농업생산력의 상대적 저급성으로 인해 생계가 불안정하여 자연
적 재해나 국가 사회적 침탈로 흔히 유망 도산하거나 혹은 호강자에게
투탁하여 협호·고공·비부·노비로 전락하기도 하였다. 이러한 주민들의 잦은
유망은 근본적으로 호구수를 제대로 파악할 수 없게 하였다. 따라서 국가는
사실상 실재하는 전체의 호구를 대상으로 하지 않고 가능한 한도 내에서
전통적인 관례에 따라 각 군현에 책립한 일정한 호수만을 파악하였던 것이다.
양안의 경우도 호적보다 더 나을 것이 없었다. 양전의 기본방침은 대체로
舊田案에 올라있는 결총을 채우는 일이 고작이었다.[98]

호적(군적)·양안 등 국가 실세의 기초자료가 그같이 미비한 상태여서
국가수취제를 직접 실상에 맞도록 정확하게 운용하기란 어려운 일이었다.
따라서 조선전기 공물을 비롯한 군역·요역 등의 국가적 수취는 군현 단위로
책정되었던 것이다.

각 군현 단위로 공동체적으로 책정될 때 그것은 필연적으로 富實한
군현보다는 쇠잔한 군현에 더 과중한 부담으로 책정되기 마련이었다. 가령
중종 37년(1542) 정월 예안현감 金守雍은 요역부담에 있어 小군현인 예안과
12개의 속현을 가지고 있는 안동대도호부의 경우, "예안의 1년 동안의
役使를 안동의 백성들은 13년 동안 나누어 하게 하고, 안동의 백성들이
13년 동안 할 役使를 예안의 백성들은 한해 동안에 모두 하게 된다"[99]는

---

97) 조선전기의 군현수는 약 330여 개였다. 즉『세종실록』지리지에 336개,『경국대전』에
329개,『신증동국여지승람』에 331개이다(李樹健, 1984, 위의 책. p.410).『세종실록』
지리지에는 부가 4, 대도호부가 4, 목이 17, 도호부가 38, 군이 91, 현이 182이고,
『경국대전』에는 부가 4, 대도호부가 4, 목이 20, 도호부가 41, 군이 82, 현이 175이다.
『신증동국여지승람』에는 부가 4, 대도호부가 4, 목이 20, 도호부가 45, 군이 82,
현이 174이다.
98) 제Ⅲ장. 1. 공물의 수취지반 참조.

기록에서 알 수 있듯이 大군현과 小군현의 요역부담에서 현격한 차이를 보이고 있다.

이러한 현상은 공물분정에서도 마찬가지로 나타나고 있었다. "大군현에서는 백성의 納貢이 한번 돌아가거나 돌아가지 않기도 하지만, 小군현에서는 작은 납공이라도 사면의 백성이 아울러 내고 힘을 합쳐야 하므로 백성이 매우 困弊하다"100)거나, 혹은 大군현에서는 1~2년에 한 번 공물을 납부하는 데 비해 小군현에서는 1년에 20여 번에 걸쳐 공물을 납부하기도 하였던 것이다.101) 이와 같이 소군현은 대군현에 비해 부세 부담이 실로 과중하였던 것이다. 이 때문에 소군현에서는 隣邑의 토지를 할애해 줄 것을 요구하거나, 호구의 할당과 공물의 移定을 요구하기도 하였던 것이다.102)

하나의 군현이 존립하기 위해서는 요역·공물 등의 국가적 부세를 부담할 능력을 구비해야만 하였고, 이외에도 관아나 향교의 건물, 노비·향리 등의 인적자원, 그리고 公須田, 衙祿田 및 향교의 廩食田 등의 경제적 조건도 아울러 갖추어야만 하였다.103) 이러한 제반 조건을 갖추지 못했을 경우에는

---

99) 『中宗實錄』 卷97, 37年 正月 癸巳條 : 18-543나.

100) 『中宗實錄』 卷29, 12年 8月 己酉條 : 15-307나.

101) "本郡(珍山 : 필자주)初非郡縣之地 乃連山·高山·錦山等官部曲 而自太祖康獻大王 奉安胎室後 陞號爲郡 四境之地 極爲褊小 西距全州只五里 東南北面不過十里許 皆是窮山深谷 土瘠民殘 然其貢賦徭役 依他邑盛各郡 一樣分定 去丙子(中宗11年, 1516)年間 回郡民朴根等上言 行移本道 徭役等事太半蠲減 自此已後稍可保存 歲月 悠久 舊弊復作 數小殘民 不勝其苦 盡爲流亡 十室九空 時在村民僅八十餘戶 而獨女 結幕者 多在其數 一應京各司貢物及兵水營全州南原都會等官所納雜物 他郡人民則 一年一度 或二年一度 輪回備納 本郡則以其民少 故一年二十餘度疊疊調發"(『德溪 集』 卷4, 御史兼災傷敬差官時啓 庚午年<宣祖 3年, 1570> ;『韓國文集叢刊』 38-106).

102) 『世宗實錄』 卷43, 11年 正月 癸亥條 : 3-162나 ;『成宗實錄』 卷236, 21年 正月 己巳 條 : 11-564나.

103) "議政府據戶曹呈啓 平安道麟山郡·慶尙道熊川縣 今已復立 請麟山衙祿·公須及鄕校 廩食田 並以在前所受田還給 熊川公須田 則依中路縣例 給軍資田十五結 衙祿田則不 挈家之任 依兩界沿邊例 減半給之 從之"(『端宗實錄』 卷4, 卽位年 12月 丙辰條 :

군현으로 존립할 수 없었다.

D-① 이조에서 평안·황해도도체찰사의 啓本에 의하여 아뢰기를, "평안도
　　雲山郡은 산골짜기에 치우쳐 있어서 주민이 겨우 100여 호 뿐이니,
　　貢賦와 差役을 감당하지 못합니다. 청컨대 이를 혁파하여 영변부에
　　속하게 하소서." 하니, 임금이 그대로 따랐다(『세조실록』 권15, 5년
　　정월 계묘조 : 7-309라~310가).
D-② 언양이 縣이 된 지 오래되어 토지가 좁고 인민도 적습니다. 그런데
　　조종조에 있어 所在之民이 모두 능히 安業하고 소유한 토지도 모두
　　耕墾되어 租賦·徭役을 공급함에 족하여 縣邑의 대열에 있었습니다.
　　그후 계속된 흉황과 질병으로 유이자와 사망자가 잇따라 6·70년간에
　　田野가 대부분 황폐해져 마을이 비게 되어 지금에 이르러서는 1里의
　　民이 많은 곳은 20여 호, 적은 곳은 10여 호에도 미치지 못하는 형편에
　　이르러 縣으로 존속할 수 없는 지경이 되었습니다(『葛川集』卷2, 彦陽陳
　　弊疏 ;『韓國文集叢刊』28-467).

　　D-①은 평안도 운산군의 경우 주민이 100여 호밖에 되지 않아 공부와
차역을 감당할 수 없기에 혁파하여 영변부의 속현으로 삼았다는 것이다.[104]
D-②는 언양현이 조종조 이래 縣民이 자기 소유의 토지를 경작하며 租賦·徭
役을 공급함이 족하여 縣邑의 대열에 있었으나, 그후 계속된 흉황과 질병으
로 유이자와 사망자가 잇따라 60·70년 사이에 田野가 대부분 황폐해지고
인민 또한 줄어들어 1里의 民이 많은 곳은 20여 호, 적은 곳은 10여 호에도
미치지 못하는 형편에 이르러 縣으로 존속할 수 없는 지경에 처하게 되었다는
것이다.

　　6-560가).
104) 군현이 혁파되어 속현으로 되었다가 민호와 노비가 번성하게 되었을 때에는 복립되
　　기도 하였다(『世祖實錄』卷33, 10年 5月 壬午條 : 7-629나).

叛逆·亂言·官長殺害·不孝·悖倫 등 綱常에 위배되는 사건이 발생하였을 때는 당해 군현이 혁파되거나 강등되었다.105) 그런데 군현 혁파시에는 많은 문제점이 야기되었다. 왜냐하면 공물·요역 등은 군현단위로 분정되었기 때문에 군현 혁파시에는 당해군현에서 중앙각사에 바치던 공물을 타 군현에 移定해야 하였다.106) 세조 때 이시애 난 후에 吉州牧을 혁파하지 아니하고 吉城縣으로 강등시켰던 것도 군현 혁파에 따른 많은 문제점이 야기되었기 때문이다.107) 그리하여 국가는 군현을 혁파하기보다는 강등시켰던 것이다.

한편 국가에서는 '땅이 좁고 백성이 적은[地狹民少]' 군현을 병합하기도 하였다.108) 군현병합은 국초부터 논의되었으나 본격적으로 착수된 것은 태종대부터였다.109) 그런데 당시 국가에서 추진한 군현병합은 대부분 얼마 안 되어 복설·환원되었다.110) 그 원인은 물론 土姓吏民들이 그들의 세력기반이 약화되는 것을 우려하여 결사적으로 반대한 이유도 있었지만,111) 무엇보

---

105) 林承豹, 1990·91,「朝鮮時代 邑號昇格에 관한 硏究」(上·中)『民族文化』13·14 참조.

106)『世宗實錄』卷92, 23年 2月 甲戌條 : 4-334다.

107)『明宗實錄』卷27, 16年 5月 癸酉條 : 20-590라~1가.

108)『太祖實錄』卷15, 7年 12月 壬戌條 : 1-141라 ;『世宗實錄』卷24, 6年 4月 丙寅條 : 2-593라.

109) 李樹健, 1989, 앞의 책, pp.83~86.

110) 조선초기 군현병합이 이루어진 사례를 시기별로 보면 태조대 8건, 정종대 1건, 태종대 17건, 세종대 6건, 문종대 1건, 그리고 세조대에 1건이 있었다. 그런데 병합되었다가 다시 분리된 것은 모두 22건인데 그중 20건이 태종대에 집중되어 있고, 그 나머지는 세종대와 세조대에 각각 1건이 있었다. 태종 14년(1414) 8월에 영길도를 제외한 7도 소재의 34개 군현을 17현으로 군현병합을 시도하였지만, 병합한 지 2개월만에 과천의 복설을 시작으로 병합된 군현은 1년도 못되어 "各官併合 民皆怨之"한다는 반대여론이 비등하다는 이유를 들어 용인 1곳만 제외하고 대부분 환원되거나 복설되었다. 그리고 태종 17년에 병합된 18현 가운데 河東·居昌·扶寧·泥城·豊川·慈山 등 7현은 옛 명호대로 환원되었고, 巨濟·南海·石城·保安·殷栗·孟山·博川·殷山 등 8현은 복설되었다. 이와 같이 군현병합은 정부가 의도한대로 큰 성과를 거두지 못하였다. 이에 대해서는 金東洙, 1990,「조선초기의 군현제 개편작업-군현병합 및 직촌화작업을 중심으로-」『全南史學』4 참조.

다도 국가가 각 지방이 처한 지리적·경제적 조건을 무시하고 일방적으로 병합을 추진하였기 때문이라 생각된다.

군현병합이 올바른 방향으로 추진되기 위해서는 당해 군현민의 뜻을 물어 행한다면 별 문제가 없겠지만,[112] 이는 쉽게 행할 수 있는 문제가 아니었다. 군현단위로 분정된 공물은 원칙적으로 당해 군현의 토산물, 전결수, 호구수 및 정부경비 등을 참작하여 책정되었기 때문에 이에 변화가 있을 때에는 아울러 공안개정도 수반되어야 했다.[113] 그러기 위해서는 병합되는 兩邑에서 바치는 공물의 수량이라든지 잡물 수량을 세밀하게 고찰하여 정부에 보고해야만 하였다.[114]

그러나 공물은 종류가 매우 다양하였기 때문에 全土에 걸친 모든 산물의 조사와 중앙각사의 미세한 용도에 따라 이를 상정한다는 것은 실로 어려운 작업이었다. 또한 공물 책정과 국가경비와는 표리관계를 이루고 있었으므로 공물을 너무 적게 책정하면 국가경비가 부족하게 되고, 지나치게 많이 수취하면 민에게 크게 부담을 가져왔으므로 이들 양자의 조화를 이루는 것 또한 결코 쉬운 일이 아니었다.[115] 이러한 이유 때문에 군현병합 문제를

---

111) 군현병합시 人吏·官奴婢가 優盛하거나 戶口가 많고 면적이 넓거나 혹은 군사상 교통상 중요한 지점일 경우에는 主邑이 되고, 그렇지 못한 지역은 縣司가 폐쇄되고 이 지역의 인리·관노비는 신설된 主邑으로 이관해야만 하였다(『世祖實錄』卷69, 17年 7月 辛卯條 : 3-642라~3가·17年 9月 辛未條 : 3-650나). 따라서 안착하고 있던 土着吏民들은 군현병합에 따라 생활기반을 박탈당하였기 때문에 이를 반대하였던 것이다.

112) "念州郡兼幷之政 極爲美矣 下鄕之後 細詢民情 則民情以爲不便 以近地親聽觀之"(『香湖先生文集』卷1, 與李栗谷). 香湖 崔雲遇(1532~1605)의 字는 時中이며 號는 鶴衢·稻景이다. 그는 명종 7년(1552) 21살에 생원에 급제하였고, 율곡과는 道義之交로 사귀었다.

113) 군현이 강등되었을 경우 境域의 할속과 그 군현의 민호가 부담하던 공물도 타 군현에 移定되었다(『世宗實錄』卷21, 5年 12月 丁卯條 : 2-568라).

114) 『中宗實錄』卷53, 20年 3月 丁亥條 : 16-404라~5가.

115) "上謂(左議政曹)錫文·(茂松君尹)子雲·(行護軍吉)從直等曰 貢物國家大事 關民休戚 今橫看所定貢物 或過少而不足於用 或過多而有損於民"(『世祖實錄』卷44, 13年 10

거론할 때마다 군신간에는 으레 "군현연혁은 경솔하게 거론할 수 없다"라는 이유를 들어 반대하자, 국가에서는 가급적 현상대로 유지하려고 하였던 것이다.116) 율곡은 군현병합시 공안을 개정하지 않고 병합할 것 같으면 별로 이익이 없을 것이라고 하였다.117)

2) 一定不動의 성격

전세는 홍수·한발 등의 자연재해로 흉황을 당하였을 때 손실에 따라 감면해 주는 隨損給損이 적용되었지만, 각사에 납부하는 공물은 원칙적으로 감면되지 않았다.118) 이에 대한 사례를 들면 다음과 같다.

E-① 강원도 감사 黃喜가 아뢰기를, "도내 영서의 각 고을에 옛부터 내려오고 있는 民戶의 元數는 9,509호인데, 근래에 기근으로 인하여 流離하여 없어진 호수가 2,567호이고, 현재에 거주 호수가 6,943호입니다. 이로 인하여 元田 61,790결 내에서 황폐된 것이 34,430결이니, 전에 인물이 번성할 때에 정하였던 공물 수량으로 지금까지 내려오게 되었으니, 기근으로 겨우 살아가는 호구들은 제 집의 공물도 능히 견디어내지 못하거늘, 유망한 호구의 공물까지 덧붙여 받아들이게 되니, 이 폐를 어찌 다 말할 수 있겠나이까?……" 하였다(『世宗實錄』卷23, 6年 3月 甲辰條 : 2-590다라).

E-② 셋째는 陳田貢物입니다. 지난 임자년(명종 7년, 1552) 사이 조정이 진전에서 收稅한다는 논의에 대해 민의 원망을 염려하여 각도로 하여금

月 丁未條 : 8-132나).

116) 『中宗實錄』卷33, 13年 5月 丙寅條 : 15-446가 ;『宣祖實錄』卷15, 14年 5月 丙戌條 : 21-377가나 ;『宣祖實錄』卷17, 16年 閏2月 丁丑條 : 21-389나.

117) 『栗谷全書』卷12, 答崔時中 ;『韓國文集叢刊』44-253.

118) "兵曹判書朴信·左軍摠制崔閏德·義盈庫使李繼長等陳言 收租之法 隨損給損 已有成式 各司納貢 雖値凶荒 未嘗減損 實爲未便"(『太宗實錄』卷36, 18年 7月 庚戌條 : 2-237라).

수목이 숲을 이룬 영구히 황폐된 진전을 抄出해서 면세해 주었습니다. 본현의 진전을 초출한 것이 총 458결이나 되는데도 다만 稅米만 면제하고 남은 공물은 아직까지 면제하라는 명이 없으니, 어찌 그 세는 면제하면서도 공물은 그대로 둡니까? 이것은 반드시 有司가 범연히 살피지 않았기 때문입니다. 본현의 민이 바치는 것은 자기가 소유한 것뿐만 아니라 유망하여 絶戶된 것까지 모두 미치게 되었습니다. 공물을 마땅히 면제받아야 것이 450여 결에 달하는데도 항상 바치도록 재촉하는 명령을 내리니, 이 어찌 신이 편안한 바가 있겠습니까?(『葛川集』卷2, 彦陽陳弊疏 ;『韓國文集叢刊』 28-468).

E-①은 세종 6년(1424) 3월에 강원도감사 황희가 올린 啓文인데, 강원도 영서 군현의 경우 인물이 번성할 때에 민호수가 9,909였으나 기근으로 인해 유망한 호가 2,567에 달하였는데도 이전에 분정된 공물을 현재 남아 있는 민인에게 덧붙여 징수하였기 때문에 그 폐가 막심하다는 것이다.

E-②는 16세기의 학자 林薰이 올린 언양진폐소인데, 조정의 논의에 따라 진전에서의 수세는 민의 원망을 염려하여 각도로 하여금 수목이 무성해져서 영원히 황폐된 진전을 초출하여 면세해 주었는데, 언양현의 진전이 총 458결이나 되는데도 다만 稅米만 면제해 주고 공물에 대해서는 면제해 주라는 명령이 없으므로 縣民은 자기가 소유한 토지뿐만 아니라 유망하여 절호된 자의 공물까지 부담한다는 것이다.

이와 같이 각 군현에 부과된 공물액수는 호구의 증감과 토지의 진전이 있더라도 개정이 따르지 않는 한, 일단 공안에 등재된 공물은 납부해야만 하였던 것이다. 이 때문에 군현에서 유망하여 절호된 자의 공물은 族親과 隣里에게 分徵하였던 것이다. 율곡은 이러한 폐단에 대해 다음과 같이 말하고 있다.

─族切隣의 폐단이 무엇인가 하면 지금 여기에 (과중한 부세를 견디지

못하고) 도망한 民이 있다면 반드시 그 일족과 절린에게 부세를 부담시키고, 일족과 절린이 감당할 수 없어 또 도망하게 되면 다시 그 일족의 일족과 절린의 절린에 부담시키게 되어 1人이 도망함으로써 재앙이 千戶에까지 파급되어 그 형세는 반드시 民이 남지 않게 된 뒤에야 끝날 것입니다. 이 때문에 옛날에는 100家나 되던 마을이 지금은 10家도 못되고, 지난해에는 10家의 마을이 지금은 1家도 없게 되어 마을이 쓸쓸해지고 인간의 밥 짓는 연기가 아주 끊어져 그렇지 않은 곳이 없습니다. 만약 이 폐단을 개혁하지 않는다면 나라의 근본이 뽑히고 넘어져 결국 나라를 다스릴 수 없게 될 것입니다(『栗谷全書』卷15, 雜著2「東湖問答」論安民之術 ; 『韓國文集叢刊』44-326).

즉 과중한 부세를 견디지 못하고 도망한 민이 있을 때에는 반드시 그 일족과 절린에게 부세를 부담시켰고, 일족과 절린이 감당할 수 없어 또 도망하게 되면 다시 그 일족의 일족과 절린의 절린에 부담시켰던 것이다. 이러한 隣徵·族徵 때문에 현지에 남아 있는 자에게 부과되는 공물은 이전보다 훨씬 과중하게 되었던 것이다. 그리하여 전일에 7~8호에서 납부하던 공물을 1호에서 바치는 경우도 있었던 것이다.[119]

이처럼 공물은 감면되지 않는 것이 원칙이었지만, 수재 등의 자연재해로 인한 失農,[120] 사신접대[121] 등으로 피폐한 민인을 회복시키기 위해 국왕이

---

119) "江原道監司訪問民間弊瘼以啓………一, 凡貢賦 以所耕多少斂之 自壬寅癸卯凶荒相 仍 流移者二千餘戶 田地陳荒者萬有百七十餘結 而各官貢物 不減於舊 依數上納 前日斂於七八戶之物 今則一家供之 賦於五六人之貢 今則一人納之 終不能支 又至流 移"(『世宗實錄』卷36, 9年 4月 壬午條 : 3-69나).

120) 『太祖實錄』卷12, 6年 8月 甲辰條 : 1-110가 ; 『太宗實錄』卷30, 15年 9月 戊申條 : 2-86가 ; 『世宗實錄』卷26, 6年 11月 辛卯條 : 2-638가 ; 『世宗實錄』卷27, 7年 2月 庚申條 : 2-655나 ; 『世宗實錄』卷39, 10年 3月 丁亥條 : 3-119나 ; 『世宗實錄』卷61, 15年 9月 戊戌條 : 3-516나.

121) 『世宗實錄』卷58, 14年 10月 辛丑條 : 3-420라~1가 ; 『中宗實錄』卷94, 36年 2月 壬申條 : 18-442라 ; 『明宗實錄』卷14, 8年 5月 庚申條 : 20-133라.

공물을 한시적으로 헤아려 감하거나 혹은 영구히 면제해 주는 경우도 있었다.[122] 이는 국왕이 대민정치의 일환으로 민인의 부담과 고통을 덜어주려는 데 있었다.[123] 그렇다고 흉황·기근을 당할 때마다 국왕이 공물을 감면해 줄 수는 없었다. 한 예로 세종 19년(1437) 정월에 연이은 흉년으로 인해 공물을 견감하여 창고가 고갈되어 國用이 부족하게 되자, 各品의 祿俸을 감하고 齋舍에 기숙하고 있던 성균관의 생원을 내보낸 적이 있었다.[124] 이처럼 용도를 헤아리지 않고 공물을 감면했을 때에는 경비의 부족을 초래하였다. 이 때문에 국왕이 공물의 견감을 명하면 각사에서는 견감하지 말 것을 요청하였던 것이다.

　　호조가 아뢰기를, "軍器寺의 공물 중에 긴급하지 않은 것을 蠲減하는 일은 傳敎가 있었기 때문에 本曹에서는 금년부터 임인년(중종 37년, 1542) 추수 때까지 한정하여 감해 주기를 청했는데, 군기시에서는 임인년부터 감해 주기를 청했습니다. 그리고 혹 기한을 2~3년에서 혹은 10년까지 하기도 했으며, 또 혹 全減하기도 하고 半減하기도 하였습니다. 따라서

---

122) 성종 4년(1473)에 상의원의 彩花席·滿花席·生苧·正鐵·魚膠·黃蠟은 2년, 풍저창의 草紙는 3년, 군기시의 小藥線紙는 2년, 大藥線紙는 3년, 休紙·無名石은 4년, 斑猫는 20년, 雉羽는 6년, 獐皮는 2년, 高佐木은 5년, 司贍寺의 休紙는 2년, 내자시의 生苧는 10년, 의영고의 加士里는 3년에 한하여 1/3을 감하고, 소격서의 紫檀香은 3년, 제용감의 狸皮는 1년, 봉상시의 生苧는 4년, 선공감의 木賊은 2년에 한하여 2/3를, 장흥고의 皮竹席·油紙帒, 사재감의 小全鰒은 3년에 한하여 1/3을, 白條脯는 2년에 한하여 2/3를, 내섬시의 牛毛는 10년, 川椒는 5년에 한하여 2/3를 감하였다(『成宗實錄』 卷29, 4年 4月 戊子條 : 9-20라~21가). 各司에 납부하는 공물 가운데 1년부터 20년에 한하여 감면되는 경우도 있었지만, 때로는 그 군현이 蘇復될 때까지 감면하거나 영구히 면제하기도 하였다(『成宗實錄』 卷81, 8年 6月 己未條 : 9-467라).

123) 崔承熙, 1993, 「世宗朝 政治支配層의 對民意識과 對民政治」 『震檀學報』 76, pp.51~53.

124) "戶曹啓 下三道米布之所出 連因凶歉 蠲減貢賦 倉廩空竭 國用將乏 請減各品俸祿 從之 自一品至二品減豆三石 自三品至六品減豆二石 七品以下減豆一石 縣紬正布銅錢 皆全減 戶曹又以用度不足 請減成均館生常養之數 留生員百人 放寄齋百人 庠舍遂空"(『世宗實錄』 卷76, 19年 正月 丙申條 : 4-48라).

그 견감한 수량과 年限의 길고 짧음이 서로 크게 다릅니다. 無名石 같은
것은 본조에서는 전감했는데, 군기시에는 10년을 한하여 감했으며, 焰硝는
본조에서는 전교에 의하여 반감하였는데 군기시에는 全減하였습니다. 이
와 같이 두 곳에서 견감하는 것이 서로 차이가 있으니 반드시 두 곳이
귀일된 다음에야 行移할 수 있습니다.……" 하였다(『중종실록』 권95, 36년
6월 신미조 : 18-475나).

즉 호조와 군기시에서 공물을 견감한 수량과 연한의 길고 짧음이 서로
다른 것은 용도를 헤아리지 않고 공물을 감면할 경우에는 경비의 부족을
초래하였기 때문이다. 따라서 국가에서 공물을 감면할 때에는 외방에서
납부하는 공물과 중앙각사의 1년에 필요한 경비 및 창고에 남아있는 수를
참작하여 공물을 감면해 주었던 것이다.[125] 견감의 대상이 되었던 공물은
대부분 각 군현에서 이전에 미납한 공물이거나 각사에 남아 있는 물품
가운데 여유분이 많은 물품, 국용에 긴요하지 않은 물품 등이었다.

중앙각사에 바치는 공물을 국왕이 한시적으로 혹은 영구히 減除하여
민인이 혜택을 받기도 했지만, 때로는 군현의 수령이 이에 따르지 않고
계속 督納함으로 인해 견감의 혜택이 민호에 돌아가지 못하는 경우도 있었
다.[126] 이 때문에 村巷民은 국가에서 공물을 감면했다 하더라도 어떠한
공물이 감면되었는지 조차 모르고 있는 실정이었다.[127] 국왕은 이에 대한
대책으로 견감한 공물이 있을 때에는 각 군현의 驛에 榜을 붙여 曉諭하게

125) 『世宗實錄』 卷17, 4年 8月 乙酉條 : 2-489가 ; 『世宗實錄』 卷101, 25年 7月 庚午條 :
　　4-494나 ; 『文宗實錄』 卷5, 卽位年 12月 戊戌條 : 6-334나 ; 『端宗實錄』 卷12, 2年 8月
　　己丑條 : 6-704나 ; 『世祖實錄』 卷6, 3年 正月 丁亥條 : 7-173라 ; 『成宗實錄』 卷3,
　　元年 2月 癸酉條 : 8-472나 ; 『成宗實錄』 卷130, 12年 6月 己未條 : 10-229나 ; 『明宗實
　　錄』 卷10, 5年 10月 己巳條 : 19-723가나.
126) 『世宗實錄』 卷102, 25年 7月 丙子條 : 4-496라~7가 ; 『成宗實錄』 卷128, 12年 4月
　　戊午條 : 10-204나.
127) 『中宗實錄』 卷17, 7年 11月 甲戌條 : 14-621라~2가.

하기도 하였고,128) 관찰사로 하여금 친히 勸農·里正을 불러서 감면한 뜻을 일일이 유시하고 함부로 징수하는 수령을 치죄하는 법을 민간에 주지시키게 하거나,129) 어사를 각도에 파견하여 민인의 질고를 묻게 하기도 하였다.130) 그러나 민인은 추문받을 것을 두려워하여 감히 호소조차 하지 못하였다.131)

다른 곳에서 나지 않는 공물과 국용에 긴요한 공물은 아무리 흉년이 심하게 들었다 하더라도 감면되지 않았다.132) 사신접대에 쓰이는 공물 또한 대체로 감면되지 않았다.133) 공물의 감면이나 면제가 부득이 할 때에는 이를 他邑에 移定하는 경우도 있었다.134) 다른 군현으로의 공물 이정은 당해 군현의 폐단을 구제하려는데 있었지만,135) 공물이 이정된 군현의 민이 피해를 입기는 마찬가지였다.136)

---

128) 『成宗實錄』卷4, 元年 3月 丙戌條 : 8-478라.

129) 『成宗實錄』卷128, 12年 4月 丁卯條 : 10-207가.

130) 『中宗實錄』卷2, 2年 正月 己卯條 : 14-109라.

131) 『中宗實錄』卷26, 11年 10月 乙丑條 : 15-224가.

132) 세종 30년(1448) 6월 함길도에 흉년이 들어 갑산군 인민들이 貢賦를 감면해주기를 요청하였을 때, 호조에서는 "갑산에서 바치는 담비가죽[獤鼠皮]은 진상하는 御服의 물품이고, 阿羊 사슴뿔과 가죽은 다른 곳에서 나지 않는 것이고 그 용도가 매우 긴요하니 감면할 수 없다"고 하였다(『世宗實錄』卷120, 30年 6月 丙子條 : 5-75라~6가).

133) 『世宗實錄』卷30, 7年 12月 壬申條 : 2-704나다.

134) 가령 세종 30년(1448) 강원도 伊川縣의 경우 水旱으로 인한 연이은 실농과 강무장의 노루와 사슴이 곡식을 해쳐 민생이 艱苦하여 유망이 잇따르는데도 공부의 수는 예전과 부담이 같아서 민이 도저히 지탱할 수 없게 되자 그 縣이 阜盛해질 때까지 炭·材木 등의 물산을 다른 군현에 移定하고 있다(『世宗實錄』卷121, 30年 9月 丁亥條 : 5-98라).

135) 『明宗實錄』卷22, 12年 5月 己未條 : 20-410가나.

136) 『成宗實錄』卷167, 15年 6月 甲戌條 : 10-601가.

3) 任土作貢의 원칙

임토작공은 禹임금이 천하를 9州로 나누어 그 지방에서 나는 물산을 거두는 것에서 유래하였다.[137] 각 군현에 분정된 공물은 임토작공의 원칙에 따라 그 지방에서 산출되는 토산물을 부과하는 것이 원칙이었다.

F-① 正殿에 앉아서 敎旨를 반포하기를, "……군현의 공물은 그 토산에 따라 다시 그 액수를 정하고, 不産之物은 收納을 면제하게 할 것이다." 하였다(『태조실록』 권15, 7년 9월 갑신조 : 1-138가).

F-② 사헌부에서 상서하기를, "任土作貢은 古今의 良法입니다.……우리나라 조정에서도 토산물에 공물을 거두는데, 그 제도는 오래됩니다.…… (동서 양계도) 각도의 例에 따라 토산물을 참작하여 액수를 정하여 常貢으로 삼도록 하소서." 하였다(『태종실록』 권26, 13년 11월 신사조 : 1-693라~4가).

F-③ 경기·강원·황해·평안도 관찰사에 下書하기를, "도내 諸邑의 공물은 그 토산에 따라 수량을 헤아려 分定하고 貢案을 작성하여 下送토록 하라."고 하였다(『성종실록』 권10, 2년 4월 신해조 : 8-564다).

즉 공물은 임토작공의 원칙에 따라 분정되었기 때문에 특산물이 산출되는 지역은 타 지역에 비해 많이 배정되었다. 『세지』 도총론의 궐공 항목에 수록되어 있는 물품 가운데 전라·경상·황해도의 과실류, 충청·강원·황해도의 목재, 전라·경상도의 해산물 등은 타 지역에 비해 많이 배정되었다(<표Ⅱ-2> 참조). 당시 각 지역의 대표적인 공물은 충청·전라·경상도의 綿布, 평안도와 황해도의 綿紬, 함경도와 강원도의 常布, 양계지방의 貂鼠皮, 강원도의 목재, 황해도의 鐵物, 전주와 남원지방의 厚紙, 임천과 한산 등지의 生苧, 안동의 席子, 제주도의 말 등을 들 수 있다.[138]

---

137) "禹別九州 隨山濬川 任土作貢"(『書經』 第2篇 夏書 禹貢第1).

공물은 임토작공의 원칙에 따라 분정되었기 때문에 특산물이 산출된다는 것이 중앙에 일단 보고되면 당해 군현에서 해마다 바치는 공물[恒貢]이 되었다.139) 이 때문에 민인들은 그 지방에서 어떠한 특산물이 산출된다 하더라도 해마다 바치는 공물이 되는 것을 두려워하여 이를 말하려 하지 않았던 것이다.140) 특산물이 산출되는 지역은 항시 중앙권력에 의해 집중적으로 주구적 수탈의 대상이 되었다. 다음의 기사는 이를 말해준다.

濟州都安撫使에게 유시하기를, "柑橘은 宗廟에 천신하고, 賓客을 접대하므로 그 所用이 매우 긴요하다"고 하니, 獻議하는 자가 말하기를 "여러 과실 중에서 金橘·乳柑·洞庭橘이 上品이고, 柑子·靑橘이 다음이며, 柚子·山橘이 그 다음입니다. 근래 배양을 잘못하고 또 찬바람으로 해를 입어 예전에 심은 것은 거의 없어졌고 새로 심은 것은 무성하지 못합니다. 또 성질이 바람과 추위를 타서 人家의 양지바른 울타리 안의 사람이 밟고 다니는 곳에는 뿌리를 튼튼히 박아서 일찍 열매를 맺고 번성하나, 관청에서는 비록 菓園을 가졌다 하더라도 (나무를) 많이 심어서 뿌리가 빽빽하고 무성하여 벌레가 쉽게 생기므로 功은 倍로 들여도 도리어 私家에서 기른 것에 미치지 못합니다. 이로 인해 민호에 부과하여 공물을 충당하는데 나무를 심은 집에 겨우 열매가 맺으면 억지로 간수하게 하고, 개수를 헤아려 표지를 달고, 조금이라도 축이 나면 곧 벌금을 징수합니다. 또 主戶로 하여금 官府까지 운반해 오게 하며, 만일 기한에 미치지 못하면

---

138) 『睿宗實錄』 卷6, 元年 6月 辛巳條 : 8-395가.

139) 이러한 사례는 세종 23년 4월 전라·경상도 採金別監 權自弘이 陶金 2냥을 국가에 바쳤을 때 공조에서 議定하여 常貢으로 삼은 것이라든지(『世宗實錄』 卷92, 23년 4月 己巳條 : 4-339가), 중종 34년 10월 장령 權纘이 문경 관내의 加恩縣에서 수정이 산출되는 것을 工人이 알고 공조에 보고하자 공조에서 그 개수를 정하여 민간에게 일정량을 분담시킨 경우(『中宗實錄』 卷92, 34年 10月 辛巳條 : 18-344나) 등을 들 수 있다.

140) "知事姜希孟啓曰 頃日用淸風石硫黃火藥 與舊藥無異 臣意其産已久 而民恐爲恒貢 故不肯言之也 此地若多産 則蠲減他貢物 何如 且其來進者 若重賞則後有得之者 爭來告矣 上曰 可速論賞"(『成宗實錄』 卷79, 8年 4月 癸卯條 : 9-446다).

형벌을 엄하게 하여 용서하지 아니하기 때문에 백성들이 나무를 심기를
즐겨하지 아니하고, 심지어 뽑아 버리기까지 합니다." 하였다(『세조실록』
권2, 원년 12월 병인조 : 7-102가).

감귤은 종묘의 천신과 빈객의 접대에 매우 긴요하여 官府의 菓園에서
배양하여 상납하였다. 그런데 관부에서는 배양의 잘못과 찬바람으로 예전에
심은 것이 거의 없어지게 되자 이를 민호에서 수취하였다. 관에서는 민호의
감귤이 겨우 열매가 맺으면 개수를 헤아려 표지를 달았는데, 조금이라도
차이가 나면 벌금을 징수하였고, 기한에 미쳐 관부에 도착하지 않으면
형벌을 가하기도 하였다. 이 때문에 백성들은 귤나무 심기를 즐겨하지
아니하였고, 심지어 뽑아 버리기까지 하였던 것이다.

또한 함경도의 産金地인 和州·安邊·端川의 常貢額은 세종 3년(1421) 봄가
을에 걸쳐 화주에 80냥, 안변에 66냥, 단천에 54냥이 배정되었는데, 民丁의
사역은 봄가을 각각 40일이나 되었다. 그 勞役은 자못 괴로우면서도 채금액
은 적어 "1년 동안 금을 채취하는 고통이 10년 동안 공물을 준비하는 것보다
갑절이나 고되다"고 하였다.[141] 이에 대해 세종 8년(1426) 함길도 감사는
採金役이 민호에 미치는 폐해에 대해 다음과 같이 언급하고 있다.

도내 안변·영흥·단천에서의 採金은 매년 봄가을에 民을 사역하는데,
각각 40일로 정하였지만 바치는 수량에 달하지 못하면 사역을 50·60일까지
도 하게 되니 봄갈이와 추수 시기를 매년 잃게 됩니다. 또한 도내의 節氣가
봄에는 3월 보름 뒤에야 얼음이 풀리고 가을에는 8월 보름 전에 서리가
내리므로 물에 들어가서 금을 캐는데 손발이 동상에 걸려 그 고통은 매우
심합니다(『세종실록』 권32, 8년 6월 무자조 : 3-34다).

---

141) 『世宗實錄』 卷29, 7年 8月 甲午條 : 2-690라.

세종 12년(1430)에 民丁을 사역하는 기한은 풍년일 때 30일, 평년일 때 20일, 흉년일 때 각각 10일로 규정되어 있었는데,[142] 안변 등지에서 연간 80일의 채금역은 매우 과중하다고 하겠다.

이와 같이 공물을 특산물이 나는 지역에만 분정하게 되면 해당 지역만 집중적인 수탈을 당하였기 때문에 그 지역에서 산출되지 않는 不産貢物도 분정하였던 것이다.

> G-① 의정부에서 다시 논의하기를, "만약 蜂蜜이 강원도에서 난다 하여 다른 도에 정하지 아니하고 모두 강원도에 정한다면 강원도에서 반드시 능히 감당하지 못할 것입니다. 龍宮·禮泉에서 돗자리[席子]를 생산하는 데, 모두 이곳에서 정한다면 반드시 능히 감당하지 못할 것입니다. 모든 물건이 이와 같으니, 생산되는 것을 가지고 정할 수는 없습니다." 하였다(『문종실록』 권4, 즉위년 10월 경진조 : 6-300라).
>
> G-② 金壽童·朴元宗 등이 의논드리기를, "……또한 각도와 각 군현의 産物이 일정하지 아니한데, 무릇 공물을 반드시 모두 생산되는 곳에만 정하게 되면 그 생산되는 고을이 홀로 그 폐해를 받아 백성들이 장차 지탱하지 못하게 되므로, 詳定할 때에 각도에 나누어 백성에게 편리하도록 한 것입니다.……" 하였다(『중종실록』 권8, 4년 윤9월 정축조 : 14-373다).

한편 각 군현에 분정된 공물 중에는 원래 그 지방에서 산출되었으나 세월이 경과함에 따라 산물이 줄었거나 絶産된 것도 적지 않았다. 중종 7년(1512) 5월 강원도관찰사 高荊山의 상소는 이를 말해준다.

---

142) "兵曹啓 役民不可無日限 請自今解氷後農前十日 秋收後氷凍前二十日役使 以爲恒式 命與政府諸曹同議 僉曰 禮記月令 孟春之月 行秋令 修宮室補城郭 則其民大疫 仲春 毋作大事 以妨農事 春秋左傳 龍見而戒事 火見而致用 水昏正而栽 日至而畢 請依古 制十月始役 限二十日 而豊年加十日 凶年減十日 春節毋得役民 從之"(『世宗實錄』 卷50, 12年 12月 辛未條 : 3-276다).

물산은 성쇠가 있기 때문에 혹 저기에는 많이 나는 것이 여기에는 적게 나기도 하며, 여기에는 적게 나는 것이 저기에는 많이 나기도 합니다. 그런데 각사에 바치는 貢物藥材와 雜物이 본읍의 所産이 아닌 것이 貢案에 실렸으니, 이 어찌 詳定할 때 소산 여부를 상고하지 않고 분정했겠습니까? 반드시 수시로 성쇠가 있어 그런 것입니다. 옛날에는 많이 났으나 지금은 많이 나지 않는데도 그대로 정하므로 백성이 사서 바치게 되니 그 폐가 적지 않습니다(『중종실록』 권15, 7년 5월 정사조 : 14-576나).

각 군현에 분정된 공물은 일단 공안에 등재되어 있으면 産·不産을 막론하고 이를 납부해야만 하였다. 함길도 5鎭에는 貂鼠皮가 공물로 분정되었는데, 성종 초년에 이르러 그 산물이 적어 이 지역의 민은 오로지 여진과 무역하여 이를 납부하였다.[143] 이에 대해 시강관 洪貴達은 "야인 지역에는 본래 鐵이 없어 뼈로서 箭鏃을 만들었는데, 지금 사로잡은 야인의 화살은 鐵鏃이 반이나 되어 물어보니 6진에서 바치는 초서피를 모두 저들에게서 사기 때문에 牛馬·鐵로 바꾼다"고 하였다.[144] 특히 연산군대에는 초피를 6진에 많이 분정하였는데, 이곳 민인들은 이를 구할 길이 없었으므로 으레 牛隻을 가지고 야인과 무역하여 납부하였다.[145] 야인은 우리 주민들이 초서피를 구매해야 된다는 절실함을 알고 이를 항시 준비하여 매매할 때 그 값으로 우마·철물을 요구하였는데,[146] 우리 주민들은 말 혹은 소 한 마리와 초피 1장을 바꾸기도 하였다.[147] 『경국대전』에 "潛賣를 금하는 鐵物·牛馬·軍器物

---

143) "司憲府大司憲李恕長等上疏曰……一, 五鎭會寧·鍾城·穩城·慶源·慶興 人物阜盛 田地窄狹 耕犁所及至於山頂 未有蒙翳之地 安有如貂鼠·土豹之類哉 然於貢物 歲有常數 此則專用貿得於野人也"(『成宗實錄』 卷48, 5年 10月 庚戌條 : 9-160가).

144) 『成宗實錄』 卷50, 5年 12月 乙巳條 : 9-175가.

145) "(正言)宋軼曰 臣以遠接使 往還平安道時 聞在廢朝 多定貂皮等物于邊氓 邊氓得之無由 必以牛隻 貿易於野人"(『中宗實錄』 卷6, 3年 8月 辛巳條 : 14-273나).

146) 『成宗實錄』 卷250, 22年 2月 辛酉條 : 11-694라 ;『燕山君日記』 卷29, 4年 4月 癸未條 : 13-308다.

147) 『中宗實錄』 卷5, 3年 2月 辛卯條 : 14-232가나.『中宗實錄』 卷25, 11年 5月 丁酉條 :

등을 범한 자는 罪死에 처한다"는 규정이 있는데도 변방 고을의 수령조차 철물을 가지고 야인과 무역하기도 하였다.[148]

이와 같이 공안에 수록되어 있는 불산공물은 산지에 가서 高價로 구입하여 납부해야 했기 때문에 해당 군현의 민인에게는 상당한 부담이 되었던 것이다. 이에 대한 개정의 논의는 역대왕의 현안이 되었다. 일찍이 세종은 9년(1427) 3월 仁政殿에서 실시한 문과에서 策問으로 출제하기도 하였고,[149] 문종은 "(공물을) 詳定한 지 이미 오래되고 土産이 각각 다르니, 만약 고쳐서 詳定한다면 백성들에게 편리할 것이다"고 하여 불산공물의 개정을 도모했지만, 의정부에서 공물을 그 산지에만 분정한다면 도저히 정부의 수요를 감당할 수 없다는 이유를 들어 반대하여 중지되었다.[150] 그후 수양대군(세조)도 단종 원년(1453) 10월 軍政權을 장악하자마자 불산공물의 개정을 추진했지만 역시 성공하지 못했다.[151]

연산군 때 장령 柳世琛이 "각 고을의 進上은 土産을 따지지 않고 혹

15-172라~3가.

148) "司憲府大司憲李恕長等上疏曰………一, 大典內 潛賣禁物 如鐵物·牛馬·軍器之類 犯者罪死 法非不嚴也 近者邊郡守令 慢不奉法 換易毛物 必於彼人而惟鐵物是售"(『成宗實錄』 卷48, 5年 10月 庚戌條 : 9-160다라).

149) "御仁政殿 出文科策問題……至於貢賦 則古者任土作貢 未嘗責其所無 我朝嘗置都監 酌國用經費之數 議遠邇土物之宜 詳定不爲不悉 第以壤地偏小 而用度浩繁 故未克盡 如古制 邊海州郡 或賦以山郡之産 所貢非所産 民甚病焉 議者爭言 悉移所産之地之 便 又有以爲 分之 尚且爲難 倂則詎可能堪 將何以處之……"(『世宗實錄』 卷35, 9年 3月 甲辰條 : 3-65나).

150) 『文宗實錄』 卷4, 卽位年 10月 庚辰條 : 6-300라. 이듬해 7월에도 문종이 "각도 공물은 각각 所産으로서 推移하여 개정하는 것이 어떠한가"라고 물었을 때, 모두가 말하기를 "일시적인 小見으로 舊法을 가벼이 고치는 것은 未便하다"는 이유를 들어 반대함에 따라 불산공물의 개정은 실행에 옮겨지지 않았다(『文宗實錄』 卷8, 元年 7月 壬寅條 : 6-409다).

151) 수양대군(세조)이 정권을 장악하고 최초의 시책으로써 貢物 減除, 貢案 改訂을 문제삼은 것은 이 문제에 대한 왕의 관심을 말하는 것이라 할 수 있다(『端宗實錄』 卷10, 2年 正月 丁卯條 : 6-661다).

그 지방에서 생산되는데도 바치지 않으며, 혹 생산되지 않는데도 바친다. 다만 공안에 의거하여 責納하게 하므로 수령들이 부득이 백성들에게 징수하게 되니 그 폐단이 적지 않다. (공안)상정청으로 하여금 産·不産인지를 상고하여 분정하는 것이 어떻겠는가"라고 한 논의에 대해, 우의정 李克均은 "장령이 계문한 바가 모두 옳지만, 불산공물은 세종께서도 상정하려고 했으나 하지 못했다. 공물은 각각 그 田結에 따라 分定했으므로 비록 所産處라 하더라도 어찌 많이 취할 수 있겠는가? 다만 그 공물의 수량을 헤아려서 경비가 지나치지 않아야만 또한 폐단이 없을 것이다"[152]라는 이유를 들어 반대하였다.

이와 같이 불산공물에 대한 개정 논의는 세종 이후 수차례에 걸쳐 논의되었지만 별다른 대책을 강구하지는 못하였다. 공안을 詳定할 때에는 그 군현의 殘盛, 田地의 廣狹, 물산의 産·不産을 헤아려 공물의 다소를 酌定하도록 되어 있었으나,[153] 각 군현마다 産·不産을 분별해서 공물을 골고루 분정한다는 것은 결코 용이한 일이 아니었다. 이 때문에 국가는 임토작공의 원칙에 어긋남에도 불구하고 일찍부터 소경전의 다과를 기준으로 공물을 분정하였던 것이다.[154]

152)『燕山君日記』卷42, 8年 2月 己酉條 : 13-472나.

153) "(鄭光弼·金應箕·申用漑·朴說·李繼孟·南袞)又啓……當初貢案詳定時 必計其邑之 殘盛 地之廣狹 物之産不産 酌定貢物之多少 以爲恒式"(『中宗實錄』卷27, 11年 12月 庚戌條 : 15-242가).

154) 예종 원년(1468) 2월 강원도 강릉인 선략장군 南允文과 생원 金閏身 등이 作書하여 江陵府人 全崙을 통하여 상서한 다음의 기사는 이를 말해준다. "橫看貢案所在 角弓·長箭 非民戶所産 而據所耕田收之"(『睿宗實錄』卷3, 元年 2月 乙卯條 : 8-335 나).

Ⅲ. 조선전기 공물분정의 추이

1. 공물의 수취지반

공납을 비롯한 요역·군역 등의 국가적 수취는 군현을 단위로 책정하고 운용되었지만, 그 최종적인 부담은 민호에서 담당하였다. 민호에 대한 공물은 호의 등급에 따라 分定하였는데, 이를 위해서는 무엇보다도 그 수취지반인 戶籍과 量案의 정비가 전제되어야 하였다.

1) 호구 파악

호구 파악은 공납·요역·군역의 징수·부과는 물론 소농민층의 재생산 기반을 조성하려는 국가의 의도와도 밀접한 관련을 가졌다.[1] 국가가 호구수를 정확히 파악하지 못한 상황에서는 민인들에게 부세를 제대로 부과할수 없었다. 따라서 국가는 호적을 정비해 장정의 총수와 거처를 확실히파악하여 국가재정의 근간을 이루는 부세의 원천을 확보하려는 노력을거듭하였던 것이다.

조선왕조에서 최초의 호적은 태조 2년(1393) 이전에 작성되었는데, 이것

---

1) 金錫亨, 1941, 「李朝初期 國役編成의 基柢」『震檀學報』14 ; 李樹健, 1971, 「朝鮮初期 戶口硏究」『嶺南大論文集』(人文科學)5.

은 건국 직후 新都건설 등에 필요한 役夫를 차출하기 위한 근거로 삼기
위해서였다.[2] 동왕 2년 5월에는 절제사와 안렴사를 8도에 파견하여 군적을
만들어 올리도록 하였는데, 당시 군적에 오른 8도의 馬兵·步兵·騎船軍의
수는 200,800여 명, 子弟 및 諸有役人은 100,500명으로 모두
301,300명에 달하였다.[3] 그러나 태조대의 호적과 군적은 철저한 호구 파악을
통해 작성되었다기보다는 이전부터의 호적·군적을 기초로 하고서 국가의
필요에 따라 임시적으로 작성한 것이었다.

그후 태종 4년(1404)과 6년(1406)의 호구조사에서는 322,786명과 370,365
명의 인정이 파악되었다.[4] 당시 파악된 인정수는 태조 2년 5월 8도에서
올린 인정수보다 그다지 증가한 것은 아니었다. 따라서 당시의 호구 파악
역시 철저하게 행해지지 못하였다고 하겠다.

한편 국가에서는 조·용·조를 부담하는 양인의 수를 늘리기 위해 고려말부
터 실시되어 오던 노비변정사업을 비롯하여 승려의 환속, 신량역천층의
설정, 新白丁의 양인화 등을 추진하였다.[5] 노비변정사업은 양천신분을
판별하여 노비화된 양정을 원래의 신분으로 회복시켜 주는 것이었다. 노비변
정사업으로 해결할 수 없었던 양천불명자들은 補充軍에 입속시켜 所定의
역을 마치면 從良의 길을 열어주었고,[6] 이와 밀접한 관계가 있는 從父法도
아울러 실시하였다.[7]

조선왕조는 개국초부터 里단위로 호구를 정착시키고자 하였다. 국가에서

---

2) 有井智德, 1966,「李朝初期の戶籍について」『朝鮮學報』39·40, p.46.
3) 『太祖實錄』卷3, 2年 5月 庚午條 : 1-44가.
4) 『太宗實錄』卷7, 4年 4月 乙未條 : 1-294다 ; 『太宗實錄』卷12, 6年 10月 丙辰條 :
   1-378나.
5) 李成茂, 1980, 『朝鮮初期 兩班研究』, 일조각, p.370.
6) 有井智德, 1963,「李朝補充軍考」『朝鮮學報』21·22.
7) 李成茂, 1987,「朝鮮時代 奴婢의 身分的 地位」『韓國史學』9 ; 成鳳鉉, 1993,「朝鮮初
   期 婢嫁良夫所生의 從良과 贖身法」『韓國史研究』82.

는 호구의 정착을 위해 호구 파악의 책임을 이장과 수령으로 연대시켜 里단위로 수행하였다.[8] 그후 태조 2년(1393) 12월에는 호적법을 정비하여 호구 파악 및 유이민의 규제를 위한 방도로서 외방의 각관수령과 더불어 里內의 인구동향 파악과 관련된 里正·里長·(里)方別監의 역할을 강화해 나갔다.[9] 그리고 철저한 호구 파악을 기하기 위해 隣保法과 號牌法 등을 시행하였다.

인보법은 태종 7년(1407) 영의정부사 成石璘의 건의에 의해 실시되었는데,[10] 그 취지는 境內의 人戶를 10~3戶씩 묶어 1隣保로 하고 그 중 恒産이 있고 믿을 만한 자를 正長으로 삼아 그로 하여금 매년 호구의 증감, 人物의 良賤, 軍民의 强弱, 單雙·生産·物故 등의 인구변동을 파악케 함으로써 流移·容隱의 방지는 물론 부역을 균평하게 하고자 하는데 있었다.[11] 그런데 인보법의 시행에도 불구하고 당시 監司와 首領官, 各官의 守令 등이 인물의 다소와 생산·물고된 자를 철저히 파악하지 않았고, 大小人員들은 이들을 호적에 붙이려고 하지 않아서 양민과 천인이 서로 섞였을 뿐만 아니라 流離하는 자 또한 끊이지 않았다.[12]

인보법으로도 流民과 隱丁을 근절시키지 못하자 태종 13년(1413) 8월에는 호패법을 실시하는데, 호패는 일종의 신분증명서로서 당시 양반으로부터 서인에 이르기까지 모두 착용하여야 하였다.[13] 전국의 모든 인정에게 호패

---

8) "都評議使司上言 以救弊事宜 條陳上言……四曰 民無恒産者 彼此相移 戶口日減 自戶口成籍之後 如有流移者 家長杖一百 許接者罪同 里正於里內有移去移來不卽告 官者 杖七十 守令許接而不還本者 移去而不推接者 各杖六十"(『太祖實錄』卷4, 2年 12月 己巳條 : 1-52나).

9) 朴鎭愚, 1988, 「朝鮮初期 面里制와 村落支配體制의 강화」『韓國史論』22.

10) 『太宗實錄』卷13, 7年 正月 甲戌條 : 1-383다.

11) 『太宗實錄』卷14, 7年 11月 壬子條 : 1-421다.

12) 『太宗實錄』卷16, 8年 11月 丁卯條 : 1-464라~5가.

13) 이에 대해서는 李光麟, 1956,「號牌考」『庸齋白樂濬博士還甲紀念國學論叢』; 崔石雲, 1966, 「世祖時의 號牌法施行」『鄕土서울』28 참조.

를 착용하게 한 것은 신분의 귀천과 고하를 판별하려는 목적도 있었지만,
무엇보다도 유이의 방지와 은정을 철저히 색출하는 데 목적이 있었다.[14]
호패법의 실시로 인정의 수는 상당히 증가하였다.[15] 그러나 호패법은 백성
에게는 거기에 응하지 않아서 처벌을 받게 되는 죄목만 더할 뿐이었고
국가에는 보탬이 되지 않는다는 폐해를 들어 실시된 지 3년만에 폐지되었
다.[16]

세종조에 이르러 인보법·호패법을 부활하자는 논의가 있었으나,[17] 태종
조의 폐단을 고려하여 이를 부활하지 않고 은정의 색출은 그때마다 구체적인
조목을 설정하여 시행함으로써 많은 인정을 수괄할 수 있었다. 그 결과
『세지』호구조에는 702,870명이 파악·등재되기에 이르렀다. 이는 태종조의
인정수보다 약 두배나 증가한 것이다. 당시에는 16~59세까지의 장정들이
역의 의무를 졌기 때문에 국가에서 인구통계를 파악할 때 항상 이들 호구에
기초하였다.[18] 호구조사에 있어 여자와 15세 이하 및 60세 이상의 남자는
포함되지 않았기 때문에 일반적으로 호구라고 할 때는 호의 장정을 가리킨다
고 하겠다.[19]

국가에서는 국초 이래 도망유이의 방지와 호구 파악의 철저성을 기하기
위해 인보법·호패법·5가작통법 등을 누누이 강조 시행하려 하였지만, 농민
의 일시적 유망을 국가가 억지로 금압할 수는 없었다. 국초 이래 농민은
국가의 강력한 통제 아래 긴박되어 있어 거주 이전의 자유가 없었는데도

---

14) 李成茂, 앞의 책, p.183
15) "中外大小臣民 始佩號牌 各道人口 號牌加現者 日衆"(『太宗實錄』卷26, 13年 12月
   丙午條 : 1-699나).
16) 『太宗實錄』卷31, 16年 5月 癸卯條 : 2-114다 ; 『太宗實錄』卷31, 16年 6月 壬戌條 :
   2-120라.
17) 『世宗實錄』卷68, 17年 4月 戊午條 : 3-624나다.
18) 金錫亨, 1941, 「朝鮮初期 國役編成의 基柢」『震檀學報』14, pp.40~41.
19) 李樹健, 1976, 「朝鮮初期 戶口硏究」『韓國史論文選集』(朝鮮前期篇), p.101.

농업생산력의 상대적 저급성으로 인해 생계가 불안정하여 자연적 재해나 국가 사회적 침탈로 흔히 유망 도산하거나 호강자에게 투탁하여 挾戶·雇工· 婢夫·奴婢로 전락하는 현상이 항시적으로 일어나고 있었다.[20] 주민들의 잦은 유망은 국가로 하여금 호구수를 제대로 파악할 수 없게 하였다. 이로 인해 어느 호적이고 모든 주민을 등록시킬 수는 없었던 것이다.[21]

호적에는 戶首人 夫妻內外의 四祖와 率居子孫·弟姪에서 노비에 이르기까 지 해마다 갖추어 기록하였고, 신분에 따라 兩班·人吏·百姓·各色人의 世系 를 자세히 분간하여 成籍하였다.[22] 호적제는 태종 7년(1407)에 3년마다 군현단위로 改籍하는 식년제가 마련되었고,[23] 이듬해 호구법에 대한 규식이 최초로 제정되었다.[24] 이것은 『경국대전』 단계에 이르러 제도적인 면에서 구체화되었다.[25]

호적에 등록되지 않은 인정은 課役의 대상에서 제외되어 있었다.[26] 그러 면 당시 호적에 등재되었던 자는 어떠한 자였을까? 이에 대해서는 태종 9년(1409) 12월 좌헌납 송희경 등이 올린 便民事宜가 주목된다.

신등은 草野에서 생장하여 민간의 일을 안 지가 오래됩니다. 민이 恒産이 있고 恒心이 있는 자가 그 관의 호적에 등재되어 부역에 이바지하지만, 항산도 없고 항심도 없는 자는 금년에는 南州의 豪猾한 자에게 숨고 명년에

---

20) 金泰永, 1990, 「朝鮮時代 農民의 社會的 地位」『韓國史 市民講座』6.
21) 다소 과장된 표현이라 생각되지만 戶籍에는 15세기 중엽 위정 당국자 스스로가 인정하듯이 "著籍者少 而隱漏者十居六七"(『世宗實錄』卷88, 22年 2月 丙辰條 : 4-270라) 혹은 "錄于籍者 僅十之一二"(『世宗實錄』卷148, 地理志 京畿道條 : 5-615 가)라 하여 소수의 戶口만을 성적하는데 그치고 있는 실정이었다.
22) 『太宗實錄』卷24, 14年 4月 乙巳條 : 2-10나.
23) 『太宗實錄』卷14, 7年 11月 壬子條 : 1-421다.
24) 『太宗實錄』卷16, 8年 11月 丁卯條 : 1-464라~5가.
25) "戶某部·某坊·第幾里(外則稱某面·某里) 住某職姓名年甲本貫四祖 率居子女某某年 甲 奴婢雇工某某年甲"(『經國大典』卷3, 禮典 戶口式).
26) 『世宗實錄』卷76, 19年 3月 己酉條 : 4-60라.

는 北郡의 鄕愿에 옮겨 가 똑같은 나라의 민이면서 징세와 부역을 謀避하니 간사한 민입니다. 국가에서 비록 대신을 보내어 戶首를 매질하여 그 사람을 찾아내어 이름을 호적에 붙인다 하더라도 그 백성은 항심이 없어 오늘은 호적에 이름을 붙이고 명일에는 유망하니 한갓 민을 소란하게 하고 군적을 번잡하게 할 뿐입니다(『태종실록』 권18, 9년 12월 무오조 : 1-522가나).

즉 항산이 있고 항심이 있는 자가 그 관의 호적에 등재되어 부역에 이바지 한 것으로 보아, 호적에 등재된 자들은 전토를 어느 정도 소유하고 있었던 항산자들이었다고 생각된다.

당시 호는 공납·요역·군역 등의 부과단위이며, 이러한 호는 단순한 자연 家戶의 수가 아니라 그 같은 여러 부담을 담당할 수 있는 편제호로서 국가로부 터 배정받았던 것이다.[27] 이들이야말로 공납을 비롯한 국가의 제부담을 담당하였다고 생각된다. 따라서 호구성적은 국내의 숫인구를 누락 없이 成籍한다기보다는 역역자원의 확보와 신분질서의 확립, 그리고 유이민을 방지하는데 역점을 두었기 때문에, 전체의 호구 파악 및 호구 통제를 위한 제도적인 장치를 마련하고 있으면서도 사실상 실재하는 전체의 호구를 대상으로 하지 않고 가능한 한도 내에서 전통적인 관례에 따라 군현별 실세를 파악하여 국가가 책립한 일정한 호수만을 파악하였던 것이다.

당시 국가에서는 衣食을 같이하는 자들을 동일호로 파악하고 있었다. 이러한 사례는 태종 8년(1408) 11월 의정부에서 호구법을 거듭 밝히면서 각도관찰사에 다음과 같이 이첩한 데서 찾아진다.

각 군현의 대소 인민들이 家産을 排置하고 衣食을 各備하며 人數를 많이 거느리고 살면서 1戶라 칭하는 자는 덜어내지 말고 예전처럼 完接하게 할 것. 다만 의식을 각별히 하는 사람들은 戶口와 子枝를 분간 시행하여

---

27) 李樹健, 1976, 앞의 논문, pp.102~110.

成籍해 올려 보낼 것. 그 중 生産·物故·新到한 자 등의 小名은 살고 있는 州名과 里號 및 戶主의 이름을 자세히 조사하여 시행할 것. 매년 연말에 恒式으로 呈報할 것(『태종실록』 권16, 8년 11월 정묘조 : 1-464라).

이러한 호구 파악의 원칙은 필연적으로 누락인구와 은점호구의 증가를 가져왔다. 이에 대해 세조 2년(1456) 9월 전라도관찰사 李石亨은 다음과 같이 말하고 있다.

　도내의 居民들이 긴 울타리를 둘러싸고 漏戶를 숨기므로 일찍이 이미 受敎하여 (울타리를) 철거하고 인구를 조사해 찾아냈습니다. 다만 입법을 엄히 하지 않아 사람들이 두려움을 알지 못하고 폐가 다시 전과 같으니 금제하는 조건을 開錄하여 아룁니다. "一, 긴 울타리를 둘러 설치한 집은 대개 모두 鄕曲의 豪富하고 교활한 자여서 里正이 그 기세를 두려워하여 감히 무어라 하지 못하고 수령도 또한 여사로 봅니다."(『세조실록』 권5, 2년 9월 정축조 : 7-151라).

즉 향곡의 호활한 토호들은 긴 울타리를 둘러싸고 누호를 숨기고 있었는데, 이들은 이정은 물론이고 수령까지도 여사로 여기고 있었다. 국가에서는 이들이 긴 울타리를 둘러싸고 부역을 도피한 양인을 많이 은점하고 있다 하더라도 통상 1호로 간주하였던 것이다. 이처럼 호구를 제대로 파악하지 못함에 따라 각 호마다의 인구수에서 많은 차이를 가져왔다.

세조 3년(1457) 양성지는 강원·황해·평안도에서는 대부분 1丁을 1戶로 삼고, 경상·전라도와 함길도 6진에서는 혹 수십인을 1호로 삼는다고 하였다. 그는 경상·전라도 연해에 있는 군의 '세력 있고 교활한 집[豪猾之家]'에서는 1호 안에 여러 家를 두고 있기 때문에 평시에 부자는 부역을 면하고 빈자만이 항상 그 노고를 대신한다 하여 전국 인구의 빠짐없는 成籍을 강력히 실시할 것을 주장하였다.[28] 이에 세조는 이듬해 4월 제도감사에 下諭하여 호구성적과 군액확보에 철저를 기하도록 지시하였고, 또 병조와 한성부로 하여금 京中에 있는 閑良을 모두 쇄출하여 錄籍하도록 하였다.[29]

세조는 군액확보와 호구 파악의 철저를 기하고자 그 선행작업으로 호패법을 시행하였다.[30] 세조는 호패법 실시와 公賤의 推刷成籍이 일단락되자 전국적인 호구성적을 위한 조처로서 동왕 7년(1461) 7월 諸道成籍作成敬差官을 인선하여 파견한 데 이어, 다시 제도 감사에게 각도·각읍에 비치되어 있는 종전의 호적·군적을 모두 封織해서 上送하라고 하였다.[31] 이것은 군현에서 기왕에 책정한 호적·군적을 모두 회수함으로써 이전과는 전혀 새로운 바탕에서 호구를 조사·성적한 것이었다.

조선왕조에서 위로부터 책립이 아닌 실제에 가까운 호구수를 파악하게 되었던 것은 세조대의 일이었다. 당시 전국적으로 호구와 군액의 철저한 실세 조사를 단행한 결과 70만 호 400여만 구를 호적에 등재시켰다.[32] 그러나 세조가 추진하였던 호패·군적 등의 호구성적은 그 자신이 서거함으로써 그후 예종·성종초에 가서 완화되었다.[33] 그런데 일반 호적상에 파악된 호구는 중종 38년(1453)에도 836,669호, 4,162,021구로 나타나고 있었다.[34] 조선전기에 대략 70~80만 호가 호적에 올라 조세·요역·공납을 담당한 기본 농민호라 생각된다.

---

28) 『世祖實錄』 卷7, 3年 3月 戊寅條 : 7-186나.
29) 『世祖實錄』 卷12, 4年 4月 庚申條 : 7-264라.
30) 『世祖實錄』 卷12, 4年 4月 壬戌條 : 7-264라~5가.
31) 『世祖實錄』 卷25, 7年 7月 壬戌條 : 7-476가.
32) 『訥齊集』 卷4, 奏議 兵事六策 乙未(성종 6년) 6月 24日.
33) 李樹健, 1976, 앞의 논문, p.142.
34) 『中宗實錄』 卷101, 38年 12月 己亥條 : 19-33다.

2) 양전 사업

量田은 토지의 소유주와 起田과 陳田의 실태를 파악하여 국가세수의 증대를 가져오는 데 그 목적이 있었다.[35] 조선왕조 양전의 효시는 우왕 14년(1388)에 이성계 일파가 위화도회군으로 실권을 장악한 뒤 과전법을 준비하는 기초작업으로 공양왕 2년(1389)에 행해진 기사양전이라 할 수 있다.[36] 경기와 5도에서 실시된 기사양전은 양전과정에서 산술에 미숙하였을 뿐만 아니라 기한에 쫓겨 급작스레 행해졌기 때문에 輕重을 잃거나 혹 빠뜨린 곳도 있었고, 왜구의 침략이 잦았던 연해지역은 打量치 못하는 등 여러 가지 제약으로 철저하게 시행되지 못하였다.[37]

조선왕조 건국 후 최초의 대규모적인 양전은 태종 5년(1405) 9월에 행해진 乙酉量田이다. 하삼도를 시작으로 이듬해 5월까지 진행된 을유양전에서 새로 얻은 結數의 규모는 30여만 결 이상에 달하였다. 결수가 대폭 늘어난 원인은 왜구의 침해로 기사양전에서 미처 타량하지 못하였던 연해지방이 개간되었기 때문이다.[38] 그러나 을유양전에서도 동·서북면은 제외되었다. 그 원인은 고려말에 병란을 많이 겪어 전지가 황폐해져 收租를 관대하게 하여 민생을 풍족하게 하려는 면도 있었지만,[39] 이 지역에 여진족의 침입이

---

35) 『成宗實錄』卷55, 6年 9月 庚戌條 : 9-257라~8가 ; 『成宗實錄』卷293, 25年 8月 辛巳條 : 12-576나다.

36) 金泰永, 1983, 「科田法의 성립과 그 성격」『朝鮮前期土地制度史硏究』, pp.53~55 ; 浜中昇, 1986, 「高麗後期の量田と土地台帳」『朝鮮古代の經濟と社會』, pp.294~303.

37) 『太祖實錄』卷4, 7年 7月 己亥條 : 1-129라.

38) "議政府上諸道量田之數 除東西北面不行改量外 京畿·忠淸·慶尙·全羅·豊海·江原六道 原田凡九十六萬餘結 及改量 得剩田三十餘萬結 前朝之季 田制大毁 洪武己巳 改量六道田附籍 然其時倭寇方熾 濱海皆陳荒 及是開墾日增 地無遺利 故改量之"(『太宗實錄』卷11, 6年 5月 壬辰條 : 1-356나).

39) "司憲府上書 書曰……惟東西二界 曩在前朝 累經兵亂 州郡騷然 田疇荒穢 移民入鎭 以供守禦 姑爲日耕之法 寬其收租 以裕民生"(『太宗實錄』卷26, 13年 11月 辛巳條 : 1-693라).

계속되는 동안 군사문제 이외의 다른 문제에 대해서는 관심을 기울일 겨를이 없었을 것이다. 그리하여 동·서북면에서는 잠정적으로 田品의 등급보다는 '日耕' 단위에 따라 수조하였던 것이다.[40]

동·서북면의 양전은 태종 11년(1411)에 착수하여 동왕 13년(1413)에 완료되었다.[41] 未量의 상태로 남아 있던 제주의 양전은 동·서북면의 양전을 결행하면서 논의가 함께 일어났으나 현지출신 관인들의 반대 등으로 세종 원년(1419)에야 실시되었다.[42] 과전법이 성립된 지 무려 28년 만에 전국적인 양전이 마무리 되었다.[43]

세종대에 들어와 남부 6도에 대한 개량의 요청이 일어나 세종 10년(1428)에는 강원도와 전라도의 양전이, 세종 11년(1429)에는 충청·경상도의 양전이, 세종 14년(1432)에는 경기도의 양전이 각각 실시되었다. 세종 11년부터 14년 사이에 諸道의 양전이 실시되었지만 황해·평안·함경도에 대한 양전이 실시되었는지의 여부는 알 수 없다.

한편 세종초부터 양전제를 전면적으로 개편하려는 내용을 포함하는 새로운 수세법으로서의 貢法에 대한 논의가 진행되면서 구래의 과전법에 의거하는 양전은 한동안 시행되지 못하였다. 공법은 세종 12년(1430)부터 본격적으로 진행되어 마침내 세종 26년(1444)에 확정되었다. 주 내용은 제도적으로 1/20세, 전분 6등, 연분 9등, 減免의 制 등을 골자로 하고 있다. 그러므로 공법은 새로운 전세제도의 개혁일 뿐 아니라 새로운 양전제로의 개혁을

---

40) 日耕은 1人이 牛 1頭로 하루에 犁耕하는 토지면적을 말한다. 대체로 두락은 水田, 일경은 旱田에서 사용되었고, 동서양도에서는 양전에도 日耕을 사용하였다(田川孝三, 1944,「近代北鮮農村社會と流民問題」『近代朝鮮史硏究』, pp.438~439). 일경은 농민에게는 유리했으나 국가에는 불리한 수조였다고 한다(『太宗實錄』卷25, 13年 丁月 丁亥條 : 1-659라).

41)『太宗實錄』卷25, 13年 正月 丁亥條 : 1-659라.

42)『世宗實錄』卷4, 元年 7月 丙辰條 : 2-325다 ;『世宗實錄』卷5, 元年 9月 戊申條 : 2-336가.

43) 金泰永, 앞의 책, pp.226~227.

수반하고 있었다.[44]

<표III-1> 조선전기 양전실시의 현황

양전 시기	양전 실시 지역	전거(실록)
태조 2년(1393)	新都 경기지역(作丁折給)	『태조실록』 권4, 2년 8월 기축(1-48다)
태종 원년(1401)	沿海州郡*	『태종실록』 권2, 원년 7월 갑인(1-210다)
태종 5년(1405)	충청·전라·경상도*	『태종실록』 권10, 5년 9월 정유(1-335가나)
태종 6년(1406)	경기·황해·강원도*	『태종실록』 권12, 6년 9월 갑자(1-376가)
태종 11년(1411)	평안·함경도*	『태종실록』 권22, 11년 12월 정유(1-613다)
세종 원년(1419)	제주	『세종실록』 권5, 원년 9월 무신(2-336다)
세종 10년(1428)	강원·전라도*	『세종실록』 권41, 10년 9월 계축(3-143가)
세종 11년(1429)	충청·경상도*	『세종실록』 권46, 11년 10월 계미(3-201나)
세종 14년(1432)	경기*	『세종실록』 권58, 14년 10월 임자(3-423나)
세종 25년(1443)	경기 安山	『세종실록』 권102, 25년 11월 을축(4-524나)
세종 26년(1444)	貢法에 따른 新量田法 제정	『세종실록』 권104, 26년 6월 갑신(4-561다)
세조 7년(1461)	경기*	『성종실록』 권241, 21년 6월 정미(11-610가)
세조 8년(1462)	충청·전라도*	『성종실록』 권241, 21년 6월 정미(11-610가)
세조 9년(1463)	경상도*	『성종실록』 권241, 21년 6월 정미(11-610가)
성종 2년(1471)	황해도*	『성종실록』 권57, 6년 7월 신미(9-246라)
성종 6년(1475)	강원도*	『성종실록』 권58, 6년 8월 정축(9-248다)
성종 17년(1486)	평안도*	『성종실록』 권196, 17년 10월 병자(11-146가)
성종 20년(1489)	함경도*	『성종실록』 권224, 20년 정월 경오(11-431나)
성종 23년(1492)	경기·충청도*	『성종실록』 권267, 23년 7월 정축(12-202다)
성종 24년(1493)	전라·경상도*	『성종실록』 권283, 24년 10월 을해(12-415다)
중종 8년(1513)	경기·충청도*	『增補文獻備考』 卷141, 田賦考1
중종 17년(1522)	강원도*	『중종실록』 권46, 17년 11월 임신(16-177가)
중종 19년(1524)	전라도*(右道 25官)	『중종실록』 권52, 19년 12월 무오(16-366가)
중종 20년(1525)	전라도*(左道 29官)	『중종실록』 권55, 20년 9월 정묘(16-451라)
중종 21년(1526)	황해도*	『중종실록』 권57, 21년 7월 계묘(16-521라)
중종 23년(1528)	경상도*	『중종실록』 권62, 23년 7월 임오(17-7라)
중종 37년(1542)	함경도*	『중종실록』 권98, 37년 7월 경오(18-603다)
중종 39년(1544)	평안도*	『중종실록』 권105, 39년 12월 임진(19-174다)

*표시 : 大擧量田 실시지역

공법에 의거한 양전은 토지생산력이 상대적으로 안정되어 있는 하삼도부

---

44) 金泰永, 「朝鮮前期 貢法의 성립과 그 전개」, 앞의 책 참조.

터 추진하였다. 전라도에서는 세종 32년(1450) 새로운 기준에 의한 양전이
완료되면서 맨 먼저 공법이 시행되었다.[45] 이어 경기도는 세조 7년(1461)에,
전라·충청도는 세조 8년에, 경상도는 세조 9년에 새로운 기준에 의한 양전이
완료되면서 공법이 차례로 시행되었다. 새로운 기준에 의한 양전은 세조
때까지 경기도와 하삼도에서 행해졌으나, 나머지 4도는 성종 때에 이르러서
야 행해졌다. 즉 황해도는 성종 2년(1471)에, 강원도는 성종 6년에, 평안도는
성종 17년에, 함경도는 성종 20년에 양전이 완료되면서 공법을 시행하였다.
공법은 전라도에서 새로운 기준에 의한 양전이 시작된 이래 약 45년만에야
전국적인 시행을 보게 되었다. 그후 성종 23년(1492)에는 경기도·충청도의
양전이, 성종 24년(1493)에는 전라·경상도의 양전이 다시 행해졌다.

과전법 하에서의 양전은 대체로 30년을 한도로 개량하였지만,[46] 공법에
의한 전국 양전을 추진하는 도중에 편찬된 『경국대전』에는 20년마다 개량하
는 것을 원칙으로 하였다.[47] 『경국대전』에 수록되어 있는 양전 규정은
물론 전국을 대상으로 한 것이었다.[48]

경기와 하삼도에서의 양전은 15세기 말까지 20~30년마다 비교적 잘

---

45) 李載龒, 1999, 『조선전기 경제구조연구』, 숭실대출판부, p.96.
46) "議政府據戶曹呈啓 田制詳定所呈 國家量田 大槪三十年爲限"(『端宗實錄』卷6, 元年
4月 丙申條 : 6-579라).
47) "凡田分六等 每二十年改量成籍 藏於本曹·本道·本邑"(『經國大典』卷2, 戶典 量田條).
『경국대전』에서의 20년 규정은 조선초기의 경기도와 하삼도에서 양전의 실태를
성문화한 것이라 한다(宮嶋博史, 1991 『朝鮮土地調査事業史の硏究』, p.52).
48) 양전은 道를 단위로 도내 全邑의 모든 耕地를 대상으로 실시하는 大擧量田과
어느 특정지역을 대상으로 하여 선택적으로 실시하는 抽柱量田이 있었다. 조선전기
에는 거의 '대거양전'이 실시되었고, 후기에는 '추생양전'이 실시되었다. '추생양
전'에는 특정한 邑에 한하여 실시하는 '邑量田'과 道단위 또는 도내의 몇개의
邑을 단위로 하여 時起田 혹은 陳田 만을 대상으로 한 '査陳量田'이 있었다. 그
중 압도적인 다수를 차지하고 있는 것은 '읍양전'이었다. '읍양전'에는 '대거양전'이
행해진 후에 그 결과가 부실한 특정의 읍을 대상으로 실시하는 양전과 '대거양전'을
실시하는 대신에 양전 실시가 가능한 읍에서 국가에 신청하여 그 허가를 받아서
실시하는 양전이 있었다(宮嶋博史, 위의 책, pp.41~46).

행해졌으나, 강원·황해·함경·평안 4도는 사정이 달랐다. 황해도는 태종 6년(1406)의 양전으로부터 65년이 지난 성종 2년(1471)에 다시 행해졌고, 강원도는 세종 10년(1428)의 양전으로부터 47년이 지난 성종 6년(1475)에 다시 행해졌다. 동·서북면의 양전은 태종 11년(1411)의 양전으로부터 평안도 는 75년이 지난 성종 17년(1486)에, 함경도는 77년이 지난 성종 20년(1488)에 다시 행해졌다.

16세기에 들어와 전국적인 양전은 중종 때 단 한 차례 행해졌을 뿐이다. 경기·충청도의 양전은 중종 8년(1513)에, 강원도의 양전은 중종 17년(1522)에 행해졌다. 전라도의 양전은 중종 19년(1524)에 순찰사 김극핍을 파견하여 개량케 하였는데, 전라우도 25군현만 양전하여 成籍하고[49] 전라좌도 29군현 은 이듬해 가을에 마무리되었다.[50] 황해도의 양전은 중종 19년(1524)에 착수하여 중종 21년(1526)에 완료되었다.[51] 경상도의 양전은 중종 23년 (1528)에 행해졌는데, 이때 正田은 개량하지 않고 다만 무너져 유실된 토지[浦 落]만을 양전하는데 그쳤다. 함경도의 양전은 중종 37년(1542)에, 평안도의 양전은 중종 39년(1544)에 행해졌다. 즉 성종 때 양전으로부터 강원도는 46년만에, 황해도는 55년만에, 함경도는 53년만에, 평안도는 58년만에 각각 행해졌다. 평안도의 양전을 마지막으로 더 이상 양전이 실시되었다는 기록은 찾아지지 않고, 다만 선조 10년(1603)에 양전을 명하였다가 곧 파한 기록이 있을 뿐이다.[52]

토지는 肥瘠이 같지 않기 때문에 이전의 正田이 황무지로 바뀌기도 하였고 황무지가 정전으로 바뀌기도 하였다.[53] 그런데 16세기에 들어와

---

49) 『中宗實錄』 卷52, 19年 12月 戊午條 : 16-365라~6가.
50) 『中宗實錄』 卷55, 20年 9月 丁卯條 : 16-451라.
51) 『中宗實錄』 卷51, 19年 9月 壬申條 : 16-338라. 『中宗實錄』 卷57, 21年 7月 癸卯條 : 16-521라.
52) 『增補文獻備考』 卷141, 田賦考1.
53) 『成宗實錄』 卷293, 25年 8月 辛巳條 : 12-576나다.

오랫동안 양전이 행해지지 않음에 따라 여러 가지 폐단이 수반되었다. 양전한 지 오래되어 새로 전지를 개간한 자가 그 세를 면하는가 하면, 토지소유자가 타인에게 토지를 팔았는데도 稅를 예전대로 내는 경우도 있었다.54) 또한 양안이 개정되지 않음에 따라 전결수를 기준으로 하는 부역도 고르지 않게 되었다.

田制詳定所에서 아뢰기를, "諸道에서 양전한 지가 이미 오래되어서, 혹은 변하여 川澤이 되고 혹은 묵은 땅을 개간해서 경계가 달라지고 결부가 增減되었습니다. 이로 인해 稅를 거두는 것이 같지 않고 부역이 고르지 않습니다.……" 하였다(『세조실록』 권24, 7년 4월 을유조 : 7-459라).

공물은 전결수를 기준으로 부과되었기 때문에 이를 정확히 파악하지 못한 상황에서는 민인들에게서 부세를 균평하게 부과할 수 없었다. 그것은 비옥한 전지가 薄田이 되면 그 賦가 내려가고 薄田이 옥토로 변하면 그 賦가 올라가는 것이었기 때문에 양전한 후에는 貢案을 詳定했던 것이다.55) 그러나 공안개정이 따르지 않을 시에는 예전대로 공물을 납부해야만 하였다.

A-① 상호군 沈龜齡·여량 감무 鄭芬 등이 陳言하기를, "沿海州郡이 경인년 (충정왕 2년, 1350) 이후부터 전지가 황폐하였었는데, 근년 이래로 왜구가 잠잠하고 인물이 모여들어 田野가 개간되었으니, 마땅히 타량하여 貢賦를 정하기를 『六典』에 실려 있는 것과 같이 하소서." 하니, 임금이 그대로 따랐다(『태종실록』 권2, 원년 7월 갑인조 : 1-210다).

A-② 사간원 좌사간 대부 李明德이 상소하였으니, 그 소는 대략 이러하였다. "……을유(태종 5년, 1405)·병술년(태종 6년, 1406)에 개량한 이후 여러

---

54) 『中宗實錄』 卷51, 19年 9月 壬申條 : 16-338라.

55) "傳曰 沃壤變爲薄田 則其賦下 薄田變爲沃壤 則其賦上 是故量田後貢案詳定 自古爲然"(『成宗實錄』 卷294, 25年 9月 壬寅條 : 12-584라).

郡의 전지가 증감이 같이 아니하고, 또 연해의 여러 군은 토지를 모두 개간하였는데도 공물의 액수는 오히려 예전대로 하고 있으니, 分田制貢을 개정하지 않을 수 없습니다. 바라건대 攸司에게 令을 내리시어 이전에 정했던 공물의 액수를 가지고 1년의 소비량을 계산하게 하여 부족한 것은 늘리고 여유 있는 것은 감하게 하소서."(『태종실록』권21, 11년 6월 계사조 : 1-584다).

A-①은 이전부터 양전한 후에 공물을 개정해 왔음을 알 수 있으며, A-②는 沿海 諸郡의 토지가 모두 개간되었는데도 공안이 改錄되지 않음에 따라 공물의 액수를 종전대로 납부하니 유사에게 명령을 내려 이전에 정한 공물의 액수를 기준으로 1년의 소비량을 계산하여 부족한 것은 늘리고 여유있는 것은 감하도록 하고 있다.

오랫동안 양전이 중지됨에 따라 田籍은 正案과 續案이 무분별하게 되었고, 농민의 惰農을 경계한다는 명분 아래 진전에서의 수세도 下下인 4斗로 고정화하여 납세하도록 하였다.[56] 그리하여 유망한 인민의 田案에 기록된 토지와 빈민이 힘이 없어서 경작하지 못하는 토지가 여러 해 동안 진황되었다 하더라도 부세를 징수하였던 것이다.[57] 이는 전안의 정안이 없어졌기 때문에 전지의 陳荒이나 災傷 등이 제대로 구분되어 있지도 못하였던 사실에서 기인하는 현상이기도 하였다.[58]

그러면 16세기에 오랫동안 양전이 제대로 시행되지 못했던 이유는 무엇일까? 이는 국가 지배력의 약화라든지 토지제도상의 변화와도 관계도 있겠지만,[59] 선조 7년(1574) 유희춘이 중국의 상황을 빗대어 당시 조선의 상황을 간접적으로 비판한 언급 가운데 "중국 宋 高宗 紹興 무렵에 經界法(양전과

---

56) 李載龒, 앞의 책, p.118.
57) 『中宗實錄』卷31, 12年 12月 戊午條 : 15-369라.
58) 金泰永, 앞의 책, p.331.
59) 宮嶋博史, 앞의 책, pp.122~124.

같은 것)을 시행하여 경계가 바로잡히고 부세가 공평해졌는데도 유독 泉州·
漳州·汀州 세 주에는 미처 시행하지 못하고 중지되었다. 주자가 장주 태수가
되었을 적에 이 법을 시행하려고 하자 小民들은 원했지만 豪右家들이 달갑게
여기지 않고 온갖 간사한 말로 방해하였다"[60]고 한 것에서 보듯이 문란한
토지제도 속에서 이익을 누리고 있던 豪右家들의 방해도 작용하였다. 양전의
논의가 있을 때마다 흉년이나 국가가 多事하다는 등의 이유를 들어 그
시행을 반대한 것도 이 때문이라 생각된다.[61]

그러나 양전이 행해진다 하더라도 양전 후 田籍의 작성은 사회적 세력의
강약에 따라 좌우되는 실정이었다. 15세기 말 경상도의 경우 "諸邑의 전적이
거의 모두 冒濫하여 혹은 10結을 10負로 삼기도 하고, 10負를 10束으로
삼기도 하여 먹칠을 해서 지운 것이 태반이다. 부강한 사람은 경작하는
토지가 비록 많더라도 田籍에 등록된 것은 적고, 빈약한 사람은 경작하는
토지가 비록 적더라도 전적에 등록된 것은 많다"[62]고 한 것은 이를 입증해
준다. 이것은 물론 경상도에서만 그러한 것이 아니었음은 말할 나위도
없을 것이다.

양전을 담당한 관리들은 여러 田形이 있는데도 方田과 直田의 田形만으로
많은 전지를 두루 측량하되 2·3번 혹은 7·8번 하면서 분잡하게 현혹시키고
소요스럽게 하기도 하였고, 진황한 지 오래되었다 하더라도 수목이 숲을
이루지 않았으면 모두 正田으로 간주하여 한 군현의 전지가 혹은 2·3천결이,
한 州府의 전지가 3·4천결이 늘어나기도 하였다.[63]

16세기 양전의 기본방침은 대체로 舊田案에 올라있는 결총을 채우는
일이 고작이었다. 따라서 설사 개량을 하더라도 결코 구전안보다 개선될

60) 『宣祖實錄』 卷8, 7年 2月 庚戌條 : 21-292나다.
61) 朴鍾守, 1993, 「16·17세기 田稅의 定額化 과정」 『韓國史論』 30, p.69.
62) 『成宗實錄』 卷57, 6年 7月 癸酉條 : 9-247가.
63) 『成宗實錄』 卷293, 25年 8月 辛巳條 : 12-576나.

여지가 거의 없었다.[64]

조선전기에 양전사업을 통해 파악된 전결수는 다음과 같다. 태종 4년
(1404)에 파악한 8도의 총 전결수는 93만여 결이다. 『세지』의 墾田結數
통계를 보면 각도총론의 결수는 약 163만 결이고, 각읍 통계의 결수는
약 171만 결로 집계되어 있다. 연산군 7년(1501)에 경기와 평안·함경도를
제외한 전결수는 1,032,070결이다. 중종 때의 양전결수는 강원·전라·평안도
결수만이 실록에서 찾아질 뿐이다. 강원도 양전결수는 33,884결, 전라도
양전결수는 430,788결, 평안도 양전결수는 162,563결로 되어 있다.[65]

2. 공물분정 기준의 추이

1) 호등제에 의한 분정

공물은 민호에 일률적으로 分定한 것이 아니라 호의 등급에 따라 분정하였
다. 고려전기 이래 공물의 분정은 人丁의 다과에 따라 편성된 9등호제였으나,
고려말에 이르러 극히 짧은 기간에 3등호제가 시행된 적도 있었다.[66]

3등호제는 다음 <표Ⅲ-2>에서 보듯이 조선초기에 들어와 요역징발,
개성 축성역, 시탄가 수포, 제주공마 분정, 군량미 보충, 저화수속 등에
각각 적용되었다.

---

64) 가령 "雖或改正 弊復如前"(『成宗實錄』卷57, 6年 7月 癸酉條 : 9-247가)이라 한
    것은 15세기 후반부터 만연해 오던 현상이었다.

65) 李載龑, 앞의 책, p.106.

66) 제Ⅰ장. <고려시대 공납제의 추이> 참조.

<표Ⅲ-2> 조선초기 호등의 적용대상

구 분	적용 대상	전 거
3等戶	B-① 徭役 징발	『태조실록』 권2, 원년 9월 임인조(1-31나)
	② 築城役	『태조실록』 권6, 3년 7월 무오조(1-66다)
	③ 柴炭價 收布	『태종실록』 권1, 원년 5월 신묘조(1-203다라)
	④ 濟州貢馬 分定	『태종실록』 권16, 8년 9월 정사조(1-450다)
	⑤ 군량미 보충	『태종실록』 권18, 9년 12월 계묘조(1-520가)
	⑥ 楮貨 收贖	『태종실록』 권16, 11년 정월 갑술조(1-574다)
	⑦ 肉畜 번식	『세조실록』 권28, 8년 6월 병인조(7-538다)
	⑧ 貢弓 분정	『예종실록』 권6, 원년 6월 신사조(8-395나)
	⑨ 種桑株 배당	『성종실록』 권15, 3년 2월 무인조(8-636나)
	⑩ 種桑株 배당	『경국대전』 권6, 工典 栽植條
4等戶	C-① 烟戶米 수납	『태종실록』 권12, 6년 11월 계유조(1-379다)
	② 戶給屯田 종자	『태종실록』 권17, 9년 정월 신유조(1-471라)
5等戶	D-① 戶楮貨 수취	『태종실록』 권30, 15년 7월 기유조(2-75라)
	② 錢文 收納	『세종실록』 권29, 7년 8월 병술조(2-689가)
	③ 徭役 징발	『세종실록』 권67, 17년 3월 무인조(3-617나)
	④ 貢物 분정	『세종실록』 권112, 28년 4월 정묘조(4-668라)
	⑤ 種桑株 배당	『세조실록』 권2, 원년 8월 무진조(7-83다)

그런데 태종 7년(1407)을 전후하여 국가에서는 경비를 조달하기 위해 연호미법뿐만 아니라 戶給屯田法, 兩麥稅, 細苧麻布의 수취 등을 시행하였다.67) 이 가운데 태종 6년(1406) 11월 연호미법(C-①)과 동왕 9년(1409) 정월 호급둔전법(C-②)을 시행할 때 4등호제가 적용되기도 하였지만, 이후부터 4등호제가 찾아지지 않는 것으로 보아 이는 5등호제로 전환해가는 과도적인 형태였다고 생각된다. 그후 태종 15년(1415) 7월 戶楮貨의 수취규정에도 5등호제가 적용되고 있다.

소경전의 다소에 따라 20결 이상 대호에는 저화 3장을 거두고, 매 10결마다 1장을 더하며, 10결 이상의 중호에는 2장, 5결 이상의 小戶에는 1장, 3결 이상의 잔호에는 2戶를 합하여 1장, 2결 이하의 잔잔호에는 3호를

---

67) 金勳埴, 1993, 『朝鮮初期 義倉制度硏究』, 서울대 박사학위논문, p.34.

합하여 1장을 거두고, 1결 이하를 보유한 民戶와 鰥寡孤獨은 모두 면제한다 (『태종실록』 권30, 15년 7월 기유조 : 2-75라).

5등호제는 이후 錢文 收納(D-②), 요역징발(D-③), 공물분정(D-④), 種桑株 배당(D-⑤) 등에도 각각 적용되었다.

5등호제가 실시된 이후에도 肉畜 번식(B-⑦), 貢弓 분정(B-⑧), 桑株 배당(B-⑨,⑩) 등에 3등호제가 적용된 사례가 찾아진다. 種桑株 배당의 경우 세조 원년(1455)에는 5등호제가, 『경국대전』에는 3등호가 적용되고 있다. 즉 호등의 적용대상은 과역의 내용과 지역사정에 따라 달리하였음을 알 수 있다.[68]

요컨대 조선초의 호등은 공물분정·요역징발뿐만 아니라 군량미 보충, 저화유통책, 肉畜번식 장려, 種桑株 배당 등 다양하게 적용되었다. 여기서 주목되는 것은 호등의 기준이 점차 인정에서 전지로 옮겨가고 있는 추세였다는 점이다. 당시 공물과 요역의 수취기준을 정하는 것과 관련하여 관료들 사이에서는 오랫동안 논의가 진행되었는데, 그것은 그 기준을 인정에 둘 것인가 토지에 둘 것인가에 있었다.

고려시대에 공물은 전기 이래 각호의 인정의 다과에 따라 분정하였으나 말기에 이르러 인정과 토지를 절충하여 분정하였다.[69] 그런데 조선건국 초창기인 태조대에 計丁法에 따랐던 것은[70] 고려말 왜구의 침입으로 연안의 토지가 황무지로 변하여 토지를 대상으로 부과할 수 없었기 때문에 일시적으로 인정을 기준으로 한 것이라 생각된다. 그후 양전사업이 얼마간 진행됨에 따라 태조 7년(1398) 9월 각호에 부역을 차정할 때 인구의 다소와 토지의

---

68) 金武鎭, 1990, 『朝鮮初期 鄕村支配體制 硏究』, 연세대 박사학위논문, pp.213~218.
69) 朴道植, 1993, 「高麗時代 貢納制의 推移」『慶熙史學』 18 참조.
70) "都評議使司裵克廉·趙浚等上言……一, 民丁 自十六歲至六十歲當役 十丁以上爲大戶 五丁以上爲中戶 四丁以上爲小戶 計丁籍民 如有徭役 大戶出一名 中戶幷二出一名 小戶幷三出名"(『太祖實錄』 卷2, 元年 9月 壬寅條 : 1-31나).

다과를 병행하는 計丁·計田法을 시행하게 되었다.71) 계전법의 병행은 토지를 많이 소유한 양반호에게 적지 않은 부담을 주었기 때문에72) 이에 대한 반대론도 적지 않았다. 동년 12월 삼군부에서 직접 이에 반대하는 입장을 취한 것이라든지,73) 정종 2년(1400) 10월에 좌정승 閔霽가 하륜이 계전법을 실시한다는데 불만을 품고 병을 핑계하고 출사하지 않으면서까지 극력 반대한 사례가 있었다는 것74)은 이를 말해준다. 이후 전지의 다소와 인정의 대소에 따라 요역을 차정하도록 교지를 내렸지만, 관리들은 여전히 인정수에 따라 차정하였다.75)

그런데 세종 14년(1432) 12월 이조참판 金益精의 계문에 의하면 각 군현의 수령이 공물을 분정할 때 호구의 잔성과 소경전의 다과를 토대로 하는 경우도 있었다. 그런데 일부 지역에서는 수령이 이를 고려하지 않고 공물을 분정하거나, 수령이 監考 등에게 수납을 위임하기 때문에 이들의 중간부정에 의한 수탈이 자행되어 민폐가 컸다고 한다. 김익정은 이러한 점을 우려하여 시정 방안으로서 충주목과 수원부의 예에 따라 호적과 전적을 토대로 호구의

---

71) "凡有便民事宜⋯⋯一, 賦役不均 深爲害民 自今有不得已事 仰都評議使司 按諸道土地廣狹·人口多少 差等分定 諸道監司 以州府郡縣 土田人口廣狹多少 差等分定 守令 以各戶土田人口 差等分定 庶無不均之嘆"(『太祖實錄』卷15, 7年 9月 甲申條 : 1-137나).

72) 요역의 경우 "都評議使司裵克廉·趙浚等上言二十二條⋯⋯一, 民丁自十六歲至六十歲當役 十丁以上爲大戶 五丁以上爲中戶 四丁以上爲小戶 計丁籍民 如有徭役 大戶出一名 中戶幷二出一名 小戶幷三出一名"(『太祖實錄』卷2, 元年 9月 壬寅條 : 1-31나)이라 하여 大·中戶는 10丁에서 1명을 내게 되어 있었는데, 小戶는 3戶에 각각 4丁씩 있는 경우를 제외하면 大·中戶보다 불리한 조건이었다. 따라서 많은 인정을 소유하고 있던 양반호에게는 계정법이 유리한 編戶法이라 할 수 있다(李成茂, 앞의 책, pp.192~193).

73) 『太祖實錄』卷15, 7年 12月 甲辰條 : 1-140라.

74) 『定宗實錄』卷6, 2年 10月 壬寅條 : 1-184나다.

75) "晋山府院君河崙等二十九人陳言 各戶差役 以田地人口多少 相考均定 曾有敎旨 官吏只以號牌 付人口數定役者 請以不從敎旨論"(『太宗實錄』卷29, 15年 6月 庚寅條 : 2-73가).

대소와 소경전의 다과를 헤아려 문안에 기재한 뒤 이에 의거하여 공물을 분정할 것을 주장하였다.[76] 그가 이와 같은 주장을 제기한 배경은 여러 가지가 있겠지만, 무엇보다도 세종 14년(1432) 지리지가 편찬됨에 따라 수취와 관련된 경내의 호구와 전결수의 파악이 가능해졌기 때문이라 짐작된다.

김익정의 주장이 제기된 지 3년 후인 세종 17년(1435) 3월 각도·각관의 호적에는 "50결 이상을 대호, 20결 이상을 중호, 10결 이상을 소호, 6결 이상을 잔호, 5결 이하를 잔잔호로 삼는 것을 定式으로 한다"[77]고 하여 소경전의 다과에 따른 5등호제의 원칙이 마련되었다. 이 원칙이 마련됨에 따라 요역은 이에 준거하여 경중에서는 家舍의 칸수에 따라, 외방에서는 소경전의 다과에 따라 차정하였다. 경중에서 가옥을 지니지 못한 호와 외방에서 전토를 소유하지 못한 호는 호등의 편제에서 제외되었다.[78]

그런데 호등의 기준은 지역사정에 따라 달리 적용되기도 하였다. 강원도의 경우 "땅은 좁고 전지가 적은데 타도의 기준에 의거하여 差役을 배정한다면 役을 정함이 어려울 뿐만 아니라 勞逸이 不均"하다고 하여 호등의 기준을 달리 적용하였다.[79]

세종 17년(1435) 5등호제의 기준이 마련됨에 따라 공물도 이 기준에 준거하여 분정한다는 원칙이 제정되었다.

---

76) "(吏曹參判金益精)又啓曰 計戶口田籍 以定貢賦 國家之法美矣 然守令之定貢賦 或不計戶口大小·所耕多寡 故貢賦不均 且貢賦之納 付之監考 不自親檢 收納之際 漁取多端 民間之弊 不可勝言 臣嘗爲忠淸道經歷 河崙謂臣曰 往者朴訔爲忠州牧 計戶口殘盛·所耕多寡 明立文案 以定貢賦 民庶便之 汝往忠州 審其遵行與否 若遵守其法 則誠爲賢守令矣 臣往審之 已廢不行矣 又聞趙啓生爲水原府使 定其貢賦如訔 民亦便之 其後守令未幾而廢之 此無他 訔·啓生之法 雖便於民 而不利於官也"(『世宗實錄』 卷58, 14年 12月 癸卯條 : 3-432라).

77) 『世宗實錄』 卷67, 17年 3月 戊寅條 : 3-617나.

78) 韓榮國, 1989, 「朝鮮初期 戶口統計에서의 戶와 口」 『東洋學』 19, p.5.

79) 『世宗實錄』 卷74, 18年 7月 壬寅條 : 4-22다.

좌찬성 황보인이 논의하기를, "庸·調의 법에 이르러서는 국가에서 이미 민을 役使하는 시기를 정하고, 역사하는 일수를 적당히 제한하며, 역군을 낼 때에는 그 소경전의 다소를 상고하여 그 액수를 정하고, 대호·중호·소호·잔호·잔잔호를 분변하여 공물의 수를 정하였으니 그 사이의 절목은 비록 唐法의 자세한 것과는 같지 않으나 그 대략을 갖추었습니다. 지금 다시 각호의 전에 있던 공물의 수를 처리하여 불변의 제도[不易之制]를 참작하여 정하고, 소경전에 따라 役軍을 내는 수를 조사하여 명백히 일정한 법을 세우면 용·조의 법이 거의 행해질 수 있을 것입니다"라고 하였다(『세종실록』 권112, 28년 4월 정묘조 : 4-668라).

공납제의 운영에서 수취의 기준을 전결에 두었다는 것은 개별 민호가 보유한 가족·노비의 노동력보다 사적인 소유지의 다과를 기준으로 삼는 방식으로서 농민들의 보편적인 토지소유와 연작농업의 보편화라고 하는 농업생산력의 발전을 토대로 한 것이었다.[80]

당시 1가호의 토지소유 및 영농규모는 "10결 이상을 경작하는 자는 모두 富豪한 民이요, 토지 3·4결을 가진 자도 대체로 적다"[81]거나, 혹은 "小民의 田地는 불과 1·2결인 자가 많다"[82]고 한 것으로 보아 그다지 크지 않았던 것으로 보인다. 이에 대해서는 강원도의 호별 토지소유의 현황을 통해 살펴보기로 한다.

강원도의 예에서 보듯이 10결 이상을 소유한 호는 14.9%를 차지하고 있는 반면에 5결 이하의 잔잔호는 67.4%를 차지하고 있었다. 조선전기 사회의 규정적 영농형태는 대체로 1~2결을 소유한 소농민 경영이 주류를 이루고 있었다.[83]

---

80) 金泰永, 1983,「科田法체제에서의 土地生産力과 量田」, 앞의 책 ; 李泰鎭, 1985, 「14·15세기 農業技術의 발달과 新興士族」『韓國社會史研究』.
81)『世宗實錄』卷83, 20年 11月 庚子條 : 4-173나.
82)『世宗實錄』卷112, 28年 6月 甲寅條 : 4-680다.

〈표III-3〉 강원도의 호별 토지소유의 현황[84]

구 분	元案에 의한 分等戶數		개정된 分等戶數	
	토지결수	호수(%)	토지결수	호수(%)
大 戶	50결 이상	10(0.1)	20결 이상	81(0.7)
中 戶	20결 이상	71(0.6)	10결 이상 19결 이하	1,641(14.2)
小 戶	10결 이상	1,641(14.2)	6결 이상 9결 이하	2,043(17.7)
殘 戶	6결 이상	2,043(17.7)	4결 이상 5결 이하	7,773(67.4)
殘殘戶	5결 이하	7,773(67.4)	3결 이하	
計		11,538(100)		11,538(100)

    국가에서는 모양과 크기가 천차만별한 전국의 전지 하나하나를 개별적으로 파악할 수 없는 일이었기 때문에 토지파악의 기본단위를 5결을 1자정으로 파악 운영하였던 것이다.[85] 作丁은 田畝의 누락 방지와 납세에 대한 은닉을 검찰하는 데 있었다. 작정은 고려말 조준의 20·15·10결의 3단위의 제안에 5결 1자정의 단위를 첨가하여 20·15·10·5결 등으로 묶고 천자문의 자호로 표기하였으나, 그 단위의 결수는 점차 축소되어 태종 5년(1405)에 실시된 양전부터 1자정 5결로 단일화하였다.[86] 1자정은 지세나 지형, 전답의 분포 등 고을 형편에 따라 편의상 작정하였기 때문에 5결이 조금 넘거나 미달하기도 하였다.

---

83) 金泰永,「朝鮮前期 小農民經營의 推移」, 앞의 책 참조.

84)『世宗實錄』卷74, 18年 7月 壬寅條 : 4-22다.

85) 金泰永, 위의 책, p.77.

86) 정종 원년(1399) 3월 趙溫(1347~1417)은 태조 7년(1398) 제1차 왕자의 난 때 수훈을 세워 定社功臣 2등급에 올라 전 150결을 절급받았는데, '定社功臣田券'에서는 각 丁의 단위를 20·15·10·5結 등으로 엮어 지급하였다. 이 점으로 보아 丁의 결부수는 4단위로 운영되었음을 알 수 있다. 그런데 세종 18년(1436) 9월에 "我國田制‥‥‥每五結而係之以字號 分屬于各處"(『세종실록』권74, 18년 9월 갑오조 : 4-28가)라 하여 5結 1字丁으로 作丁을 단일화하였는데, 이것은 이전에 있었던 을유양전(태종 5년, 1405) 때 이미 시행되었을 것이라 한다(李景植, 1991,「高麗時期의 作丁制와 祖業田」『李元淳敎授停年紀念 歷史學論叢』, pp.204~205).

5결 1자정은 양전뿐만 아니라 수취의 기초단위로 기능하였다. 과전법 조문에 수조지 분급의 최소 단위가 5결이었고,[87] 전세에서도 5결 1자정 단위로 수취하였다.[88] 그리고 <표Ⅲ-4>에서 보듯이 각 호등마다의 기준에는 차이가 있었지만, 연호미법에서의 하호, 호급둔전에서의 잔호, 요역에서의 잔잔호에서의 분기점 역시 5결이었다.

<표Ⅲ-4> 호등에 따른 분등기준[89]

구 분	大 戶	中 戶	小 戶	殘 戶	殘殘戶
E-①	田 5결 이상 남녀 15口 이상	10결 이상 10구 이상	5결 이상 5구 이상		
E-②	20결 이상	10결 이상	5결 이상	4결 이하	
E-③	50결 이상	20결 이상	10결 이상	6결 이상	5결 이하

이외에도 세종대 경상도의 三稅收納法에서 "旱田水田幷五結"[90]이라 한 것과 세조 때 保法을 시행하면서 "田五結 准一丁"[91]이라 한 것, 그리고 復戶의 규정에서 "田五結以上者 勿復"[92]이라 한 것에서도 찾아진다. 5결을 분기점으로 파악한 것은 作丁制와도 관련이 있다고 생각된다.

당시 잔잔호가 5결이 분기점이었던 점으로 보아 공물분정에서도 5결

---

87) "恭讓王三年五月 都評議使司上書 請定給科田法 從之……外方 王室之藩 宜置軍田 以養軍士 東西兩界 依舊充郡守 六道閑良官吏 不論資品高下 隨其本田多少 各給軍田十結或五結"(『高麗史』卷78, 食貨志1 田制 祿科田 : 中-723~724).

88) "當收租之時 每五結 楮貨一張 計米太時價 必令收納"(『太宗實錄』卷20, 10年 11月 甲子條 : 1-569다) 및 "各品科田稅 每水田五結 收粳米十斗"(『世宗實錄』卷26, 6年 12月 乙巳條 : 2-638라).

89) E-① :『太宗實錄』卷12, 6年 11月 癸酉條 : 1-379다 ; E-② :『太宗實錄』卷30, 15年 7月 己酉條 : 2-75라 ; E-③ :『世宗實錄』卷67, 17年 3月 戊寅條 : 3-617나. E-①에는 上·中·下·下下戶라 되어 있다.

90) 『世宗實錄』卷86, 21年 9月 乙卯條 : 4-236나.

91) 『世祖實錄』卷34, 10年 10月 乙未條 : 7-657나.

92) 『經國大典』卷4, 兵典 復戶條 ;『大典續錄』卷2, 戶典 徭賦條.

작정단위로 부과하였다고 생각된다. 공물을 분정할 때 5결 이상을 소유한
호(대호~잔호)는 하나의 자연호 단위로 파악되었겠지만, 5결 이하를 소유한
잔잔호의 경우 2호 혹은 3호 이상을 5결로 묶어 하나의 호로 파악되었을
것이라 생각된다. 태종 6년(1406) 연호미를 거두는 법을 정함에 있어 田
1~2결·남녀 1~2구는 不成戶로 간주하여 3호를 합하여 1下戶로 한 것이라든
지,[93] 태종 15년(1415) 호저화의 수취에서 3결 이상의 잔호는 2호, 2결
이하의 잔잔호는 3호를 각각 묶어 하나로 파악한 것[94]은 이를 입증해
준다고 하겠다. 이러한 점에서 볼 때 5결 안에는 여러 호의 상이한 소경전이
포함되어 있었다고 짐작된다.

5등호제에 준거하여 공물을 분정한 것은 대체적인 기준을 나타낸 것임이
틀림없지만, 각호의 공물부담액이라든지 부과율을 구체적으로 규정해 놓은
것은 아니었다. 따라서 각 군현의 수령·향리들이 이러한 규정의 미비점을
이용하여 함부로 횡탈할 수 있는 여지가 그만큼 컸던 것이다.

세종 28년(1446) 정월 獻議하는 자들이 각 군현의 貢案에 기재된 물건을
시가로 환산하여 소경전의 다과에 따라 차등하여 고루 나누어 장부에 기록해
두고 이에 의거하여 科斂에 대조할 것을 건의하였을 때, 당시 영의정 黃喜는
"공물을 고루 정하는 것은 이미 미비된 규정이 아니고 六典에 기재되어
있는 바이니, 수령이 직책을 다한다면 자기 마음대로 할 수 없으므로 새로
번쇄한 법을 만들 필요가 없다"고 하였다. 우상 河演·좌참찬 李叔畤·우참찬
鄭麟趾 등은 "각사에 바치는 공물의 수량은 본래 남고 모자람[盈縮]이
없는데, 수령이 임의로 분정하는 것은 민이 그 元數와 내용을 알지 못하기
때문에 부상대고와 결탁하여 방납한다. 이를 방지하기 위해서는 수령들로
하여금 본디 정해진 공물을 수량에서 민의 소경전을 계산하여 戶마다 등급을

---

93) 『太宗實錄』 卷12, 6年 11月 癸酉條 : 1-379다.
94) 『太宗實錄』 卷30, 15年 7月 己酉條 : 2-75라.

매겨서 상납물목의 증거문건을 준비하게 한다면 실효를 거둘 수 있다"[95]며 신법의 제정을 반대하였다.

이와 같이 5등호제에 따라 各戶에 공물을 분정한다는 규정이 마련되어 있었지만, 단지 소경전의 다과에 따라 분정한다는 막연한 기준만이 있었을 뿐이었다. 그리고 공물에는 여러 가지 잡다한 종류가 있었기 때문에 이를 호의 대소에 따라 분정한다 하더라도 균일한 기준을 세운다는 것은 매우 곤란하였다. 이것이 5등호제의 제도적인 미비점이자 커다란 결함이었다. 이러한 규정의 미비는 공물부담의 불균형을 초래하는 요인이 되었다. 이 문제를 해결하기 위해 시행하기 것이 이른바 8결작공제였다.

2) 8結作貢制의 실시와 그 운영실태

(1) 8결작공제의 실시

성종 2년(1471) 3월 호조에 내린 요역의 차정기준인 役民式에는 모든 收稅田에서는 8결마다 1명의 역부를 징발·사역하며, 역사의 규모가 커서 調發이 더 필요할 경우에는 6결에서 역부를 차출할 수 있다고 규정되어 있다.[96] 이러한 역민식은 『경국대전』에 이르러 "田八結出一夫"로 하되 1년에 6일 이상을 역사시킬 수 없다는 규정으로 법문화되었다.[97]

요역과 밀접한 관계를 지니고 있는 공물분정 역시 8결단위로 운영되었다고 이해된다.[98] 이와 관련하여 다음의 사례가 주목된다.

95) 『世宗實錄』 卷111, 28年 正月 庚寅條 : 4-652나다.

96) "下役民式于戶曹 一應收稅田 每八結出一夫 觀察使 量功役多少 循環調發 若事鉅不得已加調發 則六結出一夫 須啓聞乃行 其京藏氷·採金·修站館·築牧場·埋貢炭·造橋梁·刈郊草·鐵物吹鍊·牧場駈馬·禮葬造墓 爲常例調發 築城·運米·天使轎夫·新築牧場·波吾達·焰焇·輪木石·築堤堰·山臺採葛·石灰燔造 爲別例調發"(『成宗實錄』 卷9, 2年 3月 壬辰條 : 8-559라).

97) "凡田八結出一夫 一歲不過役六日 若路遠六日以上 則准減翌年之役 若歲再役 則須啓乃行"(『經國大典』 卷2, 戶典 徭賦條).

124

F-① 신축년(선조 34년, 1601)에 훈련도감에서 火器를 만들 때 관동지방에는 동 2천근을 내도록 했다. 그 중 삼척에서는 20근을 냈는데, 8결당 1근씩 냈다(『陟州誌』下).99)

F-② 성종 대왕 만년에 孫舜孝가 경기 감사가 되었는데 때마침 중국 사신이 오게 되어, 오랫동안 머물까 걱정한 나머지 경기의 백성에게 물고기와 꿩을 많이 거두어 영접하는 데에 쓰려고 했다. 그런데 중국 사신이 빨리 돌아가니 고기가 쓸데가 없게 되어 날마다 단자를 써서 사옹원에 보내어 御膳으로 바쳤다. 장차 그것이 떨어지려고 하자 순효가 '내가 체임될 날이 가까웠으니 내가 있을 동안이나 봉공하리라' 생각하고 백성에게 다시 거두어 올렸다. 그런데 순효의 후임으로 온 자가 생각하기를, '손순효는 올렸는데 신이 어찌 감히 폐하랴?' 해서 드디어 舊規가 되었다. 지금에 와서는 고기 값이 점차 올라서 혹 4結로 고기 한 마리 값을 정하는데, 4결로 마련하기 어려워지자 8결로 정해 매 결당 2斗씩 16斗의 쌀을 모아야 한 마리의 고기를 살 수 있다(『重峰集』卷4, 擬上十六條疏 ; 『韓國文集叢刊』 54-210).

F-③ (연산군 때 제정된 貢案은) 크고 작은 고을에 공물을 배정함이 고르지 못하고 조목을 세밀히 나누어 마치 쇠털처럼 번다하다. 한 조그마한 물건을 서울로 올려보낼 때에 人情과 作紙의 비용이 갑절 이상이나 든다. 三名日方物 가격이 범람함이 더욱 극도에 달해 가죽 1장의 값이 혹 면포 1同(50필)이 넘기도 하였고, 그 나머지 세세한 물건도 모두 8結에서 마련한다(『重峰集』卷7, 論時弊疏 ; 위의 책, 54-280).

F-④ (충청도) 大邑에 사는 민들의 경우 本州의 田結數가 아주 많은데도 공물은 小邑에 비해 겨우 1, 2分을 더 부담하는데, 대읍에 사는 민들은

---

98) 田川孝三은 8결단위의 공물분정 역시 요역과 마찬가지로 計田籍民法에 의한 호등의 기준에 따라 役民式을 적용하였을 것이라 보았고(田川孝三, 1964, 『李朝貢納制の研究』, p.32), 유원동은 호적의 등급을 기준으로 하여 그것에 의하여 役民式으로 한 것이라고 보았다(劉元東, 1977, 『韓國近代經濟史研究』, 一志社, pp.46~47). 두 사람 모두 戶等을 기준으로 한 役民式에 따랐을 것이라고 지적하였을 뿐, 이에 대한 구체적인 근거는 제시하지 않고 있다.

99) 『陟州志』는 眉叟 許穆이 삼척부사로 재직 중이던 현종 3년(1662)에 편찬한 읍지이다.

8결에서 단지 5필만 낸다고 한다(『潛谷遺稿』卷8, 請行本道大同狀 ; 위
의 책 86-152).

F-①은 선조 34년(1601)에 훈련도감에서 화기제작에 필요한 銅을 관동지
방에서 2천근을 거두었는데, 그 중 20근은 삼척에서 田 8결마다 1근씩을
거두었다는 내용이다.

F-②는 경기지방에서 진상물선을 貿納하는데, 진상하는 생선가를 4결마
다 분정하게 되면 비납하기 어렵다고 하여 8결을 단위로 분정하여 상납하고
있다.

F-③은 三名日方物(王誕日·正初·冬至) 가죽 한 장의 값이 면포 1同(50필)을
넘기도 했지만, 그 나머지 세세한 물건은 모두 8결 단위로 분정하여 상납했음
을 알 수 있다.

F-④는 김육이 충청도에서 대동법을 시행할 것을 啓請한 내용이다. 그는
이 장계에서 大邑(忠州·淸州·公州·洪州를 말함)의 民은 本州의 전결수가
매우 많은데도 공물을 배정받는 것이 小邑에 비해 겨우 1·2푼을 더 부담하는
데, 8결마다 면포 5필을 낸다고 하였다.[100]

위의 사례에서 보듯이 공물과 진상분정은 8결 단위로 운영되었음을
알 수 있다. 8결작공제가 언제부터 시행되었는지는 단정할 수는 없지만,
아마 역민식과 같은 시기인 성종 2년에 시행되었을 것으로 짐작된다.[101]

---

100) 공물에서의 면포 징수는 15세기 이후 書吏 따위의 방납모리배들의 강요에 의해
  출발하였으나, 제반 사회·경제적 조건이 오히려 공물을 本色 대신에 米布로 수납하
  는 것이 유리하게 작용하자 16세기 초부터 이는 보편화하기에 이른 현상이었다(高錫
  珪, 1985, 「16·17세기 貢納制 개혁의 방향」『韓國史論』12, pp.205~209).

101) 윤용출은 공납은 각 군현에서 왕실·중앙각사 등에 현물로 바쳤지만, 각 군현에서
  이를 민호에서 조달할 때에는 무상의 강제노동인 요역징발 방식이 적용되었다고
  한다. 양자를 '貢徭'라 통칭한 것도, 요역이 과중할 경우 공납을 덜어 주거나
  새로운 공납을 부과하면서 다른 요역 종목에서의 차역을 면제해 주는 것 등은
  이들간의 긴밀한 관계를 말해준다고 하였다(尹用出, 1991, 『17·18세기 徭役制의

그러면 호등제에 의해 공물을 분정하던 방식에서 8결작공제로 전환하게
된 원인은 무엇일까? 당시 각호에 대한 공물분정은 호등제에 준거한다는
규정이 마련되어 있었지만, 그것은 단지 호등에 따라 공물을 분정한다는
막연한 기준만이 규정되어 있을 뿐이었다. 8결작공제는 호등제와는 달리
소경전에 대해 일정량의 공물부담액이 규정된 보다 구체적인 내용을 갖는
제도였다.

이것은 또한 방납의 전개와도 밀접한 관계를 가진다고 생각된다. 당초
각 군현에 분정한 공물은 任土作貢에 따라 징수하는 것을 원칙으로 하였지만,
不産貢物과 難備之物 등을 분정하기도 하였기 때문에 원래부터 방납의
소지가 있었다. 그런데 당시는 공물대납이 공인되지 않은 상태였기 때문에
공물을 납부하기 위해서는 미·포를 가지고 공물상품이 구비된 산지에 가서
이를 구입하든지, 아니면 시장에서 구입하여 본색인 현물을 납부해야만
하였다.[102]

공물의 代價로서 米·布를 거두는 형태는 이미 세종 이후부터 일반화되고
있었다. 가령 "외방 각관의 공물이 실로 토산이 아닌 경우 농민들은 모두
미곡을 가지고 사다가 상납한다"[103]거나, 혹은 "제읍의 민호에 분정한
자리[席]를 민이 自備할 수 없어서 미포를 거두어 안동에 가서 사서 납부한
다"[104]고 사실은 이를 말해준다. 미·포가 농민들 사이에서 교역의 매개물로
사용된 것은 그것이 농민생활에 있어서 필수품이었을 뿐 아니라 국가·지배
층의 주된 수탈 대상물로 누구에게나 가치를 가지는 것이기 때문이었다.

한편 농민의 입장에서는 공물 조달로 인해 농사에 커다란 지장이 초래되었

변동과 募立制』, 서울대 박사학위논문, pp.17~18).『경국대전』과『대전속록』호전
에 徭賦條라 한 것도 徭役과 貢賦를 통칭한 것이라 이해된다.
102) 제Ⅳ장. 조선전기 공물방납의 전개 참조.
103)『世宗實錄』卷7, 2年 閏正月 戊戌條 : 2-373나.
104)『世祖實錄』卷11, 4年 正月 丙子條 : 7-249나.

던 상황105)에서 備納의 편의를 위해 자구책으로 가장 쉽게 채택할 수 있는
것이 代納이었다. 특히 왕실·정부의 필요에 따라 상납을 명하는 別貢·不時進
上 등의 물품은 납부 기한이 매우 짧았기 때문에 이를 조달하기 위해서는
대납이 불가피하였다.106) 성종 8년(1477) 4월 장령 李瓊仝은 농민들이 부역
에 동원되어 공물을 조달하는데 따른 농업노동력의 부족 및 공물 구득상의
어려움 등으로 인해 농사에 커다란 지장이 야기되는 문제와 과도한 방납가
징수에 따른 부담이 농민층에게 가중되는 문제를 해소할 방도로서 다음과
같이 건의하고 있다.

공물의 법은 조종조 이래로 여러 번 고쳐 詳定하여 그 토지에서 산출되는
물산으로 그 주현의 공물로 삼고자 했으나, 지금에 보면 오히려 所産이
아닌 것이 常貢이 된 것도 있습니다. 天之生物이 각각 그 마땅함이 있으나
그 형세가 또한 고르지 못한 것이 있습니다. 신의 어리석은 생각으로는
이미 이루어진 제도로 인하여 심히 民에게 폐해를 끼치지 않는 것은 오직
役使를 면제하는 것이라 여겨집니다. 대개 물명이 많아서 하나하나 民에게
배정하려고 하면 비록 所産일지라도 미처 應副할 수 없는데, 하물며 그
소산이 아닌 것이겠습니까? 이에 轉轉하며 구매하려는 자는 물건을 얻지
못할까 두려워하고 때를 타서 利를 노리는 자는 앉아서 많은 값을 요구하니,
물산은 귀하고 穀은 賤하여 농민이 더욱 곤궁하게 됩니다. 여러 가지가
이와 같으니 민이 어찌 편히 살겠습니까? 만일 田畝의 다과에 따라서
그 물가의 귀천을 비교하여 바치는 것을 알아서 미리 저축에 대비하게
한다면 금년에 이렇게 하고 명년에도 그럴 것입니다. 비록 위험을 범하는
것이 永之異蛇(永州에서 나는 異蛇를 잡아 바치면 국가에서 租·役을 면제해

---

105) "諭咸吉道觀察使鄭軾曰 本道所進貂鼠皮 國用最緊 然人言此物 不産於南 而令南民
　　　採納 每歲遠貿北道 因此失業者 有之然歟"(『世祖實錄』卷18, 5年 11月 戊子條：
　　　7-354가나).
106) 『太宗實錄』卷21, 11年 6月 癸巳條：1-584다 ; 『世祖實錄』卷7, 3年 3月 乙亥條：
　　　7-184가.

주었다는 데서 비롯된 故事) 같더라도 오히려 3대 동안 이익을 오로지함이 있는데, 하물며 용이한 것이겠습니까? 지금의 주현에서도 간혹 민의 소원을 따라서 행하는 일이 있는데, 민간이 매우 다행으로 여깁니다. 이것을 두루 행하는 것이 어떠하겠습니까?(『성종실록』 권79, 8년 4월 경술조 : 9-447라).

여기서는 일부 군현에서 농민들이 스스로 원하여 "田畝의 다과에 따라서 그 물가의 귀천을 비교하여 바치는 것을 알아서 미리 저축에 대비하게 하는" 공납제를 운영해 본 결과 소기의 성과를 거둘 수 있었음을 들면서, 이를 확대 시행해 보자는 그의 건의는 당시의 공납제 운영의 추이를 일정하게 반영한 것으로 생각된다.

그러면 국가는 왜 공물분정과 요역차정의 단위를 5결에서 8결로 운영하게 되었을까? 이러한 방식이 내려진 배경에 대한 구체적인 기사는 찾아지지 않는다. 이에 대해 김종철은 공법 하의 양전사업 과정에서 田品을 과다하게 책정함에 따라 농민의 부담이 종전의 5결 단위로 운영되던 것보다 1.5배나 증가하였기 때문에 농민들의 반발을 고려하여 8결 단위로 운영하였을 것이라 하였고,[107] 강제훈은 6등 전품의 토지에 대한 산출을 미리 예측하여 20두의 租를 낼 수 있는 면적의 전지를 1결로 결정한 것이 공법 양전의 특징이라는 점에 착안하여 역민식에서의 8결을 부담의 기준으로 정한 것은 계산의 편이성과 부담의 일관성을 고려한 것이라 하였다.[108] 두 사람 모두 공법으로의 변화가 기준결수의 변화와 깊은 관련이 있는 점에서는 의견이 일치되고 있다.

---

107) 이는 양전과정에서 종전의 3等田品에서 6等田品으로 바뀌는 과정에서 3등전이 대부분인 당시 토지를 1등전에서 6등전까지 구분하여 양전을 실시함에 따라 양전의 기준인 결의 크기가 바뀌어 종래 3등전의 기준 토지의 크기인 3등전 57.6畝를 기준으로 하지 않고 그 크기를 줄여 57.6畝의 2/3인 38畝를 1등전의 기준으로 삼아 양전을 실시하였기 때문이라 한다(金鍾哲, 1992, 「朝鮮初期 徭役賦課方式의 推移와 役民式의 確立」『歷史敎育』 51, p.58).

108) 姜制勳, 1995, 「朝鮮初期 徭役制에 대한 재검토」『歷史學報』 145, pp.66~67.

과전법에서의 5결의 부담액과 공법하에서의 8결의 부담액은 대단히 근사한 수치를 보여주고 있다.[109] 이 같은 점에서 볼 때 공물분정과 요역차정이 과전법 하의 5결 단위에서 성종 2년(1472)에 8결 단위로 운용된 것은 농민의 부담이 종전보다 증가하게 되자 국가가 이를 견감해 주기 위한 조처였다고 이해된다.

(2) 8결작공의 운영실태

그러면 8결작공은 어떻게 운영되었을까? 이에 대해서는 성종 6년(1475) 7월 호조에서 아뢴 다음의 기사가 참고된다.

"지금부터 부역은 모두 (경기민이) 生草를 바치는 제도에 의거하여 먼저 1邑의 所耕田의 수를 먼저 정해두고, 전지 8결에 役夫 1인을 내는 것으로 강령을 삼아야 한다고 봅니다. 가령 1읍의 소경전이 800결이라면 역부 100명을 내게 되는 것입니다. 이로써 미루어 제읍의 전결수를 가지고 역부를 계산해 내도록 하여 簿案을 명백히 정하고, 읍마다 각각 3건을 만들어 호조와 본도·본읍에 나누어 간수하도록 하며, 매양 역부를 낼 때에는 수령이 친히 장부를 손에 쥐고서 이미 요역에 나간 사람과 나가지 않은 사람을 가려서 명백히 이를 기록하여 한 차례 돌고 난 후에 다시 시작한다면 백성의 원망도 없어지고 부역도 고르게 될 것입니다.……청컨대 생초의 분정 예에 의거하여 諸道 관찰사로 하여금 諸邑의 수세하는 전지 내에 某面 아무의 전 8결에는 1인의 역부를 내고, 모모의 전지 8결을 합하여 1인의 역부를 내게 하여 4면이 모두 이 예에 따라서 상세히 成籍하여 본도·본읍·본조에 간수하여 본조에서는 단속하는 참고로 삼으며, 관찰사가 순행할 때마다 田籍을 검찰해서 만약 받들어 시행하지 않는 사람이 있으면

---

109) 役夫과 단위당 租 부담액(斗) (姜制勳, 위의 논문, p.67).

科田法 5結	150	135	120	105	90	75	60	45	30
貢 法 8結	160	144	128	112	96	80	64	48	32

역민식에 의거하여 치죄하소서." 하니, 임금이 그대로 따랐다(『성종실록』
권57, 6년 7월 신미조 : 9-239나다).

즉 1읍의 소경전의 수를 헤아려 '役民簿'를 작성하여 出役은 반드시
이에 의거하되 제읍의 수세전 내에서 전지 8결을 소유한 자는 1인의 역부를
내고, 그렇지 못할 경우에는 8결 단위로 묶어 1인의 역부를 내도록 하였다.
8결은 부근에 살고 있는 자들의 수전과 한전의 결수를 합한 것이었다.[110]
　그런데 8결 안에는 소유권자가 상이한 소경전이 수개 이상 포함되어
있었으므로 각각의 토지에서 공물을 거둔다는 것은 현실적으로 불가능하였
다. 이를 효과적으로 수행하기 위해 납공자 가운데 1명의 중간 대납자를
설정하여 그들로 하여금 수납케 하였는데,[111] 그 직무를 수행한 자는 농민들
중에서도 富豪나 土豪들로 선정된 戸首라 추측된다.[112]
　경기지방은 납세자가 租稅米를 京倉에 수납하도록 되어 있었는데, 성종대
이후 1자정 5결 단위로 1統을 만들어서 공동으로 납부하도록 하는 統納制가

---

110) 이는 16세기 유성룡이 貢物作米法의 시행을 설명하면서 "又通水田旱田結 計出雜物
　　納于各司者 謂之元貢物"(『西厓集』卷14, 貢物作米議 ; 『韓國文集叢刊』52-283~4)이라
　　한 것과 대동미 부과에서 "通水田·旱田 每一結 收米十二斗"(『續大典』卷2, 戸典 徭賦條)라
　　한 것에서 알 수 있다.
111) 과전법에서 田租의 전액을 전주에게 부담하는 직무를 수행한 자는 養戸였다.
　　이들은 전주가 점유하고 있는 과전 내에 소속된 전객 즉 전주 예하의 농민들
　　중에서 택출되었다(이경식, 1986,「조선 전기 전주전객제의 변동 추이」『애산학보』
　　2, pp.157~158). 조선후기에는 작부제라는 형식으로 8결마다 납세자 중에서 한
　　명을 戸首로 삼아 수납케 하였다(李榮薰, 1980,「朝鮮後期 八結作夫制에 관한
　　연구」『韓國史研究』29, p.82).
112) 戸首는 一村內에서 "使著實人定爲戸首 而或一人 或二三人"이라 하여 著實한 자가
　　선정되었다. 戸首의 기능에 대해 "빈민은 結卜이 零瑣한 자들이다. 사람들이 자납하
　　기란 어려우며 따라서 여러 小結을 모아 한 戸首를 세우고 그로 하여금 自納케
　　하는 것이다.……每戸首의 이름 아래에는 諸般 作名과 結卜의 數爻가 列錄되어
　　있다"고 기술되어 있다(『朝鮮民情資料』). 비록 조선후기의 자료이기는 하지만,
　　조선전기에 공물·요역 등의 운영 역시 이와 유사하였으리라 짐작된다.

실시되었다.113) 그런데 연산군 2년(1496) 어세겸 등의 上啓에 의하면 "경기
지역에서는 직전·공신전·각사위전인 까닭에 모두 5結作字로서 題給되는
것이므로 作字를 중히 여겼으나, 전라도에서 개량할 때는 5결로서 作丁하지
않고 소경전의 다과로 파악하여 舊田案에 付標하여 사용하였기 때문에
소경전의 다과에 따르거나 혹은 백성으로부터 升斗로 거두어 常稅로 삼았
다"114)고 하였다. 5결 1통의 전세납부 방식은 그 범위가 경기 지방에 국한된
것이었지만, 공물·요역 부과 방식이 8결 단위로 보편화된 제도였음을 알
수 있다.

  그러나 8결 단위의 분정이 반드시 준용된 것은 아니었다고 짐작된다.
이는 다음의 기사를 통해 유추해 볼 수 있다.

  (삼척부는) 동쪽으로 큰 바다와 거리가 10리도 안 되고, 서남쪽으로는
  長谷 사이로 비스듬히 들어가 있어 村民이 그 중에 흩어져 사는 자가
  晨星과 같다.……지난해 가뭄과 장마의 재해는 금년과 비할 바가 아니어서
  早晩의 곡식은 이미 여름에 애태움을 탄식하고, 건조하고 습한 땅은 모두
  가을에 비에 넘쳐 재해 후에 남은 苗가 다행히 장차 익는데 갑자기 7월
  사이에 盲風이 일어나 百穀이 모두 마르고 耳目이 교차하는 바 무참하지
  아니함이 없다. 재해의 피해는 영동 또한 그러한데 민생의 괴로움은 本府가
  매우 심해 8결의 수가 50에도 차지 않아서 부역이 많음이 他邑에 배나
  된다(『蒼石集』 卷5, 三陟陳弊疏 ; 『韓國文集叢刊』 64-305~306).

  즉 삼척의 경우 8결이 50에도 차지 않으므로 삼척민의 부역이 타읍에
비해 배나 되었다고 하는 내용이다. 토지결수가 8결에 차지 않을 때에는
그 규모를 축소하여 운영하기도 하였던 것이다. 이는 공물분정에서도 마찬가
지였다.

---

113) 尹用出, 1991, 앞의 논문, pp.55~56.
114) 『燕山君日記』 卷12, 2年 2月 癸丑條 : 13-71나.

평창군수 양사언이 상소하였다. "그 民은 모두 바위에서 짐승처럼 거처하는데 섶을 묶어 입구를 가리고 비탈밭을 경작하여 근근히 수확하면서 구차히 살고 있습니다. 과거에 穆祖의 妃鄕이라 하여 郡으로 승격하여 면제했는데도 전결은 800결에 불과하고 민호는 500호에 불과합니다. 세월이 흘러 사세가 바뀌어 청백한 수령이 부임하지 않아서 백성들이 곤궁에 빠져 원망 속에 살아온 지 60여 년이 되는데, 그 사이 논밭은 날로 황폐해지고 백성들은 갈수록 流離하게 되었습니다. 신이 부임한 날에 帳籍을 펼쳐보니 곡식이 900석, 민이 40호, 殘吏 8구, 廝役이 수십이었습니다. 그래서 40호의 힘으로 예전의 500호의 역을 담당해야 하고 100결의 田으로 예전의 800결의 공물을 내야 합니다. 아비 죽은 아들과 남편 죽은 과부뿐이어서 一族이 떠난 데는 戶가 絶隣되었고, 이웃이 떠난 데는 마을이 텅 비게 되었습니다. 우리 邑을 점검해 보면 위태롭고 고달픈 사연을 알 수 있을 것입니다."(『명종실록』 권27, 16년 2월 정미조 : 20-578나다).

평창군은 목조의 비향이라 하여 군으로 승격되었을 때 전결이 800결, 민호가 500호에 달하였으나, 그후 사세가 바뀌어 백성들이 유리하여 예전 500호의 역을 40호가 담당하고, 전지가 날로 황폐해져 예전 800결에서 내던 공물을 100결에서 납부한다는 것이다. 그리하여 종전에 8결 단위로 작공하던 것에서 현재 1결 단위로 작공하게 되었던 것이다.

8결작공은 민의 소경전의 결부에 따라 부과되었으므로 전결을 소유한 자라면 당연히 이를 납부해야만 하였다. 따라서 공물은 토지소유의 규모에 따라 세액의 다소가 있을 뿐이고, 표면상으로는 부담의 불평등이 있을 수 없었다. 그러나 그것은 어디까지나 원칙적 규정에 불과하였고, 그 운영의 실제는 사회적 세력의 강약에 따라 좌우되는 실정이었다.

G-① 유성룡이 아뢰기를, "지금 田地가 阡陌에 잇대어 있는 자는 모두 豪勢하여 공부의 납부를 거부하는 무리이고, 小民은 공부를 납부하는

田이 매우 적습니다." 하였다(『宣祖實錄』卷7, 6年 3月 丁酉條 : 21-258
라).

G-② 각사에서 필요한 잡물을 列邑에 분정하였지만, 최종적인 부담은 民結
에 따라 분정하였습니다. 권세가와 豪猾한 자는 모두 役에 불응합니다.
대저 한 고을에서 賦를 수취하는 것은 그 수가 줄어들지 않는데, 그
가운데 불응하는 자가 있으면 小民에게서 더 징수하는 것은 필연입니다
(『浦渚集』卷2, 論宣惠廳疏 癸亥(仁祖元年, 1623) ;『韓國文集叢刊』85-40).

즉 豪民은 전결이 많으면서도 공물의 부담이 적고, 소민은 전결이 적으면
서 공물의 부담이 과중하다는 것이다. 따라서 세가가 부담해야할 공물은
소농민에게 전가되는 실정이었다.

8결작공제는 소경전을 가진 자라면 응당 일정량의 공물을 납부해야
하는 것을 의미하였지만, 분정의 실상에 있어서는 군현 대소에 따른 지역적
불균형과 신분에 따른 불평등으로 그 성과는 제한적일 수밖에 없었다.
이러한 폐단을 일소하기 위해 일찍부터 공물이 소경전의 다과에 따라 균일하
게 분정했는지의 여부를 조사 보고하도록 하는 조처를 내리기도 했지만,[115]
큰 성과를 거두지 못했던 것으로 보인다. 이에 대한 개선책으로 田結의
규모를 축소하여 8결 단위가 아닌 4결 단위로 운영하기도 하였다.

장령 李芃이 아뢰기를, "신이 振威 경내의 葛院里에 이르니 居民의 男女幼
老가 모두 길을 막고 울기도 하고 손 모아 빌기도 하며 말하기를 '이전에는
이처럼 어진 수령이 없었습니다. 부임한 뒤로 백성이 아전을 보지 못하고
雜徭도 없으며 進上하는 것도 모두 고르게 두루 돌아가므로 서로 휴식할
수 있어 모두들 힘입어서 편안하여 부모와 같았는데, 불행히 4結에서

---

115) "命遣典翰成世明于京畿 應敎閔師騫于慶尙道 校理姜景叙于全羅道 應敎趙之瑞于忠
清道 禮曹佐郎河潤于永安道 注書姜渾于江原道 問民疾苦 其齎去事目……一, 凡貢
物以所耕多少 均一分定與否"(『成宗實錄』卷234, 20年 11月 丁丑條 : 11-545나).

役夫를 낸 일로 죄를 입어 파직되었음으로 마치 부모를 잃은 듯하니 어떻게 생활하겠습니까? 또 이 일은 수령 李經이 한 일이 아니라 前太守가 民이 원하는 데에 따라 쉽게 할 생각에서 한 것입니다. 더구나 수령은 금년 6월에 부임하여 겨우 5개월을 지내는 동안 역부를 낸 일이 없는데 잘못되어 파직당하여 갔으니, 小民들의 뜻을 왕에게 전달하여 仍任하여 小民을 살리게 해 달라'고 하였습니다. 신이 그 縣에 들어가니 향리·관노비 등도 마구 들어와 슬피 부르짖고, 또 沿路의 인민들이 혹 글에 쓰기도 하고 부르짖는 것을 보니 모두 갈원리 사람들의 말과 같았습니다." 하였다(『중종실록』 권52, 19년 10월 신해조 : 16-348나다).

요역은 '田8結出1夫'하는 것이 원칙인데, 前日의 경기어사 황효헌이 '4結出1夫'하여 요역이 배나 무거워졌다는 이유를 들어 李經을 파직시켰던 것이다.[116] 물론 '4결출1부'는 이때 시작된 것이 아니라 이전부터 관행으로 여겨지고 있었다.[117]

그런데 役夫를 차정할 때 그 단위가 작아질수록 전결을 많이 소유한 자들은 불리하였던 것으로 보인다. 가령 8결에서 역부를 차정할 때에는 1결을 가진 소농민이 7결을 가진 세가양반이 소유한 토지분의 요역까지 전담하는 경우도 있었지만, 수취규모가 작아지면 전결을 많이 소유한 세가양반들은 그만큼 많은 부담을 담당하여야만 하였다. 진위현의 吏民들이 이경이 4결에서 出夫하여 파직된 것에 대해 매우 애석하게 여겼다는 사실은 이를 반증해 주고 있다. 공물분정 역시 요역차정과 마찬가지였다고 이해된다. 세가양반·호강자들이 대동법을 결사적으로 반대한 것도[118] 이러한 연유에

---

116) 『中宗實錄』 卷52, 19年 10月 辛亥條 : 16-348다.

117) "右議政權鈞議……四結出夫 非自今始"(『中宗實錄』 卷52, 19年 10月 壬子條 : 16-348라).

118) "宣惠廳啓曰……勢家兩班之多田結而少出役者 俱不悅焉 其以爲大行而甚便者 窮寒兩班與小民耳"(『光海君日記』 卷25, 2年 2月 辛亥條 : 31-490) ; "江原道則無不悅者 兩湖則有悅之者 有不悅者 是由 江原道無豪强 而兩湖有豪强也 兩湖之中 湖南不悅

서 비롯된 것이라 하겠다.

者尤多 以其豪强尤多也 以是觀之 則唯豪强不悅 而小民悅之也"(『浦渚集』卷2, 論大
同不宜革罷疏 ;『韓國文集叢刊』85-49).

Ⅳ. 조선전기 국가재정과 공납제의 운영

1. 貢案과 橫看의 내용

1) 공안의 내용

조선시대 공안은 태조 원년(1392) 10월에 전왕조의 歲入의 다과와 歲出
경비를 참작하여 제정되었지만,[1] 횡간은 70여 년이 경과한 세조대에 이르러
서야 제정되었다. 그후『경국대전』에 국가의 경비는 공안과 횡간에 의거하여
운용하는 것으로 명문화되었다.[2]

공안에 대해서는 經常稅를 주체로 하는 국가의 총세입표라고 보는 견해와
공물·진상 등 貢賦에 대한 장기세입표라고 보는 견해가 있다. 전자는 전세·공
물·진상을 비롯하여 魚稅·鹽稅·匠人稅·商業稅·船稅·家基稅·神稅布·奴婢
身貢·徭役 등 모든 종류의 경상세역이 수록되어 있다는 것이고,[3] 후자는
공물과 진상 등 공부가 주체를 이루고 그밖에 田稅條貢物, 倭料에 사용되는
경상도 동남부 군현의 전세, 경기의 生·穀草, 各司選上奴·各司匠人·掌樂院
樂工·其人 등의 身役, 巫覡稅가 부록되어 있으나 전세·요역을 비롯한 많은

---

1) 『太祖實錄』卷2, 元年 10月 庚申條 : 1-33나.
2) "凡經費 用橫看及貢案"(『經國大典』卷2, 戶典條).
3) 田川孝三, 1964,「貢案と橫看」『李朝貢納制の研究』, p.274.

세역이 공안에 수록되어 있지 않다는 것이다.[4]

이와 같이 공안에 수록된 내용이 각종 공물의 수납액수만을 기록한
것인지, 아니면 공물을 비롯하여 모든 부세의 수입을 포함한 錄案인지는
확실하지 않다. 실록에서 찾아지는 공안의 내용을 살펴보면 다음과 같다.

<표Ⅳ-1> 공안에 수록된 내용

수록내용	전 거
A-①各官貢案付貢物	『세종실록』 권25, 6년 8월 계해(2-619가)
②各官貢案付各司輸納雜物	『세종실록』 권111, 28년 정월 정해(4-651가)
③各官進上……各官貢案 詳定已久	『중종실록』 권8, 4년 5월 기미(14-337다)
④慶尙道貢案付紬布	『태종실록』 권4, 2년 9월 갑진(1-247가)
⑤(生穀草)貢案所載京畿諸邑輸納數	『성종실록』 권4, 원년 4월 정사(8-485라)
⑥慶尙道倭料……貢案之數	『중종실록』 권8, 4년 3월 갑인(14-320다)
⑦濟用監貢案(巫女·巫師·京師 등)	『세조실록』 권34, 10년 12월 임진(7-662가)
⑧諸司奴婢之貢 曾已定數 錄于貢案	『성종실록』 권1, 즉위년 12월 을묘(8-444가)
⑨本縣(扶安)貢案選上之數 只八名	『중종실록』 권13, 6년 4월 정해(14-506다)

A-①, ②의 각관공안에는 각 군현에서 중앙각사에 상납하는 공물이 수록
되어 있는데,『경지』·『세지』·사찬읍지의 일반군현 항목에 수록되어 있는
공물의 물종이 이에 해당된다.

A-③의 각관공안에는 각관의 진상물이 수록되어 있다. 진상은 공물과는
달리 각도관찰사, 병마·수군절도사를 위시한 지방장관이 국왕에 대한 공상
의 예물로 국가의 제사에 사용되는 祭需라든지 혹은 왕실용 물품을 상납하는
것이었다.[5] 진상물목에는 物膳進上(朔望進上·別膳·日次物膳及到界·瓜遞
進上), 方物進上(名日方物, 行幸·講武方物), 祭享進上, 藥材進上, 鷹子進上,
別例進上 등이 있었는데, 이 가운데 정기적인 진상은 공안에 수록되어
있었다.[6]

4) 金玉根, 1884,『朝鮮王朝財政史硏究』(Ⅰ), p.142.
5) 金玉根, 위의 책, p.16.
6) 진상은 크게 정기적인 진상과 부정기적인 진상으로 대별할 수 있다. 전자에는

A-④의 慶尙道貢案付紬布는 경상도 紬布田의 수세물인 紬布를 지칭하는 것이다. 경상도 山郡에서는 고려시기부터 수송의 편의상 전세를 미곡 대신 細布로 수납하였는데, 이는 전세조공물이었다.[7]

A-⑤의 공안에는 경기 諸邑에서 수납하는 생·곡초가 수록되어 있다. 경기 제읍의 농민은 타 지역과 달리 주로 우마 사료로 사용되는 생·곡초를 사복시·사재감·사축서·전생서·와요서·빙고·사포서·유우소·분예빈시 등에 납부하였는데,[8] 여름철에는 생초를, 겨울철에는 薪炭을 상납하였다.[9] 그 부담은 전결수에 따라 수전 1결, 한전은 2결에 대하여 곡초 4束 무게 40斤, 생초 1同 7束半 무게 100근으로 사복시 이하 5사를 합친 생·곡초의 공물액수는 모두 156,489同이었다.[10]

A-⑥의 공안에 수록되어 있는 倭料는 세종 8년(1426) 삼포개항 이후부터 전세와는 별개의 명목으로 경상도 동남부에 위치한 35군현에서 징수하였다.[11] 그 용도는 대마도 및 일본본토에서 오는 使客이 삼포에 머무르는 기간과 渡海시 필요한 식량, 歲賜米·公貿價米 등의 접대에 필요한 경비로 사용되었다. 당시 입국하는 왜인의 수가 많을 때는 6천 명에 달하였고,

---

물선진상·방물진상·제향진상이 있고, 후자에는 약재진상·응자진상·별례진상이 있다(田川孝三, 앞의 책, pp.91~218).

7) 제Ⅱ장 2.전세조공물의 설정과 수취 참조.

8) 『太宗實錄』 卷8, 4年 8月 己丑條 : 1-302라~3가 ; 『太宗實錄』 卷30, 15年 8月 庚午條 : 2-80다·11月 戊申條 : 2-91다 ; 『世宗實錄』 卷27, 7年 正月 乙酉條 : 2-648가 ; 『世宗實錄』 卷68, 17年 6月 戊申條 : 3-633라.

9) 사복시 馬草의 경우 5월부터 9월까지는 생초, 10월부터 3월까지는 곡초로 납부하였다(『端宗實錄』 卷6, 元年 5月 癸未條 : 6-596나).

10) 『成宗實錄』 卷4, 元年 4月 丁巳條 : 8-485라.

11) 경상도 35官은 熊川(都會)·晉州·金海·昌原·宜寧·咸安·昆陽·巨濟·固城·泗川·南海·河東·丹城·山陰·三嘉·鎭海·漆原·星州·草溪·高靈, 東萊(都會)·慶州·密陽·大丘·梁山·機張·彦陽·玄風·昌寧·靈山·長鬐, 蔚山(都會)·興海·迎日·淸河 등이었다. 이들 지역에서는 전세의 일부를 浦所 혹은 都會官에 납부할 稅穀이 정해져 있었다(『成宗實錄』 卷55, 6年 5月 癸丑條 : 9-220다).

이들이 체류하는 기간도 대개 4개월에서 6개월에 달하여 이에 소용되는
경비도 상당하였다. 세종 21년(1439)에는 국가에서 1년 동안 사급하는 왜료
가 10만 석이나 되어 국고에 저장되어 있는 것이 거의 없게 되어 지대비뿐만
아니라 대마도에 보내는 세사미마저도 충당하기 어렵게 되었다. 이를 해결하
기 위해 예종 때에는 동래·울산·웅천 등지의 전세를 3년간 각 군현에서
수납하여 이에 충당케 하였다.12) 공안에 수록되어 있는 왜료는 1만 5천여
석이었다.13)

그 밖에 A-⑦의 제용감공안에는 人丁을 대상으로 하는 巫女·巫師·經師
등의 수세액이 명기되어 있고, A-⑧과 A-⑨의 공안에는 諸司에 바치는
노비신공과 각사에 選上하는 노비의 수가 수록되어 있다.

이상에서 살펴본 바와 같이 공안에는 공물·진상을 비롯하여 田稅, 魚稅,
鹽稅, 船稅, 工匠稅, 公廊稅, 行商路引稅, 巫覡稅, 奴婢身貢, 선상노비, 각종
부역 등의 잡세가 수록되어 있었다.

공안의 종류에 대해서는 다음의 기사가 주목된다.

호조에서 아뢰기를, "『大典』에 '巫女·巫師·經師 등에게 모두 身貢을 거두
도록 한다.'고 실려 있는데, 지금 제용감공안을 상고하니 某邑에 몇 명을
恒貢으로 규정하고 있습니다. 비록 사망하거나 추가하여 나타나더라도
공안을 고치지 않는 것은 미편합니다. 청컨대 지금부터 3년마다 관찰사가

---

12) 李鉉淙, 1977, 「朝鮮初期의 對外關係－倭人關係」 『한국사』 9 참조.
13) 왜료는 시간이 경과하면서 지출되는 그 양이 점차 증가하였다. 그 원인에 대해
   중종대 監察 朴佺은 "조종조에서는 항상 倭船을 한정하여 스스로 그 수가 있었기
   때문에 邊郡의 축적이 여유가 있었다 한다. 그런데 근래 폐조(연산군) 때에는
   혹은 서신을 통한다 일컫고, 혹은 관직을 받는다는 핑계로 그들의 오는 것이
   끊이지 않아 1년에 지급되는 왜료가 걸핏하면 2만여 碩에 이르렀다"고 하였다(『中宗
   實錄』 卷8, 4年 3月 丙辰條 : 14-321라). 그 부족액은 연분을 1등급 더하거나(『成宗
   實錄』 卷185, 16年 11月 乙卯條 : 11-71나) 미수된 전세로서 充給하였다(『中宗實錄』
   卷8, 4年 3月 甲寅條 : 14-320다).

差使員을 정해 추쇄할 때 사망하거나 추가로 나타난 자를 모두 籍에 기록하여 戶曹·濟用監·觀察使營과 그 邑에 각각 1건씩 비치하여 증빙 고찰해서 신공을 거두게 하소서." 하니, 임금이 그대로 따랐다(『세조실록』 권34, 10년 12월 임진조 : 7-662가나).

인정을 대상으로 한 무격세는 3년마다 각읍에서 무녀·무사·경사 등의 생존자를 조사한 것을 토대로 징수하였고, 이를 조사하여 작성된 공안은 호조, 제용감, 관찰사영, 각읍에 각각 1건씩 비치되어 있었다. 즉 공안은 官秩에 따라 호조공안·각사공안·각도공안·각관공안이 있었음을 알 수 있다. 각관공안에는 각 군현에 분정된 무녀·무사·경사 등의 수세액과 상납해야 할 정부관아인 제용감이 기록되어 있었고, 제용감공안에는 지방군현에서 징수해야할 무녀·무사·경사 등이 군현단위로 기록되어 있었다. 그리고 각도의 감영에는 관할 각 군현의 무녀·무사·경사 등의 공안을 통합한 각도공안이, 호조에는 각도·제용감·각관공안을 통합한 호조공안이 있었다.

2) 횡간의 내용

공안과 표리관계를 이루어 국가재정을 운용하고 있던 횡간에 대해서는 국가의 경상비를 포괄한 국가의 세출계획표라는 견해와,[14] 공부 및 전세 일부만의 세출계획표라는 견해[15]가 있다. 후자의 주장 근거는 횡간에는 국가, 공공기관과 공역부담자에게 분급한 自耕無稅地의 수입, 관료·공공부담자에게 분급한 각자수세지의 수입에 대한 지출규정과 요역·군역·노비신공 등 사역 규정, 그리고 군사비, 교통수송비 및 임시비용에 대한 규정이 없었기 때문이라고 한다. 실록에서 찾아지는 횡간의 내용을 살펴보면 다음과 같다.

---

14) 田川孝三, 앞의 책, p.326.
15) 金玉根, 앞의 책, pp.171~174.

〈표IV-2〉 횡간에 수록된 내용

구분	내 용	전 거(실록)
B-① 王室 經費	㉠新詳定橫看內 諸宮及魂宮·魂堂內官衣纏月料	세조 10년 2월 을미(7-609나)
	㉡校橫看饋餉圖	세조 10년 7월 갑인(7-634라)
	㉢橫看嘉禮條	성종 6년 7월 을축(9-244다라)
	㉣內醫院釀酒米 橫看所載一百石	중종 11년 8월 경신(15-209가)
	㉤文昭殿器皿……椀及甫兒·鐘子等 依橫看 次次改造	명종 6년 6월 경진(20-28나)
	㉥行幸支應雜物 已於橫看詳定	세조 11년 7월 기사(7-695나)
	㉦上林園生梨·進上外 具辦所送處……多非橫看所錄	세조 11년 12월 임진(7-716다)
	㉧橫看所錄 名日例進物膳之半	세조 14년 2월 정유(8-1607가)
	㉨橫看內各殿有名日供上可減之物 付標	성종 즉위 12월 정사(8-444나)
	㉩今觀橫看 諸道進上 有望前後焉 有無時別進焉	성종 원년 2월 신미(8-470다)
	㉪橫看貢案 凡所載供佛飯僧之物	성종 8년 정월 임자(9-408라)
	㉫供僧一事在橫看	〃　　　　〃　(8-410다)
	㉬於詳定橫看 宗廟天鵝 二月·九月並薦	성종 4년 12월 신유(9-76가)
	㉭進上物膳 任土所産 載在橫看	성종 12년 4월 병인(10-207가)
B-② 國喪 葬禮	㉠新定橫看 則與文宗大王喪葬儀軌不同 請殯葬諸事 一 准儀軌 自餘諸事 參用橫看	예종 즉위 9월 무진(8-271다)
	㉡橫看內 祖宗朝宗宰之卒 一品則禮葬 二品則賻物有定 數	연산 3년 10월 무자(13-290가)
	㉢致賻 橫看內相考 陳亡軍官米豆各五石 紙二十卷床 一件 陳亡軍卒米豆各三石祭 床一件題給	명종 10년 8월 을유(20-295다)
	㉣造墓軍 例以當領水軍 依橫看之數定給	명종 21년 9월 신해(21-119라)
B-③ 各司 經費	㉠臟贖 當橫看 以律員·錄事·書吏點心支用	성종 9년 3월 갑술(9-566라)
	㉡橫看相考 則都摠府醫員·錄事·書吏 兵曹錄事·胥吏 ……漢城府書吏所食 皆用其司贖物 各道收贖 則以受敎 分送兩界貿穀 似有區處之例	명종 8년 정월 무술(20-109다)
B-④ 使臣 行次 및 接待	㉠赴京行次帶去人及人情盤纏雜物 一依橫看	성종 원년 6월 경신(8-510가)
	㉡新定橫看內 巨酋使人支待等數	세조 10년 7월 병인(7-636나)
	㉢橫看 客人供餉	성종 4년 10월 병술(9-69나)
	㉣橫看 客人宴享條	성종 4년 12월 계유(9-78가)
	㉤新定橫看內唐人賜給裏衣所入布 只用十一尺	〃　　　　〃　(9-78가)
	㉥橫看式例之外 不曾有一毫之費……倭船粮料 多南道之 穀 倭人之貿 虛費司瞻之布	연산 6년 10월 무신(13-432라)
	㉦橫看內 有赴京使慕華館之宴	명종 12년 8월 을미(20-433나)
B-⑤ 祿俸	㉠新定橫看 四孟月頒祿	예종 즉위 9월 무인(8-277나)
	㉡祿俸橫看內 公主·翁主夫死 從夫職給祿 職田同	예종 원년 10월 임자(8-420라)
B-⑥ 救恤	㉠處女 年二十五歲以上者 其家計貧窮 不能備禮者 請依橫看 給米豆幷十石 以爲資裝	성종 3년 5월 계묘(8-656다)
	㉡橫看內 一日給壯者 米五合豆五合	성종 16년 8월 계묘(11-50가)

	㉢十六歲以上人所食 橫看每一時造米黃豆各五合	연산 9년 3월 기사(13-550가)
	㉣橫看內 一産三子婦女 給米豆各五石	예종 원년 6월 병인(8-389가)
B-⑦ 軍 器	㉠橫看所定 (濟州)三邑軍鐵物	예종 원년 2월 갑인(8-334다)
	㉡橫看·貢案 所在角弓·長箭	예종 원년 2월 을묘(8-335나)
	㉢橫看付軍器造作匠人	성종 원년 2월 신해(8-462라)

B-①의 횡간에는 왕실경비로 지출되는 諸宮과 魂宮·魂堂에 소속되어 봉사하는 內官들의 衣纏月料, 궁궐 각 관아에 종사하는 관리의 供饋와 使臣宴享에 제공하는 음식물명 및 물자수량, 왕실자녀 혼인시의 혼수품·隨 從 인원, 문소전의 祭器·奠物容器의 종류·수량·용량에 관한 것이 수록되어 있다. 그리고 진상횡간에는 종묘에 천신하는 天鵝 數目, 국왕 행행시에 支應하는 잡물, 상림원에서 수확한 生梨의 분배 및 처리, 왕실 및 각전에 바치는 名日進上, 승려에 대한 供飯에 관한 규정이 수록되어 있다.

B-②의 횡간에는 국상에 소용되는 자재·인력 등의 제반경비 및 양반관료· 전몰한 군사의 장례비에 관한 규정이 수록되어 있다. 宗宰 사망시 1품관인 경우에는 禮葬을 해주었고, 2품관인 경우에는 일정한 賻物을 주었다. 부물은 朝官의 서거와 전몰장병에 대한 賻典의 물품인데, 군관에게는 米·豆 각 5석, 紙 20권, 床 1건을, 군졸에게는 米·豆 각 3석, 祭床 1건을 지급하였다. 그리고 왕이나 왕족, 공신을 비롯한 고급관료가 사망하게 되면 분묘조성에 조묘군이 동원되었는데, 종1품 관리인 경우에는 180명이, 정2품 판서인 경우에는 150명이 동원되었다.16) 조묘군은 當領水軍·煙戶軍이 동원되었는 데,17) 이들의 동원일수는 30일이었다.18) 특히 경기지방의 경우 지방관리들

---

16) 王子大君·君은 1等, 정1품은 2等, 종1품은 3等이었다(『明宗實錄』 卷6, 2年 12月 甲寅條 : 19-552가).

17) 『明宗實錄』 卷8, 3年 9月 辛卯條 : 19-614라~5가 ; 『明宗實錄』 卷33, 21年 9月 辛亥條 : 21-119라 ; 『宣祖實錄』 卷19, 18年 4月 庚午條 : 21-419나.

18) "宗親·功臣國葬 役民定額定限 右條造墓軍 以其前定數限 一朔役使"(『太宗實錄』 卷33, 17年 閏5月 甲子條 : 2-166나).

이 농민들을 자주 사역하여 영농에 많은 지장을 주기도 하였다.[19]

B-③의 횡간에는 각사 경비의 일부로 충당된 贓贖의 처분이 수록되어 있다. 경중에서는 호조·의금부·병조·형조·사헌부·한성부에 보내 律員·錄事·書吏·律學敎授·訓導의 점심 비용으로 사용한 경비와 외방에서는 호조의 지시에 따라 사용한 비용이 수록되어 있다.

B-④의 횡간에는 명에 파견하는 사행의 수종인원과 路費 雜物, 巨酋의 使人에게 사급하는 諸物자, 야인의 객인에게 내리는 물품 및 宴享品, 중국인에게 사급하는 裏衣所入布 등과 赴燕使 일행에 대한 여비·사신접대에 필요한 식량 및 이들을 위해 베푸는 會宴費 등이 포함되어 있다.

B-⑤의 횡간에는 팽배·대졸의 월봉에 관해 科日計算의 법을 정한 것과 공주·옹주의 夫가 사망했을 때 夫의 職에 따라 녹봉을 지급한 것이 수록되어 있다.[20] 실록 기사에는 나타나 있지 않지만, 세종 20년(1438)에 입안된 祿科와『경국대전』권2, 戶典 祿科條에는 중앙의 백관에 대한 녹봉의 지급이 각 직급별로 상세하게 기록되어 있는 점으로 미루어 볼 때,[21] 녹봉횡간에도 이 같은 사실이 기록되어 있었다고 이해된다.

B-⑥의 횡간에는 사족 자녀 중 처녀 나이 25세 이상인 자로서 그 집이 빈한하여 결혼할 수 없는 자에게 미두 10석을, 富寧府人 李昌戶의 婢 可也之가 한번에 3남을 낳았을 때 이 부녀에게 양육비로 미·두 각 5석을 지급한 내용이 수록되어 있다. 일반 진휼시 16세 이상의 壯者에게 한 끼마다 미·황두

---

19)『中宗實錄』卷65, 24年 4月 辛卯條 : 17-114다라.

20) "戶曹啓……膨排隊卒 則月俸本無科日 須待番遞 憑考役日 乃給 因此計限無定制 實爲不可 請自番遞 始計定限 令詳定所 幷錄橫看 從之"(『睿宗實錄』卷1, 卽位年 9月 戊寅條 : 8-277나).

21) 李載龒, 1974,「朝鮮前期의 祿俸制」『崇田大論文集』(人文社會科學篇)5 ; 李載龒, 1984,『朝鮮初期社會構造硏究』, 一潮閣, pp.72~80 ; 崔貞煥, 1982,「朝鮮前期 祿俸制의 整備와 그 變動」『慶北史學』5 ; 崔貞煥, 1991,『高麗·朝鮮時代 祿俸制 硏究』, 慶北大學校出版部, pp.254~256.

각 5홉을 지급하였다.

B-⑦의 횡간에는 제주 3읍의 군기철물, 강릉의 角弓·長箭을 조달하여 군기감에 납부해야 할 물목, 지방에 등록된 월과군기 조작을 위해 定役을 지는 장인이 수록되어 있다.

이상의 B-①~⑦에 의하면 횡간에는 왕실경비, 각사의 경비, 國喪에 소용되는 제반경비, 명에 파견하는 사신경비와 외국 사신접대에 필요한 경비, 관료의 녹봉, 구휼, 군기감이 수취하는 군기물 등이 수록되어 있다. 따라서 "국가예산의 고정 지출되는 수를 적어 놓은 장부"[22]인 횡간에는 왕실과 정부각사의 사소한 경비는 물론 장인·조묘군·민정의 요역징발 등이 수록되어 있는 세출예산표라고 할 수 있다.

2. 횡간제정 이전의 재정운영

1) 경비식례 제정 이전의 국가재정 운영

조선초기 국가의 세출은 왕실경비인 上供, 국가의 제사·빈객접대·수렵의 비용·喪荒 등의 고유 업무 수행에 필요한 경상비와 天災·歲荒 등의 경비에 쓰이는 國用, 문무관료에게 지급하는 녹봉, 군수용의 양곡을 비축하는 軍資, 중앙과 지방에서 관곡을 비치하여 빈민에게 곡종과 식량을 대여하는 義倉, 빈민의 질병을 치료하기 위해 설치한 혜민서·전약국의 의료비 등으로 지출되었다.[23]

조선왕조 건국 후 錢穀[24]의 출납과 회계에 관한 사무는 고려의 故事에

---

22) "國計恒數之簿也"(『明宗實錄』卷33, 21年 10月 己巳條 : 21-123다).

23) 『三峯集』卷7, 「朝鮮經國典」(上) 賦典 上供條·國用條·軍資條·義倉條·惠民典藥局條·工典 倉庫條.

24) 전곡은 "賦者 軍國所需之摠名也 分而言之 則用之於國曰錢穀 故治典出納之節甚祥

따라 三司에서 관장하였고, 이에 대한 감찰은 사헌부 감찰이 매월 검찰하였다.[25] 삼사에서 전곡을 지출할 때에는 도평의사사의 명령을 받들어 집행하였다.[26] 조선왕조 건국초 국가의 政務는 문하부·삼사·중추원의 종2품 이상의 관리들이 합좌하는 도평의사사에 의해 이루어졌고, 육조는 단지 실무의 집행기관으로 그 권한은 미약하였다.[27] 정종 2년(1400)에 도평의사사가 해체되어 의정부와 삼군부로 분리되었고,[28] 그후 태종대의 개혁을 통하여 도평의사사 중심의 체제는 의정부-육조-각사의 중심체제로 바뀌었다.[29] 이에 따라 육조를 정2품 아문으로 승격시켜 재정·기밀·인사에 관한 업무를 담당하게 하였고, 의정부 庶務의 일부를 각각 육조에 나누어 속하도록 하였다. 관아의 대부분이 직능에 따라 육조에 각각 소속되면서 태종 원년(1401)부터 삼사를 대신하여 출납업무는 司平府에서 담당하였고,[30] 회계업무는 호조에서 담당하였다.[31] 당시 호조에서는 '戶口·貢賦·田粮·食貨'를 담당하였는데, 그 관아에는 版籍司·會計司·經費司를 두었다.[32]

조선초기 중앙각사는 錢穀의 수입과 지출을 개별적으로 운영하였기 때문에 관리의 부정이 자행될 수 있는 여지가 그만큼 많았다. 따라서 각사의

取之於民曰賦 故於此論其所出之目"(『三峯集』卷13,「朝鮮經國典」賦典 摠序)라 하여 단순히 화폐와 미곡을 지칭하는 것이 아니라 국가운영에 필요한 물자라는 의미로 사용되었다.

25) 『太祖實錄』卷1, 元年 7月 丁未條 : 1-22다.

26) "國家以三司 掌錢穀所入之數 而其出也 承都評議使司之命而行之 蓋有得於周官遺意者矣"(『三峯集』卷14,「朝鮮經國典」上 錢穀條).

27) 韓忠熙, 1980,「朝鮮初期 議政府 研究」(上·下)『韓國史研究』31·32 참조.

28) 韓永愚, 1977,「朝鮮建國의 政治·經濟基盤」『한국사』9 ; 韓永愚, 1983,『朝鮮前期社會經濟史研究』, p.60.

29) 南智大, 1993,『朝鮮初期 中央政治制度研究』, 서울대 박사학위논문, pp.10~20.

30) 『太宗實錄』卷1, 元年 7月 庚子條 : 1-208다.

31) 『太宗實錄』卷9, 5年 正月 壬子條 : 1-317라.

32) 제정 당시에는 '給田司'였으나, 그후 '經費司'가 이를 대신하였다(『太宗實錄』卷9, 5年 3月 丙申條 : 1-319라).

관리들은 혼자 부정을 저지르거나, 혹은 당해 각사의 노비와 공모하여 관물을 도용하거나 남용하는 경우도 적지 않았다.[33]

이에 대해 정도전은 일찍이 "전곡은 국가의 상비물인 동시에 민의 목숨을 좌우하는 것이므로 이를 민에게서 수취하는데 법도가 없고, 이를 쓰는데 법도가 없으면 함부로 거두는 일이 많아져서 민생이 괴로워지고 낭비가 커져서 마침내 국가재정이 탕감해진다"[34]고 하였다. 그리하여 국가는 관원들의 낭비방지와 관물도용을 사전에 예방하기 위해 여러 가지 조치를 강구하였던 것이다.

당시 중앙각사의 수입과 지출은 각사에 전적으로 맡겨져 있었음으로 출납을 담당하는 사평부가 이를 일괄적으로 파악하기가 어려웠다. 이러한 문제를 해결하기 위해 태종 2년(1402) 정월에 錢穀의 出納과 會計法을 제정하여 모든 창고의 출납은 提調로 하여금 관장하게 하고, 회계는 사평부에 보고하도록 하였다.[35] 또한 각 관아의 공해전에서 1년 동안 거두어들이는 수입량과 해당 관청에 출사하는 관원의 점심과 붓·먹·종이 등의 비용으로 매월 지출되는 소출량을 사평부에 보고하도록 하였다.[36]

태종 9년(1409) 4월에는 각사에서 쓴 경비를 감사하여 손실된 전곡이 있을 때 이를 담당 관리에게서 징수하는 刷卷色을 설치하였다.[37] 원래의 취지는 관리들의 낭비를 경계할 목적으로 설치한 것이었는데, 관리들의 문자 착오라든지 쥐가 파먹은 것과 같은 부득이한 사유로 전곡이 손실되었을 때에도 이를 관리에게 추징하는 문제점이 발생하게 되자, 손실된 전곡의 추징은 쇄권색 설치 이후의 것에 한해 적용하기로 하였다.[38] 그러나 쇄권색

---

33) 『世宗實錄』 卷77, 19年 5月 己酉條 : 4-73라.
34) 『三峯集』 卷13, 「朝鮮經國典」(上) 賦典 摠序.
35) 『太宗實錄』 卷3, 2年 正月 己亥條 : 1-223가.
36) 『太宗實錄』 卷6, 3年 閏11月 壬申條 : 1-286라.
37) 『太宗實錄』 卷17, 9年 4月 辛卯條 : 1-482나.
38) 『太宗實錄』 卷21, 11年 6月 癸巳條 : 1-584라~5가.

에 대한 기록이 이후에 찾아지지 않는 것으로 보아 한시적으로 운영된 기구라 짐작된다.39)

태종 17년(1417) 8월에는 京外官의 간교한 무리들이 금은·전곡을 출납할 때 手決을 하지 않고 印을 눌러 관의 문서를 위조하여 관물을 도용하는 것을 방지하기 위해 勘合法을 사용하였다.40)

한편 각사에서는 전곡의 출납을 관장하는 관리를 비롯하여 吏奴들이 자의로 전곡을 증감하는 姦僞를 방지하기 위해 출납과 회계 장부인 重記에 기록하게 하였다.41) 이를 작성하지 않았을 때에는 처벌하였다. 이는 세조 5년(1459) 정월 사헌부에서 元志於가 繕工判事였을 때 光州 等邑의 貢物海竹을 중기에 기록하지 않은 것이 적발되었을 때 제주목사로 보내지 말라고 推劾한 데서도 확인된다.42)

중기는 관리가 교대할 때 解由成給의 가장 중요한 조건이 되었다. 전곡을 담당한 관사에서는 관원이 교대할 때마다 출납한 전곡을 新官에게 교부한 뒤에 해유를 내주었다. 그런데 아전들이 文券을 제대로 간수하지 않아 유실되는 일이 빈번하게 발생하자, 이를 방지하기 위해 문서의 장수와 출납한 전곡의 연월일, 담당 아전의 성명을 기록하여 신관에게 교부한 뒤에 해유를 내주도록 하였고, 매년말 심사가 끝날 때 그 목록 3부를 작성해 호조·사헌부·本司에 각각 보관하게 하여 후일 회계할 자료로 삼았다.43)

京中에서 전곡을 담당한 각사의 관리가 교대할 때 해유는 호조에서 그 회계를 상고하여 임기 중에 남았거나 손실한 물품을 기록하여 이조에

---

39) 태종 15년 8월 각사의 도망한 公處奴婢를 추쇄하기 위해 奴婢刷卷色을 설치하였는데 (『太宗實錄』卷30, 15年 8月 癸巳條 : 2-84나), 이는 세종 즉위년 9月 貢賦詳定色으로 개칭되었다(『世宗實錄』卷1, 卽位年 9月 辛未條 : 2-269라).

40) 『太宗實錄』卷34, 17年 8月 乙巳條 : 2-183라.

41) 『睿宗實錄』卷8, 元年 11月 己亥條 : 8-430다.

42) 『世祖實錄』卷15, 5年 正月 庚子條 : 7-309나.

43) 『世宗實錄』卷10, 2年 12月 己酉條 : 2-418다.

移文하게 하였고, 종전에 외방수령의 해유는 당해 道의 감사가 바로 이조에
보고하였기 때문에 軍資·義倉의 전곡이 남고 모자라는 수효를 호조에서
대조할 수가 없었다. 이때부터 외방 수령과 수참판관, 염장관 등의 교대해유
도 그 도의 감사로 하여금 호조에 이문하면, 호조에서 그 전곡의 남고
모자람과 각사의 공물을 미납한 수를 상고한 후에 이조에 이문하도록 하였
다.[44] 공조·군기감·제용감 등의 각사에서 잡물을 출납할 때 감찰이 친히
감독해서 酌定하지 않음으로 인해 남용하는 폐단이 적지 않자 이후부터
반드시 감찰이 직접 감독하여 만들 것을 제도화하였다.[45]

이상의 刷卷色·勘合法·重記 등은 출납·회계에 관한 감찰규정이었지 경비
식례에 관한 규정은 아니었다. 감찰규정은 초선초기부터 마련되어 있었지
만, 경비지출에 관한 규정이 없었기 때문에 수입과 경비의 지출 사이에는
적합성이 고려되어 있지 않았다. 세종 22년(1440) 8월 호조에서 의정부에
올린 기사에 의하면, 공물을 수취하는 데는 매우 엄격한 데 비하여 이를
지출할 때에는 헛되이 낭비되는 것이 허다하였음을 알 수 있다.

> 외방에서 거두는 공물은 해마다 貢案에 기재된 수량에 의해서 징수하는
> 데, 이 물건들이 묵어 쌓이고 쌓여 썩게 되면 민간에 팔아버립니다. 거둘
> 때에는 저울눈을 다투는 것이지만 쓸 때에는 진흙이나 모래같이 하여
> 백성의 재산을 헛되이 버리니 실로 타당하지 못합니다(『세종실록』 권90,
> 22년 8월 을유조 : 4-312다).

이로 인해 각사의 製造에 쓰이는 자재가 동일한 것이라 하더라도 차이가
발생하였던 것이다. 세종 25년(1443) 12월 경비식례가 없는 각사의 경우
전일에 지출한 잡물 제작경비의 수량을 참고·시험한 것을 보면 다음과

---

44) 『世宗實錄』 卷47, 12年 3月 戊申條 : 3-225나.
45) 『世宗實錄』 卷78, 19年 7月 戊戌條 : 4-88라.

같다.46)

<표Ⅳ-3> 경비식례가 없는 각사에서 사용한 잡물 시험결과

시험한 물품의 종류		전일의 수량	시험결과	비 고
筒과 袱 1件(泥金)		4돈 6푼	2돈 8푼	1.6배
大駕儀仗 1件	(貼金)	9,381장	3,758장	2.5배
	(貼銀)	1,724장	709장	2.4배
闕內의 大朱簾ㄱ 大朱簾 各陵의 丁字閣ㅡ(漆·朱紅)		1근 8냥	7냥 5돈	3.2배
朝會樂의 建鼓 緣具 1部		1근 9냥 6돈 6푼	5냥 1푼	5.12배
應鼓의 緣具의 1部(朱紅)		1근 15냥 2돈 5푼	1냥 3푼	20.6배
儺札에 所用되는 大·中·小鏡 220개 에 取色한 水銀		4냥	1돈 3푼	30.8배

즉 식례가 없는 각사에서 사용한 잡물은 시험 결과 실제 경비보다 2~3배가 지출되었고, 많은 경우에는 수치상의 오류라 생각되지만 20~30배가 지출되었다. 그 외의 紗羅綾段과 다른 지방의 희귀한 물건, 紬紗·苧布·麻布·緜布와 皮革·鐵物·全漆·雜彩, 나무와 대로 만든 器皿·柴炭 등의 물건 또한 이와 마찬가지였다.47) 이 같은 방만한 경비운영은 필연적으로 민인으로부터 많은 공물을 거두어들이기 마련이었다. 이러한 사례를 적시하면 다음과 같다.

C-① 호조에서 아뢰기를, "사재감에서 1년 동안 지출하는 燒木이 637,947근인데, 현재 남아있는 것이 623,402근입니다. 또 其人과 轉運奴子의 日役이 모두 479,013근이므로 1년에 사용되는 수효에 남음이 있으니, 외방각관에서 상납하는 금년 貢燒木 54,350근과 各浦에서 바치는 72만 근과

---

46) 『世宗實錄』 卷111, 28年 正月 丁亥條 : 4-651나다. 중량의 단위는 10釐가 1푼(分), 10푼이 1돈(錢), 10돈이 1냥(兩), 16냥이 1斤이었다(『萬機要覽』 財政篇4, 版籍司度量衡條).

47) 『世宗實錄』 卷111, 28年 正月 丁亥條 : 4-651다.

지난해에 未收된 21,040근은 그만두기를 청합니다." 하니, 임금이 그대로 따랐다(『세종실록』 권24, 6년 4월 갑인조 : 2-592라).

C-② 호조에서 아뢰기를, "……, 각도에서 의영고에 바치는 眞油의 元數는 346石인데, 지금 현재 350石 6斗가 있습니다. 1년에 所用되는 것이 149石 13斗에 불과하니 경기에서 바치는 8石 1斗 3升을 감할 것을 청합니다. 山蔘·桔梗은 봉상시에 바치는 것이 172石이고, 침장고에 바치는 것이 230石 6斗로서 國用은 200石인데, 또 加納하는 것이 652石이니 가납의 면제를 청합니다. 一, 각도에서 장흥고에 바치는 草席이 5,148張인데, 현재 6,304장이 있습니다. 1년에 所用되는 것은 2,216장에 불과하니 경기에서 바치는 480장은 없애기를 청합니다. 一, 각도에서 1년에 군기감에 바치는 休紙의 元數와 加定한 數가 모두 1,750卷과 1,020斤인데, 현재 남은 것이 1,095卷과 14,180斤입니다. 1년에 쓰이는 것은 2,373卷과 1,020斤에 불과하니, 경기에서 바치는 230권은 없애기를 청합니다" 하였다(『세종실록』 권29, 7년 8월 무자조 : 2-689나다).

C-③ 호조에서 아뢰기를, "봉상시에서 1년간 所用되는 黃蠟이 250餘斤에 불과한데, 현재 보유하고 있는 것이 1,166斤이나 되니 각도에서 바치는 黃蠟 594근 8냥을 2년에 한해 減除하도록 하소서." 하니, 임금이 그대로 따랐다(『세종실록』 권33, 8년 9월 을미조 : 3-42나).

C-④ 예조에서 議政府·諸曹와 더불어 各品이 陳言한 것을 함께 의논하기를, "……正朝·聖節·千秋에 바치는 인삼의 수량은 140斤이고, 無時謝恩과 本國에서 所用되는 것이 100여 근에 불과한데, 공안에 있는 수량은 평안·황해도가 모두 960근이고 함길·강원 양도의 貢蔘이 모두 540근입니다.……평안도는 200근을, 황해·강원·함길도는 각각 100근을 감하게 하소서." 하니, 임금이 그대로 따랐다(『세종실록』 권68, 17년 6월 무신조 : 3-634가나).

위의 사례는 사재감의 燒木, 의영고의 眞油, 봉상시의 山蔘·桔梗·黃蠟, 장흥고의 草席, 군기감의 休紙 등의 물품을 감면해 준 내용이다. 이들 물품을 감면해 준 것은 각사에서 경비를 절약해서 남았다기보다는 경비식례가

없음으로 인해 각사의 1년 경비를 과다하게 책정한데서 비롯된 것이라 짐작된다.[48]

일부 각사에서는 남은 물품을 민간에게 방매하기도 하였다. 이러한 사례는 사재감의 魚物, 인수부의 糙米, 의영고의 眞油·海菜·淸蜜·榧子·榛子·藁菁·全鮑, 풍저창·군자감의 陳米豆·雜穀, 제용감의 毛皮·梔子·三甫草, 선공감의 草藘 등을 들 수 있는데, 이들 각사는 물품을 판매하는 관청이 아니었다.[49] 이들 각사에서 판매한 물품 중에는 부패하기 쉽고 오래 저장할 수 없는 것을 방매하기도 하였지만, 근본적인 원인은 공물을 과다하게 수취한 데 있었다고 짐작된다. 세종 8년(1426) 경비식례의 제정은 방만한 경비 운영과 과다한 각사의 경비 책정을 바로잡고자 추진된 것이라 할 수 있다.[50]

조선의 문물제도는 세종조의 안정된 정국을 바탕으로 정비되기 시작하였다. 세종은 예조·의례상정소·집현전 등으로 하여금 古制를 연구하게 하여 五禮·四禮·制度·施政에 관한 것을 정리케 하였다.[51] 당시 유교정치 이념을

---

48) 각사에서 1년간 수취한 공물과 물자의 경비를 대비하면 거의 3배, 창고에 남아 있는 수를 加算하면 거의 4.9배에 달하고 있다(田川孝三, 앞의 책, p.279). 이 점에서 貢案은 적어도 경비의 3배 이상의 수가 제정되었다고 할 수 있다.

49) 『太祖實錄』 卷5, 3年 正月 辛亥條 : 1-53가 ; 『太宗實錄』 卷18, 9年 7月 壬午條 : 1-497라 ; 『世宗實錄』 卷27, 7年 5月 庚辰條 : 2-669나 ; 『世宗實錄』 卷27, 7年 6月 壬子條 : 2-673다·辛酉條 : 2-675라 ; 『世宗實錄』 卷88, 22年 3月 乙丑條 : 4-277나. 당시 官物을 판매한 각사와 물품으로는 전의감·혜민서의 약재, 와요서의 기와, 귀후소의 棺槨, 교서관의 서적, 사온서의 술 등이 있었다. 태종은 당초 저화 유통책의 일환으로 그 2년부터 관물의 和賣를 행하게 하였는데, 풍저창의 米穀, 사재감의 魚肉, 제용감의 雜物 등이다. 세종 8년 11월에는 각사의 陳米豆·布貨·魚物 등의 和賣를 실시하고, 이듬해 10월 이후에는 풍저창·군자감·내자시·내섬시·인수부로 하여금 각각 매월 陳穀 100석을 방출판매하게 하였다. 저화 유통책이 실패로 돌아간 후에도 官物和賣는 오랫동안 행해졌다(田川孝三, 위의 책, pp.292~293).

50) "戶曹啓 在前各司供用之物 因無定例 或多或少 請定式例 從之"(『世宗實錄』 卷34, 8年 10月 壬午條 : 3-46다).

51) 崔承熙, 1967, 「集賢殿硏究」(上·下) 『歷史學報』 32·33 ; 崔承熙, 1977, 「兩班儒敎政治의 進展」 『한국사』 9 ; 韓亨周, 1992, 「朝鮮 世宗代의 古制硏究에 對한 考察」 『歷史學報』 136.

152

이상에 가깝게 실현시킬 수 있었던 원동력은 집현전에 있었다. 집현전에서의 고제연구는 유교정치의 기본원칙을 설정하기 위한 것이라기보다는 기왕에 설정된 유교이념을 현실정치에 반영시키는 세부적인 문제들을 해결하고자 하는데 더 큰 의의가 있었다.[52] 예컨대 齋를 올리는 의식에 있어 종전에는 大小人員과 僕從 등 천여 명의 군중이 모여서 잡다하게 행하던 것에서 大夫·士·庶人들이 행하는 齋의 等品과 齋에 나올 사람의 수를 정한 것이라든지,[53] 大閱할 때 동원하는 군사수를 정한 것[54]은 국가의례가 정비되어 감에 따라 의식절차도 점차 잡다성에서 벗어나 제도적인 것으로 전환되어 가는 추세를 반영한 것이라 이해된다.

그 중 국가재정은 세종 자신의 발상에 따라 왕실재정뿐만 아니라 각사·각 관의 재정에 적용시켜 이른바 一定限度性을 창시함에 따라 정착되어 갔다. 가령 유우소와 전구서에서 藁草와 연료 柴木을 수납할 때 관원 혼자 관장하는 데서 야기되는 부정을 막기 위하여 이를 감찰에게 위임하여 규찰하게 한다거 나,[55] 사신접대와 講武할 때 민가에서 釜鼎을 조달하던 것에서 벗어나 이를 국가에서 직접 주조하여 각 군현에 나누어주어 민폐를 제거하는 등의 예[56]에서 볼 수 있듯이, 이는 종래 자의적인 수탈방식에서 벗어나 점차 제도화되어 가고 있음을 나타내 주고 있다고 하겠다.

각관의 경우에도 아록전·공수전 소출만으로 1년의 경비가 부족하게 되면 으레 내왕하는 관원의 접대를 邑吏에게 위임시켜 음식을 준비하거나, 鹽貨를

52) 崔承熙, 1967, 위의 논문 참조.
53) 『世宗實錄』 卷9, 2年 8月 戊午條 : 2-393가.
54) 『世宗實錄』 卷65, 16年 10月 辛亥條 : 3-593나.
55) "司憲府啓 乳牛所及典廐署 藁草·炊料·柴木收納 其司官員獨掌之 多有泛濫 弊及於民 請自今委監察糾察 從之"(『世宗實錄』 卷27, 7年 正月 乙酉條 : 2-648가).
56) "京畿監司啓 使臣支應及春秋講武時 因無公家釜鼎 不得已取於民戶 就令駄運 其弊 不小 請罷留後司·演福寺鐵鑊二 鑄成釜鼎 分與各官·各站收藏 臨時用之 以除民弊 從之"(『世宗實錄』 卷27, 7年 正月 丙戌條 : 2-648나).

강제로 민간에게 방매 또는 미두를 국고에서 차대하여 충당하던 것에서
屯田으로 이를 보충케 하는 등 자의적인 수취는 점차 지양되어 갔다.[57]
　진상물을 수취하는데도 처음에는 일정한 제도가 없었다. 태종 4년(1404)
9월 前監務 朴甸의 陳言에 의하면, 諸州에 진상물을 분정하는데 있어 진상책
임자인 감사의 임의에 맡겨져 있었기 때문에 농사철에도 사냥을 자행함으로
인해 농사를 방해함은 물론 민폐를 야기하였다.

　　각도의 四時進膳은 폐지할 수 없습니다. 그러나 감사가 임의로 다소의
　　수를 정하여 諸州에 분정하는데, 만약 乾獐·乾鹿·丁香脯·生肉 등을 독촉하
　　여 輸納하도록 한다면, 비록 농사달이라 하더라도 사냥을 자행하여 농사를
　　방해하고 민을 해칩니다. 그러므로 지난번에 牒文을 내려 減除하여 그
　　폐단을 덜었습니다. 근자에 이러한 폐단이 다시 일어나 민이 매우 고통스러
　　워합니다. 원컨대 이제부터 각도의 遠近을 참작하여 한달에 바치는 度數와
　　物의 多少를 공물의 예에 따라 정하여 常式으로 나타내고, 시기에 따라
　　상납하게 하여 민력을 쉬게 하소서(『태종실록』 권8, 4년 9월 정사조 : 1-307
　　라~8가).

　국가는 이러한 폐단을 해결하기 위해 각도의 원근을 참작하여 한달에
바치는 度數와 物의 다소를 공물의 예에 따르도록 하였다. 그후 세종 원년
(1419)에 官進上의 시기 및 도수를 제정하였는데, 관찰사 및 각도 병마·수군
절제사 등 문무장관 중 13官은 매월 망전·망후 2회, 6官은 매월 망전 혹은
망후 1회, 2官은 隔月마다 망전 혹은 망후 1회로, 進膳은 망전·망후 월
2회로, 遠道의 병·수영은 월 1회로 하였다.[58]
　공물수취에서도 역시 자의적인 수탈에서 벗어나 점차 제도화되어 갔다.
이러한 사실은 세종 6년(1424) 경상우도 병마사가 병영에서 납부해야 할

---

57) 『世宗實錄』卷26, 6年 10月 丁未條 : 2-626다라.
58) 『世宗實錄』卷6, 元年 12月 辛卯條 : 2-356가나.

154

皮脯를 마련하기 위해 군마와 역마를 동원시켜 사냥할 때에 그들이 머무는 각관에서는 임시로 수십 칸의 초가를 지을 뿐만 아니라 접대하는 폐단이 심화되어 가자, 이 같은 관행에서 탈피하고자 하여 그 兵營貢案의 皮脯 숫자에 따라 병마사의 사냥하는 기간과 군마의 다소를 정하게 한 것이라든 지,[59] 세종 7년(1425) 평안도와 함길도에서 상의원에 매년 상납하는 초서피 의 수량이 정해져 있지 않았기 때문에 민에게 불편한 점이 많다고 하여 1년 동안 나라에 쓰이는 원 숫자와 두 도에서 생산되는 수의 다소를 참작하여 액수를 정하게 한 것[60]에서 확인된다.

2) 세종대 경비식례의 제정과 국가재정 운영

조선초기 중앙각사의 재정은 지방 군현에서의 공물수취, 국가에서 지급받은 각사위전의 분급 등을 재원으로 삼아 이를 독자적으로 관리·지출하는 경비자판의 원칙 아래 운영하였다.[61]

군현에서 수취한 공물은 각사에서 소요되는 경비를 헤아려 책정한 것이기 때문에 홍수·한발 등의 자연재해로 인해 흉황을 당하더라도 전세와는 달리 減損되지 않는 일정부동의 성격을 지니고 있었다.[62]

각사위전은 주로 供上기관에 소속되어 있는 토지로 각지에 산재해 있었는데,[63] 소속된 토지 외 그 자체 운영에 충당하는 공해전을 별도로 절수하였

---

59) 『世宗實錄』 卷26, 6年 10月 丁未條 : 2-626다라.
60) 『世宗實錄』 卷29, 7年 8月 癸巳條 : 2-690다라.
61) 田川孝三, 앞의 책, pp.27~33 및 吳定燮, 1992, 「高麗末·朝鮮初 各司位田을 통해서 본 국가재정」『韓國史論』 27.
62) 제Ⅱ장. 3.공납제의 성격 참조.
63) 각사위전을 분급받은 것으로 확인되는 관청으로는 軍資監·廣興倉·豊儲倉·內資寺· 內瞻寺·承寧府·恭安府·敬承府·仁壽府·仁順府·供正庫(導官署·司導寺)·尙衣院·濟 用監·奉常寺·禮賓寺·養賢庫·軍器監·義盈庫·繕工監·沈藏庫·戶曹·工曹 등을 들 수 있다(吳定燮, 앞의 논문, p.165).

다.64) 각사위전은 민전 위에 설정된 국가수조지65)로서 그 중 內資位田의
경우는 비옥한 전지 위에 수조지를 설정한 경우도 있었지만,66) 모두 그렇다
고 볼 수는 없다.

전세는 고려말 전제개혁 이래 1/10租에 따라 1결당 30斗라는 세액을
법제화하기는 하였지만, 당시의 농업생산력 아래서는 해마다 농사의 작황에
따라 이를 다시 조절해야만 했다.67) 즉 전세는 踏驗損實에 의해서 결정되었
기 때문에 흉년이 들어 작황의 災損이 발생할 시에는 조세의 감면이 불가피함
으로 풍흉에 따라 歲收의 증감이 매년 다를 수밖에 없었다. 각사위전의
답험은 각사의 관원들이 해당 전지에 대해 직접 담당하였고, 처음에 전세는
각 지방에서 개별적으로 중앙각사에 상납하였다.68) 그런데 흉년으로 인해
각사에 供上하는 전세가 원래의 수량에 차지 못할 때는 1년간의 지출과
조달을 군자감에서 빌려와 충당함으로서 軍需는 날로 줄어들었다.69)

이러한 문제에 대해 세종은 一代의 제도를 수립하기 위한 시책의 하나로
이전부터 그가 구상해 온 貢法을 시행하고자 동왕 9년(1427) 3월 인정전에서
실시된 문과에서 "田制는 해마다 朝臣을 뽑아서 諸道에 나누어 보내어
損實을 踏驗하여 그 적중함을 얻기를 기하였는데, 간혹 使者로 간 사람이
왕의 뜻에 부합하지 않고 손실을 답험하는 일도 감정 여하에 따라 올리고
내림이 그들 손에 달리게 되면 백성이 그 해를 입을 것이니, 공법을 사용하여
좋지 못한 것을 고치려고 한다면 그 방법은 어떻게 해야 하겠는가"라는

---

64) 『太宗實錄』 卷6, 3年 閏11月 壬申條 : 1-286라.

65) 이에 대해서는 金泰永, 1982, 「科田法體制下의 收租權的 土地支配關係의 변천」
   『慶熙史學』 9·10 ; 金泰永, 1983, 『朝鮮前期土地制度史硏究』 참조.

66) "都承旨辛引孫曰……以忠州一邑言之 內資位田 本擇膏腴之地 而旱田一百五十六結
   實四結 水田一百四十七結 實十四結 過輕甚矣"(『世宗實錄』 卷70, 17年 12月 甲寅
   條 : 3-661다).

67) 金泰永, 1983, 「科田法上의 踏驗損實과 收租」, 앞의 책, pp.253~262.

68) 吳定燮, 앞의 논문, pp.48~49.

69) 『世宗實錄』 卷66, 16年 12月 乙卯條 : 3-604라.

156

문제를 策問으로 출제하여 試問하기도 하였다.[70]

　세종 9년(1427)에 시작된 이에 대한 논의는 동왕 10년(1428)부터 집현전 학사들로 하여금 연구케 하였고,[71] 동왕 12년(1430) 8월에는 중앙관료, 지방수령으로부터 8도의 品官과 村民에 이르기까지 약 16만 명의 여론을 조사하였다.[72] 동왕 20년(1438) 7월에 이르러 경상·전라도의 일부 지역에서 공법이 실시되었지만, 전면적으로 실시되기까지는 여러 차례의 시행착오와 개정을 거친 끝에 동왕 26년(1444) 11월에 이르러 확정되었다. 전분6등과 연분9등에 의거한 새로운 收稅法인 공법의 제정은 대세상 휴한농법의 극복 이라는 농업생산력의 일정한 발전을 전제하고 종래의 인적 자의적 수세관계 를 보다 제도적인 수취관계로 전환시킨 일종의 定額稅法이었다.[73]

　그런데 당시 각사의 경비는 세입·세출의 합리적인 체계가 마련되어 있지 않아 토지의 분급에서부터 수취·지출에 이르기까지 많은 문제점을 안고 있었다. 이러한 폐단을 시정하고자 國用田制로의 통합운영은 진작부터 요청되고 있었다.[74] 세종 27년(1445) 7월 의정부에서 호조의 牒呈한 田制를 고쳐 詳定할 일과 개혁할 조건을 심사하여 아뢰었는데, 그 내용은 다음과

---

70) 『世宗實錄』 卷35, 9年 3月 甲辰條 : 3-65가.
71) 집현전 학사들은 공법의 실시와 밀접한 관계가 있는 것으로 짐작된다. 이는 세종이
　　공법을 실시하는 방안을 물었던 重試에서 정인지를 비롯하여 7명의 집현전학사가
　　급제한 점에서 볼 때, 古制연구를 담당하였던 집현전의 기능과도 무관하지 않는
　　것으로 보인다(鄭杜熙, 1983, 『朝鮮初期 政治支配勢力硏究』, p.138).
72) 朴時亨, 1941, 「李朝田稅制度의 成立過程」 『震檀學報』 14, pp.106~110 ; 李淑京,
　　1987, 「朝鮮 世宗朝 貢法制定에 대한 贊反論의 검토」 『高麗末·朝鮮初 土地制度史의
　　諸問題』, pp.126~127.
73) 金泰永, 「朝鮮前期 貢法의 성립과 그 전개」, 앞의 책 참조.
74) 이와 관련 있는 연구는 다음과 같다.
　　千寬宇, 1979, 「科田法과 그 崩壞-朝鮮初期 土地制度 一斑」 『近世朝鮮史硏究』 ; 朴
　　定子, 1971·1972, 「朝鮮初期 公田-民田의 財政節次에 대하여-」 『淑大史論』 6·7 ;
　　金泰永, 1983, 「科田法체제에서의 收租權의 土地支配關係의 변천」, 앞의 책 ; 吳定
　　燮, 앞의 논문 ; 李章雨, 1988, 「朝鮮初期 軍資田에 대한 一考察」 『歷史學報』 118 ; 李
　　章雨, 1992, 「朝鮮初期의 國用田」 『震檀學報』 73.

같다.

　이전에는 각도의 전지를 京中各司位田과 外軍資位田으로 分屬하여 恒貢의 數에 충당하였으나 해마다 損實이 같지 않기 때문에 그 부족한 것을 外軍資로 推移하여 보충하였습니다. 이 때문에 계산이 매우 번잡하며, 비록 공법으로 계산해도 역시 번잡하기는 마찬가지입니다. 지금부터 州郡의 驛館·公廨·公須 등 位田 이외 京中의 兩倉(풍저창·광흥창)과 각사위전을 모두 없애고 國用田이라 칭하고, 각관의 수령이 경중각사에 납부하는 일정한 수를 계산하여 민호에 분정하여 輸納하게 하며, 그 나머지는 모두 그 官의 國庫에 들이게 하면 계산이 편리할 뿐만 아니라 민간이 납부하는 米穀·蜜蠟·布貨의 어렵고 쉬운 것과 고되고 헐한 것이 공평을 기할 수 있을 것입니다(『세종실록』 권109, 27년 7월 을유조 : 4-624다).

국용전제 시행 이전에는 전국의 토지가 경중각사위전과 외군자위전으로 분속되어 있어 해마다 풍흉에 따라 전세수납의 양에 차이가 생겨 경중각사에서는 그 세입이 부족할 경우 으레 外軍資에서 빌려서 충당하였다. 그런데 각사위전제의 형태는 각사 개별적으로 운영되어 지출에 관한 사무가 번잡하였을 뿐만 아니라 이번에 새로 설정된 공법으로 계산해도 번잡하기는 마찬가지였다. 그리하여 州郡의 驛田·衙祿田·公須田을 제외한 京中의 豊儲倉·廣興倉位田과 各司位田을 모두 혁파하고 이를 國用田으로 귀속시켰던 것이다.[75]

---

75) 이장우는 세종 27년 7월 전제개혁에서 고려말 전제개혁 이래 개별적으로 운영되어 오던 豊儲倉位田·廣興倉位田·京中各司位田을 통합시켜서 그 출납 운영을 일원화시켰다고 한다. 고려말 전제개혁 이래 개별적으로 운영되어온 근거로 다음의 기사를 들고 있다. "命議政府議司諫院上䟽 䟽曰 竊謂國家之用 自有常度 財賦之入 未可增損 然道途之遠近輸納之難易 其弊不可不察 慶尙一道 去京千里 其輸納之難 非他道比 況今一切財賦 並令陸轉 跋涉艱險 牛馬僵仆 民甚苦之 弊之巨者 莫此若也 豊儲·廣興米布之入 已有定額 無復可議 若內資·內瞻·禮賓寺等各司所納 則一年之用 布常多而米常少 每當市索貿易之際 皆以米給其直 豈若其初之以布 便於輸納之爲愈也 伏望殿下 令攸司計上項各司一年經費米布之數 除油淸·燭蜜各項田畓外 一皆

그리고 외방 각관에서는 중앙각사에 납부하는 일정한 수를 계산해 민호에 분정하여 輸納하게 하고, 나머지는 모두 그 官의 國庫에 납입하게 한다는 것이다. 이렇게 하면 계산이 편리할 뿐만 아니라 민간에서 납부하던 미곡·밀랍·포화의 어렵고 쉬운 것과 고되고 헐한 것이 거의 균평해진다는 것이다.

국용전제 시행의 직접적인 이유는 종래 지방 각관에서 경중각사에 납부하던 일정한 수를 민호에 분정하여 輸納하게 하고, 나머지는 지방관아의 국고에 들이게 하면 계산이 편리할 뿐만 아니라 민간의 미곡·밀랍·포화의 어렵고 쉬운 것과 고되고 헐한 것 역시 공평을 기할 수 있다는 취지에서 시행된 것이었다. 그 결과 종래 각사가 독자적으로 수조함에 따라 농민의 수납 물종 자체까지 난립되어 오던 번거로운 수취체제를 지양하고 토지 일반을 더욱 보편적인 국가수조지로 편성함으로써 국가재정의 일원화를 실현하게 됨은 물론 그에 따라 농민의 수납에서도 이제 크나큰 편의가 실현되기에 이르렀다.[76)]

국용전제의 시행은 국가재정의 운영을 일원화하여 재정출납에 있어 계산의 간편과 국가권력을 대행하고 있던 중간 수탈자의 농간을 배제하고 국가가 민인을 직접 상대하는 형태로 전환하여 민의 부담을 균평하게 하는데도 있었지만, 새로운 수세법인 공법의 확정에 따라 재정운영의 일원화가 가능해졌다는 사실이 내재되어 있었다. 중앙각사의 세입·세출이 호조로 일원화하기에 이른 근저에는 고려말 조선초 이래 농업생산력의 발전과 그에 따른

收布 以便民生 以便國用"(『太宗實錄』 卷8, 4年 9月 癸丑條 : 1-305라~6가). 그는 위의 기사에서 國用은 풍저창위전·광흥창위전·경중각사위전의 용도를 가리키며, 국용전을 풍저창위전·광흥창위전·경중각사위전을 합칭한 것이라 하였다(李章雨, 1992, 위의 논문, pp.25~26). 그런데 "令攸司 計上項各司一年經費米布之數 除油淸·燭蜜各項田畓外 一皆收布 以便民生 以便國用"이라 한 기사에서 국용은 풍저창위전·광흥창위전·경중각사위전의 용도를 포함하여 내자시·내섬시·예빈시에서 제사·빈객에 쓰이는 경비 모두를 가리킨다고 보는 것이 타당하다고 생각된다.

76) 국용전제 시행에 대해서는 金泰永, 「科田法體制에서의 收租權的 土地支配關係의 變遷」에 의거함.

상공업의 발전이라는 사회경제상의 변화에 있었다.[77]

국용전제가 시행된 다음해인 세종 28년(1446) 정월 의정부에서는 각사잡물의 출납에 관하여 호조의 보고를 기초로 하여 다음과 같이 받들어 올리고 있다.

"지난 경신년(세종 22년, 1440) 5월 일의 사헌부의 受敎에 '각관공안에 수록되어 있는 각사에 輸納하는 잡물은 모두 민간으로부터 나왔으니 마땅히 절약해야 될 것입니다. 이전에는 식례가 없는 각사가 자못 많아 여러 가지 供用하는 物을 다만 匠人의 말만 듣고 일시에 造作한 數를 전례라고 하여 인습에 따라 모방하게 되니, 식례가 비록 있더라도 같은 모양으로 제조한 법식이 혹은 많기도 하고 혹은 적기도 하여 이에 사용되는 수가 각사에 따라 같지 않습니다. 1건의 조작하는 비용이 2, 3건보다 배나 되고, 본국에서 나지 않는 金·銀·朱紅까지도 또한 모두 과다하게 지출하여 쓰게 되어, 국용이 넉넉지 못할 뿐만 아니라 아마 장래에도 잇대어 나가기가 어려울 것이니, 식례의 유무를 막론하고 일체 고쳐서 詳定하여 시행하라'고 하였습니다. 계해년(세종 25년, 1443) 12월 일의 의정부의 수교에는 '지금 식례를 詳定한 각사 중에 일지출[日支]·월지출[月支]·연지출[歲支]과 무시로 연속적으로 造作한 物色 외에 오랜 시일이 지난 供用物은 시험하지 말게 하고, 先王·先后의 眞前 奠物과 진상하는 饌俱 및 大小宴享에 쓰이는 잡물과 酒米가 만약 남는 수량이 없으면 혹시 더러움을 범하더라도 번갈아 排設하는 폐단이 없지 않을 것이니, 모두 이전의 식례 그대로 하라'고 하였습니다. 삼가 이것을 봉상·예빈·내자·내섬시 등의 각사에서 관장하는 油蜜果와 모든 饌物에 관계되는 것을 제외하고는 모두 예전대로 시행하고, 그 나머지 각사의 잡물은 호조에서 提調와 함께 의논하여 5房으로 나누어 이를 관장하고, 전일의 식례가 없는 잡물은 그대로 근거로 삼고, 식례가 없는 물건은 전일에 쓴 수량을 참고하여 시험하였습니다.……물건마다

---

77) 安秉佑, 1989, 「高麗末·朝鮮初의 公廨田－財政의 運營·構造와 관련하여－」『國史館論叢』 5, p.84.

160

시험하여 供用하는 수량을 참작하여 결정하고, 또 1分의 여유를 더 두어
결손되는 자료에 대비하고, 일이 있을 때마다 의정부에 보고·신문하여
왕의 허락을 받아 案籍을 만들게 하되 무릇 43사의 각사마다 각기 3건을
만들어 1건은 본조에, 1건은 架閣庫에, 1건은 각기 그 관사에 보관하여
永世의 출납하는 法式으로 삼게 하고, 또 시험하지 않은 오랜 시일을 경과한
물건은 혹시 후일에 改造한다면 그 관사로 하여금 본조에 보고하게 하고,
본조에서는 또한 낭청 1員으로 하여금 상항의 예에 의거하여 시험한 形止案
을 續錄하게 하소서." 하니, 임금이 그대로 따랐다(『세종실록』 권111, 28년
정월 정해조 : 4-651나다).

세종 8년(1426)에 일부 각사의 經費式例가 제정되어 있었지만,78) 경비식
례가 제정되어 있지 않는 각사에서는 供用製造에 쓰이는 諸物을 합당한
기준에 따라 지출한 것이 아니라 단지 장인의 말만 듣고 지출하였기 때문에
동일한 물자라 하더라도 각사마다 비용을 달리하여 때로는 수배의 차이가
발생하였다는 것이다. 이와 같이 경비식례가 없는 각사의 경우 지출이
일정하지 않자 세종 22년(1440) 5월에 이르러 이전에 제정된 식례의 유무를
막론하고 일체 고쳐서 詳正하여 시행하라 하였다. 동왕 25년(1443) 12월에는
식례를 상정한 각사 내에 일지출[日支]·월지출[月支]·연지출[歲支]과 무시
로 연속적으로 제조한 물건, 先王·先后의 眞前 奠物과 진상하는 饌俱 및
大小宴享에 需用되는 雜物과 酒米, 봉상시·예빈시·내섬시가 관장하는 油·
蜜·菓와 饌物에 관계되는 것을 제외하고는 모두 종전의 식례에 따르도록
하되, 식례가 없는 각사는 전일에 사용한 잡물제작경비의 수량을 참고·시험
하여 식례를 제정케 하였다. 이를 바탕으로 국용전제가 시행된 다음해인
세종 28년(1446) 정월에 이르러 각사의 공용물은 물건마다 시험하여 수량을
참작 결정하고, 또 1푼의 여유를 더 두어 결손나는 자료는 예비로 1푼을

---

78) "戶曹啓 在前各司供用之物 因無式例 或多或少 請定式例從之"(『世宗實錄』 卷34,
　　8年 10月 壬午條 : 3-46다).

가하여 각사·호조 및 가각고에 각각 나누어 보관케 하여 영구히 출납의
規式으로 삼게 하였다.

당시 경비식례는 모든 관사를 대상으로 한 것이 아니라 재정지출과
관련이 있는 43사 만을 대상으로 한 것이었다.[79] 그리고 각사에서 사용하는
모든 경비를 대상으로 한 것이 아니라 供用造作之物만을 대상으로 한 것이었
다. 그럼에도 불구하고 각사의 경비식례 제정은 향후 횡간의 바탕이 되었다
는 점에서 큰 의미를 갖는다고 하겠다.

세종대에 일부 각사의 경비식례 제정을 비롯하여 적극적인 수입증대
정책은 괄목할 만한 성과를 거두었지만, 문종·단종을 거쳐 세조초에 이르러
국가의 재정 지출이 급증하여 국고의 위축을 가져왔다. 이것은 문종·단종대
의 왕권의 약화를 틈탄 납세자의 탈세증가와 세조가 비상수단으로 정권을
장악하는 과정에서 협력한 세력에게 功臣田과 賜田을 지급한 데서 비롯되었
다.[80] 특히 佛寺의 營建에 필요한 물자와 사원의 경비를 마련하기 위한
방법으로 引納·別貢加定 등은 거의 통례처럼 행해졌다.[81]

---

79) 세종 21년 5월 각사노비추쇄색 계문에 "凡一百二十四司 見推奴婢二十一萬万數千
口"(『世宗實錄』 卷85, 21年 5月 己未條 : 4-213다)라 한 것으로 보아 당시의 아문은
적어도 124司 이상에 달하였다고 생각된다.

80) 세조의 집권 과정과 즉위 후에 靖難·佐翼·敵愾功臣들에게 지급한 토지결수는
15,360결에 달하였다(韓永愚, 앞의 책, p.91).

81) "臣等 詮聞以佛之故 而各司所需之物 蕩盡無遺 必將引納乎民矣[預輸來歲之貢 俗稱
引納] 當卽政之初 崇信異端 而傷財害民 德澤不降于下 則臣等恐民望缺矣"(『文宗實
錄』 卷1, 卽位年 3月 乙巳條 : 6-218가).

3. 식례횡간 제정 이후의 재정운영

1) 세조 · 성종대의 국가재정 운영

세종대에 일부 중앙각사에 정해졌던 경비식례를 다시금 추진한 국왕은
세조였다. 세조는 8도에 諭書를 내려 貢稅·常徭·軍役 및 임시로 受敎하여
行文移牒한 일 외에 수령이 公事를 빙자하여 백성을 궁핍하게 하는 일은
일절 금단하였으나, 수령은 공사를 빙자하여 횡탈하는 것이 예사였다.[82]
수령의 이러한 행위를 근절시키기 위해 8도관찰사에게 백성을 깨우치는
敎諭를 邑門에 榜示하게 하였고, 속히 이를 간행하여 사면 경내의 일반인에
게 주지시키도록 명하였다.[83]

세조의 개혁은 강력한 왕권을 바탕으로 제도 전체 차원에서 통일성을

---

82) 세조는 당시 수령이 公事를 빙자하여 민을 침해한 예로 "모든 差役에 있어 富强한
   자는 免放하고 貧弱한 자는 침노하고 독촉하는 것, 진상·공물 및 일반 例에 의해
   科하는 물건을 倍數나 되게 分定하고 남는 것을 함부로 쓰는 것, 임의로 백성을
   모아 營造하여 폐해를 끼치는 것, 죄가 輕重이 없이 한때의 노함으로 項鎖·手鎖하여
   옥에 오래 가두어 혹 생명을 잃는 데에 이르러도 원통하고 억울한 것을 펼 수
   없고 家僮을 가두되 3일에 한하지 않고 걸핏하면 旬月을 끌어 産業을 탕진하는
   것, 反同[혹 魚鹽·雜物 같은 것으로 나누어 계산하여 거두는 것 혹은 布貨를 주고
   이자를 받는 것을 時俗에서 모두 번동이라 한다]이라 칭하여 혹독한 아전을 시켜
   사방으로 村落에 보내어 일체 징수하는 것, 商賈와 연결하여 공물을 방납하고
   高價로 거두어 주는 것, 屯田을 광점하여 농민을 역사시켜 갈고 심어 수확하는
   것, 匠人을 가만히 불러 器玩을 많이 만들어서 서로 가까운 邑에 증여하는 것,
   백성들의 재물을 심하게 착취하여 공공연하게 賄賂를 행하는 것, 官物을 제 것같이
   보아서 遞任할 때에 미쳐 남김없이 써버리고 新官이 와서 또 백성에게 독촉하여
   營辦하는 것, 使客을 접대하느라고 백성에게 거두어 닭·과실·파·마늘 심지어 바가
   지·병 등속까지 이르지 않는 것이 없는 것, 사객에게 명예를 요구하여 뜻을 아첨하여
   屈從해서 민폐를 생각하지 않고 명주[紬綿]·비단[段絹]·쌀·콩 같은 것으로 宴幣라
   칭하여 사사로이 대동한 기생에게 주어 법 아닌 일을 감행하는 것, 교활한 아전이
   법을 농간하여 침탈을 자행하여도 禁制하지 못하는 것"(『世祖實錄』 卷5, 2年 11月
   己丑條 : 7-158가) 따위를 들고 있다.
83) 『世祖實錄』 卷6, 2年 11月 己丑條 : 7-158가나.

높이려는 방향으로 추진되었다.[84] 세조 2년(1456) 10월 호조에 내린 교지에
서 호조와 상정소로 하여금 세종조에 제정된 일부 각사의 경비식례를 궁궐에
서부터 제읍에 이르기까지 확대 제정할 것을 명하였다.

　내가 즉위한 이래로 검약하는 것에 힘쓰고 높이어 詳定所를 설치하여
　용도를 처리하게 하였으니, 有司가 생각하기를 '위에 속한 일을 지나치게
　검약할 수 없고 대신의 供億을 또한 가벼이 減할 수 없다'고 한다면 이것은
　크게 잘못된 것이다.……호조는 속히 상정소와 함께 의논하여 궐내로부터
　諸邑에 이르기까지 일체의 경비를 빠짐없이 規式을 정하여 우리 백성으로
　하여금 전세·공부·군역 외에는 하나도 간여하는 것이 없이 온전히 생업을
　다스리게 하라(『세조실록』 권5, 2년 10월 병인조 : 7-155나).

여기서 주목되는 것은 전세뿐만 아니라 공납·군역 등에 대한 經費定式의
查定 실시가 점차 고정화·일정화 방향으로 전개되어 가고 있다는 점이다.
또한 석전제와 둑제의 飮福宴 비용을 같은 액수로 정한 것이라든지,[85]
文廟 석전제 때 奠物을 陳設하는데 있어 중앙과 지방에서 同樣의 제도로
한 것에 따라 그 경비를 규정한 것[86]도 국가의례 시에 소요되는 국가의
경비가 일정화 방향으로 전개되어 가고 있음을 나타내고 있다.
나아가 세조는 곡물의 손실을 방지하기 위해 新·舊物을 분간하여 저장하
도록 제도화하였다. 당시 경외의 국고가 튼튼하지 못하여 물이 새어 습기가

---

84) 南智大, 앞의 논문, p.29.
85) "詳定所據戶曹關啓 文宣王釋奠祭 飮福酒米五石五斗 而纛祭飮福酒米則七石 自今釋
　　奠祭及纛祭飮福酒米 並以七石定式 從之"(『世祖實錄』 卷21, 6年 8月 乙卯條 : 7-412
　　다라).
86) "詳定所啓……今文廟文宣王及配位神位 並於椅上奏奉安 從祀神位於高足長床奉安
　　朔望祭則用卓子設奠物 釋奠祭時 奠物多而卓子小 故用席鋪地而設 東西廡神位 亦於
　　高足床奉安 釋奠祭時 席地設饌 神位高而奠物卑 正是古人所譏 匍匐就祭 甚爲未安
　　請自今各位奠物 並用卓子而設 除鋪席 從之"(『世祖實錄』 卷23, 7年 2月 甲戌條 :
　　7-446다).

164

차거나 곳간이 좁아 중앙각사의 관리들이 신곡과 구곡을 구분하지 않고
저장함으로 인해 米粟이 오래되지 않았는데도 구곡은 묵어서 썩게 되어
버리고 신곡만 사용하는 실정이었다. 이에 대해 세조는 신·구곡이 섞여
저장되어 오던 것을 분간 저장하도록 하였고, 다만 祭享進上 이외의 지출은
옛것을 사용하고 새것은 비축하도록 하였다.[87] 또한 신구수령의 교대 시에
당상관 수령에게도 공물의 納·未納의 解由를 제도화하였다.[88]

한편 국가의 경비를 절감시키기 위해 관제개혁을 통해 불필요한 각사의
冗官을 도태시키기도 하였다.[89] 특히 경비남용의 폐단을 방지하기 위해
內外의 경비 용도의 수량을 詳定케 하였다.[90]

세조는 관리들의 물품 낭비에 대해 철저히 점검하여 적발하게 하였다.
세조는 그의 7년(1461) 9월 도승지 김종순을 불러 이르기를, "세종조에는
黃蠟의 쓰이는 곳이 매우 많았으나 남는 것이 있었는데, 지금은 쓰이는
곳이 줄었는데도 도리어 부족한 것은 반드시 관리들이 함부로 썼기 때문이
다"라고 한 뒤에 의금부로 하여금 의영고 관리를 잡아오게 하여 계양군
增·영천군 尹師路·호조판서 曹錫文·의금부제조 金淳·병조참판 金國光 등
에게 명하여 이를 국문하게 하였고, 또 내관 등을 의영고·공조·제용감·내자
시·내섬시·인순부·인수부·예빈시·장흥고·풍저창에 보내어 금년에 쓴 重記
를 가져 오게 하여 동년 5월에 쓴 황납의 수량을 상고한 결과 두세 냥이
부족하였다.[91] 세조는 이러한 원인은 바로 경비식례가 없기 때문에 관리들
이 임의로 경비를 남용하였기 때문이라 간주하여 이에 대해 엄하게 징계할

---

87) 『世祖實錄』 卷7, 3年 4月 己亥條 : 7-192가나.
88) 『世祖實錄』 卷24, 7年 4月 丁酉條 : 7-461가.
89) 당시 상림원에서만 管司 5인, 副菅司 3인, 典事 9인, 副典事 10인, 給事 29인,
　　副給事 34인의 冗官을 도태시켰다(『世祖實錄』 卷8, 3年 7月 癸酉條 : 7-209라~210
　　가).
90) 『世祖實錄』 卷2, 元年 11月 辛卯條 : 7-98가.
91) 『世祖實錄』 卷25, 7年 9月 甲寅條 : 7-486나다.

것을 천명하였다.

경비회계를 위한 작업의 일환으로 諸司의 관리들이 전곡을 출납할 때에는 반드시 각사마다 重記 2건을 작성하여 1건은 각사에서 보관하였고, 다른 하나는 諸司에서 10일마다 봉하여 호조에 보내어 會計에 대조하는 자료로 삼게 하였다.92) 중기의 기록은 출납명령서에 따랐고, 호조에서는 발행한 출납명령서의 원본에 의하여 장부에 기록하게 하여 중기와 호조의 치부문서를 항상 일치하도록 하였다.93) 이는 모든 각사에서 전곡출납을 관장하는 吏奴들이 자의로 증감하는 姦僞를 방지하려는데 있었다. 그리하여 제사의 잡물 출납명령서에는 承政院帖字와 戶曹關字를 막론하고 반드시 3인의 관원이 서명하도록 하였다.94)

중앙각사의 경비용도 규제를 확립시키기 위해서는 무엇보다도 우선 그 관사에서 1년 동안 소요되는 물량과 수입을 정확히 파악할 필요가 있었다. 경비남용의 방지와 경비출납에서 철저를 기하고, 경비계산을 담당하는 算學重監의 태만 및 부정을 방지하기 위해 이를 좌우로 나누어 京外의 회계를 서로 校正하게 한 것95)도 이러한 시책의 일환이었다. 세조 7년(1461) 7월에는 度支使를 설치하여 호조판서 조석문으로 하여금 中外度支使를 총괄케 하였다.96) 탁지사의 임무가 무엇이었는지는 확실하지 않지만, 아마 당시 현안문제였던 중외의 식례횡간을 제정하는 사업을 총괄하는 것이 아닌가 생각된다.

식례횡간의 제정은 제사의 관리들이 잡물을 지출할 때 단지 承政院帖字만을 상고함에 따라 발생하는 외람된 폐단을 제거하고 경비의 남용을 방지하려

---

92) 『世祖實錄』卷27, 8年 2月 丙寅條 : 7-511가.

93) 尹根鎬, 1975, 「朝鮮王朝 會計制度 研究」 『東洋學』 5, p.542.

94) "傳于戶曹曰 自今諸司雜物 出納帖字關字 備三員成置 以爲恒式"(『世祖實錄』卷30, 9年 4月 甲申條 : 7-572라).

95) 『世祖實錄』卷21, 6年 7月 壬寅條 : 7-409나.

96) 『世祖實錄』卷25, 7年 7月 庚戌條 : 7-474가.

는 데에 있었다.97) 세조는 하성위 鄭顯祖·호조판서 曹錫文·병조참판 金國光
으로 하여금 경비를 상정하게 하였으나,98) 상정소에서 식례횡간이 완성되지
않자 영순군 溥와 정현조에게 연일 궁궐에 장번 숙직케 하여 그 업무를
독려하였다.99) 또한 세조는 횡간 작성을 위해 친히 예산 규모를 내려주기도
하였고,100) 직접 교정을 가한 적도 한 두번이 아니었다.101) 당시 업무의
遲晚, 算定校正의 착오로 인해 처벌을 받거나 혹은 파면된 자가 수십 명에
달할 정도였다.102) 세조의 열성적인 노력으로 마침내 동왕 10년(1464) 정월
에 횡간이 일단 완성되었다.103) 횡간의 제정은 지금까지 일정한 지출계획표
없이 관례에 따라 경비를 지출하던 것에서 벗어나 지출예산표에 따른 일정한
항식에 따라 경비를 지출하게 되었다는 점에서 큰 의미를 갖는다고 하겠
다.104)

　　당시 식례횡간의 詳定·校正에는 다수의 관리가 동원되었는데,105) 이에

---

97) "領事曹錫文啓曰 國朝舊制 凡支用雜物 諸司只考承政院帖字 不無猥濫之弊 世祖欲
　　革其弊 命定橫看式例"(『成宗實錄』 卷44, 5年 閏6月 己酉條 : 9-124나).

98) 『世祖實錄』 卷31, 9年 9月 辛巳條 : 7-588라.

99) 『世祖實錄』 卷31, 9年 11月 丙子條 : 7-594라.

100) 『世祖實錄』 卷31, 9年 12月 乙巳條 : 7-598나.

101) 『世祖實錄』 卷32, 10年 正月 庚辰條 : 7-606라 ; 같은 책 卷33, 10年 5月 癸丑條 :
　　7-623다라·6月 己酉條 : 7-632라·7月 辛酉條 : 7-635나 ; 같은 책 卷34, 10年 8月
　　甲申條 : 7-643라 ; 같은 책 卷35, 11年 2月 壬辰條 : 7-673가.

102) 『世祖實錄』 卷31, 9年 11月 丙子條 : 7-594라·12月 壬寅條 : 7-598가 ; 『世祖實錄』
　　卷33, 10年 5月 己未條 : 7-624나·6月 己酉條 : 7-632라·庚戌條 : 7-633가·7月 甲寅
　　條 : 7-633라.

103) 이는 세조 10년(1464) 1월 호조에 내린 傳旨에 "凡經費 用新定式例"(『世祖實錄』
　　卷32, 10年 正月 壬戌條 : 7-600라)라 한 것으로 보아 이때 橫看이 완성되었다고
　　이해된다.

104) "承政院奉旨 馳書于京畿·忠淸道觀察使曰 行幸支應雜物 已於橫看詳定 詳定外 一物
　　不得濫備 道路·橋梁·宮室 亦勿修茸 如或不然 罪宣不赦"(『世祖實錄』 卷36, 11年
　　7月 己巳條 : 7-695나).

105) 호조판서 曹錫文·金國光·참판 安哲孫·도승지 盧思愼 등은 詳定提調官, 輔德 金良璥·
　　行護軍 閔奎·金石梯·行護軍 李石山·兼判通禮門事 姜允範·訓練副使 鄭永通·戶曹正

깊이 관여한 자는 호조판서 조석문과 김국광이었다. 조석문은 호조에서
아뢴 箚子에 그의 이름만 있으면 살피지 않았다고 할 정도로 세조의 신임을
받았다. 그는 재정에 대한 식견과 세조의 신임을 배경으로 세조 5년(1459)부
터 12년(1466)까지 호조판서를 역임하였고,106) 김국광은 諸司의 橫看을
詳定하는데 推移와 增損이 모두 그의 손에서 나왔다고 할 정도로 법조문에
정통하였다.107) 그런데 조석문·김국광 등에 의해 완성된 식례횡간은 너무
조속한 시일에 이루어졌기 때문에 많은 문제점을 내포하고 있었다.108)

세조는 영순군 溥와 호조판서 김국광이 횡간작성에 진력하지 않았던
것에 대해 엄히 문책하여 이들을 파직시켰다가 곧 복직시켰다.109) 세조는
이를 개선하고자 상정한 횡간을 친히 열람하기도 하였고,110) 수차례에
걸쳐 횡간의 틀린 곳을 개정하도록 명하기도 하였다.111) 당시 형조참판
鄭蘭宗과 좌부승지 魚世恭은 거의 매일 궁궐에 유숙하면서 횡간을 조사하는
일에 근신하였고, 세조는 횡간을 조사하여 착오가 있을 때에는 자신 앞에
나와 논의하라고 하였다.112) 그러나 세조의 죽음으로 횡간의 문제점은
개정되지 못하였다.113) 그후 성종은 세조조의 횡간을 토대로 하여 개정작업

郎 鄭忻·司瞻寺主簿 尹惠行·副司正 尹愼德·工曹正郎 崔灝·成均博士 李淑文·戶曹佐
郎 成淑 등은 詳定官, 형조참판 任元濬·부승지 尹弼商·인순부윤 韓繼禧·하성위
鄭顯祖·永順君 溥·龜城君 浚·銀山副正 徹·銀川君 襸·進禮正衡 등은 提調官이었다
(田川孝三, 앞의 책, p.314).

106) 『成宗實錄』 卷83, 8年 8月 己亥條 : 9-486다.
107) 『世祖實錄』 卷34, 10年 8月 甲申條 : 7-643라.
108) "領事曹錫文啓 國朝舊例 凡支用雜物 諸司只考承政院帖字 不無猥濫之弊 世祖欲革
其弊 命定橫看式例 其時務欲速成 事多牴牾"(『成宗實錄』 卷44, 5年 閏6月 己酉條 :
9-124나).
109) 『世祖實錄』 卷35, 11年 2月 己丑條 : 7-672라.
110) 『世祖實錄』 卷35, 11年 2月 壬辰條 : 7-673가.
111) 『世祖實錄』 卷40, 12年 12月 己亥條 : 8-52나 ; 『世祖實錄』 卷46, 14年 4月 己酉條 :
8-180나.
112) 『世祖實錄』 卷40, 12年 12月 乙卯條 : 8-54가.

168

에 착수하여[114] 동왕 4년(1473) 9월에 橫看造作式이 완성되었고,[115] 다음해 윤6월에 橫看式例가 완성되었다.[116]

당시 완성된 횡간은 "이극증이 횡간을 만든 뒤부터 각사진상과 공궤가 지극히 猥鎖하고 비루하게 되었다"[117]고 한 바와 같이 국가경비를 절감하는 방향으로 추진되었다.[118] 성종 4년(1473) 야인의 사신 骨看 兀狄哈과 지중추부사 劉無澄哈·斡朵里 등 27인에게 물건을 차등 있게 나누어 주었는데, 이들이 饋享을 받고난 후에 전보다 지나치게 줄어든 것에 대해 물어왔을 때 通事들은 "新式例가 이와 같이 되었다고 하거나 該司에서 잘못되었다"고 대답하였다.[119] 이에 대해 신숙주는 이와 같은 일은 나라의 체통과 관계되는 것이므로 신·구횡간을 참작하여 그대로 둘 것은 두고 줄일 만한 것은 줄일 것을 건의하자, 성종은 부득이 늘려야 할 물건을 자세히 기록하여 계문하라고 하였다.[120] 이것은 당시 제정된 횡간이 경비를 너무 줄였기 때문에 발생한 것이었다. 이에 대해 신숙주는 新定橫看 내에 경비를 지나치게

113) 『成宗實錄』 卷44, 5年 閏6月 辛丑條 : 9-121나.

114) 『成宗實錄』 卷37, 4年 12月 癸酉條 : 9-78가나.

115) "詳定聽啓 橫看造作式 已畢印 今後諸司用度別例事外 一依橫看造作式施行 其中若有未及 詳定事 各其該司 以所入之數 報戶曹 磨勘啓達 置簿 以爲式 從之"(『成宗實錄』 卷34, 4年 9月 戊申條 : 9-60나다).

116) 『成宗實錄』 卷44, 5年 閏6月 己酉條 : 9-124나. 세조 10년의 식례횡간의 경비규정은 일반적인 경비식례의 査定 및 橫看이 選定된 것이고, 성종 4년의 詳定造作式은 세종 28년 各司供用의 造作에 관한 식례에 해당하는 것으로 그 규격 및 필요한 자재의 量數를 규정한 것이라 한다(田川孝三, 앞의 책, p.315).

117) 『中宗實錄』 卷65, 24年 5月 己未條 : 17-123라.

118) 가령 조석문이 모친상으로 병조참판 김국광과 교체될 때 "錫文判戶曹七八年 國家經費 一以儉約爲主 上每稱眞戶部也 時經費頗多 故居理財者 咸事省減 務要稱旨"(『世祖實錄』 卷32, 10年 正月 辛未條 : 7-605다)라고 한 것이라든지, 『성종실록』 纂修史臣의 論에 "(李)克增嘗定橫看 凡浮費 悉皆裁減 如工匠雜類 多有惡之者 尹士昕戲語人曰 吾見克增 有可畏者 畏其以人有兩眼爲煩 欲減其一耳"(『成宗實錄』 卷79, 8年 4月 乙卯條 : 9-449다)라 한 기사는 이러한 사실을 잘 나타내주고 있다.

119) 『成宗實錄』 卷37, 4年 12月 癸酉條 : 9-77나다.

120) 『成宗實錄』 卷35, 4年 10月 丙戌條 : 9-69나.

줄여 중국 사람에게 사급한 속옷에 드는 布도 적합하지 않다고 하였다.

영의정 신숙주가 아뢰기를, "……새로 제정한 횡간[新定橫看] 내에 중국
사람에게 내려주는 속옷에 드는 布가 다만 11尺이고, 2폭 반으로 재단하여
쓰니, 짧고 좁아서 쓸 수 없어 매우 미편합니다." 하니, 전교하기를 "내
생각은 일체 감하고 줄이려는 것이 아니었고, 세조조의 횡간을 참작하여
늘릴 것은 늘리고 줄일 것은 줄이되, 무릇 祭享에 관계되는 奠物은 豊厚하게
하도록 힘썼다. 또 호조판서 이극증이 擬定한 후에 院相에게 보이니, 모두
말하기를 '가하다'고 한 연후에 정하였다"고 하였다(『성종실록』 권37, 4년
12월 계유조 : 9-78가).

이와 같이 외국과의 交涉貢獻의 禮物과 使客支待의 경비를 지나치게
줄여 신정횡간에 따라 그대로 시행할 수가 없게 되자 성종은 客人을 접대하는
데에는 우선 구례에 따르고 신정횡간을 사용하지 말라고 하였다.[121) 신정횡
간은 경비를 지나치게 절약하였기 때문에 많은 문제가 발생하였을 뿐만
아니라 운영에서도 많은 곤란을 가져왔다.

한편 세조 10년(1464) 2월 횡간이 일단 정비된 후에는 이것과 조응하여
공부수입을 詳定하고자 하였다. 세조는 그해 10월에 공안개정을 위해 하동부
원군 정인지·봉원부원군 정창손·영의정 신숙주·상당부원군 한명회·좌의정
구치관·우의정 황수신·호조참판 김국광·도승지 노사신을 都廳으로 삼고,
영중추부사 심회·밀산군 박충손·우찬성 박원형·판중추부사 성봉조·인산군
홍윤성·좌참찬 최항·형조판서 김질·판한성부사 이석형·예조판서 원효연·
이조참판 홍응·우승지 이파·동부승지 윤필상 등을 12房으로 나누어 각각
郞官 1員·算學重監 1員을 거느리고 제도의 공물을 조사하여 상정하게 하였
다.[122) 그런데 이때 상정한 공물을 재추로 하여금 교정케 한 결과 稱量과

有無는 비교적 정교하였으나, 수륙의 산물을 모두 참고하여 공물을 詳定하지 못하여서 있고 없는 것이 서로 바뀐 것이 많이 있었다.[123]

원래 공부의 법은 1년 동안 용도의 출입수를 헤아려 상정하는 것이었다.[124] 그러나 공물은 종류가 매우 다양하였기 때문에 全土에 걸쳐 모든 산물의 조사와 중앙각사의 미세한 용도에 따라 이를 상정한다는 것은 실로 어려운 작업이었다. 뿐만 아니라 공물을 너무 적게 책정하면 국가의 용도가 부족하게 되고, 지나치게 많이 수취하면 민에게 크게 부담을 가져오므로 이들 양자의 조화를 이루는 것은 결코 쉬운 일이 아니었다.[125]

세조는 국가의 경비에 대한 제도가 미진함이 있음으로 이를 크게 바로잡지 않으면 成法이 될 수 없다고 여겨 다시 詳定해서 정밀하게 다듬으려고 했으나, 그의 죽음으로 완성되지 못하였다.[126] 그후 세조의 뜻을 이어받은 성종 역시 횡간과 조응하여 공안을 개정하게 되는데, 공안 역시 예전에 비해 삭감되었다. 연산조의 知事 李世佐에 의하면, 성종대의 공안은 세종대의 공안에 비해 1/3 밖에 되지 않는다고 할 정도로 대삭감이 이루어졌다.[127] 그러나 공안의 대삭감에 따라 많은 문제점을 가져왔다.

> 사헌부 대사헌 尹繼謙 등이 상소하기를, "이번에 詳定한 법은 약 1년 정도의 調度로서 거두는 공물의 수를 정한 것이라면 그런대로 무방하다고 할 수 있습니다만, 交隣·事大에 貢獻·享賓하는 물품에 대해서는 지나치게

---

122) 『世祖實錄』卷34, 10年 10月 戊申條 : 7-658나다.
123) 『世祖實錄』卷34, 10年 11月 丙寅條 : 7-659다라.
124) "貢賦之法 量其一年用度出入之數 而詳定之"(『燕山君日記』卷55, 10年 8月 壬申條 : 13-656다).
125) 『世祖實錄』卷44, 13年 10月 丁未條 : 8-132나.
126) 『成宗實錄』卷67, 7年 5月 丁巳條 : 9-342다.
127) "知事李世佐曰……世宗朝詳定貢案 至世祖朝 三分減其一 然亦有餘 而又減其半 以世宗朝詳定數視之 則是三分取減其一也"(『燕山君日記』卷28, 3年 10月 戊子條 : 13-290가).

절감하여 도저히 실행할 수 없으므로 구례에 따르게 되는데, 구례에 따르게 되면 비용이 따라서 많게 되며, 비용이 많아졌는데도 공물을 거두는 수가 그전보다 많아지지 않는다면 그 형편이 반드시 계속하기 어려워 근심이 생기게 될 것입니다. 요즈음의 일을 보더라도 사신을 접대함은 하나의 작은 비용입니다. 그런데도 席子를 쓰고자 하나 담당자가 없다고 고하므로 부득이 시장에서 석자를 사왔으며, 두터운 종이를 쓰고자 하나 담당자가 또 없다고 고하므로 부득이 시장에서 종이를 사왔으며, 또 군기시에서 가져다가 사용했습니다. 이러한 사실로 미루어 보면 그 밖의 것은 충분히 알 수 있습니다. 이처럼 하나의 작은 비용에도 이 지경에 이르렀는데, 만약 큰 비용이 있게 되면 장차 어떻게 접대하겠습니까?" 하였다(『성종실록』 권67, 7년 5월 정사조 : 9-342라).

대사헌 윤계겸 등은 交隣·事大에 貢獻·享賓하는 물품의 용도를 지나치게 절감하여 도저히 실행할 수 없었으므로 구례에 따라 실시하기로 했지만, 구례에 따르게 되면 경비는 당연히 증대되므로 이에 따라 공물을 거두는 수 또한 예전보다 증가되어야만 한다고 하였다. 이에 대해 정인지는 공안과 횡간을 때에 따라 알맞게 고쳐 시행하는 것이 편할 것이라고 하였다.[128] 성종은 호조에 전지하기를 "공안과 횡간은 실제로 맞지 않는 곳이 있으니 부득이 損益해야 할 일은 때에 따라 稟告해서 시행하라"[129]고 하였다.
이와 같이 성종대에 공안을 지나치게 삭감 책정함에 따라 제읍에서 매년 바치는 공물로는 경비의 태반이 부족하였다.[130] 따라서 국가에서 경비가 부족할 때에는 으레 引納·別貢加定 등의 임시적인 방법으로 경비를 조달하였다.[131] 이러한 경비의 부족을 해결하기 위해 누차에 걸쳐 공안증액

---

128) 『成宗實錄』 卷67, 7年 5月 丁巳條 : 9-343라.
129) 『成宗實錄』 卷67, 7年 5月 辛酉條 : 9-344라.
130) 『成宗實錄』 卷113, 11年 正月 壬寅條 : 10-110가.
131) 『成宗實錄』 卷67, 7年 5月 辛酉條 : 9-344라 ; 『成宗實錄』 卷258, 22年 10月 乙卯條 : 12-101가.

에 대한 논의가 있었지만 개정되지 않았고, 연산조에 이르러 다시 공안을 개정하자는 주장이 대두되었다.

2) 연산군 이후의 국가재정 운영

연산군대에는 왕실의 경비지출이 이전에 비해 현저하게 증가되었다. 연산군 재위 중에는 조모 인수왕대비(덕종비, 연산군 10년 薨), 종조모 인혜대비(예종계비, 연산군 4년 薨), 자순정현왕비(성종계비, 중종 25년 薨) 외에 왕의 弟妹와 君이 15명, 옹주가 11명에 달하였다.[132]

경비는 各陵·各殿, 君과 翁主 등의 증가에 따라 늘어나기도 했지만, 이에 따른 賜與와 계속되는 왕 자녀의 길례·저택 신축 등으로 인해 늘어나기도 하였다.[133] 가령 연산군이 휘순공주에게 길례, 저택신축에 소요된 비용과 사여한 물품을 제시하면 다음과 같다.

〈표IV-4〉 휘순공주의 길례 · 저택 신축 · 사여에 소요된 비용

내 용	전 거(연산군일기)
② 徽順公主家 上樑에 布施할 綿布80필·生綃1필 하사	권44, 8년 6월 경술 : 13-497다
③ 出閤時 水紬 50필 하사	권45, 8년 7월 병신 : 13-506나
④ 出閤時 米100두·豆100碩 別賜	권46, 8년 10월 계축 : 13-520다
⑤ 粳米 3碩 하사	권46, 8년 10월 무진 : 13-524다
⑥ 전례대로 노비 60口 하사	권47, 8년 12월 기미 : 13-535라
⑦ 出閤시 준례대로 租8,000碩 하사	권49, 9년 3월 무진 : 13-549다
⑧ 公主家 造成匠人에게 賞給할 면포 350필 輸送	권51, 9년 12월 신축 : 13-587나
⑨ 奴 2口 지급	권54, 10년 7월 기축 : 13-642라
⑩ 綿布 250필, 正布 250필, 米 50석, 黃豆 20석 賜給	권55, 10년 9월 기유 : 13-662다
⑪ 任熙載家와 尹弼商 妾家를 휘순공주에게 하사	권57, 11년 1월 신묘 : 13-682다
⑫ 휘순공주 처소에 米 100석 하사	권57, 11년 1월 임인 : 13-685나
⑬ 入禁標 徽順公主二家 緜布·正布幷5000필 하사	권60, 11년 11월 신축 : 14-29나
⑭ 米 150석, 緜布 750필, 正布 750필, 良馬 1필 賜給	권62, 12년 5월 갑오 : 14-52나

132) 田川孝三, 1964,「進上考」, 앞의 책, p.214.
133)『燕山君日記』卷28, 3年 10月 丙申條 : 13-292가.

일반적으로 왕 자녀의 혼인시에는 국가재정의 일부를 혼수비용으로 충당
하였는데,[134] 공노비는 장례원에서, 田地는 호조에서, 器用은 공조에서,
財帛은 제용감에서 각각 기한을 정하여 지급하였다.[135] 연산군은 휘순공주
혼례 때 米 8,900석, 豆 100석, 비단 50필, 노비 60구를 하사하였다. 왕
자녀의 저택은 당초 국가에서 지어 주었는데, 경비 소모가 많아지게 되자
국가가 값을 주어 짓도록 하였다.[136] 연산군은 휘순공주의 저택 신축시에
그 조성 匠人에게 면포 350필을 賞給하였고, 禁標에 들어간 2家를 보상하는
비용으로 緜布와 正布를 합하여 5,000필을 하사하였으며, 임희재 家와 윤필
상 妾家를 하사하기도 하였다.

연산군 즉위초의 정국은 불사의 설행, 외척의 중용, 재상 임명, 외람된
작상 등의 문제를 둘러싸고 주로 연산군과 삼사의 갈등이 야기되었다.
연산군과 삼사의 대립적인 정치상황이 지속되는 가운데 발생한 사건이
무오사화(연산군 4년, 1498)이다. 연산군은 무오사화를 주도적으로 처리하
면서 정국의 주도권을 장악하였고, 이에 따라 삼사의 언관언론의 기능은
크게 위축되었다.[137] 그후 연산군의 전제적 성향이 표출되고 亂政의 단초가
열리면서 宗戚·大臣·戚臣家 등에게 하사하는 비용은 前代에 비해 증가하는
추세를 보이고 있었다. 다음의 기사를 통해서 그 일단을 살펴보기로 한다.

> 의정부 좌의정 韓致亨·우의정 成俊·좌찬성 李克均·우찬성 朴楗·좌참찬
> 洪貴達·우참찬 申浚 등이 上言하기를, "……지금 종척과 대신의 죽음에
> 규정된 부의가 후하지 아니한 것이 아니온데 또 別賜가 있으며, 환관宦寺과
> 醫官에게는 법에 부여할 수 없게 되어 있었는데 別賻가 또한 많으며, 혹
> 戚里의 집에 特賜하는 米·豆가 100여 석에 이르고 布物도 이와 대등합니다.

---

134)『明宗實錄』卷21, 11年 11月 乙亥條 : 20-375가.
135)『成宗實錄』卷91, 9年 4月 丙午條 : 9-579다.
136)『燕山君日記』卷47, 8年 11月 壬辰條 : 13-530다.
137) 金燉, 1993,「燕山君代의 君·臣 權力關係와 그 推移」『歷史敎育』53, pp.161~171.

또 수시로 入內하라는 명령이 있는가 하면 내수사로 輸納하라는 수가 너무 많습니다. 지난해의 횡간 외 別用物을 상고하건대 米·豆 2,900여 석, 緜布 3,600여 필, 正布 1,900여 필, 油蜜 90여 석, 기타 浮費는 일일이 헤아리기도 어렵습니다.……또 紗羅綾段과 書籍·藥石같은 류는 우리나라에 없는 것으로 매번 명나라에 가는 길에 무역하여 國用에 충당해 온 지 이미 오래입니다. 선왕 때에 무역물은 정한 수량이 있었는데 근일에는 점차 많아졌습니다. 중국산 물품과 국산 물품은 그 가격이 현격하여 우리나라의 萬錢이 겨우 중국의 百錢에 해당합니다. 1년 동안 공무역으로 들여온 苧·麻布의 총수는 3,700필에 달하며, 이를 면포로 계산하면 18,600여 필로 이것만으로도 국고가 거의 바닥이 나는데 게다가 사신의 접대가 잦고 이웃 나라의 청 또한 저버릴 수는 없는 것입니다." 하였다(『연산군일기』 권32, 5년 3월 병술조 : 13-354가나).

즉 연산대 경비지출은 종척과 대신, 환관과 의관에게 규정된 賻儀 이외에 別賜가 매우 많고, 戚里家에 特賜하는 米·豆와 布物도 상당수에 달하였다. 그 가운데 伯母 월산대군 부인에게 사급한 물품의 내용을 살펴보면 다음 표와 같다.

연산군 5년(1499) 8월부터 12년(1506) 7월까지 약 7년 동안 월산대군 부인에게 사급한 것을 보면 米 1,000여 석, 豆 315석, 正布 2,070필, 면포 2,820필에 달하고, 그 외에도 羊毛氈 10장, 비단 80필, 麻布 250필, 麥末 3석, 胡椒 6석, 眞油 3석, 淸蜜 2석, 黃蠟 20석, 油蜜 1석, 노비 50구에 달하고 있다.

사급에 소요되는 경비를 충당하기 위해 연산군은 수시로 入內를 명하거나, 왕실 私庫인 내수사로 하여금 輸納하도록 하였다. 내수사 직계제의 확립은 이를 제도적으로 뒷받침하는 것이었다.[138] 내수사의 재원만으로 이를 충당하기 어렵게 되자 호조를 비롯하여 각사로부터 물품을 왕실에 반입하여

---

138) 金盛祐, 앞의 논문, pp.159~164.

〈표Ⅳ-5〉 월산대군 부인에게 사급한 물품내역

사급물품 내역	전 거(연산군일기)
① 米豆幷50석, 正布 300필, 綿布 300필	권34, 5년 8월 정미 : 13-374나
② 羊毛氈 10張, 舊陳席全數	권34, 5년 8월 병진 : 13-375다
③ 米 50석, 黃豆 30석, 綿布 150필, 正布 150필, 胡椒 1석	권38, 6년 8월 계사 : 13-422다
④ 綿布 250필, 正布 250필, 비단 80필, 米 100석, 眞油 3석, 漬蜜 2석, 胡椒 1석	권39, 6년 10월 신축 : 13-431나
⑤ 綿布 200필, 正布 200필, 米 50석, 黃豆 30석	권40, 7년 4월 임오 : 13-442나
⑥ 綿布 150필, 正布 150필, 米 50석, 黃豆 30석	권41, 7년 9월 정해 : 13-452나
⑦ 米 50석, 縣布 150필, 正布 100필	권43, 8년 4월 을묘 : 13-486가
⑧ 縣布 250필, 正布 250필, 米 100석, 胡椒 3석	권46, 8년 9월 갑신 : 13-513라
⑨ 米 40석, 黃豆 20석, 麻布 100필, 綿布 100필, 麥末 3석, 油蜜 1석, 黃蠟 20근	권52, 10년 1월 경오 : 13-588라
⑩ 米 100碩, 黃豆 50석, 縣布 250필, 麻布 150필	권52, 10년 3월 을축 : 13-593나
⑪ 中米 70석, 黃豆 30석, 胡椒 1석, 縣布 20필, 正布 20필	권52, 10년 4월 계사 : 13-602나
⑫ 米 50석	권57, 11년 1월 임인 : 13-685나
⑬ 米 100석, 황두 50석, 綿布 400필, 正布 400필	권57, 11년 4월 을축 : 13-692라
⑭ 綿布 150필, 正布 150필	권58, 11년 6월 을축 : 14-6다
⑮ 米 50석, 豆 50석	권58, 11년 6월 병인 : 14-6라
⑯ 米 50석	권61, 12년 1월 신축 : 14-35라
⑰ 노비 50口	권61, 12년 2월 갑술 : 14-41나
⑱ 米 50석	권62, 12년 4월 임술 : 14-48나
⑲ 綿布 500필, 正布 500필	권63, 12년 7월 무인 : 14-57라

쓰거나, 풍저창·광흥창·군자감 등으로부터 미곡을 끌어다 쓰기도 하였다.[139] 우리나라에 없는 紗羅綾段과 書籍·藥石 따위는 명나라에서 수입하여 국용에 충당하였는데,[140] 무역물은 선왕 때보다 크게 증가하여 1년 동안

---

139) 『燕山君日記』卷42, 8年 正月 丁酉條 : 13-466라 ;『燕山君日記』卷43, 8年 3月 丁酉條 : 13-482라 ;『燕山君日記』卷43, 8年 4月 辛酉條 : 13-487나다.

140) 대중국 공무역에서는 藥材·弓角·書冊·章服 등이 중심이 되었고, 사무역에서는 白絲·白苧布·紗羅綾段 등의 직물류와 珠翠·寶貝·珊瑚·瑪瑠 등의 보석류가 대부분을 차지하였다(韓相權, 1985, 「16世紀 對中國 私貿易의 展開」『金哲埈博士華甲紀念史學論叢』, p.456). 연산군 자신이 명하여 중국에서 貿入한 물품을 정리하면 다음과 같다.

공무역으로 들여온 苧·麻布의 총수가 3,700필(면포 18,600필)에 달할 정도였
다.

　이러한 경비는 호조횡간에 수록되어 있지 않은 별도의 용도로 지출된
것인데,[141] 주로 米·豆, 綿布, 正布, 油蜜 따위로 지출되었다.[142] 연산군
4년(1498) 횡간 외에 별도의 용도로 지출된 물품은 米·豆 2,900여 석, 緜布
3,600여 필, 正布 1,900여 필, 油蜜 90여 석에 달하였고, 기타 浮費는 헤아리기
어려울 정도로 많았다. 왕 자녀의 길례와 저택 신축, 왕 자녀·종척·대신·척신

貿 入 物 品	전 거(연산군일기)
① 龍眼·荔枝·生梨·柑子 赴京每行貿來	卷18, 2년 9월 계축 : 13−142가
② 傳曰 今聖節使之行 其貿龍眼·荔枝來	卷21, 3년 2월 임진 : 13−196라
③ 傳曰 今後赴京使之行 多貿龍眼荔枝	卷27, 3년 9월 정묘 : 13−283나
④ 傳曰 孔雀羽 每於赴京貿來	卷31, 4년 9월 갑인 : 13−332가
⑤ 傳曰 綾陽尉吉禮 應用犀帶一腰 擇好貿入	卷42, 8년 1월 을유 : 13−462다
⑥ 傳曰 鴉靑羅一匹 擇深靑揚赤者貿入	卷49, 9년 4월 임인 : 13−556라
⑦ 令正朝使 大紅·草綠·黃柳靑·靑柳靑·藍紵絲各 10匹貿來	卷54, 10년 7월 을미 : 13−643다
⑧ 各色羅10匹 及他餘紗羅綾段 其於千秋使之行 貿來	卷54, 10년 9월 신묘 : 13−660다
⑨ 傳曰……且大紅段子 於中朝貿來	卷56, 10년 11월 임인 : 13−673나
⑩ 傳曰……且前日天使所贈貂皮毛長品好 今後 每行貿來	卷56, 10년 12월 신사 : 13−679다
⑪ 傳曰 今後赴京 每行貿七寶來	卷57, 11년 1월 정해 : 13−681가
⑫ 傳曰 燕脂1千片 粉1千斤 每於赴京時 準數貿來	卷57, 11년 1월 을사 : 13−685다
⑬ 花草所入藍絲150尺·大紅絲75尺 急速貿易於 中朝	卷58, 11년 7월 을유 : 14−9나
⑭ 命貿七寶于中朝	卷59, 11년 9월 임오 : 14−18가
⑮ 命貿孔雀羽300箇于燕京	卷60, 11년 10월 계축 : 14−23가
⑯ 傳曰 大紅紵絲及紗羅各30匹 靑柳·靑草·綠鴉 靑藍·柳靑色紵絲及紗羅各20匹 於正朝使之行 貿來	卷60, 11년 10월 무진 : 14−24다
⑰ 傳曰 驢子 令赴京人 每行貿來 使之蕃盛	卷60, 11년 10월 기사 : 14−24라
⑱ 傳曰 荔枝甘如蜜煎者 令貿於燕京 胡椒多貿倭人	卷62, 12년 5월 갑술 : 14−50나

141)『燕山君日記』卷28, 3年 10月 戊子條 : 13−290가.
142)『燕山君日記』卷32, 5年 3月 丙戌條 : 13−353라.

가 등의 사급에는 막대한 비용이 소요되었으므로 항시 지출이 수입을 초과하는 형세였다.143) 이처럼 국가의 재정지출이 공적 체계와는 달리 별도로 사적 체계에 의한 운용이 현저하게 증가함에 따라 국고는 날로 줄어들었다. 이에 대해 후대의 사론에서는 다음과 같이 지적하고 있다.

> 예전 성종조에는 20년 동안 낭비가 없었고, 명목 없이 들어가는 것도 없었다. 왕 자녀가 많았으나 모두 공정한 賜給만 있을 뿐이므로 그 때의 왕 자녀는 재물이 넉넉지 못하여 혹 군색함을 호소하기도 하였는데, 성종이 이르기를 '내게 帑藏이 있으니 모두 준들 누가 막겠는가? 그러나 쉽사리 스스로 다 쓰면 뒤를 이을 임금이 어떠하겠는가? 內帑도 그러한 데 하물며 外庫의 저장을 쉽사리 주겠느냐'고 하였다. 이 때문에 內庫·外庫의 저장이 모두 풍부하였는데 폐조에 이르러 遊宴에 荒淫하고 사치에 절도가 없으므로 충만하던 저장이 없어졌다(『중종실록』 권37, 14년 11월 갑오조 : 15-576가).

즉 성종조에도 왕 자녀가 많았으나 명목 없이 들어가는 것이 없고 모두 공정한 賜給만 있었기 때문에 내고·외고의 저장이 풍족하였는데, 연산조에 이르러 遊宴에 荒淫하고 사치에 절도가 없어 충만하던 저장이 없어졌다는 것이다.

연산군 3년(1497) 10월 지사 이세좌는 "지금은 세조·성종대보다 경비의 용도가 많이 늘어났기 때문에 各陵·殿에 써야 하는 柴炭조차 마련하기 어려우므로 공안을 加減詳定해야 한다"고 하였다.144) 그러나 신승선은 "위로 各陵의 祭享之需로부터 아래로 君과 翁主의 혼인·저택에 이르기까지 또한 (경비를) 모두 절제 있게 쓴다면 공안을 반드시 고치지 아니해도

---

143) 무오년(연산군 4년, 1498)에 상납한 米豆는 205,584碩 14斗인데, 국가에서 쓴 것은 208,522碩 1斗이다. 그 중에서 橫看付가 197,938碩 13斗이고, 別例의 소용이 10,583 碩 3斗이다(『燕山君日記』卷35, 5年 10月 壬子條 : 13-383가).

144) 『燕山君日記』卷28, 3年 10月 戊子條 : 13-290가.

국용이 자연히 유족해질 것"이라 하여 공안개정을 반대하였다.[145]

이에 반해 연산군을 비롯하여 경비를 담당한 호조에서는 무엇보다도 공안을 개정해야 한다고 하였고,[146] 僉正 鄭譚은 각사에서 공물이 부족할 때마다 으레 외방각관에서 加定하는 민폐를 해결하고자 공안에 添錄할 것을 주장하였다.[147] 그리하여 연산군 7년(1501) 4월 태평관에다 貢案詳定廳을 설치하여 좌의정 성준·광원군 이극돈·호조판서 강귀손·공조참판 이계남 등에게 그 일을 감독 관장하게 하여 모든 경비와 공안을 상정하게 하였다.[148] 수차례에 걸쳐 논의된 결과 마침내 그 해 7월에 '詳定廳可行條例'가 결정됨으로써 공안개정을 보게 되었는데, 이때 제정된 공안이 이른바 辛酉貢案이다. 그 내용은 다음과 같다.

　一, 諸司에서 쓰는 잡물 중 남는 것은 감해서 부족한 것을 채우고, 남는 것이 없어 보충할 수 없는 것은 그 양을 헤아려 加定한다. 一, 잡물의 용도가 비록 부족하더라도 민간에게 희귀한 물품이 되어 가벼이 가정할 수 없는 것은 사용처의 긴요 여부를 상고해서 감하고, 그 관사의 남은 물품으로써 代用할 수 있는 것은 대신하고, 대신할 물품이 없으면 타사의 남는 물건으로써 대용한다. 一, 進上과 祭享 이외 불긴한 곳에 쓰이는 물품이 부족하면 적당히 감한다. 一, 잡물을 推移할 때 전세와 공물이 서로 혼동되지 않게 보충한다. 一, 각사에 所納한 잡물 가운데 그 관사의 所用이 아니면 그 잡물이 쓰이는 관사로 이송한다. 一, 비록 공안에 실려 있더라도 사용처가 없는 물품은 공안에서 삭제한다(『연산군일기』 권40, 7년 7월 갑자조 : 13-446가나).

---

145) 『燕山君日記』 卷28, 3年 11月 庚子條 : 13-293나.
146) 『燕山君日記』 卷28, 3年 10月 甲午條 : 13-291라. 『燕山君日記』 卷28, 3年 11月 庚子條 : 13-293나.
147) 『燕山君日記』 卷39, 6年 12月 壬辰條 : 13-436라.
148) 『燕山君日記』 卷40, 7年 4月 壬辰條 : 13-442다 ; 『中宗實錄』 卷65, 24年 5月 己未 條 : 17-123라.

신유공안은 貢案加定을 목적으로 작성된 것이었다.149) 그러나 공안개정
을 통해 국가재정이 대대적으로 확충되었는데도 국가재정의 만성적인 부족
으로 인해 "常貢 외에 加定·引納이 없는 해가 없다"150)라고 할 지경에
이르렀다. 연산군은 "성인이 다시 난다해도 반드시 經常의 법을 좇을 수는
없을 것이며, 또 임시로 변통하는 일도 있는 것이니 각도에 加斂하도록
하라. 만약 부족하다면 또 가렴한들 무엇이 해롭겠는가"라고 할 정도로
가렴의 정당성을 주장하였다.151) 그리하여 연산군 11년(1505) 9월에는 공물
加定을 입법화하기에 이르렀다.152) 그리고 연산군대의 無時進上은 공물과
비교가 되지 않을 정도로 해마다 증액되었다. 연산군대를 거치면서 왕실을
최정점으로 하는 낭비의 구조화로 인해 국가재정은 항상 만성적인 적자에
시달리게 되어 加定·引納 등의 형태가 거의 일상화되었다.153)

한편 연산군대의 정치를 비판하면서 등극한 중종은 즉위초에 당대의
국가재정의 탕갈을 지적하면서 輿馬·服飾의 사치와 饌品의 극진함을 숭상
하는 폐단을 금단하는 규정을 여러 차례 반포하였다.154) 중종대의 이 같은
'抑奢崇儉' 정책에도 불구하고 저택·饌品·服飾·耳掩·婚需資裝·喪葬·器皿

---

149) "祖宗朝 用度甚約 取民甚廉 燕山中年 用度侈張 常貢不足 以供其需 於是 加定以充其
    欲 臣於曩日 聞諸故老 未敢深信 前在政院 取戶曹貢案觀之 則諸般貢物 皆是弘治辛
    酉(연산군 7년, 1501)所加定 而至今遵用 考其時則乃燕山朝也"(『栗谷全書』卷5,
    萬言封事 甲戌<선조 7년, 1574> ;『韓國文集叢刊』44-107).
150) "傳旨戶曹曰 常貢之外 加定引納 無歲無之"(『燕山君日記』卷43, 8年 3月 壬午條:
    13-477나).
151) 『燕山君日記』卷55, 10年 8月 壬申條:13-656다.
152) "傳曰 今後國用周足間 各道奴婢身貢 每一人 縣布一匹 加定上納 時國庫空竭 用度不
    足 戶曹啓請立法 加定貢物 自此始"(『燕山君日記』卷59, 11年 9月 辛亥條:14-22나
    다).
153) 『燕山君日記』卷44, 8年 6月 戊辰條:13-501라 ;『中宗實錄』卷55, 20年 9月 乙酉
    條:16-457가 ;『中宗實錄』卷90, 34年 5月 乙亥條:18-289다라 ;『中宗實錄』卷91,
    34年 5月 乙亥條:18-292가나 ;『明宗實錄』卷10, 5年 11月 己酉條:19-725다.
154) 『中宗實錄』卷97, 36年 12月 庚辰條:18-539나~540다.

등에서의 사치풍조는 더욱 심화되어 갔다.[155] 이러한 사치풍조는 성종 말엽부터 시작되어[156] 16세기에 이르면 부마·왕자를 비롯하여 부상대고·이 서층에 이르기까지 의복·혼수품 등에 사치가 확대되어 사회적으로 큰 문제가 되었다. 다음의 사헌부 대사헌 宋麟壽 등이 상고한 기사는 당시의 상황을 잘 말해주고 있다.

　(근래 왕자나 부마의 家에서는) 극도로 사치만을 숭상하여 혼인에는 화려하고 성대하게 하기만을 힘쓰고, 집을 짓는 데는 웅장하고 크게 하는데 힘쓰며, 수레나 의복·가재도구의 수효는 날로 불리고 키우며, 집을 화려하게 장식하는 것은 이웃마을까지 잇대어 걸치니, 밖으로는 백성의 재력이 고갈되고 안으로는 국가의 창고가 텅 비게 되었는데도 주상께서 걱정할 줄 모르는 것은 사랑에만 치우쳐 다른 것은 생각하지 못해서가 아니겠습니까.……사치하는 것이 날로 심하여 위로는 궁궐에서 아래로는 시골구석에서까지 혼인이나 건물·의복·음식 등을 분수에 넘치고 법도에 지나치게 하지 않는 자가 없습니다. 사치하는 마음이 지나치게 되니 기강이 없어지고 허비가 많아져서 스스로 감당할 능력이 부족하여 백방으로 노력해도 처지어 위로는 미리 공물을 징수하는데 시달리고, 아래로는 혹독한 수색에 곤욕을 치루고 있어 죽음에서 구제하기도 어려운데 어떻게 다른 것을 보전하겠습니까.……요즘의 인심과 풍조는 평소 배부르고 따뜻한 가운데 자라나 사치하는 습속에 익숙하여 아름다운 옷을 입고, 큰 건물을 지니는 것만을 고상한 운치라 여기고 겸양과 절의를 숭상하는 것을 오활하다고 하며, 다투어 利欲의 길에 치닫는 것을 절실한 급선무라 하고, 조용히 물러나 안정을 지키는 것을 옹졸한 짓이라 하며, 折簡으로 일을 처리하는 것을 좋은 계획이라 하고 청탁하는 것을 公道라 합니다(『중종실록』 권96,

---

155) 韓相權, 앞의 논문, pp.455～460.
156) 성종대의 사치 가운데는 의복, 음식, 왕 자녀의 저택, 왕 자녀의 혼례 등이 특히 심하였다(『成宗實錄』 卷213, 19년 2月 丙午條 : 11-306나 ;『成宗實錄』 卷247, 21년 12月 戊申條 : 11-669다 ;『成宗實錄』 卷271, 23년 11월 戊寅條 : 12-238나 ;『成宗實錄』 卷283, 24년 10월 甲申條 : 12-421다).

36년 11월 경술조 : 18-526가나).

　왕자와 부마가 등 왕실로부터 극도로 사치풍조가 만연하면서 君의 저택은 웅장하고 화려해 돌 1개를 운반하는 데에 인부 1백 명의 힘이 필요하였고, 목재 1개의 값이 백성들 총재산 몇 몫에 달할 정도였다.[157] 왕실의 혼례사치는 극도에 달하여 때로는 그 비용이 3~4만 필에 달하는 경우도 있었다.[158] 왕실의 혼수용품을 마련하기 위해 중국 사행길에 공무역과 私販이 크게 일어나 중국에서도 야비하다 하여 賣胡란 칭호까지 붙일 정도였다.[159]

　기묘사화(중종 14년, 1519) 이후로는 모든 물품을 大內에 들이라는 명을 자주 내렸다.[160] 대내에서 쓰는 모든 물품은 조종조 이래 모두 承傳을 받들어 대내로 들였는데, 연산군 7년(1501) 이후부터 승전 대신에 간혹 甘結[161]을 쓰기 시작하던 것이 중종 이후부터는 모두 감결에 의해 대내로 들여오기로 확정되었던 것이다.[162] 이처럼 연산군대의 亂政 때 만들어진 폐습이 제거되기는커녕 도리어 항구적인 관례로 강화되고 있는 형편이었다. 중종 25년(1530) 실록에는 그해 1월부터 2월말까지 궁궐에서 사용한 각종 물품의 내역이 史論으로 밝혀져 있는데, 그 규모는 다음과 같다.

　정월에서부터 이날(2월 30일)에 이르기까지 궁궐 안에서 사용한 물건 수량을 따져보니, 기름[油] 7石, 밀가루[眞末] 10石, 꿀[淸蜜] 10石, 솜[緜子]

---

157) 『中宗實錄』 卷90, 34年 5月 乙亥條 : 18-289다.
158) 『中宗實錄』 卷44, 17年 4月 戊子條 : 16-112가나.
159) 『中宗實錄』 卷90, 34年 5月 乙亥條 : 18-292다.
160) 『中宗實錄』 卷37, 14年 10月 壬戌條 : 15-571다 ; 『中宗實錄』 卷37, 14年 11月 甲午條 : 15-576가.
161) 상급관청에서 하급관청에 내리는 公文.
162) "憲府啓曰 凡內用之物 在祖宗朝 皆以承傳入內 盖以經用之外 若橫費不節 則必有無窮之弊 故重難其事而奉承傳也 廢朝辛酉年以後 用度無節 始改舊例 或用甘結 自反正後 踵而行之"(『中宗實錄』 卷91, 34年 6月 甲辰條 : 18-304나).

250斤, 색실[色絲] 150斤, 설탕[唐粉]·沈香 각 100斤, 黃蜜 200斤, 丹木四 100斤, 여러 가지 果實 24石이며, 다른 물건도 많아서 모두 기록하기 어렵다(『중종실록』 권67, 25년 2월 경인조 : 17-197라~198가).

이것은 연산군의 폭정이 극에 달하기 이전의 같은 기간(1~2월)에 중앙각 사로부터 거두어들인 물품과 비교하면 중종의 그것이 연산군대와 별반 차이가 없음을 알 수 있다.[163] 따라서 중종대의 국가재정 역시 연산군대의 그것과 비교해서 호전되었다고 보기는 어렵다. 이처럼 중종대에도 大內의 비용이 번다하여 그 비용을 충당하기 위해 내수사 직계에 의한 재정확충과 引納·貿納과 같은 전대의 폐습이 되풀이되고 있었다.[164]

중종대 재정의 위기 상황을 타개하기 위해서 기묘사림들이 본격적으로 등장하는 중종 10년(1515)~14년(1519)까지는 국가재정의 긴축을 목표로 공신전·직전과 관료의 녹봉 減省으로부터 權設아문과 加設인원의 감소,

---

163) 연산군 3년부터 9년까지 1~2월 사이에 중앙각사에서 거둬들인 각종 물품은 다음과 같다.

연산군 3년	말 9필, 黃豆 100석, 襦帖裡 10領, 裌帖裏 10領, 中米 360석, 淸蜜 3석, 眞荏子 9석, 綿布 10필, 挾金黑靴 1, 塔胡 1
〃 4년	綿布 500필, 正布 300필
〃 5년	금 13냥 10근, 綿布 200필, 正布 200필
〃 6년	水紬 30필, 말 14필, 落庭米 400석, 胡椒 100석, 唐白絲 1근, 말굽 200개, 술 100병, 花紋紵絲 1필, 毛白馬皮 2領, 비단 14필
〃 7년	기록 없음
〃 8년	금 10근, 말 42필, 綿布 550필, 正布 254필, 白檀香 30근, 沈香 3근, 쌀 800석, 술 200병, 淸蜜 20두, 蠟燭 300병, 沮骨里 255근
〃 9년	靑羅 4필, 白羅 4필, 椵木 50條, 綿布 10필, 正布 10필, 쌀 1350석, 田米 100석, 白玉 1塊, 蘇木 1,000근

위의 표는 김성우, 앞의 논문을 참작하여 작성하였다.

164) "弘文館崔輔漢等 上疏曰……六曰 節財用……天地生財 只有此數 不在於民 則必在 於國 我朝創業經制 貽厥孫謀 賦稅則有常貢之正數 用度則有橫看之細密 量入爲出 不盡人之財 以固邦本 今也不然 橫看之外 又有別例之用 別例之外 又有不時之需 今年之貢賦不足 則取民於明年 名爲引納 實是再稅(『中宗實錄』卷91, 34年 5月 乙亥 條 : 18-292가나).

국가의 제사비용 억제, 군현 수의 감소 등이 주로 논의되기도 했지만, 이러한 감생정책은 기묘사화를 계기로 한 훈구파의 공세로 좌절되고 말았다.

명종대에 이르러 상황은 더욱 악화되었다. 특히 문정왕후의 생존기간 동안 재정지출은 더욱 심해지는 추세였다. 이에 따라 국가의 공적재정은 더욱 황폐화되었으며 여기에 관료층과 중간 실무자층인 이서층이 결합하여 만들어내는 부패의 사슬은 만성적인 재정부족을 초래하였고, 거기에 따라 인납은 항구적으로 더욱 심화되어 갔다.[165]

게다가 중종·명종 재위 수십 년간의 자연재해는 16세기 전반에 걸친 이상현상이었음을 나타내주고 있다.[166] 연속적인 자연재해는 일과성의 것이 아니라 토지생산물에 의존하던 당시의 국가경제에 치명적 타격을 가할 수밖에 없었고, 환자[還上] 분급량의 증대와 미납환자의 누적이라는 또 다른 문제를 야기하고 있었다. 이 같은 요인이 결국 국고의 감소로 직결되었던 것이다.

연산군 이후 왕실의 과도한 지출로 인해 왕실 私庫인 내수사의 재원만으로는 이를 충당하기 어렵게 되자 호조를 비롯하여 각사로부터 여러 종류의 물품을 왕실에 반입하기도 하였지만, 임시로 군자감에서 미곡을 빌려 보충하기 일쑤였다.[167] 이 때문에 16세기에 이르러 국가의 공적재정은 갈수록 축소되었다. 그리하여 성종조에 비축곡이 1백만 석에 달하던 것이[168] 중종대에는 60만 석으로 감소되었고,[169] 명종대에는 10만 석으로 대폭 감소되었

---

165) 김성우, 앞의 논문, p.163.

166) 李泰鎭, 1996,「小氷期(1500~1750) 천변재이 연구와『朝鮮王朝實錄』─global history 의 한 章─」『歷史學報』149.

167) "度支經用不足 權借軍資 以贍其用"(『燕山君日記』卷43, 8年 4月 辛酉條 : 13-487나). 군자미는 군량은 물론이고, 흉년의 빈민구제에도 대비하는 국가의 예비재원으로 중요시되어 군자감에서 이를 관장하였다(『朝鮮經國典』賦典, 軍資條).

168) 『成宗實錄』卷130, 12年 6月 壬子條 : 10-225라.

169) "同知事柳仁淑曰 國家所恃之穀 但一軍資 而國儲不敷 元儲七十萬石 而以分給公債 之故 今則只有六十萬石之穀 不可謂國家有儲也"(『中宗實錄』卷98, 37年 4月 辛酉

다.[170]

명종·선조대에 활동하였던 율곡은 國儲가 줄어드는 원인으로 ① 수입이 적고 지출이 많음[入寡出多], ② 貊나라 법도로 거둠[貊道收稅], ③ 제사의 번독[祭祀煩黷]을 들고 있다.[171] 즉 ① 조종조에서는 세입이 매우 많고 지출이 적었던 까닭에 1년이면 반드시 여분이 생겼으나, 지금은 1년의 수입이 1년의 지출을 감당하지도 못한다. 그 이유는 權設職이 날로 늘어나고 冗官이 매우 많기 때문이다. ② 조종조에서는 전세를 자연재해에 따라 연분9등으로 수세하였으나 지금은 1/30세율인 下之下로 上之上을 삼아 국가의 재용이 고갈되는 것은 당연하다. 이처럼 전세를 가볍게 하였기 때문에 국가재정이 조종조에 비해 1/3에도 미치지 않는다는 것이다.[172] ③ 제사가 번독한 것은 종묘와 各陵에 朔望祭를 지내고, 文昭殿과 延恩殿에는 날마다 三時祭를 지내기 때문이라고 하였다.

율곡은 "근래에는 1년의 세입을 가지고는 지출을 감당할 수 없으니, 매번 그 전에 저축해 둔 米粟으로 보태어 쓴다. 200년 역사의 나라가 지금 2년 먹을 식량조차 없으니, 나라가 나라꼴이 아니다. 어찌 한심하지 않은가. 지금 부세를 더 징수하고자 하나 民力이 이미 피폐해 버렸고, 이전대로 한다면 머지않아 반드시 국고가 바닥나고 말 것이다"[173]고 하였다.

율곡은 "變通에 당하여 변통하는 것이야말로 繼述"이라는 변법론 하에서 그 일차 대상으로 연산군 때 任士洪의 무리들이 만든 신유공안을 들어 개정할 것을 주장하였다.

條 : 18-568라).
170) 『明宗實錄』 卷33, 21年 7月 丁巳條 : 21-103가나.
171) 『栗谷全書』 卷8, 六條啓 癸未(선조 16년, 1583) ; 『韓國文集叢刊』 44-172.
172) 『栗谷全書』 卷7, 疏箚5 司諫院乞變通弊法箚 ; 『韓國文集叢刊』 44-140.
173) 『栗谷全書』 卷7, 疏箚5 陳時弊疏 ; 『韓國文集叢刊』 44-150.

조종조에서는 용도가 매우 간략하였고 取民이 청렴하였으나 연산군 중년에 용도가 侈張하여 常貢이 그 수요를 충당하기에 부족하였습니다. 이에 加定하여 그 욕구를 충족시켰습니다. 신이 일찍이 이러한 사실을 故老에게서 들었으나 감히 믿지는 않았었습니다. 그런데 전에 승정원에 있을 때 戶曹貢案을 얻어 본즉 제반 공물이 모두가 弘治 신유년(연산군 7년, 1501)에 加定된 것으로 지금까지 그대로 遵用되고 있습니다. 이에 그 때를 상고해보니 바로 연산군 때였습니다. 신이 모르는 사이에 책을 덮고 긴 한숨을 쉬며 "그렇구나! 홍치 신유년이면 지금부터 74년 전인데, (그 동안) 聖君이 왕위에 있지 않았던 것도 아니고, 賢士가 立朝하지 않은 것도 아닌데, 이 법이 어찌 혁파되지 않았는가."라 하고서 그 까닭을 궁구해 보니, 70년간을 모두 權姦이 나라를 맡아 두세명의 君子가 비록 立朝하였으나 뜻을 펴보기도 전에 禍를 당하고 말았습니다. 그러니 어느 겨를에 이것(공안개정)에까지 논의가 미쳤겠습니까. 이에 반드시 금일을 기대함이 있습니다(『栗谷全書』卷5, 疏箚3「萬言封事」; 44-107)

율곡은 현재의 공안은 연산군의 난정 때 크게 加定된 변칙적인 것이지만, 16세기의 사림정치기에 이르기까지 오랜 기간 대체로 권간들이 집권해 왔으므로 그 개혁을 시도할 수 없었다고 한다. 공안을 産·不産, 足·不足의 문제로 집약시켜 해결하고자 하였던 일부 賢士 즉 己卯人을 비롯한 사람들의 뜻이 이루어지지 못한 채 오늘에 이르렀다고 파악하였다. 율곡은 당시의 공안 자체가 구조적으로 잘못 책정되어 있었다고 하였다. 각 군현은 전지와 호구에서 상호 현격한 차이가 나는데도 공물은 거기에 비례하여 책정되지 않고 군현 등급의 높낮음으로써 경중으로 삼는다고 하였다.[174]

율곡은 "이익이 10배가 되지 않으면 옛 것을 고치지 않는다[利不什則不改舊]"[175]는 말을 인용하면서 공안을 개정하면 충분한 이익이 있다고 역설하였

---

174) 『栗谷全書』卷7, 疏箚5 司諫院乞變通弊法箚 ;『韓國文集叢刊』44-140.
175) 『栗谷全書』卷7, 疏箚5 陳時事疏 ;『韓國文集叢刊』44-155.

다. 율곡은 그 일을 잘 처리할 수 있는 사람을 택하여 그 일을 전문적으로 관장하게 하되 대신으로 하여금 그를 통솔하게 함으로써 연산군 때에 加定된 분량을 모두 없애고 조종의 옛 법을 회복하고, 이를 근거로 각 군현의 물산의 유무와 전결의 다과, 민호의 증감을 조사하여 새로운 공안을 작성하는 것보다 더 큰 일은 없다고 하였다.[176)]

---

176) 『栗谷全書』 卷7, 疏箚5 司諫院乞變通弊法箚 ; 『韓國文集叢刊』 44-140.

V. 조선전기 공물방납의 변천

1. 공물방납 금지법의 추이

방납은 원래 각 군현에서 중앙의 諸司에 바치는 공물 가운데 민이 自備할 수 없는 것을 대신 바친 후에 그 값을 보상받는 代納과 같은 의미로 쓰였다.[1] 방납은 고려시기부터 있어 왔다.[2] 조선시대에 들어와 방납에 관한 최초의 기사는 태종 9년(1409) 3월 사헌부에서 올린 時務의 여러 조목 중에 나타난다.

> 지금 大小人員과 棟梁僧徒들이 각도 각관의 陳省을 받아 각사에 바치는 공물을 스스로 준비해 先納하고, 帖紙를 받아 그 고을로 내려가서 값을 배로 징수하므로, 백성들을 침해함이 심합니다. 원컨대 이제부터 위와 같이 스스로 준비하여 선납하는 자를 일절 금단하여 그 폐단을 없애도록 하소서(『태종실록』 권17, 9년 3월 임술조 : 1-477라~8가).

즉 대소인원과 동량승도들이 각도 각 군현의 진성을 받아 각사에 바치는 공물을 스스로 준비해 先納하고 그 군현에 내려가 값을 배로 징수하여

---

1) "州郡所納諸司貢物 民或不能自備者 代納于官 收其價償之 謂之防納"(『世宗實錄』卷18, 4年 閏12月 庚午條 : 2-517라).
2) Ⅰ장. 고려시대 공납제의 추이 참조.

188

백성들이 피해를 받게 되자 사헌부에서 이를 금단할 것을 요청한 것이다. 이 기사는 대소인원과 동량승도에 의해 방납이 국초부터 행해지고 있음을 보여준다.

대소인원은 文·武官, 生員, 進士, 錄事, 有蔭子孫 및 嫡子孫이 없는 자의 有蔭妾子孫으로서 承重한 자를 통칭하며,3) 이들을 大小員人 혹은 大小人이라고도 하였다.4) 대소인원은 위로는 종친, 아래로는 평민·공사천을 제외한 문·무관을 비롯한 사족일반을 지칭한 자들이었다.5) 이들 가운데 관직에 있는 자가 대납하였을 때에는 파출됨은 물론 이 행위를 贓汚로 논하여 종신토록 서용을 허락하지 않았다.6) 그리고 동량승은 幹事僧이라고도 칭하였는데, 이들은 寺社의 건립, 佛像의 造像과 佛典의 간행 등을 주재 감독하였다.7)

그런데 태종 9년(1409) 방납행위를 금단하는 조치에도 불구하고 이들의 방납행위는 여전히 계속되었다. 이러한 사실은 세종 2년(1420) 11월 예조에서 대소인원과 간사승들의 방납 금지를 재차 건의하고 있는 사실에서도 확인된다.

예조에서 아뢰기를, "『원육전』·『속육전』 안에 실려 있는 각년 判늘를 中外 관리들이 받들어 시행하지 아니합니다. 그 받들어 시행하지 않는 조건을 삼가 기록하여 올리오니, 청컨대 지금부터 더욱 명백히 거행하도록

---

3) 『經國大典』 卷5, 刑典 賤妾子孫條 註記.
4) 韓㳓劤 외, 1986, 『譯註經國大典』(註釋篇), 한국정신문화연구원, p.198, p.386, p.647.
5) "宗親及大小人員 凡一會 稱病不進者 司憲府·宗簿寺檢擧 啓聞論罪"(『經國大典』 卷1, 吏典 考課條) 및 "大小人 年八十以上 率丁十口 或十結以下者復戶 ○平民及公私 賤則率丁五口 或田五結以下者亦復"(『經國大典』 卷4, 兵典 復戶條).
6) "朝士有代納者 則罷黜之法已嚴"(『文宗實錄』 卷4, 卽位年 11月 辛丑條 : 6-313다) 및 "代納之禁 著在令甲 平人犯之 論以贓汚 終身不敍"(『文宗實錄』 卷7, 元年 5月 己未條 : 6-390다).
7) 田川孝三, 1964, 「李朝初期の貢納請負」『李朝貢納制の硏究』, p.357.

하고, 이에 어긴 자는 논죄하소서.……1. 홍무 7년에 사헌부에서 장계로
신청한 것인데, 大小人員들과 緣化僧으로서 陳省을 받고 사사로이 공물을
준비하여 선납하면 그 관사에서 영수한 문서를 받게 되나, 늦어서 하부
관서로 넘어가게 되면 공물 가격은 갑절이나 더 받게 되어 미약한 백성들을
못 살게 한다. 지금부터는 모두 그런 일이 없도록 금단할 것이라 하였다."(『세
종실록』 권10, 2년 11월 신미조 : 2-415가라).

위의 기사는 『원육전』·『속육전』 내의 여러 해 동안 내린 判旨[8]를 당연히
遵行해야 하는 것인데도 내외관리들이 이를 지키지 않는 것을 예조에서
뽑아 올린 30조목 중의 하나이다.

국가에서는 방납을 원칙상 금지하였지만, 세종 4년(1422) 윤12월에 방납

---

8) 세종 2년 11월의 『元六典』·『續六典』에 수록되어 있는 判旨년대는 洪武 7년(공민왕
23년, 1374)이 1회, 홍무 21년(우왕 14년, 1388)이 5회, 홍무 25년(태조 원년, 1392)이
2회, 홍무 26년(태조 2년, 1393)이 1회, 홍무 27년(태조 3년, 1394)이 2회, 홍무 28년(태조
4년, 1395)이 1회, 홍무 30년(태조 6년, 1397)이 2회, 建文 3년(태종 원년, 1401)이
1회, 건문 4년(태종 2년, 1402)이 1회, 永樂 5년(태종 7년, 1407)이 4회, 영락 7년(태종
9년, 1409)이 1회, 영락 10년(태종 12년, 1412)이 4회, 영락 11년(태종 13년, 1413)이
1회, 영락 15년(세종 원년, 1419)이 3회이다(『世宗實錄』 卷10, 2年 11月 辛未條 : 2-415
가라). 그런데 공물방납의 금지규정에 관한 사헌부 狀申에는 홍무 7년(공민왕 23년,
1374)으로 되어 있는데 이는 영락 7년(태종 9년, 1409)의 誤記라 생각된다. 『원육전』이
고려말 태조 이성계가 위화도회군으로 실권을 장악한 우왕 14년(1388) 이후부터
태조 6년(1397) 12월까지 약 10년간 發布하였던 조례를 모아 편찬되었다는 점에서
그렇게 이해된다. 『經濟六典』이 편찬된 이후 여기에 누락되거나 새로 공포된 법령을
보충하기 위해 태종 7년(1407)에 법전 개수작업에 착수하여 동왕 12년(1412) 4월에
『經濟六典元集詳節』 3권과 『經濟六典續集詳節』 3권을 撰集하여 다음해 2월에 頒行
하였다. 전자를 『元六典』 혹은 『元典』이라 하고, 후자를 『續六典』 혹은 『續典』이라
한다. 『원육전』은 이전에 俚語로 표기된 것을 한문으로 바꾼 데 불과하다(李成茂,
1990, 「『經國大典』의 編纂과 『大明律』」『歷史學報』 125). 『속육전』은 태조 7년부터
태종 7년까지 各司·各曹에 발급한 受判 및 政令·條例를 수집 선별하여 편찬된
것이었지만, 태종 7년 이후의 수교들도 일부 수록되어 있는데 홍무 7년 司憲府狀申도
그 중 하나이다. 이는 "貢物代納之禁 著在續典"(『文宗實錄』 卷2, 卽位年 7月 己未條 :
6-258나) 혹은 "續戶典 貢物代納禁止條云"(『文宗實錄』 卷3, 卽位年 9月 己酉條 :
6-280라)이라고 한 데서도 찾아진다.

금지를 8도 관찰사에게 下諭하면서도 민간이 自備할 수 없는 공물에 대해서 자원방납자가 있으면 民情의 便否를 사실대로 탐문하여 계문하도록 함으로써 방납의 여지를 남겨두었던 것이다.[9] 가령 正炭·燒木·穀草 등은 경기민의 功役에 의해 선공감 등에 비납하였는데, 감사·수령이 농사철에 급히 督納하여 농민들의 폐농을 가져오기도 하였다.[10] 木炭·吐木은 궁실·각사뿐만 아니라 민인의 일상생활에 있어 필수적인 연료였지만, 일반 민인이 비납하기는 매우 어려웠다.[11] 이러한 이유로 민인이 자비할 수 없는 공물에 한하여 간사승에게 대납을 허용하였는데, 그것은 선공감에 바치는 목탄과 瓦窯에 바치는 토목이었다.[12]

조선왕조의 불교정책은 태조 이래 억불책에 따라 寺社의 革去와 寺社田民, 승려에 대한 제한·통제가 강화되어 갔으나,[13] 세종 만년에 廣平·平原大君과 왕비 昭憲王后의 연이은 죽음으로 세종의 마음이 불교 쪽으로 많이 기울어지게 되었다.[14] 세종이 불교에 대한 독실한 신앙을 표방하면서 문종 원년(1451)에 이르기까지 津寬寺를 비롯하여 10여 개소에 달하는 佛寺가 營造·重修되었을 뿐만 아니라 佛事도 상당히 활발하게 행해졌다.[15] 여기에 소요되는

---

9) "諭諸道觀察使曰 在前大小人員及緣化僧徒 受州郡陳年省 防納諸司貢物 倍收其直 故已曾禁斷 今者轉聞 民間不得自備之物 或有自願防納者 民情便否 從實訪問以啓"(『世宗實錄』 卷18, 4年 閏12月 庚午條 : 2-517라).

10) 韓㳓劤, 1991, 「麗末·朝鮮前期 其人役 變遷의 背景과 그 實際」『其人制研究』, 一志社, pp.118~120.

11) 『世祖實錄』 卷40, 12年 11月 庚午條 : 8-46가.

12) 『世宗實錄』 卷87, 21年 11月 乙卯條 : 4-251다.

13) 韓㳓劤, 1957, 「麗末鮮初의 佛敎政策」『서울대학교논문집』(인문사회과학)6 ; 韓㳓劤, 1993, 『儒敎政治와 佛敎-麗末鮮初 對佛敎施策-』, 一潮閣 ; 李炳熙, 1992, 「朝鮮初期 寺社田의 整理와 運營」『全南史學』 7.

14) 韓㳓劤, 1964, 「世宗朝에 있어서 對佛敎施策」『震檀學報』25·25·27 ; 韓㳓劤, 위의 책, pp.178~179.

15) 韓㳓劤, 1991, 「文宗~世祖朝에 있어서의 對佛敎政策」『韓國史學』 12 ; 韓㳓劤, 위의 책.

비용이 막대하여 공안수입 만으로는 충당할 수 없게 되자 공물을 引納하거나 加定하여 이에 보충하기도 하였지만, 그래도 여전히 부족한 실정이었다.[16]

이러한 문제를 해결하기 위한 수단으로 국가에서는 草芚 등 일부 공물의 대납을 허용하였던 것이다.[17] 당시 대납은 진관사 간사승에게만 허용하였고, 여타 승려들의 대납은 금지하였다.[18]

그런데 공물대납의 허용은 이미『속육전』단계부터 어느 정도 길을 열어두고 있었다.

A-① 육전에 기재된 공물 이외에 代納을 못하게 하는 법이 있다(『문종실록』
　　권1, 즉위년 5월 임자조 : 6-235다).
A-② 공물을 대납하는 代價는 수령이 참작하여 收斂하고 친히 감시하여
　　面對해서 주는 법이 육전에 기재되어 있다(『문종실록』권1, 즉위년
　　5월 기미조 : 6-236다).

A-①은『속육전』에 수록되어 있는 품목에 한하여 대납을 허용하고 있었다. 대납을 허용한 품목은 正炭·燒木·不等木·吐木·廣板木·成造木·穀草·紙芚· 油蜜 등이었는데,[19] 진관사 간사승에게 대납을 허용한 품목은 草芚과 田稅紙 였다.[20]

---

16)『文宗實錄』卷1, 即位年 3月 乙巳條 : 6-217라 ;『文宗實錄』卷1, 即位年 4月 癸未條 :
　　6-230다라 ;『文宗實錄』卷4, 即位年 10月 庚寅條 : 6-306라.
17) "夫津寬寺水陸社造成 乃世宗爲祖宗之事 不可廢也 其所需之費 乃以幹事僧 代納全
　　羅黃海等道草芚 收其價而用之 實欲無弊於國家"(『文宗實錄』卷1, 即位年 4月 辛丑
　　條 : 6-233가).
18) "議政府 將各司貢物代納禁止之法以啓 上曰 啓目內 有津寬寺幹事僧外 雜僧毋得代
　　納之語"(『文宗實錄』卷1, 即位年 5月 壬子條 : 6-235다).
19)『文宗實錄』卷1, 即位年 4月 辛丑條 : 6-232라~3가 ;『文宗實錄』卷1, 即位年 5月
　　己未條 : 6-236다 ;『文宗實錄』卷3, 即位年 9月 己酉條 : 6-280라 ;『文宗實錄』卷4,
　　即位年 10月 庚子條 : 6-312나 ;『文宗實錄』卷6, 元年 3月 甲辰條 : 6-364나.
20)『文宗實錄』卷1, 即位年 3月 壬申條 : 6-229가 ;『文宗實錄』卷1, 即位年 4月 辛丑條 :

A-②에는 공물대납가를 수령이 수량을 참작하여 수렴하고 친히 감시하여 面對해서 준다는 규정이 『속육전』에 수록되어 있다.

그런데 간사승이 각 군현에 직접 내려가서 대납가를 가혹하게 징수하는 폐단이 야기되자 문종 즉위년(1450) 4월 좌의정 황보인·우의정 남지 등은 "금년부터 진관사 간사승에게 허가한 대납을 금지하는 대신에 충청도의 祿轉 잉여미 1,080석으로 진관사 조성비로 충당하게 하고, 비용이 부족할 시에는 전년도분의 대납가 未收分을 소재관이 수납하여 지급하되 그래도 부족하면 국고미로 경비에 보충하자"는 대안을 제시하였지만, 문종은 "간사 승의 대납을 금지하더라도 잡인이 청탁·대납하는 폐가 마찬가지일 것이므로 公處에서 대납하는 것이 나을 것"이라고 하였다.[21]

승도의 침요를 억제하기 위해 문종 즉위년(1450) 5월 충청도관찰사 권극화가 木炭·薪木·木材의 대납가를 정할 것을 아뢰었을 때, 이사철·이사순·김흔지·정이한 등은 "각도 각관의 원근에 따라 물가도 상이하기 때문에 이것을 확정한다는 것은 도리어 부당하다"는 이유를 들어 종전대로 하자는 견해를 제시한 반면에, 이계전·김문기 등은 "잡물의 대납가는 원래 정해져 있지 않기 때문에 대납하는 자가 倍徵하는 폐단이 많음으로 의정부의 의논에 따라서 입법화하는 것이 편하다"고 하였다. 이에 대해 문종은 "육전에 수령이 친히 감독하여 收納하는 법을 거듭 밝혀서 시행하라"고 하였다.[22] 그리고 금후부터 대납한 승려들이 직접 각 군현에 가서 징수하는 것을 금지하고 소재관의 수령이 참작하여 대납가를 거두어 船價를 주어 간사승에게 전해 주도록 하되, 만약 금령을 어기고 대납할 때에는 대납가를 관에서 몰수하도록 하였다.[23]

6-233가.
21) 『文宗實錄』 卷1, 卽位年 4月 辛丑條 : 6-232라~3가.
22) 『文宗實錄』 卷1, 卽位年 5月 戊申條 : 6-234다라.
23) 『文宗實錄』 卷1, 卽位年 5月 己未條 : 6-236다.

그런데 특별히 정해진 대납가가 규정되어 있지 않았기 때문에 자의성이
개재될 소지가 있기 마련이었다. 문종 즉위년(1450) 의정부에서 병조의
呈狀에 의거하여 아뢴 다음의 기사는 이로 인한 폐단을 말해준다.

續戶典의 貢物代納禁止條에 이르기를 '경기·충청·황해 등 3도 각 고을의
不等木·廣板木·正炭 등의 물품을 민들에게 대납하도록 聽許하고는 수령이
적당히 대납가를 거두어 친히 감독하여 면대해 주고, 이를 어긴 자는
논죄한다'고 했는데, 법을 제정한 것이 이와 같은데도 대납가를 징수한
수량을 일찍이 詳定하지 아니했기 때문에 무식한 무리들이 幹事를 맡은
것을 빙자하여 촌락에 횡행하면서 閭里에서 하룻밤 유숙하고는 다반사로
침해합니다. 대납가는 임의대로 증가하여 많아졌는데도 각 고을의 수령들
은 또한 한 때의 私意로 써 버려두고는 살피지 않으므로 빈한한 민들은
재산을 모두 팔아 이 일로 인해 실업하게 되었습니다(『문종실록』 권3,
즉위년 9월 기유조 : 6-280라).

그런데 소재관 수령에게 대납가를 헤아려서 값을 거두게 한다 하더라도
승도들이 무리를 지어 촌락을 출입하며 방자하게 굴어도 감사와 수령은
이들을 奉命使臣처럼 대우하였고, 대납가를 수납할 때에도 이에 복종하지
않을 경우에는 매질을 가하여 그들이 원하는 대납가를 받은 다음에야 그만두
는 실정이었다.[24]
이러한 폐해를 제거하기 위해 문종은 호조로 하여금 각 지방의 물가를
참작하여 詳定하게 하였다.[25] 그리하여 문종 즉위년 9월에 이르러 대납가를
결정하게 되었는데, 당시 대납가를 公定한 품목은 민생에 긴요한 炭·不等木·
吐木이었다.[26]

---

24)『文宗實錄』卷4, 卽位年 10月 庚子條 : 6-312가.
25)『文宗實錄』卷2, 卽位年 7月 己未條 : 6-258다.
26)『文宗實錄』卷3, 卽位年 9月 己酉條 : 6-280라.

〈표 V-1〉 문종 즉위년 공물대납의 공정가

품 목	수 량	대 납 가	
		풍 년	흉 년
炭	1 石	米 10斗	米 7斗
大 不 等 木	1 條	30斗	22斗
中 不 等 木	1 條	14斗 5升	17斗
小 不 等 木	1 條	19斗	12斗
吐 木	1 條	10斗	7斗

위에 규정된 대납가를 어겼을 경우에는 대납한 자를 즉시 推劾하여 濫收한 價米를 각기 그 주인에게 돌려주게 하였고, 실정을 알면서 금하지 않은 수령은 推劾하여 과죄토록 하였다.[27]

그런데 炭·不等木·吐木과 金銀은 대납가가 정해져 있었기 때문에 방납자의 농간과 수탈에서 벗어날 수 있었지만, 날이 갈수록 희귀해지는 虎皮와 豹皮는 대납가가 정해져 있지 않아서 표피 1장의 값이 면포 60~70필에 달하기도 하였다.[28] 이에 대해 문종은 "各色의 공물을 대납하는데 정가가 없기 때문에 이러한 폐단이 발생한다" 하여 그 값을 정하자는 의견을 제시하였으나, 도승지 이계전은 "대납을 금하면서 또 그 값을 정한다면 이것은 사람들로 하여금 대납하게 하는 것이다"라는 이유를 들어 반대함에 따라 여타 품목의 대납가를 정하지 못하였다.[29] 대납가 징수에 대한 규정은 단지 승도의 직접징수 금지와 공인물자에 한해 대납가를 정한 것뿐이었다.

---

27) "議政府據戶曹呈啓 續戶典 貢物代納禁止條云……依景泰元年(세종 32년, 1450)受敎令 其官守令 親監收納 依他例船輸傳給 幹事僧 如有法外代納之人 隨卽禁身推劾 濫收價米 各還其主 知情不禁守令 推劾科罪 從之"(『文宗實錄』 卷3, 卽位年 9月 己酉條 : 6-280라~1가).

28) 『文宗實錄』 卷4, 卽位年 10月 庚辰條 : 6-300다라 ; 『文宗實錄』 卷5, 元年 正月 癸亥條 : 6-349라. 양성지는 대납물 중에서도 가장 민폐가 큰 것으로 紙芚·油蜜·白楮·正鐵·竹木·貢布·燒木·吐木·不等方木·豹皮·船隻 등을 들고 있다(『世祖實錄』 卷40, 12年 11月 庚午條 : 8-46가).

29) 『文宗實錄』 卷5, 元年 正月 甲辰條 : 6-340가.

공물대납의 관행에서 하나의 큰 전기가 마련되는 것은 세조 때이다. 세조 7년(1461) 정월 호조의 계문에는 다음과 같은 논의가 제기되고 있다.

『경국대전』[30)에 '공물은 쌍방의 情願에 따라 대납하되 수령이 그 정한 값에 의해 收給하고, 만약 억지로 대납하게 하거나 갑절 이상 값을 거둔 자와 관에 고하지 않고 제멋대로 값을 거둔 자는 모두 制書有違律로 논하며, 그 값과 물품은 관에서 몰수한다.' 하였습니다. 謄錄에는 '무릇 공물은 모두 다음해 6월까지 畢納하되, 그 대납자는 모름지기 諸司의 畢納文牒을 받은 연후에야 비로소 收價하는 것을 허용하고, 이를 어긴 자는 그 값을 관에서 몰수한다.' 하였습니다(『세조실록』권23, 7년 정월 갑진조 : 7-441 가).

공물대납은 공물부담자와 대납인과의 동의가 있을 경우에만 허용하였고, 대납가는 수령이 중간에서 조정하여 민호에서 값을 받아 대납자에게 지급토록 하였다. 민이 희망하지 않는데도 억지로 대납하는 행위, 대납가를 定價 이상으로 징수하는 행위, 청부인이 관에 신고하지 않고 제멋대로 직접 민호에서 收價하는 행위는 금지하였다. 또한 『육전등록』에는 대납인이 공물상납을 마치고 畢納文牒을 받아야만 대납가를 징수하는 것을 허용하였고, 필납 전에 收價하는 것은 금지하였다. 그런데 공물대납은 이미 오래전부터 관행되어 오던 현상이었으므로, 『경진대전』 호전의 대납 규정에 관계없이 그것은 수령의 用事로 인하여 많은 폐단을 자아내면서 농민들을 괴롭히는 것으로 지적되고 있었다. 위의 호조의 계문은 다시 다음과 같은 사실로 이어지고 있다.

---

30) 세조는 즉위 후 종래 행해지던 법전을 정리하여 六典의 纂修를 행하여 『경국대전』을 제정하였는데, 그 중 가장 먼저 제정된 것은 경진년(세조 6년, 1460)의 戶典이다. 여기서의 大典은 庚辰大典이다. 오늘날 전해지는 『경국대전』은 성종 16년(1485)에 改修하여 반포한 을사대전이다.

"법을 세움이 상밀하지 않은 것은 아니지만, 지금 수령들은 민간의 情願을 듣지도 아니하고 억지로 대납토록 하니, 대납인은 아직 공물을 바치지도 않고 먼저 그 값을 거둡니다. 이익을 좇는 사람이야 족히 따질 것이 못되지만, 수령으로서 세워놓은 법을 준수하지 않는 것은 심히 부당합니다. 청컨대 지금부터는 陳省에다 代納인지 自備인지를 갖추어 기록하여 한결같이 입법한대로 시행하도록 하되, 만약 자비라고 칭하고서 몰래 대납하거나 혹은 간청에 따라 법을 어기면서 작폐하는 경우는 赦宥 이전을 물론하고 즉시 罷黜하게 하소서." 하니, 임금이 그대로 따랐다(위와 같음).

『속육전』 단계에서는 민인이 자비할 수 없는 공물에 한해 부분적으로 대납을 허용하였지만, 세조대에 이르러 민호에서 대납을 희망할 경우에는 전면적으로 허용하였던 것이다. 당시 대납은 경제활동의 관행으로 일반화되었기 때문에 국가에서도 이를 인정할 수밖에 없었을 것이다.[31] 그러나 대납 허용이 자유로이 방임된 것은 아니었다. 그것은 『경진대전』의 규정에 대해 수령으로 하여금 상납공물이 代納인가 自備인가를 陳省에 갖추어 기록하여 오로지 입법에 따라 시행하도록 하였고, 만약 수령이 자비를

---

31) 다음의 세조의 문답은 저간의 사정을 나타내는 것으로서 주목된다. "또 安哲孫을 불러 공물의 代納하는 일을 물으니, 대답하기를, '대납은 매우 폐단이 있습니다.' 하니, 임금이 말하기를, '너는 호조참의로서 대납하는 본래의 取旨를 알지 못하니 옳은가? 가령 2인이 있는데 그 1인은 淸蜜을 가지고 있고, 1인은 쌀[米]을 가지고 있다면, 진실로 마땅히 그 情願이 있음을 듣고 그들로 하여금 바꾸어 바치도록 하고, 억지로 하는 것을 不許하는 법은 『大典』에 나타나 있는데, 수령이 능히 받들어 행하지 못하니, 죄는 진실로 死罪에 해당한다. 너희들은 어찌 이러한 법을 거듭 밝혀서 그들로 하여금 반드시 행하도록 하지 아니하고 급히 이러한 말을 하는가? 너희들이 스스로 받들어 행하지 아니하고, 법을 가지고 그르다고 하니 옳겠느냐?' 하였다. 정창손이 또 아뢰기를, '신도 또한 이 법으로 撓擾한다고 들었습니다.' 하니, 임금이 말하기를, '영의정도 또한 알지 못하는 것이다. 법의 죄가 아니고 곧 사람의 죄이다. 이제 대납인들이 백성을 侵虐하여 몇 갑절의 값을 거두고, 공물은 여러 해를 바치지 않아서 國用을 베풀지 못하는 데에 이르게 하니, 몹시 불가하다. 모름지기 엄히 징계하고 사람을 가두어 대납하게 하라.' 하였다"(『世祖實錄』 卷28, 8年 5月 壬寅條 : 7-533라).

빙자하여 몰래 대납하거나 혹은 간청에 따라서 법을 어기면서 작폐하는
자는 赦宥 이전을 물론하고 즉시 파출하였다.

대납의 허용은 제읍의 공물 가운데 민인이 비납하기 어려운 것을 민의
情願에 따라 대납케 하여 민의 재산을 침해당하지 않도록 하려는데 있었
다.[32] 그러나 수령이 방납모리배들의 간청에 응하거나 혹은 위세를 두려워
하여 민간에서 쉽게 마련할 수 있는 공물까지도 정원을 묻지 않고 文引을
내주어 실제로는 민의 정원은 거의 고려되지 않은 것이 항용 있는 일이었
다.[33]

세조대에 허용하였던 限定 대납은 예종이 즉위하면서 반포한 敎諭에
따라 전면적으로 금지되었다. 예종은 즉위년(1468) 10월에 승정원과 육조에
내린 傳旨에서 "앞으로 대납하는 자는 공신·종실을 막론하고 사형에 처하고
가산은 적몰한다. 비록 公私로 인한 범법자라도 마땅히 논죄할 것이다"[34]라
는 조치를 내렸다. 세조대에 부분적으로 허용되었던 대납이 예종대에 이같이
엄격한 금단책으로 선회하게 된 배경은 알 수 없지만, 이는 도승지 權瑊의
上啓를 받아들여 내린 조치였다.[35] 예종은 5일 후 법령을 위반한 지방관에
대해 극형에 처할 것을 반포하였다.

一, 이제 비록 대납을 금지하였을지라도 만약 수령이 이것으로 인하여
收斂한다면 전과 다름이 없으니, 이는 매우 가혹함으로 凌遲함이 가하다.

---

32) 『世祖實錄』 卷23, 7年 3月 庚戌條 : 7-453라.

33) "諭諸道觀察使曰 大典貢物代納條 聽兩相情願代納 守令依定價收給 若勒令代納
及過數收價者 以制書有違律論 其代納之人 不告官擅收民間者 亦制書有違律論 價物
沒官 今聞守令等 皆不如是 民雖欲之而不從 不欲而强之 皆不聽民情願"(『世祖實錄』
卷29, 8年 8月 壬申條 : 7-546라).

34) 『睿宗實錄』 卷1, 卽位年 10月 壬寅條 : 8-282가.

35) "都承旨權瑊啓曰 代納之害於民 公私無異 請並禁公家代納 從之 命收傳旨 削雖囚公
犯法 亦當論罪八字 改以公私 皆禁"(『睿宗實錄』 卷1, 卽位年 10月 壬寅條 : 8-282가
나).

一, 수령·만호 및 관찰사·절도사 등은 명을 받아 (국왕과) 근심을 나누어
  지방을 鎭禦하는데, 만약 민에게서 수렴하여 많이 싣고 올라오면 이는
  도둑과 다름이 없으니, 어떻게 도둑을 금하겠는가? 이와 같이 하는
  자도 죄가 같다.
一, 알면서 고하지 아니하는 자는 또한 律에 의거하여 논단한다(『예종실록』
  권1, 즉위년 10월 정미조 : 8-283라).

그런데 문제는 금령 이전에 대납한 대가의 징수가 아직 끝나지 않은
상황이었다. 이러한 문제를 해결하기 위해 이듬해 정월에 대납금지 반포
이전의 대납가는 관에서 징수하여 지급하는 것을 인정하였다.36) 대납금단책
이 반포된 지 3개월 후에 내려진 이러한 조치는 신법을 상당히 후퇴시키는
것이었다.37) 이러한 금단책은 『경국대전』에 "공물을 대납한 자는 杖 80대,
徒 2년에 영구히 서용하지 아니한다"38)는 규정으로 법제화되었다.

2. 공물방납의 원인과 전개

1) 공물방납의 원인

공물은 각 군현의 토산에 따라 분정하는 것을 원칙으로 했지만, 실제로
각 군현에 분정된 공물 가운데는 토산물뿐만 아니라 不産物도 있었고,

---

36) "戶曹啓 曾降傳旨 自今代納者 勿論宗宰·功臣 卽置極刑 家産沒官 然戊子年(예종
  즉위년, 1468)以前代納 悉從民願 受敎而爲之 況民間托人代納 其田稅貢物 不曾備辦
  今若移文督納 必貽弊於民 自本年十月十七日傳旨以前 受敎代納之物 請限閏二月晦
  日 許令人畢代納 官收其直給之 若限內未納一物者 雖已畢納 而濫收價民間者 沒入
  代納之物及其價于官 從之"(『睿宗實錄』卷3, 元年 正月 壬午條 : 8-322가나).
37) 平原大君 琳의 奴인 都致가 공물을 대납하여 체포되었을 때, 그의 죄가 사형에
  해당되는 것임에도 불구하고 內請에 의해서 얼마 안 되어 방면된 예는 이를 말해준다
  고 하겠다(『睿宗實錄』卷6, 元年 6月 丁卯條 : 8-389가).
38) "代納貢物者 杖八十 徒二年 永不敍用"(『經國大典』卷5, 刑典 禁制條).

공물로 제정될 당시에는 생산되었다고 하더라도 시일이 경과함에 따라 絶産된 것도 적지 않았다. 그러나 공납제는 공안에 따라 상납하는 원칙을 고수하고 있었기 때문에 지방군현에서 생산되지 않는 공물이라 하더라도 일단 분정된 것은 상납하지 않으면 안 되었다. 이는 성종대에 함길도 5鎭에서 초서피를 야인과 鐵物·牛馬로 무역하여 납부한 것이라든지,[39] 명종 원년 (1545) 전라도 해변 7읍에서 진상물인 鵂鶹를 구하기 위해 매년 당해군현의 민인으로부터 收價하여 평안도에 가서 구입하여 납부한 예[40]에서 볼 수 있다. 이러한 것은 불산공물의 분정을 개정하지 않는 한 대납이 지속될 수밖에 없었다.

민호에 부과된 공물 가운데 자비하기 어려운 '難備之物' 역시 마찬가지였다. 세조 8년(1462) 6월 諸邑에 弓·箭 등의 병기를 분정하였는데, 유수부·목·대도호부에는 牛角弓·鹿角弓·木弓 1張, 磨箭 4部, 皮絃·紗絃 40개를, 도호부·知官에는 弓 5張, 箭 3部, 絃 30개를, 縣官에는 弓 2張, 箭 2部, 絃 20개를 각각 분정하였다.[41] 이것은 원래 諸道 兵營과 營鎭에 부과되었던 월과군기를 諸군현에 공물로 분정한 것이었다. 그후 성종 원년(1469)에 이르러 당시 지방 군현을 10등급으로 나누어 다시 분정하였다.[42]

군기물은 군현의 등급에 따라 부과하였는데, 1등급 군현에는 각궁 300장·장전 27,000개·편전 18,000개를, 10등급 군현에는 각궁 10장·장전 900개·편전 600개를 각각 부과하였다.

39)『成宗實錄』卷55, 6年 5月 庚申條 : 9-223라 ;『成宗實錄』卷225, 20年 2月 丙辰條 : 11-450나 ;『成宗實錄』卷250, 22年 2月 辛酉條 : 11-694라 ;『中宗實錄』卷6, 3年 8月 辛巳條 : 14-273나.
40)『明宗實錄』卷4, 元年 12月 壬辰條 : 19-470다.
41)『世祖實錄』卷28, 8年 6月 壬申條 : 7-539가.
42)『成宗實錄』卷2, 元年 正月 丁未條 : 8-461가나.

〈표Ⅴ-2〉 군현등급에 따른 軍器 납부 수량

군현등급	품목(수량)		
	角弓	長箭	片箭
1등급(6)	300장	27,000개	18,000개
2등급(15)	250장	22,500개	15,000개
3등급(16)	200장	18,000개	12,000개
4등급(26)	150장	13,500개	9,000개
5등급(19)	120장	10,800개	7,200개
6등급(36)	90장	8,100개	5,400개
7등급(36)	70장	6,300개	4,200개
8등급(36)	50장	4,500개	3,000개
9등급(25)	30장	2,700개	1,800개
10등급(90)	10장	900개	600개

그런데 이들 물품은 민호가 쉽사리 생산할 수 있는 것이 아니었다. 이에 대해 대사헌 양성지는 다음과 같이 언급하고 있다.

兵戎은 국가의 大事이니 그 兵器는 날카롭고 또 많지 않을 수 없습니다. 전하께서 편안하게 살면서 위태로움을 생각하여 병기를 날카롭게 하여 不虞를 경계할 것을 생각하시고, 貢弓을 加設하여 大官에게 수백을, 小官에게 수십을 그 해의 常數로 삼으시니, 염려하는 것이 매우 원대합니다. 그러나 그 수효로서 상고하면 5·6家가 하나의 활을 바치는데, 하나의 활에 들어가는 것은 반드시 몇 마리의 짐승의 힘줄[筋]을 써야 하며, 뿔[角]은 더욱 민가마다 얻기 어려운 물산이 되었습니다. 수령은 文案을 근거로 징수하기를 독촉함이 星火보다 급하고, 민은 준비할 수 없으면 布貨로서 家戶에서 거두는데도 오히려 변상할 수 없으면 매질이 따르게 됩니다(『세조실록』 권46, 14년 6월 병오조 : 8-196가).

즉 5·6호마다 활 1개를 납부해야 했는데, 하나의 활을 만드는 데는 3~4마리 소와 말의 힘줄[筋]이 필요하였다.[43] 더구나 뿔[角]을 얻기는 매우 어려웠는

---

43) "申叔舟啓曰 一弓之入 幾至三四牛馬之筋"(『成宗實錄』卷2, 元年 正月 丙戌條 :

데도 수령은 민이 판비하지 못할 경우 布貨를 거두었고, 이것마저 변상하지 못했을 때에는 매질이 뒤따랐기 때문에 농민들은 田土를 팔아서 이를 상납하였다.44)

사재감에 상납하는 船隻 역시 민호에서 감당하기 어려운 것이었다. 선박 건조에는 많은 船材와 功役과 기술을 필요로 했기 때문에 민호의 대부분은 布穀을 거두어 무역하여 상납하였는데, 그 價米는 무려 5·60석에 달하였다.45) 角弓·船隻과 같은 難備之物의 분정 역시 방납을 촉진하는 한 원인이 되었다.

방납이 확대된 원인은 '불산공물'·'난비지물'의 분정과 같은 구조적인 결함에도 기인한 면도 있었지만, 무엇보다도 방납활동에서 얻어지는 이득이 매우 많았던 것을 들 수 있다. 세종 16년(1434)에 민효열이 예조좌랑 재임 중에 일본사신 薩摩州太守 藤源爲久 등이 바친 석류황의 代價를 回賜品으로 내려줄 때 잘못 계산하여 木棉 3,130여 필을 더 지급한 것이 3년 후에 발각되었다. 그리하여 해당 관청인 호조·예조 당상관 및 낭청관원들에게 分徵하기로 하였으나, 얼마 안 되어 집현전에서 "당상관에게 분징한다는 것은 대신을 우대하는 체면에 어긋난다"고 상소하여 당상관은 추징을 면하였고,46) 그 대신 모두 낭청에게 전가하여 책징함에 따라 민효열도 500여 필을 부담해야만 하였다. 그런데 민효열의 재산이라고는 그의 父 大生의 재산을 포함하여 노비 수십 구 뿐이었고, 그가 받은 과전과 5품의 녹봉으로는 면포 500여 필을 조달하는 것이 쉽지 않았다. 면포 추징의 고통을 감당할 수 없었던 민효열은 그의 가노로 하여금 평강 등지에서 생산되지 않는

8-452나).

44) 『中宗實錄』 卷53, 20年 3月 庚午條 : 16-390가.

45) "戶曹啓……京畿各官船材罕有 因此納站船隻 皆於民間收價貿易 一船之價 或米五六 十石 爲弊莫甚"(『世宗實錄』 卷29, 7年 8月 戊子條 : 2-689다).

46) 『撫松軒先生文集』 卷1, 「請勿徵布堂上官疏」.

닭나무[楮木]를 장흥고 소속 奴와 모의하여 방납케 하여 변상할 자금을 충당하려고 하였으나, 얼마 후 발각되어 민효열은 파직과 아울러 '廢錮不敍'에 처해졌다.[47] 민효열이 방납을 도모한 것도 막대한 이익을 얻을 수 있었기 때문이라 생각된다. 이 같은 사례는 許安石의 婢妾 소생인 許繼智가 방납을 통해 많은 이익을 얻어 수년이 안 되어 鉅萬의 자산을 모은 사실에서도 확인된다.[48]

2) 공물방납의 전개

공물은 중앙의 호조 및 각사, 외방의 각도와 각관에 비치된 공안에 의거하여 대개 各司→(各道監司)→各官 守令→各戶의 체계로 부과·징수되었다.[49] 각 군현의 수령은 공안에 의거하여 당해 군현에 부과된 공물을 마련한 다음 貢吏로 하여금 납부하게 하였다. 공리는 각 군현의 공물을 납부하는 향리로서, 外使·貢物外吏·貢物使 등으로도 불렸다.[50]

당시 대부분의 공물은 漕運을 통해 한양으로 운송되었다. 경상·전라·충청·황해도의 연해 諸군현의 공물은 서해안과 한강하류를 통해, 경기·충청·강원도의 일부와 한강상류의 연변군현의 공물은 남한강·북한강을 통해 각각 운송되었다.[51] 한강은 조선시대 전반을 통해 가장 중요한 경제교통로

---

47) 『端宗實錄』卷5, 元年 正月 己卯條 : 6-563라~4나.

48) "許繼智本名毛知里 稱許安石婢妾出 訟於官 據有安石産業 交結貴要 凡如代納之有大利者 率先爲之 不數年 家累鉅萬 起第誠明坊 棟宇丹雘 僭侈無比 朝士有名望者亦多出入其家"(『睿宗實錄』卷6, 元年 7月 癸卯條 : 8-405가). 姜制勳, 2002, 「조선초기의 富商 許繼智의 신분과 권력 배경」『韓國史研究』119.

49) "盖貢物縱使定之 一以土宜 京司分定於各邑 各邑分徵於各面民戶"(『磻溪隨錄』卷3, 田制後錄上 經費條).

50) 朴道植, 2000, 「朝鮮前期 貢吏연구」『人文學研究』3 참조.

51) 李大熙, 1963, 「李朝時代の漕運制について」『朝鮮學報』23 ; 崔完基, 1976, 「李朝前期 漕運試考-그 運營形態의 變遷過程을 중심으로-」『白山學報』20 ; 오영모, 1979, 「李朝의 陸運·漕運에 대한 연구-호남을 중심으로-」『全北史學』3 ; 金玉根, 1981,

였고, 서강·용산·두모포는 전국 각지의 물자가 모이는 요충지였다.[52] 이곳에는 중앙의 관아가 위치하고 있었는데, 서강에는 廣興江倉·豊儲江倉·典艦司 外司가, 용산에는 豊儲江倉·軍資江監·繕工江監·瓦署·歸厚署가 있었다.[53]

공리는 상경한 후에 그 본읍의 京邸에 투숙하면서 경주인[54]의 알선에 의해 공물을 지정된 각사에 납부하였다.[55] 이를 납부하는 데는 적게는 수일에서 많게는 수십 일이 소요되었다.[56] 왜냐하면 한 각사에서는 각 군현에서 수개 내지 수십 개의 공물을 받았지만,[57] 한 군현에서는 여러 종류의 공물을 지정된 중앙의 여러 각사에 납부해야 하였기 때문이다.[58]

공리가 각사에 공물을 상납할 때에는 당해군현의 수령이 발급한 陳省을 첨부해야만 하였다.[59] 진성은 일종의 증명문건으로서 발급하는 관사에

「朝鮮時代 漕運制 研究」『釜山産業大 論文集』2 ; 六反田豊, 1987,「李朝初期の田税 輸送體制」『朝鮮學報』123.

52) "蓋京城 爲人民之都會 而且是不耕不耘之地 必待四方之委輸 貨物之流通而有所相 籍"(『白沙集』別集卷1, 陳時務畫一啓 :『韓國文集叢刊』62-335).

53)『世宗實錄』卷148, 地理志 京都 漢城府條 ;『東國輿地勝覽』卷2, 京都(下)·卷3, 漢城 府條.

54) 경주인의 담당업무는 稅貢의 上納, 新舊守令의 迎送, 政府各司와의 公事通信連絡, 京役吏·選上奴婢의 上番·就役 등의 주선, 上京官人·吏員의 숙박 외에도 本官出身 朝官의 宴飮供應의 일까지도 담당하였다(李光麟, 1962,「京主人 研究」『人文科學』 7, 연세대 인문학연구소 참조).

55) 세종 21년 5월 各司奴婢推刷色 계문에 "凡一百二十四司 見推奴婢二十一萬數千口" (『世宗實錄』卷85, 21年 5月 己未條 : 4-213다)라 한 것으로 보아 당시의 衙門은 적어도 124司 이상에 달하였다고 생각된다.

56)『中宗實錄』卷29, 12年 9月 乙未條 : 15-331가.

57) 가령 교서관에서는 62개 군현에서 貢紙를 수납하였다. "余(柳希春)被校書館請坐 往捧各官貢紙 凡六十二官"(『眉巖日記草』4, 甲戌<宣祖 7年, 1574> 7월 12日 : Ⅳ -440).

58) "(領事李)克均曰……且一邑之吏 所納各司非一"(『燕山君日記』卷44, 8年 5月 壬午 條 : 13-491나). 가령 순천부에서는 내섬시를 비롯한 21곳의 각사에 70여 종의 공물을 납부하였다(李泰鎭·李相泰編, 1989,『朝鮮時代 私撰邑誌』, 人文科學研究院, pp.318~321).

59)『世祖實錄』卷39, 12年 9月 丙戌條 : 8-40라 ;『明宗實錄』卷14, 8年 5月 辛未條:

따라 문서[狀]·인가장·증명서 등 종류가 다양했으나,[60] 貢物陳省은 稅貢의 수량과 바치는 각사의 이름, 출발 일시, 공리의 성명을 기록하여 호조에 바치는 공물 명세서였다.[61] 공리가 공물의 납입을 마치고 관사로부터 납부 증명서인 准納帖을 받으면 그 책임을 다하게 되었던 것이다.

공리가 중앙각사에 공물을 직접 납부하거나 혹은 방납인이 방납하는 어느 경우를 막론하고 공물진성을 바치도록 되어 있었다. 진성발급은 전적으로 수령의 관장 하에 있었기 때문에 이를 획득하려면 수령과의 긴밀한 협조가 필요하였다.

최초로 합법적인 방납활동을 허용받은 자는 전술한 바와 같이 佛事와 관계 있는 간사승이었다. 이들은 왕실·종실의 비호 아래 방납을 행하였기 때문에 진성을 확보하는데 유리한 입장에 있었다. 이들은 진성발급의 요청에 수령이 응하지 않을 때에는 왕실·종실에 호소하여 수령을 파면시키는 경우도 하였다. 가령 세종 32년(1450) 윤정월에 진관사 간사승 覺頓이 전라도 여러 군현의 草芚을 대납하려고 그 지역에 갔을 때, 나주 등 30여 군현의 수령이 타인으로 하여금 대납하도록 하고 자신에게는 허락하지 않자 귀경한 후 이를 안평대군에게 호소하여 나주 등 30여 군현의 수령을 일제히 파직시킨 사건[62]은 그 좋은 사례라고 할 것이다.

진관사 간사승에게 대납이 허용된 품목은 전라도·황해도의 田稅紙와 草芚이었다. 당시 황해도의 代納價米가 어느 정도였는지는 알 수 없지만, 전라도에서는 전세지와 초둔의 대납가미를 합쳐 모두 1,150석에 달하였다.[63] 이들 품목을 대납하기 위해서는 당연히 이를 조달할 만한 재원이

20-135가.

60) 『明宗實錄』 卷14, 8年 5月 辛未條 : 20-135가.
61) 『成宗實錄』 卷10, 2年 5月 丁酉條 : 8-573가 ; 『經國大典』 卷2, 戶典 雜令條.
62) 『世宗實錄』 卷127, 32年 閏正月 甲戌條 : 5-171나.
63) 『文宗實錄』 卷1, 卽位年 4月 壬申條 : 6-229가.

필요하였다.

세종조의 불교정비는 왕실과 관련된 사원을 중심으로 단행되었는데,[64] 水陸社를 營建한 진관사도 그 중 하나였다. 당시 진관사의 전지는 元屬田 60결과 加給田結數 90결, 水陸位田 100결을 포함하여 모두 250결이었다.[65] 특히 진관사 수륙사는 세종이 祖宗을 위해 조성한 곳이었으므로[66] 왕실에서 각종 특혜를 주었다. 예를 들면 진관사를 중수할 때 국가에서 진관사 간사승인 각돈에게 방납 자금을 빌려주기도 하였고,[67] 米 400석과 면포 200필을 특별히 지급해 주기도 하였다.[68] 또한 경상도의 貢布와 貢稅 수송권을 주기도 하였고,[69] 별요·귀후소·교서관에서 대납하던 吐木·燒木도 회수하여 진관사 중수비용으로 충당하게 하였다.[70]

국가기관이 방납 활동을 하기도 하였다. 이러한 사례는 세조 8년(1462) 7월 충훈부와 간경도감에 공물상납권을 지급하고 있는데서 찾아진다.[71]

---

64) 당시 왕실관련 사원은 願主생전의 안녕을 기원하거나 사망한 선조의 명복을 비는 왕실원당, 선왕의 능 근처에 설립하거나 혹은 지정하여 명복을 비는 陵寢寺, 왕실 및 국가를 위해 水陸齋를 설행하는 사찰인 수륙사 등이 있었다. 교종·선종 36사 중 왕실관련 사원은 22사였다(宋洙煥, 1992,「朝鮮前期의 寺院田－王室關聯 寺院田을 中心으로－」『韓國史研究』79, pp.27~36).

65)『世宗實錄』卷24, 6年 4月 庚戌條 : 2-592가.

66)『文宗實錄』卷1, 卽位年 4月 辛丑條 : 6-233가.

67) "(大司諫安)完慶曰 外官貢物代納 其弊不小 臣聞幹事僧 因代納貢物 橫行忠淸道州郡 作弊多端……上曰……然津寬寺幹事僧覺頓 因代納貢物 負債實多 若急切禁之 則彼 僧負債 何以償之"(『文宗實錄』卷4, 卽位年 11月 辛丑條 : 6-313다). 여기서 각돈에게 빌려준 부채는 軍資米穀이라 짐작된다. 이는 세종 21년 4월에 "軍資米穀 本爲餉軍賑 飢而設也 其斂散之方 不可不謹 舍利閣幹事僧洪照 所貸米五十石 悉令勿徵 臣等以 爲上項之米 實是民膏 不可輕與遊手之徒 以爲無名之費也"(『世宗實錄』卷85, 21年 4月 己亥條 : 4-207나)라 하여 사리각 간사승 홍조가 군자미곡 50석을 빌린 것에서도 확인할 수 있다.

68)『世宗實錄』卷124, 世宗 31年 5月 癸未條 : 5-128나.

69)『文宗實錄』卷5, 元年 正月 甲辰條 : 6-340가 ;『文宗實錄』卷7, 元年 5月 己未條 : 6-390다.

70)『文宗實錄』卷6, 元年 3月 甲辰條 : 6-364나.

206

충훈부는 태종대에 설치된 공신도감을 세종 16년(1434) 9월에 충훈사로
개칭하였다가, 계유정난으로 수양대군이 공신이 되어 충훈사에 속하게
된 것이 계기가 되어 단종 원년(1454) 정월에 이르러 충훈사의 격을 올려
충훈부로 칭하여 모든 공신을 포섭하는 禮遇衙門으로 성립하였다.72) 세조
7년(1461) 3월 효령대군이 충훈부와 함께 공물을 상납하기 전에 收價하여
방납하고 있는 것으로 보아 충훈부에서는 이전부터 방납을 해 왔던 것으로
짐작할 수 있다.73)

간경도감에서는 불경을 언해하여 간행하였는데, 여기에 소요되는 경비는
매우 방대하였다. 간경도감에서의 방납은 세조 7년(1461) 7월 간경도감제조
尹師路가 啓請하여 경기 제읍에서 사복시에 납부하는 生草의 대납을 京中의
富人으로 하여금 청부상납케 한 후에 그 收價를 兩分하여 도감에 납입한데서
비롯되었다. 사복시에서 기르는 말의 사료인 생초는 경기제읍 농민의 요역으
로 輪次上納하였는데, 군현 가운데 길이 멀고 수송에 곤란한 지역은 사람을
고용하여 대납케 하였다.74)

위의 두 기관에서는 직접 방납에 참여한 것이 아니라 방납의 판매권인
'納分'을 부상대고에게 주고, 그 대신 代價를 징수하는 방법을 취하였다.
당시 방납활동에 참여한 부상대고·사족·승도 등은 납분을 인수하기 위해
권세가 혹은 왕실과 두터운 친분을 가진 승려 信眉 등에게 부탁하기도
하였다.75)

공물은 각 군현단위로 분정되었기 때문에 왕실·중앙각사에 대한 수송과

71)『世祖實錄』卷28, 8年 7月 癸卯條：7-541다라.
72)『世宗實錄』65, 16年 9月 乙亥條：3-590가 ;『端宗實錄』卷10, 元年 正月 丁卯條：
   6-661다 ; 南智大, 1994,「조선초기 禮遇衙門의 성립과 정비」『東洋學』24, p.13.
73) "近者孝寧大君補 與忠勳府 請於貢物未納前 先收其價 夫如是 則未納貢物 而先欲收
   價者 斷踵而起 民間受害 不可勝言"(『世祖實錄』卷23, 7年 3月 庚戌條：7-453라).
74)『世祖實錄』卷25, 7年 7月 庚申條：7-475나다.
75)『睿宗實錄』卷3, 元年 正月 壬午條：8-322나.

상납의 책임은 수령에게 있었다. 특히 공물의 納·未納은 수령의 解由에도 매우 중요한 조건이었다. 따라서 수령이 공물을 포흠했을 때 현임은 물론이고 遞任하여 受職한 자까지도 모두 停職시켰고, 前銜인 자는 本鄕에 付處하되 그 중 심한 자는 직첩을 거두어서 외방에 부처하였다.[76] 그후『경국대전』 단계에 와서는 한 군현의 수령이 중앙의 6司 이상에 미납할 경우 파출토록 하였다.[77]

　공물상납의 책임을 맡았던 수령은 자기의 책임을 모면하기 위해서 방납자와 결탁해서 공물을 상납하는 경우도 허다하였다. 가령 자기 군현의 人吏와 官奴로 하여금 공공연히 방납을 하게 하거나,[78] 혹은 뇌물을 받고 방납을 허용하기도 하였고,[79] 때로는 부상대고와 결탁하여 공물을 방납하고 利를 나누기도 하였다.[80]

　권세가와 부상대고의 방납활동은 매우 활발하였다.[81] 권세가들은 그들의 奴僕을 상업에 종사케 하거나,[82] 長利를 하여 영리를 도모하기도 하였지만,[83] 방납에 직·간접적으로 관여하기도 하였다. 그들은 수령보다 상위의 관직에 있었기 때문에 권세를 이용하여 수령에게 强請하여 진성을 쉽게 입수할 수 있었다. 이러한 사례는 세종 6년(1432) 4월 우사간 柳季聞이 문화현령 王孝乾에게 청탁하여 그 고을의 貢炭陳省을 받아 대납한 후 대납가

---

76) 『太宗實錄』卷18, 9年 11月 丙申條 : 1-519가.
77) "凡收稅貢之納 翌年六月上納 ○本曹 每年季 考諸司貢物 所納之數 未納六司以上守令 啓聞罷黜"(『經國大典』卷2, 戶典 稅貢條). 이 규정에 의거하여 수령이 파출된 예로서는 중종 19년 황해도에만 12명에 달하였다(『中宗實錄』卷51, 19年 9月 壬戌條 : 16-336나다·甲子條 : 16-337가).
78) 『世宗實錄』卷50, 12年 12月 己丑條 : 3-279다.
79) 『成宗實錄』卷10, 2年 4月 丁卯條 : 8-567라.
80) 『明宗實錄』卷5, 2年 2月 庚寅條 : 19-482라~3가.
81) "成均進士宋希獻上書曰……代納之徒 非權門勢室 則必富商大賈·僧焉"(『世祖實錄』卷46, 14年 6月 壬寅條 : 8-191나).
82) 『世宗實錄』卷10, 2年 11月 己巳條 : 2-414라.
83) 『世宗實錄』卷23, 6年 正月 丙午條 : 2-576라~7가.

를 과중하게 거둔 일로 인해 사헌부의 탄핵을 받아 파면된 사건이라든지,[84]
같은 해 5월 前奉禮 柳地가 권세를 믿고 왕효건에게 청탁하여 문화현의
貢芻을 대납한 사건[85] 등을 들 수 있다. 유계문과 유지는 모두 본관을
문화인으로 하는 당시의 大族이었다. 계문의 父 寬은 의정부찬성으로 유지와
는 종형제 사이였고, 황해도감사 柳璋은 유지와 從昆弟 사이였다.[86]

당시 大小之家에서 각 군현의 공물을 공공연히 방납을 하여도 사대부들은
이를 허물로 삼지 않았다.[87] 이에 대해 세종은 "우리나라의 사대부는 이미
노비가 있고, 또 토지를 받고 있으니 살림이 넉넉지 못하다고 할 수 없다.
비록 놀고 있다 할지라도 부모봉양과 처자양육[仰事俯育]을 해 나갈 수
있다. 더구나 현직에 있는 사람은 녹봉을 받고 있는데도 오히려 부족하자,
수령에게 요청하여 공물을 대납하고 倍數로 민에게 받아들이니 工商과
다를 바 없다. 그런데 태연스럽게 부끄러워할 줄을 모르고 있으니 매우
절조가 없는 일이다"고 하면서 이제부터 수령이 時散 各品의 청탁을 들어주
어 공물을 바치게 한 자에 대해서는 교지를 따르지 아니한 죄로 처단하고,
마음대로 대납한 자에 대해서는 장물죄로 처단하고 다시는 등용하지 말라는
엄한 조치를 내렸다.[88]

이와 같은 금지조처에도 불구하고 이듬해 정월 작고한 典書 姜濡의
처 宣氏가 좌대언 金宗瑞에게 의뢰하여 수원부에서 풍저창에 납부하는
草芚을 대납하려다 발각된 사건과,[89] 같은 해 4월 좌명공신 우의정 趙涓의
아들 同知摠制 趙慕가 知利川縣事 金暄에게 간청하여 초둔을 대납하여

---

84)『世宗實錄』卷24, 6年 4月 壬子條 : 2-592라.

85)『世宗實錄』卷24, 6年 5月 乙酉條 : 2-596가.

86) 田川孝三, 1964,『李朝貢納制の硏究』, pp.361~362.

87) "大小之家 以各官貢物 公然先納 收價於民 士林曾不爲咎"(『世宗實錄』卷51, 13年
正月 己丑條 : 3-292나).

88)『世宗實錄』卷50, 12年 12月 丙戌條 : 3-279가.

89)『世宗實錄』卷51, 13年 正月 己丑條 : 3-292나.

탄핵을 받는 사건[90]이 발생하고 있다. 수령이 방납을 일절 허락하지 않으면 그 폐단을 없앨 수 있었겠지만, 권세가의 간청에 이끌려 방납을 금하지 못하는 실정이었다.[91] 권세가가 감사·수령에게 간청하면 그들은 토산물이라 하더라도 不産이라고 하여 방납을 허용하였던 것이다.[92]

권세가들은 직접 방납에 개입하기도 했지만, 부상대고와 결탁하여 방납하는 경우가 많았다.[93] 성종대의 재상 윤은로는 자기 奴로 하여금 諸邑에 서간을 보내거나 뇌물을 주고 직접 방납하기도 하였고,[94] 부상대고와 결탁하여 방납하기도 하였으며,[95] 船隻·魚物을 방납하기도 하였다.[96]

방납에 참여한 부상대고들은 주로 한성부와 개성부에서 활동하고 있었다.[97] 이들의 방납행위는 이미 고려시기부터 있어왔다.[98] 농본주의에 입각하여 국가통치가 행해지고 있던 조선왕조에서는 상업은 末流·末作이라는 인식을 바탕으로 상인과 그들의 활동을 엄격히 통제하였다.[99] 국가는 그 통제책의 일환으로 路引이라는 일종의 원거리 통행 허가증을 발급하여 가능한 한 상업활동을 억제하려고 하였고, 중국·일본과의 대외무역에서도 자유로운 상행위를 규제하고 있었다.[100] 따라서 이들이 합법적인 테두리

---

90) 『世宗實錄』卷52, 13年 4月 癸丑條·甲寅條 : 3-311가나, 乙卯條·丙辰條 : 3-312가다.
91) 『明宗實錄』卷13, 7年 9月 甲辰條 : 20-102다.
92) 『世祖實錄』卷36, 11年 7月 辛未條 : 7-695다.
93) 『世祖實錄』卷23, 7年 3月 庚戌條 : 7-453라.
94) 『成宗實錄』卷241, 21年 6月 辛丑條 : 11-608라.
95) 윤은로는 부상대고 申末同 등의 청탁을 받아 新川郡守·文化縣監·兎山縣監에게 書簡을 보내어 당해 군현의 공물을 방납하였다(『成宗實錄』卷241, 21年 6月 戊戌 條 : 11-608가).
96) 『成宗實錄』卷297, 25年 12月 己巳條 : 12-609나다.
97) 『世宗實錄』卷95, 24年 正月 丁卯條 : 4-390나.
98) 朴鍾進, 앞의 논문, p.59 ; 朴道植, 1993, 앞의 논문, p.23.
99) 상업에 대한 이러한 인식은 당시 지배층이 공통적으로 지니고 있었다(李章熙, 1989, 『朝鮮時代 선비硏究』, pp.180~88).
100) 吳 星, 1990, 「朝鮮初期 商人의 活動에 대한 一考察」『國史館論叢』12.

내에서 부를 축적하기는 실로 어려운 상황이었다.

부상대고들은 재력을 바탕으로 수령·각사이노에게 방납에 필요한 자금을 융통해 주거나, 지방관을 움직일 수 있는 권세가·승도·각사이노 등과 결탁하여 방납에 종사하였다.[101] 예를 들면 세종 4년(1422) 윤12월 부상대고 반석로는 경기 농민이 사복시에 납부하는 곡초를 마음대로 점퇴한 후, 사사로이 준비한 곡초로 대납하고 백성들에게 대납가를 갑절이나 거두어들인 일이 발각·치죄되어 관노가 되었는데,[102] 여기서 반석로가 점퇴할 수 있었던 것도 재력을 바탕으로 사복시 吏奴와 결탁하였기에 가능하였던 것이다.

세조대에 이르러 대납이 공인됨에 따라 부상대고의 활동은 현저하게 나타난다.

> 동지중추원사 양성지가 상서하기를, "……本朝에서 민에게 수취하는 것은 1家의 전세 같은 경우에는 所出의 10분의 4인데, 잡세가 그 중 10분의 6을 차지합니다. 이른바 잡세라는 것은 바로 여러 본색의 공물을 대납하는 것입니다. 지금 호조에서 일국의 財賦를 맡아보는데, 어느 州의 어떤 물품의 대납을 살피지 아니하고, 또 대납하면서 이익으로 거두는 것이 모두 몇 石인지를 살피지 아니하고 모두 富商에게 허가하여 이 일을 하게 합니다. 민에게 수취하는 것이 정해진 제도보다 지나치게 많은 경우가 많으며, 또 일을 맡아보는 사람들이 재화를 쓰더라도 전혀 절제하지 않습니다.…… 일국의 財賦의 반을 들어서 商賈의 손에 맡기고도 이미 징수하여 거두는 것을 고찰하지 아니하고, 그 용도를 고찰하지 않는 것이 옳겠습니까?" 하였다(『세조실록』 권33, 10년 5월 경진조 : 7-628라~9가).

양성지는 국가재정에서 공물이 전체의 6/10을 차지하는데, 공물상납은 거의 대납에 의한 것이며 그 대납의 대부분이 부상대고에 의해 납입되고

---

101) 田川孝三, 앞의 책, p.785.
102) 『世宗實錄』 卷18, 4年 閏12月 壬申條 : 2-517라~8가.

있는 실정이라고 한다. 이는 당시 부상대고가 국가재정에서 공물의 유통부문 중 상당 부분을 담당하였음을 알 수 있다. 이러한 사실에 대해 양성지는 "민인의 부담으로 감당할 수 없는 공물에 한하여 그 情願에 따라 호조에 轉傳하고 商賈로 하여금 납입하게 하여 대납을 허락할 것"을 건의하기도 하였다.[103] 이것이 비록 채택되지는 않았지만, 그의 구상은 경성·개성에서의 부상의 활약이 현저하여 공물유통에 있어 상당 부문이 그들의 수중으로 옮겨져가고 있던 실정을 반영한 것으로 이해된다.

세조대의 대납은 민의 情願에 한하여 허용하도록 되어 있었지만, 부상대 고가 권세가 및 승도와 결탁하여 수령에게 압력을 가하면 수령이 그 위세를 두려워하여 대납을 허용하는 것이 일반적이었다.

호조에서 아뢰기를, "……이때 豪家巨室 중에도 대납행위를 좋아하는 자와 부상대고 및 승도들이 勢家에 의탁하거나, 혹은 승려 信眉·學悅·學祖에 게 청탁하려고 앞 다투어 빌붙었습니다. 그러나 대납의 법이 민의 情願에 따르도록 되어 있기 때문에 대납하는 무리들은 반드시 먼저 勢家에 의탁하여 그 고을의 수령에게 청탁하는 한편, 많은 뇌물을 갖다 바쳤습니다. 수령은 그 위세를 두려워하고 또 이익을 꾀하여 억지로 대납을 하게 하므로 백성들이 감히 어기지 못하였습니다." 하였다(『예종실록』 권3, 원년 정월 임오조 : 8-322나).

원래 대납허용의 취지는 '있는 것과 없는 것을 서로 돕게[有無相資]'하여 公私에 적절하고 편리하게 하는데 있었다. 그런데 수령이 권세가의 위세를 두려워하여 백성들이 쉽게 준비할 수 있는 물품까지도 강제로 文券을 만들어 권세가와 결탁한 부상대고에게 대납을 허용하면, 부상대고는 官勢를 빙자해 閭里를 횡행하면서 직접 대납가를 징수하여 그 폐해가 막심하였다.[104]

---

103) 『世祖實錄』 卷33, 10年 5月 庚辰條 : 7-629가.

뿐만 아니라 回換穀을 징수할 때에도 官家에 의탁하여 督徵하기도 하였다.[105]

부상대고들이 취급한 물품은 자질구레한 靑草에서부터 田稅米布에 이르기까지 실로 다양하였다.[106] 이외에 各戶의 未納貢稅,[107] 노비신공[108]도 대납하였다. 이러한 방납활동을 통해 부상대고는 상당한 부를 축적하여 호사스런 생활을 과시하는 자도 적지 않았다.[109]

한편 공리가 공물을 각사에 납부할 때 최종적 관문은 그가 가지고 온 공물과 수령이 발급한 공물명세서인 陳省을 각사의 관원이 대조, 점검하는 看品이었다. 그러나 각사 관원의 간품은 형식에 불과하였고, 실제 그 실무는 각사의 吏奴에게 맡겨져 있었다.[110]

여기서 각사의 吏는 동반 경아전인 胥吏를 지칭하는 자였다. 이들이 담당하였던 주요 직무는 '刀筆之任'의 범주에 드는 전곡의 출납을 비롯하여 공문서의 작성과 접수 및 전달, 보관 및 관리, 각종 기록의 등사, 그리고 연락·보고의 사무 등이었다.[111] 지방군현의 공리가 가져온 조세·공물의 수납은 이들이 담당하였다. 그리고 각사의 노는 諸司奴婢 혹은 公處奴婢라고도 하였는데, 이들은 각사의 差備奴와 根隨奴였다.[112] 『경국대전』에 각사차

---

104) 『世祖實錄』卷46, 14年 6月 丙午條 : 8-195가 ; 『訥齊集』續編1, 應旨上時弊六事.

105) "論八道觀察使曰……又富商防納·回換之穀 散給民間 不計年歉 依托官家督徵者 亦有之 一皆禁斷"(『成宗實錄』卷5, 元年 5月 庚子條 : 8-501나다). 회환은 미곡의 시세가격의 고하를 이용하여 판매해서 많은 이익을 얻는 행위였다(朴平植, 1988, 「朝鮮初期 兩界地方의 '回換制'와 穀物流通」『學林』14).

106) 『訥齊集』卷4, 風俗學校十二事 ; 『成宗實錄』卷36, 4年 11月 庚子條 : 9-71다.

107) 『世祖實錄』卷11, 4年 閏2月 癸未條 : 7-261가.

108) 『成宗實錄』卷33, 4年 8月 丙子條 : 9-54다.

109) "許繼智以賤人治第奢侈 非但繼智 此類頗多 而憲府專不檢察"(『睿宗實錄』卷7, 元年 9月 癸卯條 : 8-418다).

110) 朴道植, 2000, 「朝鮮前期 貢吏연구」『人文學研究』3 참조.

111) 申解淳, 1987, 「朝鮮時代 京衙前의 職務에 대하여-朝鮮前期의 資料를 중심으로-」『崔永禧華甲紀念論叢』, pp.284~285.

비노는 每番마다 형조가 먼저 京居奴의 다과를 헤아려 選上을 정한다고
한 것으로 보아[113] 각사노의 입역은 본래 경거노가 담당하였고, 외거노의
선상은 경거노의 부족을 보충하는 부차적 입역이었다.[114] 경거노는 각사의
긴요한 직책에 사역되었고, 城上·直房·別監·使令·庫直 등을 담당하였다.
각사이노는 그 실무를 빙자하여 일찍부터 방납을 통해 이익을 도모하기도
하였다.

> 처음에 幼學 吳世卿이 상서하여 시폐를 진술하므로 의정부에 내려 의논하
> 게 하니, 정부에서 의논하여 아뢰기를, "……1. 상서 안에, '각도에서 경중의
> 각사에 바치는 공물은 극히 정밀하게 살폈어도 다 좋지 아니하다고 물리치
> 니, 반드시 경중의 물건을 얻은 연후라야 각사에 바치게 되매, 각사의
> 典隸와 利를 바라는 무리들이 앞을 다투어 대납하고 그 값을 배 이상을
> 받습니다. 이제부터는 각도의 공물은 수령으로 하여금 緘封하여 각사에
> 바치게 하되, 만약에 실지로 나쁘면 감사에게 이첩하여 한가지로 견책하게
> 하소서.' 하였다."(『세종실록』권84, 21년 윤2월 계미조 : 4-190다).

위의 사례는 각사이노가 看品을 이용하여 貢吏의 동의 유무에 관계없이
관권을 이용하여 공물납부를 저지하고 대납을 구한다는 내용이다. 이들이
공물대납을 할 때에는 同類는 물론이고 상급 관원과도 결탁하지 않으면
거의 불가능하였다. 거기에는 각사마다 그들의 조직이 형성되어 있었다고
짐작된다.

후대의 자료이지만 인조 16년(1638)에 충청도감사 金堉이 충청도에 대동
법을 시행하기를 청하는 장계에 의하면, "대개 各司主人은 모두 그 本司의

---

112) 宋洙煥, 1996, 「조선초기의 各司奴婢와 그 經濟的 위치」『韓國史研究』92.
113) "每番 刑曹先考京奴贏餘 定選上 具數啓文"(『經國大典』卷5, 刑典 諸司差備奴·根隨
    奴定額).
114) 宋洙煥, 앞의 논문, p.57.

214

下人으로서 이른바 色吏·使令이란 자는 모두 같은 무리이다. 공물을 상납할
때 서로 주선해서 각자 그 힘을 다한다"115)고 하여 각사의 奴子들 상호간에
힘을 다해 주선하였다는 것은 물론 이 무렵 일시적인 것이 아니라 이미
오랜 전통을 가진 것이라 짐작된다.

명종 21년(1566) 3월 史論에는 각사 私主人 등의 대납을 들고, 이어서
"일찍이 본사 전임자나 시임자의 족속 또는 그의 이웃집들이 다 여기에
의뢰하여 드디어 고사가 되고 백성들의 폐단은 예외로 방치한다"고 기술되
어 있다.116) 여기서 "일찍이 본사 전임자나 시임자의 족속"이란 현직에
있는 관원은 물론이고 퇴직자 혹은 전임자도 포함되어 있었다.

다음 기사는 명종 21년(1566) 4월 방납의 폐단을 논한 풍덕군수 李民覺이
상소한 一節인데, 여기에는 각사의 관원과 이노와의 관계를 보여주고 있다.

　해당 관원이 그 술책을 알면서도 평일에 典僕에게 판비하도록 하는
것이 많으므로 그 비용을 갚아주지 않을 수 없기 때문에 하인이 애처로운
말과 대답하기 어려운 말로 그 마음을 감동시킬 수 있고 해당 관원도
그가 하는 대로 맡겨두지 않을 수 없습니다. 이것이 官을 속이고 폐단을
일으키는 세 번째입니다(『명종실록』 권32, 21년 4월 무인조 : 21-83라).

여기서 "평일에 전복에게 판비하도록 하는 것이 많다"고 한 것은 각사이노
가 내부 관원의 공궤를 담당하였음을 말해준다.

조선왕조에서는 궁궐뿐만 아니라 각 관부에 근무하는 관원에게 宣飯
혹은 點心으로 酒食을 공궤하였는데,117) 그 비용은 공해전의 수입으로서
마련하였다.118) 세조 때에 공해전이 폐지됨에 따라 음식경비는 별도로

---

115)『潛谷遺稿』卷8, 請行本道大同狀 : 86-151.
116)『明宗實錄』卷32, 21年 3月 丙午條 : 21-74가.
117)『太宗實錄』卷33, 17年 閏5月 庚申條 : 2-164다라 ;『世宗實錄』卷1, 卽位年 9月
　　壬戌條 : 2-269가.

마련할 수밖에 없었다. 각사의 관원에게 공궤하는 음식의 재원은 각사이노가
조달하였다.

이들은 관원의 음식의 재원 이외에도 놀이에 쓸 거리[遊衍之具]나 영접하
고 전송할 때의 차림[迎餞之設]에 소용되는 비용도 담당하였다.[119] 이러한
경비를 조달하기 위해 이들은 소관업무를 빙자하여 각종 이권에 개입하여
모리행위를 자행하였던 것이다. 특히 이들은 공물수납을 담당하였던 실무자
라는 점에서 방납활동에서도 매우 유리한 위치에 있었다.

예종 원년(1469) 6월 공조판서 양성지는 각사이노의 방납행위를 다음과
같이 말하고 있다. 즉 각사의 노들이 그 실무를 빙자하여 生草 수납시에는
푸른 풀이 시들었다 하여 물리치고, 돼지 수납시에는 살찐 돼지가 수척하다
하여 물리치고는 남문으로 물리쳤던 생초를 서문으로 받아들이고, 집에서
기르던 돼지를 대납하고 점퇴한 돼지는 또 자기 집에서 길러 후일의 대납을
기한다고 하였다.[120] 또한 각사의 이노들은 공리가 바치는 공물이 아무리
품질이 좋다고 하더라도 온갖 꾀로 물리치고 먼저 방납한 후에 성화같이
독촉하면, 공리는 견책 당할 것을 두려워하여 月利를 많이 부담하고 그
요구를 들어주어야 그 본색과 아울러 주고서야 겨우 바칠 수 있었다.[121]

각사이노의 활동을 문제삼아 이에 대한 처분을 제정한 것은 중종 19년
(1524)에 와서이다. 이해 여름 평안도에서 전염병이 유행하여 인민의 다수가
사망했기 때문에 죄인을 入送하여 변방을 충실하게 할 목적으로 전가사변죄
12조를 제정하였는데, 방납행위도 그 중 한 항목에 수록되었다. 이때는
各司書員·庫子의 활동을 논하였는데, 그들도 사변할 것을 정하였다. 후에

118) 『太宗實錄』 卷6, 3年 閏11月 壬申條 : 1-286라.
119) 『宣祖實錄』 卷7, 6年 9月 癸卯條 : 21-272다 ; 『眉巖日記草』 4, 癸酉(宣祖 6年, 1573)
     9月 24日 : Ⅳ-115 ; 『宣祖實錄』 卷8, 7年 10月 己巳條 : 21-315다.
120) 『睿宗實錄』 卷6, 元年 6月 辛巳條 : 8-395다라.
121) 『中宗實錄』 卷25, 11年 7月 甲午條 : 15-198라~9가.

이 조항은 중종 38년(1543)에 반포된『大典後續錄』권5, 刑典 雜令 全家徙邊 罪條 12조 중 하나로 수록되었다.[122] 그러나 이 같은 금지규정에도 불구하고 그들의 방납활동은 더욱 진전 확대되어 명종대에 와서는 "각 고을에서 正供하는 물건은 모두 그들의 수중에 있다"[123]고 할 정도였다. 이와 같이 하나의 관사 재정이 그들의 손에서 파악되었기 때문에 "胥吏專國"이라 하거나 혹은 "歸政於臺隷"라고 한 曺植의 말[124]도 결코 과장된 것은 아니라 고 하겠다.

私主人은 공리와 결탁하여 방납활동을 하기도 하였다. 사주인과 공리의 결탁은 세조대 이전에 이미 나타나지만,[125] 성종 2년(1471)에 이르러서는 정치적으로 중대한 문제로 야기될 정도였다. 그 결과 사주인과 공리 등에 대한 단속·감독의 강화와 함께 처분 제재가 규정되었다.[126] 그들의 활동은 국가의 제재에도 불구하고 더욱 활발해져갔다.

특히 8도의 물산이 운집하는 용산·서강·두모포 등 한강변에 거주하면서

---

122) 이 12개조는『중종실록』과『대전후속록』이 동일하지만, 내용에서는 그 동일한 것이 7조이고, 서로 다른 것이 5조이다.『실록』에는 "*一,外方人馱載之物 邀於中路 抑勒買賣者 *一,法司衙前 與商賈人等 朋結宴飮者. *一,捕犯禁人聽囑還放者 *一,持 僞造文記爭訟者 雖言祖上所爲 全家入居 *一,犯流罪者 一,外吏受貢物濫用者 一,田 稅果年不納者 一,守令遞代時 乘間擅用官物者 一,僞造文記 奸詐現著者 *一,非理好 訟者 一,代納貢物者 一,品官吏民告其監司守令者"(『中宗實錄』卷51, 19年 7月 庚寅 條 : 16-325다)라 되어 있다. 이 가운데 *을 붙인 5개조는『대전후속록』에는 "○土豪 多受公債不納者 ○罪犯綱常 情理深重者 ○壓良爲賤者 ○鄕吏犯元惡者 ○公私賤犯 全家徙邊者"라고 고쳐져 있다.

123)『明宗實錄』卷29, 18年 正月 壬辰條 : 20-634다.

124)『南冥集』卷2, 戊辰封事 ;『宣祖實錄』卷2, 元年 5月 乙亥條 : 21-194나.

125) "(戶曹)又啓 諸道漕船 迫于龍山·西江 則其處居人 稱主人 將所載米 置於家前 或偸或 奪 至於車價亦濫取 其弊不貲"(『世祖實錄』卷38, 12年 2月 甲午條 : 8-8다).

126) "諸司陳省到付後 私主人通同謀利·興販 過三朔未畢納者 杖一百論罪 幷主人分徵 若私自費用 過十年未畢納者 及元數三分內二分虧欠 情理尤重者 全家徙邊 以懲奸猾 諸司官吏等 外貢庭排後 不卽收納衙前·庫子等 隨其贈物多少 任情進退 拘留外吏者 推劾痛懲"(『成宗實錄』卷10, 2年 5月 丁酉條 : 8-573가).

상업활동을 전개했던 이른바 江居民은 공물상납을 위해 상경하는 공리들을 접하기에 유리한 위치에 있었다. 이에 대해서는 연산군 8년(1502) 5월 영경연 사 이극균의 계문이 주목된다.

(각 고을의 공리들이) 용산 등지에 와서 머무르게 되면 (그곳에) 거주하는 사람이 分占합니다. 공리들이 그 집에 머무르게 되므로 공리로서 산업의 밑천을 삼아 그 자손들에게 나누어주기까지 하고, 공리도 또한 庫子에게 뇌물을 많이 준 후에야 바칠 수 있게 됩니다(『연산군일기』 권44, 8년 5월 임오조 : 13-491가나).

여기서 용산 등지에 거주하는 사람이란 이른바 私主人이라 짐작된다. 그들은 공리에게 숙소를 제공하고 그 세공의 보관 등을 업으로 삼고 있었 다.127) 이 같은 기능을 가진 자는 시전상인·행상이 아니라 후대의 객주·여각 이야말로 실로 이에 합치된다고 생각된다. 가령 세종 28년(1446) 3월 원경왕 후 山陵을 造營할 때 산릉도감은 농사철에 해당되기 때문에 농민의 사역을 피해 防牌·攝六十·補充軍, 別軍, 工曹·尙衣院匠人·各司奴子·開城府各牌(軍 士), 경기·충청·강원·황해도의 當領船軍, 無度牒僧·軍士·匠人 및 僧徒와 '東西江興利人·市里商賈人'을 모두 사역할 것을 청하고 있다.128) 여기서 '市里商賈人'은 시전상인을 가리키는 것이지만, '東西江興利人'은 동강과 서강, 즉 한강변의 사주인(강주인)을 가리킨다고 생각된다. 이들은 같은 상인이지만 시전상인과는 분명히 구별하고 있는 것이 주목된다. 江民은 공리를 분점하여 이를 '산업의 밑천'으로 삼아 자손에게 나누어주기도 하였다.129)

---

127) 金鎭鳳, 1973, 「私主人 研究」 『大丘史學』 7·8 ; 강승호, 1999, 「朝鮮前期 私主人의 發生과 活動」 『東國歷史敎育』 7·8 ; 朴平植, 2002, 「朝鮮前期의 主人層과 流通體系」 『歷史敎育』 82.
128) 『世宗實錄』 卷111, 28年 3月 乙未條 : 16-276라.

이상에서 살펴본 바 방납활동에는 국가기관뿐만 아니라 승려·관리(지주)·
권세가·부상대고·각사이노·사주인 등이 참여하였는데, 이들 대부분은 국가
권력기구의 운영자이거나 이를 배경으로 한 자 혹은 실무를 담당하는 자들이
었다.

3. 공물방납과 유통경제와의 관계

태종 9년(1409) 이후 방납은 금지조치에도 불구하고 점점 확대되어 가는
추세였다. 그런데 당시는 방납이 공인되지 않은 상태였기 때문에 공물을
납부하기 위해서는 米·布를 가지고 물품이 구비된 산지에 가서 구입하든
지,[130] 시장에서 구입하여야 하였다. 지방장시에서 거래된 물종은 襦衣,
棉絮, 農器, 酒肉, 布, 穀物, 草笠, 鍮器, 皮鞋 등으로 농민생산을 보완하고
농민생활에 절실히 필요한 일용품이었다.[131] 高質의 사치품·소비품이 대부
분을 차지하는 공물은 別貢·加定과는 달리 매년 정례적으로 한 차례 상납하
였음으로 일용품을 교환하는 지방장시보다는 전국의 물산이 집중 유통되는
京市에서 구입하기가 쉬운 편이었다.[132]

가령 제용감에 바치는 細紬의 경우 외방에서 직조한 것은 곱고 굵은
것이 국용에 합당하지 않아 京中에서 구매하여 상납하였고,[133] 大鹿皮와
같은 진상물도 경중에서 구매하여 상납하였다.[134] 심지어 양계지방에 거주

---

129) 『燕山君日記』 卷24, 3年 6月 癸酉條 : 13-227나.
130) "司院李宜茂等上疏曰……貢案所定 多非土産 必抱布運米 轉貿於産地而納之"(『燕
山君日記』 卷10, 元年 11月 丁酉條 : 13-49라).
131) 李景植, 1987, 「16世紀 場市의 成立과 그 基盤」 『韓國史研究』 57, p.52.
132) 朴平植, 1999, 『조선전기 상업사연구』 ; 朴平植, 2009, 『조선전기 교환경제와 상인연
구』 참조.
133) 『世宗實錄』 卷90, 22年 8月 乙酉條 : 4-312다.
134) 『中宗實錄』 卷49, 18年 12月 丁未條 : 16-276라.

하는 민인조차도 진상용 貂皮를 京商에게서 사서 상납할 정도였다.[135]
경중의 부상대고들은 5鎭 지방 깊숙이 들어가 여진족과의 무역을 통해
초서피 등의 毛物을 구입해 오기도 하였다.[136]

京市에서의 구매는 지방장시의 한계를 극복함은 물론이고, 운송·상납에
있어서도 최종 상납해야 할 각사들이 있는 서울에 있었기 때문에 지방에서
공물상품을 구매했을 때와 같이 이를 다시 서울로 가져올 필요가 없어서
경비도 절감할 수 있는 유리한 조건이 되었다.[137] 그리하여 서울을 중심으로
한 유통망의 확대로 지방 각 군현에서는 米布를 수합하여 京市에서 공물을
구매 상납하였다.

한편 대납, 방납이 차츰 성행하게 되면서 농민 가운데 일부는 농산물을
상품화하여 생산하기도 하였다.

B-① 평산도호부사 鄭次恭이 상서하기를, "……경상도 안동부 都會에서는
　　진헌할 龍文席과 진상할 자리[席]를 직조하는데 소요되는 왕골[莞草]의
　　수량이 지극히 많아서 전에는 本州의 가까운 몇몇 邑에 분정하여 收納하
　　였습니다. 그런데 신미년(문종 원년, 1451)에 또 67州에 분정하였고,
　　주군의 대소에 따라 차등을 매기니, 많게는 1천여 把에 이르고 적게는
　　200여 파를 내리지 않으므로, 이는 안동 등지의 몇몇 郡民의 수고로움을
　　고르게 하고 쉬도록 함이었습니다. 그러나 제읍의 풍토가 몇몇 邑과
　　서로 같지 않으며, 그 왕골을 배양하는 기술과 曝白하는 방법도 또한
　　달라서 자리 짜는 것을 감내하는 자도 있지 아니합니다. 이로 말미암아
　　제읍의 민호에 분정한 (자리를) 민이 스스로 마련할 수 없어서 모두
　　미포를 거두어 안동으로 가서 사서 납부하는데, 執吏하는 무리들은
　　아무리 작은 허물이라도 찾아내 애를 먹여서 받지 않고 사사로이 비축한

135) 『中宗實錄』 卷86, 32年 12月 甲子條 : 18-155가.
136) 『燕山君日記』 卷29, 4年 4月 癸未條 : 13-308라.
137) 이지원, 앞의 논문, pp.484~485.

것을 가지고 대납하여 점퇴당한 왕골과 나머지 값을 몰래 받고 또 타관의 납품을 대신합니다. 금년에 이와 같이 하고 명년에도 또한 이와 같이하여 本府 執吏의 무리는 날로 더욱 치부하되, 諸邑民의 근심과 탄식이 그칠 날이 없습니다. 자리 1장에 들어가는 왕골은 16파인데, 1파마다 무게는 4냥이요 그 값은 1냥마다 米 1斗이니, 총 1장의 값은 米 64斗이고 50장마다의 값은 米 3,200斗이니 총 213石 5斗입니다. 이로써 자리를 사면 오히려 여유가 있습니다. 그러나 왕골의 값은 도리어 자리보다 배가 되는 까닭으로 본부에 사는 민의 수전이 있는 자는 벼를 심지 않고 왕골을 심어서 대납하는 밑천으로 삼기도 하였습니다." 하였다(『세조실록』 권11, 4년 정월 병자조 : 7-249나다).

B-② 승지 金謹思가 아뢰기를, "……신이 근자에 전라도에 갔다가 보니, 백성에게 가장 중요한 것은 衣食이고 그 중에서 가장 중요한 것이 먹는 것인데, 백성이 모두 면화 심는 것을 급무로 삼아 더러는 논을 메워서 심는 사람이 있기에 물었더니, 대답이 '면화가 徭役과 貢賦에 가장 긴요한 것이기 때문에 이러한 것이다'라 하였습니다." 하였다(『중종실록』 권17, 7년 10월 신축조 : 14-617나).

B-①은 경상도에서 진상하는 龍文席과 草席[138]을 안동부를 도회소로 하여 직조 납입케 하였다는 내용이다. 여기에 소용되는 왕골은 원래 안동 부근 여러 고을에 분정하여 收納했지만, 문종 원년(1451)에 이르러 민호의 부담을 경감하기 위해 도내 67읍에 각각 부과하였다. 각읍의 부담이 많을 때는 1천여 把,[139] 적을 때는 200여 把에 달하였는데 그 읍에서 생산된 것은 아니었다. 또한 생산품이라 하더라도 재배법, 曝白 등의 우열의 차이로

---

138) 『세종실록』지리지 경상도조에 "有進獻黃花席·彩花席·滿花寢席 滿花席·簾席·方席 他道所無 又貢國用滿花 各色席·別文上席·踏席·常文踏席·白文席·草席"이라 하여 草席의 산지로 안동·영해·예천·영천·봉화·상주·용궁이 저명하였다.

139) "동국 풍속에 양쪽 팔을 한껏 벌린 것을 1把라 한다"(『經世遺表』 卷14, 均役事目追議2 船稅)고 하였다.

인해 직조할 수 없는 것조차도 적지 않았다. 이 때문에 제읍의 민호에서는 왕골을 비납할 수 없게 되자 안동 혹은 부근 여러 邑에 가서 貿入하여 상납할 수밖에 없었다. 안동부 吏奴 등은 이 틈을 타서 방납을 행하였기 때문에 왕골의 가격은 자리보다 배나 되었다. 방납이 성행함에 따라 농민 중에는 수도작을 그만두고 왕골을 재배하는 자도 있었다. 여기서 왕골 재배는 방납의 수요를 충족시키기 위한 것이므로 상품화를 목적으로 하였음이 명백하다고 하겠다.

B-②는 전라도에서 수전을 메워서 요역과 공부에 가장 긴요한 면화를 심기도 하였다는 내용이다. 당시 면포가 민간 차원에서 기본적 가치 척도이자 교환수단으로 널리 유통됨에 따라 면화를 상품으로 재배하였던 것이다.[140)]

방납은 16세기에 들어와 지주층의 대토지 소유가 성행하면서 매우 활발하게 전개되었다. 당시 토지지배관계의 기본적인 추이는 수조권적 지배에서 소유권적 지배로 전환되고 있었는데, 이는 바로 지주제 확대와 궤를 같이하고 있다고 볼 수도 있다. 이는 생산력적인 측면에서 무엇보다도 대세상 상경연작농법의 보편화라는 농업생산력의 상대적인 발전을 기초로 하여 전개되고 있었고, 거기서 필연적으로 야기되는 소경영의 분화를 바탕으로 하였다.[141)]

지주전호제는 15세기 후반에서 16세기에 이르는 시기에 직전법의 실시와 그 붕괴과정을 거치면서 수조권에 의한 토지지배가 소멸됨에 따라 본격적으로 전개되었다.[142)] 과전법 이래 신분제도에 기초한 수조권적 토지지배가

---

140) 이러한 사례는 공납과 요역에서 면포로 부과된 것에서도 찾아진다. "典經宋麟壽曰 近日 臣往忠淸道聞之 各邑於貢物及雜役 皆賦民以五升綿布"(『中宗實錄』卷53, 20 年 2月 己未條 : 16-384라).

141) 金泰永, 1983, 「朝鮮前期 小農民經營의 추이」『朝鮮前期土地制度史硏究』, pp.148~149.

142) 이경식, 1986, 「조선 전기 전주전객제의 변동 추이」『애산학보』4 ; 이경식, 1986,

무너지면서 양반지주층은 토지소유에 대한 욕구가 더욱 절실해져 토지매득
과 신전개간을 통해 토지를 집중하였다.[143] 특히 내수사와 토호들의 고리대
를 통한 침탈과 군역·공납 등의 운영상의 폐단으로 인한 부세 증압은 농민들
의 토지방매를 촉진시켜 지주층의 토지집중을 한층 용이하게 하였다.[144]
반면에 농민들은 토지를 상실하게 되어 더욱 궁핍한 상황에 놓이게 되었는데,
이러한 문제를 해결하기 위한 조치로써 국가적 차원에서 均田論·限田論과
같은 토지개혁안이 제기되었던 것이다.[145]

16세기에 일어난 새로운 경제변동 하에서 이익을 누린 층은 척신을
중심으로 한 권세가 및 궁가에 치우쳐 있었다.[146] 당시의 정치를 흔히
척신정치로 표현하듯이 척신의 비중은 매우 높았다.[147] 훈척정치의 틀은
세조의 왕위 찬탈과 왕위를 계승하는 과정에서 다수의 공신이 책봉되면서
형성되었고, 다시 이들의 자녀와 혼인관계를 맺어 이른바 훈신과 척신의
이중관계로 얽히게 되었다. 이후 예종·성종의 추대, 중종반정, 을사사화
등의 정변이 있을 때마다 다수의 공신이 배출되었으며, 그들 가운데서
상당수는 다시 왕실과의 혼인을 통하여 척신이 됨으로써 훈척의 지위를
보전해 가고 있었다.[148] 왕권과 결탁하면서 그 같은 財富와 사회정치 세력을
구조적으로 재생산해 가고 있던 훈척들은 반역을 도모하지 않는 한 여타

「職田制의 施行과 그 推移」『朝鮮前期土地制度研究』.

143) 李景植, 1976, 「16세기 지주층의 동향」『歷史教育』19, p.142.

144) 『中宗實錄』卷7, 3年 10月 丁丑條 : 14-282나 ; 『中宗實錄』卷12, 6年 2月 丙午條 :
14-496나 ; 『中宗實錄』卷64, 23年 11月 辛丑條 : 17-76라.

145) 金泰永, 1989, 「朝鮮前期의 均田·限田論」『國史館論叢』5.

146) 李泰鎭, 1983, 「16세기 沿海지역·堰田개발-威臣政治의 經濟的 背景 一端-」『金哲
埈博士華甲紀念史學論叢』(1985, 『韓國社會史研究』에 재수록).

147) 金宇基, 1990, 「朝鮮 中宗後半期의 威臣과 政局動向」『大丘史學』40 ; 李秉烋,
1992, 「中宗·明宗代 權臣·威臣政治의 推移와 晦齋의 對應」『李晦齋의 思想과 그
世界』; 李宰熙, 1993, 「朝鮮 明宗代 '威臣政治'의 전개와 그 성격」『韓國史論』
29.

148) 金泰永, 1992, 「晦齋의 政治思想」『李晦齋의 政治와 그 世界』, pp.122~123.

범죄는 대체로 사면되고 자손 대대로 문음의 혜택을 입어 벼슬길을 보장받았다.[149] 전제왕권의 일방적 비호를 받는 그들의 치부방식은 비리적 성향이 매우 강하여 당대는 물론 15세기 말엽부터 새로운 정치세력으로 대두하기 시작한 사림파의 중요한 정치적 쟁점이 되기도 하였다.[150]

당시 척신을 비롯한 권신들은 권력이 강대한 만큼 그것을 이용한 경제적 사익 추구도 활발하였다. 16세기 중엽 幼學 徐崦은 金安老·李芑 등의 전횡 이후로 권신들간에 만연된 이익을 탐하는 풍조를 다음과 같이 지적하고 있다.

혹 대간 자리에 있으면서 방납의 일을 요청하여 한 고을의 이득을 독점하기도 하고, 혹 侍從의 대열에 있으면서 米를 청하는 쪽지를 보내어 1道의 모든 고을을 괴롭히기도 합니다. 伴人을 廣占하여 고을마다 각각 한 명씩 두기도 하며, 상인들과 사사로이 결탁하여 각 고을에 방납을 요청하여 이익을 나누어 먹기도 하였습니다. 혹 沿海 각 고을에 官庫의 곡식을 내게 하여 海澤을 만들기도 하고, 혹 묵은 땅을 折受받아 각 고을로 하여금 개간 경작케 하기도 하고, 혹 물고기·전복·부채·모자를 거둬들여 赴京通事에게 주어 중국 물품과 교환하기도 하며, 혹 혼인으로 인하여 8도에 청구하기도 하고, 監司·都事가 각 고을에 분정하여 공공연하게 뇌물을 운반해 그의 친척이나 사대부의 집에 보내는 자도 있습니다(『명종실록』권15, 8년 10월 병신조 : 20-168라~9가).

서엄이 제시한 내용은 표현상 비법적이고 특수한 경우로서 묘사되었지만, 그 자체는 권신들의 지주적 경영행위, 방납, 해택개발, 대중무역 등을 위한 활동이었다. 당시 척신·권신의 경제적 모리행위 중 현저한 것으로 해택개발과 민전 탈점, 사행무역을 통한 私貿易, 柴場의 절수, 伴人의 濫占, 상행위,

---

149) 金泰永, 위의 논문, p.124.
150) 李泰鎭, 앞의 책, p.299.

방납 등을 들 수 있다.[151]

신전개간의 전형적인 형태인 해택지 개발은 명종대 이후 전개되는데, 여기에는 일시에 많은 인원을 동원해야 했기 때문에 주로 척신·권신 등에 의해 추진되었다. 해택의 언전개발은 바닷물을 가로막는 둑의 축조과정이 힘들고, 또 소금기를 제거하는데 여러 해가 걸리는 단점이 있었지만, 확보되는 경지가 대규모적이고 또 수년 안에 수전으로서의 활용이 보장되는 장점이 있었다. 16세기 중엽 이후 평안도 지방에 이르는 船路가 개통됨에 따라 지대의 水運이 용이하게 되었고, 이에 힘입어 황해·평안도 등의 서해안 전 지역에 걸쳐 해택지가 개발되기에 이르렀다.[152]

권신 및 왕자·부마가 등의 경제기반 확대는 이미 성종대 말엽부터 현저하였다.[153] 성종대 후반 이래 훈신·척신류의 사회 경제기반 확대의 욕구는 개간뿐만 아니라 좋은 조건의 起耕地를 탈점하는 경우가 비일비재하였다.[154] 성종 16년(1485) 충청도 진천에 살던 재상 辛均과 상장군 吳有終, 충주의 李福崇, 임천의 趙益祥 등은 1만여 석의 곡식을 축적하고 있었고,[155] 중종 13년(1518) 전라도 순천 등지의 대지주들은 대체로 5, 6천 석 내지 1만 석의 곡식을 축적하고 있었다.[156] 이들은 적어도 80~100결 정도의 토지를 소유한 대지주였다.[157]

---

151) 李宰熙, 앞의 논문, pp.107~108.

152) 李泰鎭, 앞의 책, p.237 및 李景植, 1976, 앞의 논문, pp.152~153.

153) 李泰鎭, 위의 책, pp.237~238.

154)『成宗實錄』卷44, 5年 閏6月 甲辰條 : 9-122다 ;『成宗實錄』卷130, 12年 6月 壬子條 : 10-226나다.

155)『成宗實錄』卷182, 16年 8月 庚辰條 : 11-46다.

156) "如順天等處 豪富之民 一家之積 或至萬石 或至五六千石 其田落種之數 亦至二百餘石"(『中宗實錄』卷33, 13年 5月 乙丑條 : 15-445다).

157) 지주가 만여 석 정도를 積穀하려면 田地 200여 石落 정도를 경영하고 있어야 했는데, 전지 200여 석락은 平石으로 쳐서 3,000여 斗落의 규모였다. "夫一結之地 可種稻三十四十斗"(『浦渚集』卷2, 論宣惠廳疏,『韓國文集叢刊』85-40)라 하여 1결은 種稻로 따져 대략 30두락 내지 40두락이었음으로, 만석을 적곡하려면 대략

이들이 토지를 소유하는 목적은 생산 자체보다는 소작료의 수취와 소작료를 처분하여 부의 재생산을 도모하는 데 있었다.[158] 만약 이들이 거둔 소작료를 처분하지 못한다면 토지의 확보는 아무런 경제적 의미가 없었다. 지주들은 소작료로 받은 곡물을 식리활동, 田畓買入에 사용하기도 했지만, 15세기 말엽에 하삼도 지역을 중심으로 대두한 지방장시가 16세기 초반에 들어 전국으로 확산됨에 따라 私商人層이나 장시와 연결되어 곡물을 처리하기도 하였다.[159]

16세기 이후 척신정치가 전개되면서 宮中·宰相뿐만 아니라 권신들 중에서 사무역에 종사하는 자가 두드러지게 증가하게 되었다. 이들은 시전상인들을 통하여 교역품을 처분하기도 하였고,[160] 또한 그들이 획득한 부를 상업자본으로 전환하여 해외무역에 투자하기도 하였다. 특히 방납은 대표적인 경제활동의 하나였다.

홍문관 부제학 崔輔漢 등이 상소하기를, "……賦稅에서는 常貢으로 일정한 수치가 있고 용도에서는 橫看의 세밀하게 갖추어져 있습니다.……지금은 그렇지 않아 횡간 외에 또 別例의 용도가 있고, 별례 외에 또 불시의 수요가 있어 금년의 공부가 부족하면 민에게서 명년의 것을 취해 쓰는데 이름하여 引納이라 하지만 사실은 稅를 두 번 받는 것입니다.……府庫가 텅 비어 이어 쓸 경비가 없는데도 아직 절제할 줄을 모르고 內用에 관한 분부를 날마다 내려보내니 有司는 마련할 길이 없어 모두 市廛에게 사들이거나 豪貴의 집에 가서 사오게 됩니다. 그리하여 아침에 宮內에 들어왔던 것이 저녁이면 밖으로 나가게 되어 그것이 돌고 돌아 값만 날로 치솟고

80~100결에 해당하는 면적이었다고 한다(李景植, 1988,「朝鮮前期의 土地改革論議」『韓國史研究』61·62, p.240).
158) 李景植, 1976, 앞의 논문, p.154.
159) 崔完基, 1992,「朝鮮中期의 穀物去來와 그 類型」『韓國史研究』76 ; 朴平植, 1994,「朝鮮前期의 穀物交易과 參與層」『韓國史研究』85.
160) 韓相權, 1983,「16世紀 對中國 私貿易의 展開」『金哲埈博士華甲紀念史學論叢』.

있습니다. ……田野의 백성들은 인납에 시달리고 市井의 백성들은 무역에 시달리는데, 이득은 豪貴에게 돌아가고 손해는 국가에 돌아갑니다." 하였다 (『중종실록』 권90, 34년 5월 을해조 : 18-292나).

이 시기에 이르러 방납이 성행하게 된 것도 새로운 상업적 분위기와 관계된다고 볼 수 있다. 당대의 실권자인 권세가들은 모리수단으로 수령들에게 직·간접으로 방납을 강요하여 방납활동의 주체자 혹은 배후자로서 활약하였다.[161] 당시 방납의 중심적 존재는 권세가였으며, 그 권력에 부상대고 등의 私商들이 결탁하고 있었다. 이들은 대개가 시전상인과 연결을 가져 방납에서의 이득을 할애받고 그 이권을 뒷받침해 주는 관계를 가졌는데, 이는 당시 하나의 추세를 이루고 있었다.[162]

명종 4년(1549) 지경연사 任權은 "우리나라의 貢賦는 처음엔 그 지방의 토산 유무를 헤아려 정했는데, 지금은 外貢이 모두 토산이 아니고 오로지 방납에 의지하는 실정"[163]이라고 하였다. 방납의 대상물품도 당해각사의 공물에 그쳤던 것이 아니라 御供에까지 미치게 되었다.[164]

방납은 15세기 초부터 가혹한 대납가 때문에 농민들이 많은 고통을 받아왔지만, 지주제에 바탕을 둔 상업의 발달로 부를 축적한 부상대고들이 중앙집권적인 국가수취체제에 기생하면서 관권을 매개로 부등가교환을 자행하는 가혹한 농민 착취기구로 구조화되었다.[165] 특히 흉년으로 인해

---

161) 당대의 실권자로서 방납에 직·간접적으로 종사한 자로는 성종조의 尹殷老(이조판서), 연산조의 鄭崇祖(호조판서), 중종조의 金安老(예조판서), 명종조의 李芑(우의정)·鄭世虎(호조판서)·鄭復昌(대사헌)·許曄(장령)·尹元衡(영의정) 등이었다(高錫珪, 앞의 논문, pp.181~182).

162) 『明宗實錄』 卷15, 8年 10月 丙申條 : 20-168라~9가.

163) 『明宗實錄』 卷9, 4年 2月 癸亥條 : 19-625나.

164) "防納之弊 自祖宗朝 嚴立禁條 著之令甲 經亂以後 其弊日滋 始焉小民之牟利者爲之 今則士大夫之有識者亦爲之 始焉該司之貢物納之 今則係于御前之方物 無不納之" (『宣祖實錄』 卷193, 38年 11月 丁丑條 : 25-136라).

물가가 상승했을 때에는 10배까지 올라서 한 물건을 바치는데 가산을 탕진하게 되므로 방납자가 이 틈을 타서 더욱 많은 이익을 얻는 경우도 있었다.[166] 심지어 부상대고나 각사의 관원이 사치하는 것은 모두 방납의 이익 때문이라고 하는 지적이 나오기도 하였다.[167]

방납인들은 방납을 통해 '倍蓰'[168] 혹은 '十倍之利'[169]를 운위할 정도로 상당한 이익을 얻었지만, 이를 담당한 농민에게는 가혹한 수탈행위로 작용하여 파산 유망한 자도 적지 않았다.[170] 당시 "小民들은 방납이란 말을 들으면 얼굴을 찡그리고 서로 말하기를 일생 동안 차라리 聚斂하는 관리를 만날지언정 방납하는 일을 다시 보지 않기를 바란다"[171]라고 할 정도였다.

이와 같이 방납은 심한 수탈을 수반하고 있었기 때문에 일찍부터 국가의 法禁의 대상으로 확정되었을 뿐만 아니라 기회 있을 때마다 거듭 申飭되고 있었다. 방납인을 처벌하는 법규 또한 북방으로 全家入居시키거나[172] 사형[173] 등의 강력한 형벌을 적용하고 있었는데도 방납이 근절되기는커녕

---

165) 金泰永, 앞의 책, p.166.

166) "諫院啓曰 各司防納之弊 其來已久 而近因年凶 物價翔貴 古直一匹者 今年十倍 一物之納 蕩盡家産 防納者緣此而益圖其利"(『明宗實錄』卷6, 2年 8月 辛卯條 : 19-524가나).

167) "大司憲李蕆曰……今富商大賈及各司之人 安坐而食 至於衣服侈奢者 皆防納之利 也"(『明宗實錄』卷13, 7年 9月 甲辰條 : 20-102다).

168) 『世宗實錄』卷84, 21年 閏2月 癸未條 : 4-190다 ; 『世祖實錄』卷28, 8年 5月 壬寅條 : 7-533라 ; 『世祖實錄』卷36, 11年 7月 辛未條 : 7-695다 ; 『中宗實錄』卷90, 34年 5月 乙亥條 : 18-289다.

169) 『中宗實錄』卷4, 2年 9月 癸丑條 : 11-188나 ; 『中宗實錄』卷29, 12年 8月 戊申條 : 15-304라 ; 『松江集』別集卷1, 論邑宰文 ; 『韓國文集叢刊』46-239.

170) "司憲府持平韓忠上疏曰……以不種不耘不耕之田 而始侵於胥吏 終困於守令 或稱還上 而有今舊年之積 或稱貢物 而有防直納之殊 而田稅不在其列 色目如蝟 民莫適從 或賣田償公 而利歸富家 家無餘儲 或散而四之 則驅一族分四隣 必立號巧奪而後已 焉"(『中宗實錄』卷29, 12年 8月 甲子條 : 15-320다).

171) 『成宗實錄』卷36, 4年 11月 庚子條 : 9-71라.

172) 『中宗實錄』卷17, 7年 11月 甲戌條 : 14-621라.

공적으로나 사적으로 공공연하게 행해지게 되었다.

그러면 방납이 점차 확대되어 가는 추세로 되었던 까닭은 무엇일까? 그 원인은 물론 방납행위 자체가 국가 수취제에 편승한 독점적 중간 농단으로 많은 이익을 남기고 있었기 때문에, 이에 기생하는 모리인들의 독점적 상행위를 근절하기가 결코 쉽지 않았다. 그러나 국가의 금령에도 불구하고 지속적으로, 그리고 점차 더 확산되는 방향으로 전개될 수 있었던 배경에는 이 시기 농업생산력의 발전과 이에 따른 사회적 분화라는 현실적인 측면을 무시할 수가 없을 것이다.

당시 상경연작의 진전,[174] 연해지·저습지의 개간과 수리시설 확충에 따른 수전농업의 확대,[175] 목면재배의 성행[176] 등 농업생산력의 발전은 농가 소득의 증대에 따른 잉여의 창출로 농민 유통경제가 확대되어 가고 있었다.[177]

고려말 조선초 농업생산력의 발달에 힘입어 15세기 말에는 농업발달의 선진지역이었던 전라도 지역에서 場市가 출현하게 된다.[178] 장시는 농민들이 생산물의 일부를 '以有易無' '有無相遷'하는 일정한 지역을 범위로 매월 정기적으로 열리는 새로운 형태의 농민층의 교역기구의 하나였다. 16세기 중반에 이르러 전국으로 확산됨에 따라, 각지에서 생산되던 수공업제품을

---

173) 『睿宗實錄』 卷1, 卽位年 10月 壬寅條 : 8-282가.

174) 李泰鎭, 「14·5세기 農業技術의 발달과 新興士族」, 앞의 책 ; 金泰永, 「科田法체제에서의 土地生産力과 量田」, 앞의 책.

175) 李泰鎭, 1989, 「15·6세기의 低平·低濕地 開墾 동향」 『國史館論叢』 2 ; 李鎬澈, 1986, 「水田農業」 『朝鮮前期 農業經濟史』 ; 金容燮, 1990, 「朝鮮後期의 水稻作기술-移秧法의 普及에 대하여-」 『增補版 朝鮮後期農業史研究』(II), 一潮閣 ; 廉定燮, 1994, 「15~16세기 水田農業의 전개」 『韓國史論』 31.

176) 周藤吉之, 1940, 「高麗末より朝鮮初期に至る棉業の發達」 『社會經濟史學』 12-3 ; 閔成基, 1988, 「『四時纂要』 種木綿法과 朝鮮棉作法」 『朝鮮農業史研究』.

177) 남원우, 1991, 「15세기 유통경제와 농민」 『역사와 현실』 5, pp.71~78.

178) 李景植, 1987, 「16世紀 場市의 成立과 그 基盤」 『韓國史研究』 57 참조.

정상적으로 교환할 수 있는 단계까지 나아감으로써 방납은 진전되고 있던 사회 경제체제 속에 구조적으로 그 틀을 확고히 할 수 있었다.

농업생산력의 발전과 더불어 농촌사회의 사회적 분업도 어느 정도 진전되고 있었다. 조선초에 수립된 身役의 경우도 직접적인 노동력징발 형태에서 점차 일정한 대가를 지불하고 대신 역을 지우는 代立의 형태로 바뀌어 갔다.[179] 대립은 각사의 당번 기인, 보충군, 도부외, 조예, 선상노자에서부터 수군의 입번에 이르기까지 거의 모든 신역에서 이루어지고 있었다.[180] 특히 수군은 둔전, 어염, 해산물 채취, 병선수리, 공물·진상의 비납, 조운, 축성 등의 역에 동원되었을 뿐만 아니라 이를 빙자한 만호·첨사의 침학이 매우 심하였다.[181] 그리하여 당시 1인의 한달 대립가가 면포 3필 정도로, 1년에 30여 필에 이르는 매우 무거운 부담이었는데도 때로는 田土와 牛馬를 팔아가면서 '爭相代立'하였던 것이다.[182]

신역에서의 대립은 부역동원이라는 苦役을 피할 수 있는 확실한 수단이었으며, 이에 따라 農時를 잃지 않고 안정적인 농업경영에 전념할 수 있었기 때문에 농민들 사이에서 행해지기 시작했다. 그러나 그만큼 미·포를 마련해서 바쳐야 하는 부담이 무거웠기 때문에 이것은 상층 농민들 사이에서 주로 행해졌던 것이다.[183]

---

179) 李泰鎭, 1968,「軍役의 變質과 納布制의 實施」『韓國軍制史』(近世朝鮮前期篇) ; 池斗煥, 1988,「朝鮮前期 軍役의 納布體制 확립과정」『韓國文化研究』1 ; 尹用出, 1998, 『조선후기의 요역제와 고용노동』, 서울대 출판부.

180) "判中樞院事安純上書曰……京外人民 當各司若其人·補充軍·都府外·皂隷·選上奴子 以至船軍立番之時 爭趨代立 兩班之家 亦效爲之 一夫一朔代價 縣布三匹 一年之直 幾至三十餘匹……或賣田土 或鬻牛馬 傾家破産……爭相代立 靡然成風"(『世宗實錄』卷87, 21年 11月 乙卯條 : 4-251다).

181) 李載龒, 1970,「朝鮮初期의 水軍」『韓國史研究』5 ; 李載龒, 1984,『朝鮮初期社會構造研究』, pp.124~131.

182) 『世宗實錄』卷87, 21年 11月 乙卯條 : 4-251다.

183) "富强船軍 則不自立番 貧窮丐乞人 給價代立"(『世宗實錄』卷86, 21年 7月 丙寅條 : 4-227가).

수공업 부분에서도 조선초기에는 工匠들의 부역제적 원리에 입각한 관청
수공업체계였으나 16세기를 전후하여 신분적 예속성에서 벗어나고자 하는
匠人들의 이탈과 정부의 재정악화로 인해 관장제의 운영이 어려워져 갔고,
여기에 더하여 전반적인 경제성장으로 수공업의 수요가 증가하고 다양해짐
에 따라 통제적인 관장제에서 사장제로 전환되어 가는 추세였다.[184] 수공업
의 성장에 따라 그 원료생산을 위한 광업의 발달도 촉진되어 농민들은
종래와는 달리 광산에서의 부역노동을 거부하고 사사로이 채굴활동에 참여
하기 시작하였다.[185]

한편 농민의 입장에서는 공물 조달로 인해 농사에 커다란 지장이 초래되었
던 상황[186]에서 비납의 편의를 위해 자구책으로 가장 쉽게 채택할 수 있는
것이 대납이었다. 특히 왕실·정부의 필요에 따라 상납을 명하는 別貢·不時進
上 등의 물품은 납부 기한이 매우 짧았기 때문에 이를 조달하기 위해서는
대납이 불가피하였다.[187] 그리고 국가에서는 국용에 필요한 물품을 가능한
한 교환을 통하지 않고 공물과 진상을 통하여 본색인 현물로 직접 수취하였으
나, 점차 농민들을 부역에 동원하기보다는 소경전의 다과에 따라 징수하는
형태로 변화해 갔다. 이러한 현상이 나타나면서 새로운 공납제 운영원리를
마련하자는 주장이 제기된다. 성종 8년(1477) 4월 장령 李瓊소은 다음과
같이 건의하고 있다.

---

184) 姜萬吉, 1984, 「朝鮮前期의 官匠制와 私匠」『朝鮮時代商工業史研究』; 홍희유,
 1989, 『조선중세수공업사연구』, 지양사.
185) 柳承宙, 1993, 『朝鮮時代鑛業史研究』, 고려대학교 출판부, pp.43~44.
186) "諭咸吉道觀察使鄭軾曰 本道所進貂鼠皮 國用最緊 然人言此物 不産於南 而令南民
 採納 每歲遠貿北道 因此失業者 有之然歟"(『世祖實錄』卷18, 5年 11月 戊子條:
 7-354가나).
187) "諭京畿·慶尙·全羅·忠淸·黃海·平安·咸吉道觀察使曰 諸邑貢物 當初分定時 或不以
 土産 而官吏刻期督責 細民傾財 貿易以充之 如或不給 則商賈彙緣 請托代納"(『世祖
 實錄』卷7, 3年 3月 乙亥條: 7-184가).

공물의 법은 조종조 이래로 여러 번 고쳐 詳定하여 그 토지에서 산출되는
물산으로 그 주현의 공물로 삼고자 했으나, 지금에 보면 오히려 所産이
아닌 것이 常貢이 된 것도 있습니다. 天之生物이 각각 그 마땅함이 있으나
그 형세가 또한 고르지 못한 것이 있습니다. 신의 어리석은 생각으로는
이미 이루어진 제도로 인하여 심히 민에게 폐해를 끼치지 않는 것은 오직
役使를 면제하는 것이라 여겨집니다. 대개 물명이 많아서 하나하나 民에게
배정하려고 하면 비록 所産일지라도 미쳐 應副할 수 없는데, 하물며 그
소산이 아닌 것이겠습니까? 이에 轉轉하며 구매하려는 자는 물건을 얻지
못할까 두려워하고 때를 타서 利를 노리는 자는 앉아서 많은 값을 요구하니,
물산은 귀하고 穀은 賤하여 농민이 더욱 곤궁하게 됩니다. 여러 가지가
이와 같으니 민이 어찌 편히 살겠습니까? 만일 田畝의 다과에 따라서
그 물가의 귀천을 비교하여 바치는 것을 알아서 미리 저축에 대비하게
한다면 금년에 이렇게 하고 명년에도 그럴 것입니다. 비록 위험을 범하는
것이 永之異蛇(永州에서 나는 異蛇를 잡아 바치면 국가에서 租·役을 면제해
주었다는 데서 비롯된 故事 : 필자주) 같더라도 오히려 3대 동안 이익을
오로지함이 있는데, 하물며 용이한 것이겠습니까? 지금의 주현에서도 간혹
민의 소원을 따라서 행하는 일이 있는데, 민간이 매우 다행으로 여깁니다.
이것을 두루 행하는 것이 어떠하겠습니까?(『성종실록』 권79, 8년 4월 경술
조 : 9-447라)

즉 그의 주장은 공물을 田地의 多寡에 따라 각 호에 물목 가격의 고하를
참작하여 부과함으로써 농민들이 미리 알고 미·포 등으로 마련할 수 있도록
하자는 것이었다. 여기서는 일부 군현에서 농민들이 스스로 원하여 이러한
방식으로 공납제를 운영해 본 결과 소기의 성과를 거둘 수 있었음을 들면서
이를 확대 시행해 보자는 그의 건의는 당시의 공납제 운영의 추이를 일정하게
반영한 것이라 이해된다. 이는 농민들이 부역에 동원되어 공물을 조달하는데
따른 농업노동력의 부족 및 공물 구득상의 어려움 등으로 인해 농사에
커다란 지장이 야기되었던 문제뿐만 아니라 과도한 방납가 징수에 따른

부담이 농민층에게 가중되는 문제를 해소할 방도로서 제기된 것이었다.

당시 널리 행해진 신역에서의 대립과 공납에서의 대납, 방납의 보편화는 점차 농민들의 경제활동을 당시 성장하고 있는 유통경제와 결합시키는 촉진제 역할을 다하고 있었다. 이 시기 유통경제의 대표적인 매개물로는 미·포를 들 수 있는데, 공물의 대가로서 미·포를 거두는 형태는 매우 이른 시기부터 나타나고 있었다. 즉 "외방각관의 공물이 실로 토산이 아닌 경우 농민들은 모두 미곡을 가지고 사다가 상납한다"[188]거나 혹은 "제읍의 민호에 분정한 자리[席]를 민이 자비할 수 없어서 미포를 거두어 안동에 가서 사서 납부한다"[189]라는 것이 이미 세종 이후부터 일반화하고 있었던 것이다.

미·포가 농민들 사이에서 교역의 매개물로 사용된 것은 농민생활에 있어서 필수품이었을 뿐만 아니라 국가·지배층의 주된 수탈 대상물로 누구에게나 가치를 가지는 것이었기 때문이다. 면화재배가 널리 보급되면서 면포는 농민들의 의생활의 변화를 가져왔을 뿐만 아니라 면포가 민간 사이의 거래나 부세납부에서 麻布를 밀어내고 正布 혹은 常布의 위치를 차지하게 되었다.[190] 방납의 매개물은 16세기 초까지 면포가 대부분이었으나, 점차 미·포가 병용되다가 지역적 편의에 따라 山郡은 布, 海邑은 米로 고정되어 갔다.[191]

국가에서도 당시 발전하는 경제체계 속에서 점차 비중을 높여가고 있던 방납행위를 원칙적으로 인정하게 되었는데, 그 과정에서 야기되던 비리를 제거하고 상품유통경제 및 수공업의 발달 등의 현상을 바람직한 방향에서 수용함으로써 공물을 本色 대신 교환수단인 미·포로 수납하는 합리적인 운영을 모색하게 되었다. 이는 즉 농민으로서는 본색보다도 미·포를 바치는 것이 편하고 이롭다는 현실을 반영한 것이었다. 농민은 농사만 짓고 공물의

---

188) 『世宗實錄』 卷7, 2年 閏正月 戊戌條 : 2-373나.
189) 『世祖實錄』 卷11, 4年 正月 丙子條 : 7-249나.
190) 宋在璇, 1986, 「16世紀 綿布의 貨幣機能」 『邊太燮博士華甲紀念史學論叢』, p.391.
191) 高錫珪, 1985, 「16·17世紀 貢納制 개혁의 방향」 『韓國史論』 12, pp.207~208.

생산은 그것을 전담하여 생산하는 자에게 맡기는 것이 국가경제적으로나 혹은 농민경제의 측면에서 바람직하다는 현실의 반영이었다고 하겠다. 16세기 중반 이후 각 군현의 전결수를 헤아려 분정된 공물의 종류·물량의 경중에 따라 그 가격을 결정하는 私大同·大同除役은 이러한 수취구조에서 필연적으로 자생하게 된 공물가 징수의 확대·정착 과정이라 할 수 있다.[192] 율곡은 당시 발전하는 경제체계 속에서 점차 비중을 높여가고 있던 방납 과정에서 야기되던 비리를 제거하고 공물을 本色 대신 교환수단인 米布로 수납할 것을 건의하고 있다.

　백성들이 공물을 스스로 비납하지 않은 지가 오래되었으니, 하루아침에 방납을 폐지한다는 말을 들어도 (공물을) 마련할 수가 없어 도로 高價를 가지고 가서 전날의 防納之徒에게서 사사로이 사올 수밖에 없다. (방납지도 가) 깊이 감추어 두고 아끼어 값이 전일의 갑절이나 될 터이니, 방납의 이름은 비록 폐지된다 하더라도 방납의 實은 오히려 더 심하게 될 것이다. ……내가 보기에 해주의 공물법은 전지 1결마다 米 1두씩을 거두어 官이 스스로 물건을 마련하여 서울에다 납부하니 민간은 다만 出米 만을 알고 있을 뿐이요, (공물의) 값이 오르는 폐단은 대체 聞知하지 못한다. 이는 진실로 금일의 救民하는 良法이다. 만약 이 법을 사방에 頒行한다면 방납의 폐단은 얼마 안가서 저절로 혁파될 것이다(『栗谷全書』 권15, 雜著2「東湖問 答」右論安民之術 : 44-327).

율곡은 해주지역에서 행해지던 田地 1결마다 米 1斗를 거두는 收米法을 전국에 시행한다면 방납의 폐단은 저절로 없어질 것이라 하였다. 이는 즉 농민으로서는 本色보다도 米를 바치는 것이 편하고 이롭다는 현실을 반영한 것이었다고 하겠다.

방납은 그 중간 모리성을 제외하고는 아마도 역사 전개의 순리적 방향으로

---

192) 이지원, 앞의 논문, pp.477~478.

전개되었다. 물론 방납은 원초적으로는 국가 공납제 운용의 편의를 위함이라든지 혹은 거기 기생하는 모리배의 농민 수탈수단으로 등장하였겠지만, 사회생산력의 일정한 발전과 그것을 바탕으로 하고서 필연적으로 전개되는 사회적 분화, 사회적 분업과 더불어 방납은 이제 농민경제의 측면에서도 반드시 요망되는 사회적 분업의 일종으로 그렇게 끈질기게 전개되었던 것이다.

VI. 조선전기 수령의 私贈 관행

1. 조선전기의 수령 출신

조선왕조 건국초에는 고려의 일반 군현제 하부에서 개별적인 편성을 보이고 있던 속현이라든지 향·소·부곡·장·처 등의 임내지역들을 혁파하여 주현으로 통합시키면서 지방통치체제의 근간인 군현제를 정비하였다. 군현은 그 읍세의 규모에 따라 주·부·군·현으로 구획되었고, 邑官인 수령은 거기에 대응하여 官階上 최고 종2품부터 최하 종6품에 걸쳐 부윤(종2품)·대도호부사(정3품)·목사(정3품)·부사(종3품)·군수(종4품)·현령(종5품)·현감(종6품)이 파견되었다.[1]

흔히 "옛날의 제후" 혹은 "一邑의 主"라고 칭해졌던 수령은 중앙의 관인과 달리 일읍의 사무를 專制하였다. 따라서 민인의 休戚은 전적으로 수령의

---

[1] 조선시대 수령이 파견된 군현의 수는 약 330여 곳에 달하였다. 조선초기 기록인 『세종실록』지리지에는 336곳, 『경국대전』에는 329곳, 『신증동국여지승람』에는 331곳으로 나타난다. 330여 군현 중 州·府·郡을 제하면 하급수령이 파견된 곳은 약 180여 縣에 달하였다(李樹健, 1984, 『韓國中世社會史硏究』, p.410). 수령의 職窠를 살펴보면, 『세종실록』지리지에는 부윤이 4, 대도호부사가 4, 목사가 17, 도호부사가 38, 군수가 91, 현령 35, 현감이 147이고, 『경국대전』에는 부윤이 4, 대도호부사가 4, 목사가 20, 도호부사가 41, 군수가 82, 현령 34, 현감이 141이다. 『신증동국여지승람』에는 부윤이 4, 대도호부사가 4, 목사가 20, 도호부사가 45, 군수가 82, 현령이 33, 현감이 141이다.

賢否에 달려있는 것으로 누누이 지적되고 있었다.[2] 이처럼 민인의 생활이 수령의 자질·능력과 직결되어 있었기 때문에 조선왕조 국초부터 역대 국왕들은 수령의 선임에 특별한 관심을 가졌던 것이다.

수령의 선임과 출사로는 시기 및 읍격과 지역에 따라 현저한 차이가 있었다. 국초 이래 부윤·대도호부사·목사·부사와 같은 종3품 이상의 수령직은 淸官으로 간주되어 侍從之臣이나 문·무관 가운데 비교적 精選된 중견관료가 파견되었으나, 중소군현에 파견되는 하급수령은 비문과 출신이 주류를 이루고 있었다.[3] 특히 조선 건국초에는 현감의 秩品인 6품 이상의 관품소지자가 절대적으로 부족하였다. 이러한 문제를 해결하기 위해 국가는 천거를 통해 수령으로 충원하기도 하였고,[4] 成衆官 및 西班 각처의 去官人 중에서 수령취재에 합격할 경우 현감으로 제수하였던 것이다.[5]

선초에는 성중관 거관인[6]들이 수령으로 진출할 수 있는 길이 크게 열려

---

2) 『世宗實錄』卷38, 9年 12月 乙丑條 : 3-104나 ; 『文宗實錄』卷6, 元年 3月 丁未條 : 6-364라 ; 『成宗實錄』卷181, 16年 7月 丙辰條 : 11-39가 ; 『明宗實錄』卷11, 6年 7月 己亥條 : 20-32나 ; 『大東野乘』卷22 ; 『海東雜錄』4, 徐居正條 ; 『牧民心書』, 赴任 除拜條.

3) 具玩會, 1982, 「先生案을 통해 본 朝鮮後期의 守令」『慶北史學』4 ; 최이돈, 1996, 「16세기 전반 향촌사회와 지방정치−수령인선과 지방제도 개혁을 중심으로−」 『震檀學報』82 참조.

4) 『太祖實錄』卷1, 元年 7月 丁未條 : 1-22나다. 『太宗實錄』卷2, 元年 11月 辛卯條 : 1-216나다. 『太宗實錄』卷2, 元年 11月 己酉條 : 1-218가.

5) 『世宗實錄』卷81, 20年 4月 丁卯條 : 4-141라. 『文宗實錄』卷6, 元年 3月 甲子條 : 6-370나.

6) 조선초기의 성중관은 그 신분적 지위가 一般流品官吏·有蔭子孫·生員·進士 등의 일반 사류와 동등하였으며, 하급서리인 각사의 吏典과는 완전히 구분되는 상급신분이었다. 원래 錄事도 成衆官 속에 포함되어 있었으나, 세조 12년(1466)을 전후하여 녹사로 일원화되었다(韓永愚, 1983, 「朝鮮初期의 上級胥吏와 그 地位」『朝鮮前期社會經濟研究』참조). 성중관은 그 종류에 따라 복무기간에서 차이가 있었다. 가령 六曹錄事·中樞院六房錄事(25명)는 13년, 議政府 六房의 承發案牘錄事(8명)는 8년이 지나서 去官하였는데 비해, 議政府錄事(74명)와 中樞院錄事(93명)는 31년이 지나서야 去官하였다(『世宗實錄』卷108, 27年 6月 辛酉條 : 4-622가나). 그러나

있었다.[7] 가령 세조 4년(1458) 4월 성균관주부 金利用이 "성중관은 장차 수령이 될 자이다"[8]라고 한 것은 이러한 사실을 말해준다고 하겠다. 그러나 성중관 출신 수령 가운데 80~90%가 수령의 업무를 제대로 수행하지 못해 부임한 지 얼마 안 되어 폄출되었다.[9] 이들은 "6월에 수령에 제수되면 연말의 殿最에서 하등이 되고, 연말에 제수되면 6월의 전최에서 하등이 된다"[10]고 하는 실정이었다. 이처럼 성중관 출신의 수령이 포폄에서 최하 성적을 받아 자주 폄출되는 탓에 1~2년 사이에 수령이 4~5차례나 교체되기도 하였던 것이다.[11] 수령의 잦은 교체는 결국 수령의 지방실정 파악을 어렵게 하였고, 나아가 영송의 폐단으로 군현민에게 큰 부담을 주었다.[12]

그러나 과거제도가 본궤도에 오르고 등과 출신자가 증가하면서 건국초와는 달리 인재부족현상은 점차 완화되어 갔다.[13] 그리하여 문과급제자조차도 국초에 급제자 전원을 곧바로 서용[卽敍]하던 것에서 을과 3인을 제외한

성중관이 녹사로 일원화된 『경국대전』의 단계에 와서는 대체로 10여 년 복무한 후에 거관하였다(『經國大典』 卷1, 吏典 京衙前 錄事條).

7) 세종 6년(1424)부터 16년(1434)에 이르는 10년 동안 성중관 출신으로서 수령으로 임명된 자가 132명에 달하고 있는 점으로 보아(『世宗實錄』 卷66, 16年 11月 癸巳條 : 3-602라), 매년 13여 명이 수령으로 진출하고 있다.

8) "(成均館注簿金)利用曰 成衆官 將爲守令者也"(『世祖實錄』 卷12, 4年 4月 乙亥條 : 7-266가).

9) "傳旨吏曹……郡縣尙多 人材難得 或以成衆官去官者 選揀差遣 曾未處事 難堪其任 未久見貶者 尙多有之 使考其數 甲辰年(세종 6년, 1424)以後 成衆去官 除拜守令者 百有三十二人 罷軟貶黜者 十常八九"(『世宗實錄』 卷66, 16年 11月 癸巳條 : 3-602라).

10) 『世宗實錄』 卷66, 16年 11月 辛卯條 : 3-602다.

11) 『世宗實錄』 卷50, 12年 10月 甲申條 : 3-266다.

12) 『成宗實錄』 卷6, 元年 7月 戊寅條 : 8-513나다.

13) 조선전기 문과는 3년에 한 번씩 실시되는 式年試 이외에도 別試가 자주 실시되어 文科 급제자의 수가 점차 증가하여 갔다. 태조에서 명종대에 이르는 176년간의 문과 설행은 모두 166회였는데, 이 가운데 式年試가 58회였고, 부정기시가 108회였다. 급제자는 식년시가 1,905인이고, 부정기시가 1,508인이었다고 한다(李秉杰, 1976, 「朝鮮中期 文科 及第者의 進出」 『東洋文化硏究』 3, p.5).

238

나머지는 곧바로 서용할 수 없게 되었다.[14] 게다가 세조 집권기를 전후하여
서는 유례없을 정도로 加資와 代加가 남발되었다.[15] 이러한 잦은 가자와
대가 남발로 인해 당상관이 과다하게 배출되었다.[16] 이에 국가는 당상관의
인사 적체를 해소하기 위해 100여 명을 서반 8·9품직에 行職除授하기도
하였던 것이다.[17] 이외에도 체아직을 신설하거나 실제 근무를 시키면서도
녹봉을 지급하지 않는 무록관을 설치 운영하기도 하였다.[18]

이처럼 관리후보군은 과다하게 배출되었지만 관직은 한정되어 있었다.
이에 따라 성중관 출신자들의 출사로는 점점 좁아졌다. 이들은 세조~성종대
에 이르면 수령취재에 합격만 해놓고 제때 수령에 서용되지 못해 종신토록
진출하지 못하는 경우도 있었다.[19] 반면에 문음출신자는 어린 나이에도
불구하고 6품에 이르면 곧 別坐로 나갔고, 여기서 12朔이 차면 바로 수령으로
진출하였던 것이다.[20]

---

14) 乙科(후에 甲科) 3인 卽敍法은 『經國大典』에 그대로 법문화되었다(李成茂, 1980,
   『조선초기양반연구』, p.155).
15) 韓忠熙, 1985, 「朝鮮 世祖~成宗代의 加資濫發에 대하여」 『韓國學論集』 12, 계명대
   한국학연구소.
16) 당상관의 수는 세종 21년(1439)에 100여 명이었으나(『世宗實錄』 卷85, 21年 6月
   壬寅條 : 4-221가), 세조대에 이르러서는 수백 명에 달하였고(『睿宗實錄』 卷4, 元年
   3月 乙未條 : 8-352가), 예종·성종조에 이르러서는 300명 이상에 달하였다(『睿宗實
   錄』 卷8, 元年 10月 甲寅條 : 8-421다 ;『成宗實錄』 卷82, 8年 7月 壬午條 : 9-474가).
17) "大司憲徐居正等上疏……今堂上授行職八九品者 幾至百人 國家非不欲優待 但員多
   闕少 不得已降授行職"(『成宗實錄』 33, 4年 8月 癸亥條 : 9-48가나).
18) 이에 대해서는 李載龒, 1967, 「朝鮮前期 遞兒職에 대한 고찰-西班遞兒를 중심으로
   -」 『歷史學報』 35·36합집 ; 朴洪甲, 1986, 「朝鮮前期의 無祿官」 『嶠南史學』 2
   참조.
19) 성중관 거관인으로 京·外職의 文簿에 올라 있는 자 가운데 敍用되지 못한 자는
   세조 7년(1461)에 80명이었으나(『世祖實錄』 卷24, 7年 6月 壬午條 : 7-469가), 세조
   9년(1463)에는 127명에 달하고 있다(『世祖實錄』 卷31, 9年 11月 壬午條 : 7-595다).
   이들이 적체된 원인은 수령취재에 합격한 자는 많았지만 窠闕이 적어 1년에 1~2명
   정도 밖에 진출하지 못하였기 때문이다(『成宗實錄』 卷33, 4年 8月 癸亥條 : 9-48가).
20) 『成宗實錄』 卷3, 元年 2月 辛未條 : 8-470가.

16세기 훈척정치기에 들어와서는 문음출신자의 관직 진출이 양적으로 크게 확대되었다. 예컨대 "조정에서 인재를 등용하는 데에는 정과가 있고 문음이 있어 오직 이 두 가지 길뿐이다"[21]거나, 혹은 "정과 출신 이외에 문음이 절반을 차지하고 있다"[22]고 한 것은 이러한 사정을 말해준다고 하겠다. 물론 정치적으로 중요한 관직인 의정부 사인·검상, 이·병조의 정·좌랑, 삼사는 거의 모두 문과출신자로 충원되었으나, 수령은 문음출신자들로 주로 채워졌다.

문음출신자가 수령으로 진출하는데는 과거 급제자보다 오히려 유리한 면이 있었다. 문과출신자의 경우 과거에 합격했다 하더라도 가문의 배경이 없으면 3관(성균관·승문원·교서관, 후에 예문관이 추가되어 4관)의 權知로 7~8년을 복무해야 비로소 9품을 받을 수 있었고, 이들이 6품까지 올라가려면 또 8년이 걸렸다. 이들이 30~40세에 등과할 경우에는 3관의 한 모퉁이에서 늙어 버리는 형편이었다.[23] 3관의 권지가 음직만도 못하다고 한 것도 이 때문이었다.[24] 무과출신자는 문과출신자에 비해 권지로 분관하는 길과 그후 거관하는 길이 더 좁아 합격자 가운데 세력이 없는 자는 고향으로 돌아가 늙어 죽을 때까지 시골에 묻혀서 지내는 경우도 있었다.[25]

문음출신자의 부형들은 대체로 국가의 인사권과 京外의 관료를 천거할 수 있는 천거권을 가지고 있었던 3품 이상의 당상관들이었다.[26] 이들 자제가

21) "(正言)鄭應啓……朝廷用人 有正科有門蔭 唯此二路而已"(『中宗實錄』卷29, 12年 8月 辛未條 : 15-326가).
22) "持平辛應時啓 國家用人 正科出身之外 門蔭居半"(『明宗實錄』卷34, 22年 2月 丁未 條 : 21-143가).
23) 『世宗實錄』卷42, 10年 10月 丙午條 : 3-150라 ; 『世宗實錄』卷42, 10年 11月 己酉 條 : 3-152다.
24) 『中宗實錄』卷66, 24年 12月 丁亥條 : 17-177다.
25) 『明宗實錄』卷15, 8年 7月 己未條 : 20-150가.
26) 李成茂, 앞의 책, p.88. 『경국대전』에 의하면 문음의 대상자는 공신과 2품 이상 관리의 子·孫·壻·弟·姪(단 原從功臣은 子·孫), 實職 3品官의 子·孫, 3품 이하 관리라

취재에 합격하면 父祖의 관품에 따라 종9품에서 정7품까지의 관품을 받았다.[27] 이들은 수령으로 진출하기 위해 찰방 등의 음직을 교량으로 삼았다.[28] 이들이 음직에 4~5년 정도 부지런히 근무하면 참상직으로 遷轉이 가능하였을 뿐만 아니라 외직으로 천전될 경우에는 하급수령인 현령으로 진출할 수 있었다.[29] 따라서 이들은 처음부터 통과하기 어려운 과거에만 매달리기보다는 부모의 음덕으로 벼슬하기를 더 선호하였다.

이들에 대한 문음취재도 거의 형식에 불과하였다.[30] 명종대 기록에 의하면 문음취재 때에 응시자의 부형이 미리 銓曹의 당상과 낭청에게 서찰을 보내어 부탁하였기 때문에 취재를 담당한 관리는 단지 부형의 안부만을 물을 뿐, 文義의 여하는 강론하지 않는다고 하였다. 이로 인해 외척의 어린 자제들도 열읍의 수령으로 나갈 수 있었다고 한다.[31]

훈척정치기에 하급수령은 집권세력의 賣官대상으로 간주되었다.[32] 명종조 초기 李芑가 정국을 주도하였을 때는 벼슬의 제수가 모두 그의 손에서 나왔으므로 그에게 뇌물을 바치고 청탁하려는 사람들이 그의 집 문을 메울

하더라도 吏曹·兵曹·都摠府·司憲府·司諫院·弘文館·部將·宣傳官을 역임한 사람의 子로 규정되어 있었다(『經國大典』 卷1, 吏典 取才 蔭子弟條).

27) "吏曹啓 六典凡門蔭出身 自洪武二十五年(태조 원년, 1392)七月以後 其祖父受實職者 無問已故致仕 正·從一品長子 許正·從七品 正·從二品長子 正·從八品 正·從三品長子 正·從九品 如長子有故 長孫減一等 次子亦同 然無分京外職 請自今京官實職三品以上及外官三品以上守令等子孫 取才承蔭"(『世宗實錄』 卷29, 7年 7月 壬午條 : 2-681 다라).

28) 『中宗實錄』 卷55, 20年 11月 癸酉條 : 16-470나 ;『仁宗實錄』 卷2, 元年 4月 辛丑條 : 19-225다.

29) 李樹健, 앞의 책, p.254 ; 朴洪甲, 1994, 『朝鮮時代 門蔭制度 硏究』, 探求堂, pp.221~222.

30) 참고로 조선초기의 문음취재는 수시로 5經 중 1經을 시험하여 大義에 능통하면 仕進이 허락되었고(『太宗實錄』 卷26, 13年 7月 己丑條 : 1-677나다), 『경국대전』 단계에 와서는 4書 중 1書가 추가되었다(『經國大典』 卷1, 吏典 取才 蔭子弟條).

31) 『明宗實錄』 卷15, 8年 10月 丙申條 : 20-170가.

32) 『明宗實錄』 卷11, 6年 6月 庚辰條 : 20-28라.

정도였다고 한다.33) 이기가 죽은 후에는 윤원형을 비롯한 척신세력들이
정권을 농단하였다. 명종 말년에는 심통원 등 또 다른 외척세력이 가세함으
로써 그 체제는 더욱 굳어지면서 장기화되어 갔다.

따라서 훈척정치기에는 銓曹에서조차 독자적인 인사권을 행사할 수 없었
다.34) 윤원형이 실권을 잡았을 때에는 銓選을 맡은 이조판서조차도 大小의
인사를 그에게 稟議한 뒤에 시행할 정도였다고 한다.35) 관인후보자가 관직
에 진출하기 위해서는 먼저 이들 권세가들에게 연줄을 대어야 하였다.
명종 원년(1546) 시독관 金鎧가 아뢴 다음의 내용은 이러한 사정을 말해준다.

　　요즘의 일을 보건대 어느 관원이 결원되면 대신이 서찰을 보내어 청탁하므
로 이조판서가 비록 적합한 사람임을 알고 의망하려 하여도 자유롭게 하지
못하는 사례가 많습니다.……신이 또 들으니 근래 벼슬을 제수함에 있어
반드시 三公의 청탁서찰이 있어야 비로소 注擬한다 합니다(『명종실록』
권4, 원년 12월 신묘조 : 19-469다라).

즉 어느 관원이 결원되면 대신이 서한을 보내어 청탁하였고, 벼슬을
제수받으려면 반드시 3공이 보낸 청탁서한이 있어야 注擬한다는 것이다.
이처럼 관직의 新除·注擬가 뇌물의 경중과 청탁의 고하에 따라 결정되었기
에 관인후보자는 삼공의 청탁 서찰을 얻으려고 동분서주하였던 것이다.36)
전조의 주의는 모두 재상의 서찰로 상·중·하를 나누었는데, 이를 '公論'이라
하였다.37) 그리하여 이들은 전조의 당상뿐만 아니라 낭관의 집에 가서

---

33) 『明宗實錄』 卷12, 6年 10月 己卯條 : 20-49라.
34) 李宰熙, 1993,「朝鮮 明宗代 '戚臣政治'의 전개와 그 성격」『韓國史論』29, p.107.
35) 『明宗實錄』 卷31, 20年 2月 庚午條 : 21-7가나.
36) 『中宗實錄』 卷99, 37年 11月 癸丑條 : 18-631다라 ;『明宗實錄』 卷4, 元年 12月
　　癸巳條 : 19-471다라.
37) 『中宗實錄』 卷8, 4年 6月 壬申條 : 14-340나.

奔競운동을 활발하게 전개하였던 것이다.38) 권세가에게 청탁할 때에는 노비와 전토를 바치기도 하였고,39) 심지어 권세가의 첩과 노비에게도 앞다투어 뇌물을 바치기도 하였다.40)

청탁을 받은 권세가들이 전조에 서찰을 보내 아무개를 注擬해 달라고 부탁하면,41) 전조에서는 그 사람의 賢否는 살피지 않고 그 세력이 성한지 아니한지, 청탁 서찰을 보낸 자의 직위 高下만을 보았기 때문에 정사가 있기 전에 외부 사람들이 '아무개는 아무 정승의 서찰을 얻었으니 이번 정사에서 아무 벼슬에 틀림없이 임명될 것이고, 아무개는 아무 정승에게 무슨 물건을 바쳤으니 이번 정사에서 틀림없이 아무 벼슬에 제수될 것이다.' 하고 논의하였는데, 政目이 발표되면 符節을 맞춘 듯이 들어맞기에 이르렀다고 할 정도였다.42)

이 같은 사실은 『미암일기』에서도 찾아진다. 가령 유희춘의 처조카인 교리 李邦柱의 처가 밤 二更에 '明日 무장현감이 체직되니 급히 전조에 서찰을 넣어달라'고 하였을 때 이조참판 姜尙之에게 바로 서찰을 넣은 것이라든지,43) 유희춘의 孼壻인 金宗麗가 흥덕현감이 체직될 예정이란 사실을 미리 알아 유희춘에게 전하였을 때 유희춘이 이 사실을 즉시 이조판서 李後白에게 알려 며칠 후 흥덕현감에 제수될 수 있게 하였던 것이다.44) 이처럼 관인후보자들이 수령 가운데 임기가 만료된 자리가 있다거나, 혹은 빈자리가 있을 때에는 청탁한 사람에게 신속하게 전함으로써 청탁에 보다

---

38) 『中宗實錄』卷5, 3年 2月 庚午條 : 14-226라.

39) 『中宗實錄』卷103, 39年 5月 戊戌條 : 19-81나다.

40) 『中宗實錄』卷104, 39年 8月 庚午條 : 19-123가.

41) 『中宗實錄』卷5, 3年 正月 庚子條 : 14-220라 ; 『中宗實錄』卷103, 39年 5月 戊戌條 : 19-81나다 ; 『明宗實錄』卷8, 3年 5月 丙子條 : 19-593나다.

42) 『明宗實錄』卷11, 6年 6月 辛巳條 : 20-28라~9가.

43) "夜二更 李佐郎妻氏簡通云 茂長宰被臺諫劾罷 而明日政事 乞速通銓曹 余卽簡請于 姜參判尙之……夜 因思茂長事 耿耿不寢"(『眉巖日記草』辛未 11月 20日).

44) 『眉巖日記草』甲戌 2月 21日 ; 『眉巖日記草』甲戌 2月 23日.

원활을 기할 수 있었던 것이다.

2. 수령의 사증 배경

수령은 국왕이 직접 임명하는 專任의 지방 행정관으로서 일읍의 사무를 專制하였다. 이에 국가는 수령에 대한 적절한 감독과 통제 및 규찰수단이 필요하였던 것이다. 그 기능행사의 일반적인 형태가 수령의 포폄등제를 정하는 것이었다.45)

수령의 업무 가운데 군현의 직접적인 통치와 관련 있는 것은 守令七事였다. 그 내용은 農桑盛·學校興·詞訟簡·奸猾息·軍政修·戶口增·賦役均 등이었다.46)『경국대전』에는 감사가 이에 관한 실적을 고과하여 보고하도록 규정되어 있다. 즉 감사는 수령칠사의 실적을 가지고 상·중·하로 평가하여 6개월(매년 6월 15일, 12월 15일)마다 이조에 보고하면, 이조에서는 수령의 임기가 만료되면 누적된 성적평가를 통산하여 포폄하였던 것이다. 수령은 10번의 포폄에서 3번 中考에 등제되거나 5考·3考·2考에서 각각 2번 中考에 등제되면 파직되었고, 당상수령의 경우는 1번의 中考 등제로도 파직되었다.47) 수령이 下考에 등제되면 파직은 물론이고 2년이 경과한 후에야 관직에 서용토록 규정하고 있었다.48) 이와 같이 수령은 고과 성적이 우수하면 加階·陞職되었고, 성적이 불량하면 파직되었던 것이다.

당시의 포폄제도 아래서 우수한 성적을 거두기 위해서는 물론 개인의 능력도 중요했지만, 부임지의 상황 또한 매우 중요했다. 그런데 포폄은

---

45) 李羲權, 1999,『朝鮮後期 地方統治行政 硏究』, 集文堂, p.46
46)『經國大典』卷1, 吏典 考課條.
47)『經國大典』卷1, 吏典 褒貶條.
48)『經國大典』卷1, 吏典 考課條.

대체로 결과물 위주로 운영되었기 때문에 인적구조와 물적자원이 빈약한 군현에 파견된 수령의 경우 국가의 명령을 원활히 수행하기 어려웠으므로 늘 포폄에서 하등을 받기가 쉬웠다.[49] 수령 대부분이 물산이 풍부한 지역을 선호한 것도 이 때문이었다.

수령이 그 직을 거쳐 다음 벼슬을 받기 위해서는 포폄에서 좋은 성적을 받아야 하였다. 물론 자신의 능력에 의해서 관직에 진출하였거나 승진이 가능한 문반관료들에게는 별문제가 없었겠지만, 고위관직자의 추천이나 연줄에 의해 관직에 진출한 음직 혹은 무반 출신의 수령이 포폄에서 좋은 성적을 받기 위해서는 포폄을 담당한 감사에게 직접 청탁을 하든지, 아니면 감사에게 절대적인 영향력을 행사할 수 있는 권세가에게 청탁을 해야만 하였다. 따라서 이들 수령은 자신을 후원해 주는 관리에게 정기적으로 물품을 바쳤던 것이다.

가령 성종대에 칠원현감 金澍는 한명회·김질·김국광을 비롯하여 위로는 공경재상에서 아래로는 사대부에 이르기까지 무려 수백 인에게 사적으로 물품을 보낸 적이 있었다.[50] 김주의 父는 한명회와는 6촌간이었고, 김국광·김질과는 가까운 친척이었다.[51] 김주는 이러한 인연으로 한명회에게 청탁하여 선전관에 제수되었고 차서를 뛰어넘어 감찰로 옮겼다가 얼마 안 되어 칠원현감이 되었다. 김주는 이에 대한 보답으로 한명회에게 깨 2斛을, 김질에게 깨 2섬을, 김국광에게 들깨(水荏子) 1섬을 각각 보냈다.[52] 물론 이들 물품은 당해 군현의 백성에게서 거둔 것이었다. 이에 대해 史臣은 김주가 칠원현감이 되어서는 권력 있는 고관들과 교제하기 위해 날마다 민인들에게서 착취를 일삼자 사람들이 '桀太守'라 하였다고 썼다.[53]

---

49) 임용한, 2002, 『朝鮮前期 守令制와 地方統治』, 혜안, pp.197~198.
50) 『成宗實錄』 卷73, 7年 11月 己巳條 : 9-396가나.
51) 『成宗實錄』 卷74, 7年 12月 丙子條 : 9-398라.
52) 『成宗實錄』 卷74, 7年 12月 乙亥條 : 9-398나.

연산군 때 유자광이 모친상으로 인해 지방에 행차할 때 남원에 이르는 沿路의 各驛과 그의 田莊이 있는 양성·공주·연산·은진·여산·임실 등 유숙하는 곳에서는 노복들로 하여금 양곡을 마련하게 하였고, 그래도 중도에서 비용이 넉넉지 못할까 염려해서 두 수레의 잡물과 쌀·콩·소금·장을 싣고 갔는데, 남원으로 가는 도중에 지방관이 유자광에게 약간의 米豆·馬草를 사사로이 보낸 것이 후일에 드러나 탄핵을 받았다.[54] 수령은 고위관리의 자제가 지방에 당도했을 때 사적으로 물품을 증여하기도 하였다.[55] 이외에도 赴京使臣이 지나는 곳의 감사·수령이 人情이라 하여 사신에게 물품을 증여하기도 하였다.[56]

이상의 경우는 중앙의 고위관리가 지방수령에게 물품을 요구했다기보다는 수령이 타일에 좋은 직책을 얻기 위해 그들과 교분을 두터이 할 필요에서 사적으로 물품을 보낸 것이라 생각된다.[57]

한편 고위관료들이 지방을 왕래할 때 수령에게 접대받는 행위는 거의 일반화되어 있었다. 국초에 수령이 사적으로 빈객을 접대하는 행위는 死罪로 다스리다가 制書有違律로 처벌하였으나, 대소관료들은 그 법을 문구처럼

---

53) 『成宗實錄』 卷73, 7年 11月 丙辰條 : 9-394가나.

54) 『燕山君日記』 卷4, 元年 5月 乙酉條 : 12-665나.

55) 이는 연산군 원년(1495) 4월에 덕천군수 蘇世安이 이조판서 李克墩의 아들 李世貞에게 魚物·紬布·蠟珠 등을 바친 것에서도 알 수 있다(『燕山君日記』 卷2, 元年 4月 庚午條 : 12-660라).

56) 국초부터 국가에서는 부경사신이 지나는 道의 감사·수령이 사사로이 증여하지 못하게 하였고, 그들이 휴대하는 양곡의 수량을 제한하기까지 하였다(『文宗實錄』 卷9, 元年 9月 甲寅條 : 6-436다). 평안도감사가 쌀과 魚肉을 적당하게 장만하여 正使·副使에게는 쌀 40斗, 乾魚 100尾, 脯 20束, 刀子 10部와 載持馬 각 3匹을 주었으며, 정사·부사·書狀官에게는 騎馬·卜馬 각 1匹, 從事官·從人에게는 기마 각 1필과 2인을 아울러서 복마 1필을 주되, 만약 어기는 자가 있으면 察訪·檢察官으로 하여금 啓文하여 科罪하게 하였다(『文宗實錄』 卷7, 元年 4月 甲午條 : 6-380나).

57) "爲守令而不爲表情救窮等事 則宰相名士不與之交厚 不但不得美職於他日 故舊親戚 莫不齎怒 無以自立於世"(『潛冶集』 卷2, 萬言疏 ;『韓國文集叢刊』 80-113).

여겨서 공공연하게 관아에 출입하였고, 수령들은 이들에게 접대뿐만 아니라 증여까지 하였다.58) 만약 빈객에 대한 접대를 소홀히 하게 되면 비방이 뒤따랐고, 이는 결국 殿最에까지 영향을 미쳤기 때문에 수령들 가운데 '賢者'까지도 빈객의 접대를 호사스럽게 하지 않을 수 없는 것이 당시의 실정이었다.59)

또한 朝官이 새로 임명된 감사와 수령을 위해 공공연히 주연을 베풀어준다거나 재상이 수령이 친히 전송하는 것은 흔히 있는 일이었다.

> 사헌부에서 아뢰기를, "새로 임명된 감사와 수령들이 길을 떠나는 데에 朝官이 공공연히 술과 안주를 준비하기도 하고, 혹은 온 官司가 나가서 전송하여 직무를 폐기하기도 하고, 지위가 높은 재상까지 관직이 낮은 수령을 친히 전송하여 혹은 그 집에 가기도 하고, 혹은 교외에 나가기도 합니다. 저들이 어찌 이익되는 바가 없는데도 이와 같이 하겠습니까? 수령은 권세에 의지하고 아첨하여 뇌물을 많이 써서 자신을 의탁하는 곳으로 삼게 되고, 감사도 또한 권세를 두려워하여 殿最하는 즈음에는 그 적당함을 얻지 못하는 사람이 혹 있기도 합니다." 하였다(『성종실록』 권256, 22년 8월 경신조 : 12-83가).

새로 임명된 수령들이 부임지로 떠날 때 지위가 높은 재상까지 관직이 낮은 수령을 친히 전송한 것은 그들에게 이익이 되는 바가 있었기 때문이었고, 수령은 권세에 의지하고 자신이 의탁하는 곳으로 삼아 장차 포폄에서 좋은 성적을 받을 수 있었기 때문이었다. 즉 중앙의 고위관직자들과 지방관들은 상호보험적 관계를 맺고 있었던 것이다.

포폄의 목적은 수령의 賢否를 판정하여 黜陟함으로써 수령들의 善治를 유도하려는데 있었다. 『경국대전』에 中·下考의 等第를 받은 자에 대한

---

58) 『成宗實錄』 卷67, 7年 5月 丁巳條 : 9-340라.
59) 『成宗實錄』 卷270, 23年 10月 癸亥條 : 12-234다.

엄한 벌칙이 규정되어 있었지만, 포폄이 엄정하게 이루어진 것으로 보이지는
않는다.

　성균생원 吳欽老가 상서하기를, "……전최할 때에 이르러 비록 賢否의
所在를 안다 하더라도, 淸要를 지냈거나 혹 閥閱이 있는 자는 어질다고
이르니, 이름이 본래 드러났고 세력이 강한 친족이 조정에 가득하면 비록
(漢나라의 黃覇가) 河南을 다스린 치적이나 (龔遂가) 渤海를 다스린 政績이
없더라도 반드시 上列에 薦望하고, 혹 나이가 젊지 아니하거나 혹 한미한
가문의 출신자는 장래의 所望이 없다 이르니, 氣勢에 의지할 만한 데가
없고 비록 뚜렷한 失政이나 드러난 허물이 없더라도 반드시 下等으로
깎아 내립니다. 이 때문에 탐오하여 부끄러움이 없어 백성들에게 가혹하게
하던 자는 때로 考滿이 되어 부름을 받고, 剛明하고 정직하여 백성들에게
혜택을 베푼 자는 때로 고만이 되지 못하여 파면되니, 이는 불공평한
소치입니다. 감사의 전최가 이와 같이 뒤바뀌고 수령의 현부가 이처럼
뒤섞인다면 백성들이 복 받기란 또한 어렵지 않겠습니까?" 하였다(『세종실
록』 권52, 13년 4월 경자조 : 3-308가나).

　권세가 자제의 경우는 전최의 법이 있다 하더라도 이들 자제에게는
별 소용이 없었다. 가령 "그 最가 되는 자는 某某라고 칭하는 세력있는
자의 부형이나 자제이다"[60]라고 한 것은 이를 말해준다고 하겠다. 下考
등제자에 대한 징치를 엄히 하고 있었을 뿐만 아니라 '죄가 擧主에게 미치는
법'에 따라 사헌부는 관찰사가 올린 포폄등제를 고열하여 거주를 탄핵하였
는데,[61] 수령이 천거한 거주는 다름 아닌 동반 3품, 서반 2품 이상의 고위
관직자들이었다.[62] 따라서 관찰사의 하등 등제로 수령이 파직되면 그 문책

---

60) 『中宗實錄』 卷64, 23年 閏10月 丙戌條 : 17-71가나.
61) 『太宗實錄』 卷4, 2年 7月 壬辰條 : 1-241라 ; 『太宗實錄』 卷4, 2年 7月 辛丑條 : 1-242
　　다 ; 『太宗實錄』 卷30, 15年 12月 丙寅條 : 2-92다.
62) 『經國大典』 卷1, 吏典 薦擧條.

248

이 이들 고위 관직자들에게 뒤따를 것이기 때문에 관찰사들은 거주를 의식하지 않을 수 없었다.63)

감사가 수령의 부정한 일을 알고도 포폄을 엄격히 하지 않은 것은 청탁 때문이었다. 가령 명종대에 부사과 劉寬이 전에 가산군수로 있을 때 입거인의 처를 빼앗아 자기의 첩으로 삼고, 이웃 군현의 민전을 빼앗아 자기의 농장으로 만들었으며, 이웃 군현의 수령에게 청탁하여 입거인의 노비 20여 명을 빼앗은 일이 있었다.64) 그런데도 그는 파면되기는커녕 오히려 전라우도 수군절도사로 영전하였다. 그가 파면을 모면할 수 있었던 것은 평소에 권세가에 손을 써 놓았기에 가능하였던 것이다.65) 그리하여 "지금의 포폄은 거개가 상등이고 중등과 하등은 없다"66)고 하는 실정이었다.

수령은 부임에 앞서 막중한 外任을 원만하게 수행하기 위해 의정부·육조·銓曹·대간 및 該道·該邑의 前官 집을 방문하여 그들로부터 교시와 조언을 청취하고 하직인사를 하는 것이 관례가 되어 있었다. 그러나 참알받는 京官은 미리 특정 품목을 요청하기도 하였고, 부임한 후에도 서찰을 보내 물품을 요구하기도 하였다.67) 이들은 필요한 물품을 감사나 수령에게 직접 求請하였다. 이들이 감사에게 각종 물력을 구청하면, 감사는 으레 수령에게 전가하였다.

헌부가 아뢰기를, "……각도의 관찰사를 그 도의 사람으로서 임명하여

63) "上曰 監司或以擧主爲褒貶 故守令之亂政者 或居上等"(『太宗實錄』卷22, 11年 11月 丙子條 : 1-610다).
64) 『明宗實錄』卷10, 5年 6月 壬戌條 : 19-704나다 ; 『明宗實錄』卷10, 5年 9月 己酉條 : 19-721나.
65) 『明宗實錄』卷18, 10年 5月 乙卯條 : 20-275나다.
66) 『成宗實錄』卷216, 19年 5月 癸未條 : 11-338나. 이 같은 사정은 16세기에 들어와서도 마찬가지였다(『眉巖日記草』辛未 7月 29日).
67) 『成宗實錄』卷186, 16年 12月 丁未條 : 11-85다.

보내는 것은 여러 가지로 안 될 점이 있습니다. 한 도에 사는 사람으로 감사와 서로 알거나 모르거나 친하거나 친하지 않거나 간에 어떤 자는 벗이라고 일컫고, 어떤 자는 족속이라고 일컬으면서 각 군현을 멋대로 돌아다니며 관부에 출입하여 중간에서 작폐하는 자가 이루 셀 수 없을 만큼 많습니다. 그러나 감사와 수령이 서로 더불어 질문할 수 없는 事勢이므로, 수령들은 이들이 나쁘게 평할까 겁내어 신분을 확인하지도 않고 응접하여 음식 대접을 하고 선물을 주면서 오히려 미치지 못할 것을 두려워합니다. 심한 자는 갖가지로 청탁을 하고 徵求討索하여 한이 없습니다. 그 알지도 못하고 친하지 않은 자도 오히려 이와 같은데, 하물며 진짜 벗이며 족친이겠습니까? 그 폐를 끼침이 이루 다 말할 수 없습니다.” 하였다(『명종실록』 권5, 2년 3월 기미조 : 19-490나).

위의 기사는 특히 인사행정의 파행성이 매우 심하였던 16세기 중반 호남의 폐습을 지적한 것이지만, 타도의 경우에도 이와 다를 바가 없었다고 이해된다. 감사가 권세가에게 물품을 증여하고 싶을 때에는 인근의 수령에게 구청하여 보내주었다.[68]

그러나 만에 하나 이들의 요구를 들어주지 않을 경우에는 불이익이 따랐다. 16세기 당시 척신을 비롯한 권신들의 경제적 모리 행위 중 해택지 개발은 명종대 이후 전개되는데, 여기에는 일시에 많은 인원을 동원해야 하는데다 실패의 위험부담이 컸기 때문에 지방관을 통해 다수 인력을 동원할 수 있는 권신들에 의해 주로 이루어졌다.[69] 명종대 해택개발에서 가장

---

68) 『成宗實錄』卷98, 9年 11月 乙酉條 : 9-669다 ; 태종 11년(1411) 강원감사 朴習이 近臣을 섬기어 은혜를 사고자 하여 면포·마포 52필을 代言司와 典農寺에 나누어 贈與한 일이 발각되었는데, 박습이 증여한 물품은 강원도내의 회양부사·知襄州事·삼척부사·知杆城郡事·知通州事·知高城郡事·判蔚珍縣事·知平昌郡事·知寧越郡事·原州判官·江陵判官·洪川監務·橫川監務 등이 기증한 것이었다(『太宗實錄』卷22, 11年 閏12月 癸未條 : 1-618라~9가).

69) 李泰鎭, 1983, 「16세기 沿海지역·堰田개발―戚臣政治의 經濟的 背景 一端―」『金哲埈博士華甲紀念史學論叢』(1986, 『韓國社會史研究』에 재수록).

큰 활동을 보인 인물은 윤원형이었다. 해주목사 尹行은 윤원형이 해택개발을 할 때 해마다 종자를 공급하고, 또 이웃 가까운 곳에 사는 백성들을 동원하여 경작 수확한 일로 당상에 승직되고 나주목사에 임명되었다.[70] 그러나 정주목사 柳景深은 윤원형의 요청을 들어주지 않자, 윤원형은 대간을 사주하여 유경심의 승진이 너무 빠르다고 논박하여 종성부사로 옮기게 하였다.[71]

3. 사증의 증가 원인

조선전기 양반사대부에 대한 대우와 배려는 신분·과거·관직·군역·부세 등 여러 방면에 걸쳤는데, 그 중에서도 가장 전형적인 것은 토지분급제와 녹봉제였다. 과전과 녹봉은 양반이 관직을 매개로 해서 수득할 수 있는 것이었다.

조선전기까지 우리나라 토지소유의 권리는 이른바 사적 토지소유권과 이에 대한 지배권인 수조권으로 분할되어 조화·대립하고 있었다. 과전법은 토지분급제 하에서 한국역사상 수조권에 입각한 토지지배의 최후의 형태로서, 수조권을 부여받은 점유자와 소경전의 소유자가 같은 토지 위에서 전주전객 관계를 구성하면서 지배예속관계로 얽혀 있었다. 이에 지배계층인 전주는 농민경영에 기생하여 그들의 지위를 계속해서 유지해 갈 수 있었던 것이다.[72]

전주가 전객에게서 징수하는 물종 가운데 가장 기본이 되는 것은 田租였다. 전조의 수취율은 공·사전을 막론하고 1결당 전체 수확량의 1/10에 해당하는 30斗였다. 공전과 사전이 모두 수조지인 것은 동일하였으나, 전자에

70) 『明宗實錄』 卷26, 15年 7月 辛未條 : 20-561다.
71) 『燃藜室記述』 卷11, 明宗朝故事本末 柳景深.
72) 金泰永, 1983, 「科田法의 성립과 그 성격」『朝鮮前期土地制度史硏究』 참조.

비해 특히 후자가 수조에서 가혹성을 띠었다. 가령 "공전과 사전은 한 이랑을 사이에 두고 서로 인접하였으나 수조의 양은 전혀 딴판이다"[73]라고 한 것은 당시의 일반적인 현상으로 되어 있었다. 그것은 전주의 직접답험과 전조를 납부할 때의 斗量 등에서 여실히 드러났다.[74]

전주는 전객에게서 규정된 전조 이외에 볏짚[穀草]도 징수하였다. 볏짚의 징수는 전지의 실수를 기준으로 10負에 1束을 받기로 되어 있었으나, 이른바 草價라고 하여 미·두로 환산하여 징수하는 것이 일반적이었다. 가령 예종 원년(1469)의 기록에 의하면 볏짚 1속은 미 1두로 환산되고 있었는데,[75] 이는 전 1결에 10두에 달하는 양이었다. 전주가 과전 1결에서 전객에게서 징수하는 全 수취량은 결당 기준 생산량을 300두라 할 때 거의 1/6에 달하고 있었다.[76] 전주는 이외에도 일상생활에 필요한 薪炭·材木·馬草 등의 잡물을 사적으로 징수하기도 하였다.[77] 조선의 양반지배층들이 과전만 점유하고서도 넉넉히 가세를 지킬 수 있었던 것은 이에 기인하는 바이다.[78]

---

73) 『世宗實錄』 卷4, 元年 7月 辛酉條 : 2-326라.

74) "議科田收租法……上謂左右曰 予聞當私田收租 佃客欲納一石 必用二十三四斗"(『太宗實錄』 卷30, 15年 8月 甲戌條 : 2-81나).

75) "工曹判書梁誠之上書曰……夏納靑草 冬納穀草於官……旣納之於官 又納於受職田者 一束之草 徵米一斗 草價之米 與元稅之米同"(『睿宗實錄』 卷6, 元年 6月 辛巳條 : 8-394라).

76) 전주가 과전 1결에서 田租 30斗, 草價 10斗, 부가세 약 8斗 등 통산하여 48斗 정도를 수취하였다고 한다(이경식, 1986, 「조선전기 전주전객제의 변동 추이」 『애산학보』 4, p.11).

77) "李伯持曰 田主踏驗 則不止重歛 又有橫歛 如薦炭薪草所需非一……戶曹判書尹向曰 稅外材木與雜物橫歛者 亦有之"(『太宗實錄』 卷30, 15年 8月 甲戌條 : 2-81나) ; "(大司憲金)汝知啓曰……且畿民所耕之田 皆爲私處折受 收租之弊 又倍公例 曰草曰炭 行纏馬糧 無所不取 輸轉之弊 亦不細矣"(『太宗實錄』 卷31, 16年 5月 乙巳條 : 2-115가).

78) "朴訔上書曰……臣竊惑言 自置圻內科田以來 在京侍朝之家 皆食田租 各保其家 至於小民 亦得相資以生 而圻民之納租者 習以爲常久矣"(『太宗實錄』 卷31, 16年 5月 辛亥條 : 2-116다).

과전은 전·현직자를 막론하고 본인 당대에 한하여 지급하는 것을 원칙으로 하였으나, 守信田·恤養田 명목으로 세습되어 감에 따라 날이 갈수록 축소되어 갔다. 조선 건국 초기부터 과전을 없애려고 한 것도 이 때문이었다. 태종 14년(1414) 8월 과전을 하삼도로 이전하는 문제를 논의할 때 하륜이 과전의 폐지를 주장한 것이라든지,[79] 세종조에 과전을 없애고 恩賜米 2만 석을 두어 이를 관리들에게 지급하려고 했던 것[80]도 이 때문이었다. 과전을 폐지하자는 주장이 계속 제기되었음에도 불구하고 과전지급이 계속되었던 것은 과전이 양반관료들과 밀접한 이해관계를 가지고 있었기 때문이다. 그리하여 국가에서는 과전을 한꺼번에 없애기보다는 점차 축소해가는 방안을 강구하였던 것이다.[81]

세조 12년(1466) 8월에 이르러 과전법을 폐지하고 직전법을 실시한 것[82]도 이와 맥락을 같이한다고 하겠다. 직전법의 시행으로 과전은 이제 현직자들만이 받을 수 있게 되었다. 게다가 각 품계마다 전지의 분급량도 크게 줄어들었다. 이처럼 관료의 퇴직 후와 사망 후의 보장이 없어지고 현직관료에 대한 급전량이 감소됨에 따라 양반관료들의 田租 횡렴은 더욱 심해지게 되었다. 농민들이 될 수 있는 한 자기의 토지가 수탈이 심한 거실양반의 수조지로 되기보다는 대간이나 권력이 적은 하급관료들의 수조지로 이관해 달라고 요청하게 된 것도 이 때문이었다.[83]

직전법을 실시한 지 5년만인 성종 원년(1470)에 와서는 草價는 물론이고 직전주들의 전조까지도 국가에서 직접 징수하여 전주에게 지급하는 이른바 관수관급제가 시행되었다.[84] 이는 직전이나 공신전·별사전의 租를 전호가

---

79) 『太宗實錄』 卷28, 14年 8月 辛酉條 : 2-32라.

80) 『成宗實錄』 卷32, 4年 7月 己未條 : 9-47가.

81) 李成茂, 앞의 책, pp.301~310.

82) "革科田 置職田"(『世祖實錄』 卷39, 12年 8月 甲子條 : 8-37라).

83) "戶曹啓……自革科田守信恤養田爲職田 人皆憚巨室收租之濫竟 以己願屬 臺諫及少官 關請輻輳 戶曹不堪紛擾"(『睿宗實錄』 卷8, 元年 10月 丁巳條 : 8-422라).

그 수조자인 관리나 공신에게 바쳐오던 수취제도 대신에 경작자가 조를
직납하면 국가에서 수조자인 관료나 공신에게 해당액을 직접 지급해주는
제도였다. 職田稅의 관수관급제 시행으로 전객 및 그들 소유지에 대한
전주의 직접적인 지배 권한은 여기서 일단 모두 배제되었다. 이로써 직전에
대한 전주의 직접적인 지배권은 사실상 없어진 셈이었다. 이에 따라 직전세
와 草價를 전객이 직접 京倉에 납부하게 되었고, 전주에게는 녹봉 분급
때 함께 지급되었다.[85] 명종 11년(1556)에는 관료들에 대한 私田 분급의
마지막 형태로 잔존하고 있던 직전 지급의 중지를 공식적으로 선언하기에
이르렀다. 직전세 폐지 이후 관료들에 대한 대우는 이제 녹봉만이 유일한
대우수단으로 남게 되었다. 수령의 사증이 증가하는 원인은 수조권의 폐지와
밀접한 관계가 있다고 생각된다.[86]

　수령의 사증이 증가하는 또 하나의 원인은 부마·왕자를 비롯하여 부상대
고·이서층에 이르기까지 혼인·喪葬·저택·복식·음식 등에서의 사치풍조의
만연과 밀접한 관계가 있다고 생각된다.[87]

---

84) 관수관급제는 당초에 그 대상이 직전의 田租 하나만에 국한되어 시행되었으나,
　　성종 9년(1478)에는 공신전·별사전으로 확대되는 동시에 草價 징수에도 적용되었
　　고(『成宗實錄』卷94, 9年 7月 己卯條 : 9-631다), 성종 22년(1491)에는 寺社田까지도
　　포함함으로써 모든 사전의 수조물과 수취물에 적용되었다(『成宗實錄』卷251, 22年
　　3月 庚寅條 : 12-3가). 李景植, 1986, 『朝鮮前期 土地制度硏究』, p.295 및 앞의 논문,
　　p.26.

85) 『成宗實錄』卷4, 元年 4月 戊辰條 : 8-490가나 ; 『成宗實錄』卷7, 元年 9月 戊寅條 :
　　8-530나.

86) 물론 직전제의 폐지가 관인의 경제적인 몰락을 초래한 것은 아니었다. 가령 "朝士의
　　農莊이 畿內에 居多"하고, "下三道는 土沃物阜하여 朝士의 農莊·蒼赤이 過半"이라
　　는 내용 그대로 중앙·지방을 막론하고 이 시기 관인층의 경제적 지반의 기본은
　　그들의 농장, 즉 소유권에 입각한 토지지배관계 위에 존립하고 있었다. 그들은
　　'未受田之時'에도 역시 능히 從仕할 수 있는 처지였다(金泰永, 「科田法체제에서의
　　收租權의 土地支配關係의 변천」, 앞의 책, p.141).

87) 韓相權, 1985, 「16世紀 對中國 私貿易의 展開」『金哲埈博士華甲紀念史學論叢』,
　　pp.455~460.

15세기 후반에서 16세기로 들어서면서 사치풍조의 만연으로 재경관인은 지방수령에게 서찰을 보내어 물건을 요구하는 이른바 '서찰을 보내어 물품을 요구하는 행위[折簡求索]'는 더욱 빈번하게 자행되었다. 당시 정권을 장악하고 있던 척신·권신은 혼인·상례·제례 등의 대소사에 필요한 물품을 각 군현의 수령에게 요구하는 것이 거의 관례화되어 있었다.88) 다음의 기사는 이러한 사실을 적시하고 있다.

> 상(中宗)이 이르기를, "……또 수령이 백성을 침탈하는 것은 반드시 수령의 죄만이 아니다. 청탁 서찰이 모여들기 때문에 수령들이 이것을 빙자하여 백성들에게 사납게 굴어 청탁서찰에 답한다고 한다. 대체로 서찰을 보내어 물품을 요구하는 것[折簡求索]은 지금의 큰 폐단이다." 하였다(『중종실록』 권91, 34년 9월 계묘조 : 18-334다).

중앙의 고위관직자들은 필요한 물품을 각도의 감사 혹은 각 군현의 수령에게 직접 구청하여 그 수요에 대비하였다. 중앙의 고위관직자들이 감사에게 각종 물력을 구청하면, 감사는 이를 다시 수령에게 구청하였다. 수령은 이를 예사로 여겨 숫자대로 갖추어 보내 주는 것이 법례인 것처럼 되었다고 하였다.89)

이에 대해 명종대 幼學 서엄은 "재상이나 문사치고 저택을 짓지 않는 자가 없어 수령들이 재목을 베어내어 강 가득히 띄워 보내므로 산골 백성들이 고달프며, 재상이나 문사치고 기름진 짐승 고기를 요구하지 않는 자가 없어 수령들은 날마다 수렵을 일삼으므로 산골의 백성들이 고달프며, 또 재상이나 문사치고 貂皮를 요구하지 않는 자가 없어 병사·수령·첨사·만호 등이 초피 수집에 전념하고 있으므로 양계의 백성들이 고달프며, 재상

---

88) 『明宗實錄』 卷15, 8年 10月 丙申條 : 20-169가.
89) 『中宗實錄』 卷99, 37年 8月 壬午條 : 18-606라.

문사치고 모시와 삼을 구하지 않는 자가 없어 수령들은 관비로 한 되의
곡식을 주고 아전과 백성에게서 의례적으로 거두어들이므로 청홍도·전라도
의 백성들이 고달프며, 재상이나 문사치고 명주를 요구하지 않는 자가
없어 수령들이 관곡미 몇 斗를 주고 공공연하게 여염에서 거두어들이므로
황해·평안도의 백성들이 고달프다"[90]고 하였다.

명종대에 수령이 권문에 사사로이 보내는 물품과 자기 집에 보내는
물품은 국왕에게 진상할 때의 물품보다 10배나 된다고 하였고,[91] 李芑의
집에는 列邑의 수령에게서 거두어들이는 물품이 도로에 줄을 이었다고
한다.[92] 과장된 표현이지만 윤원형의 집에는 8도에서 보내오는 물품이
封進하는 것보다 백배나 되었다고 하며,[93] 큰 집이 10여 채나 되고 작은
집도 많았다고 한다.[94]

권세가들은 인사행정을 전횡하여 각지의 수령을 자기의 심복으로 앉힘에
따라 현지에서의 가혹한 수탈, 나아가서는 토지침탈이 자행되는 일은 필연의
일이었다. 국왕으로 대표되는 조정은 실상 권간의 장악하에 있었고, 직접
생산자인 농민을 상대하는 수령 또한 그 권간의 장악하에 있었다. 이들의
부정축재 증가는 그 대상층인 양인 농민층의 가계를 압박하게 되었고,
이 때문에 양인농민층의 생산기반의 파탄은 시간이 흐를수록 증가하고
있었다. 특히 이 시기 훈구파에 의한 사치생활을 위한 축재행위는 백성들의
생활에 큰 피해를 가져왔다.

특히 16세기 당시 탐오풍습이 만연하게 되자 징색의 서찰이 열읍에
널려 있는가 하면, 뇌물의 행렬이 私門에 줄지어 있다고 하였다.[95] 한

---

90) 『明宗實錄』 卷15, 8年 10月 丙申條 : 20-169가나.

91) "慶尙道安東府居生員李芑上疏……進上封進之時 權門私送之路 自家輸送之物 依憑
濫給 十倍進上"(『明宗實錄』 卷16, 9年 4月 丁酉條 : 20-194나).

92) 『明宗實錄』 卷12, 6年 10月 己卯條 : 20-50가.

93) 『明宗實錄』 卷31, 20年 8月 丁卯條 : 21-24라.

94) 『明宗實錄』 卷24, 12年 12月 己亥條 : 20-454가.

통의 서찰을 써서 8도의 군현에 띄워 보내면 수령이 이에 응하여 사적으로
물품을 보냈던 것이다.[96] 이처럼 권세가들은 대소사에 소요되는 물품이
필요하면 으레 지방관을 통해 제공받았다.

4. 사증의 재원 확보

조선전기 공납은 국가의 전체 부세 가운데 6/10을 차지할 정도로 비중이
매우 높았다.[97] 그런데 수령은 민인에게서 공납을 원래의 수량보다 많이
수취하여 중앙의 고위관리에게 사적으로 증여한 물품의 양도 상당하였다.

수령이 중앙의 고위관리에게 사적으로 바친 물품은 米·太 등의 곡물류를
비롯하여 綿布·衣類, 用具類, 文房具類, 雉鷄·脯肉類, 魚貝類, 饌物類, 果菜,
堅果·藥材類, 柴·草類 등 일상용품에서 사치품에 이르기까지 망라하고 있었
다.[98] 그러면 수령은 이러한 물품을 어떻게 마련하였을까.

조선전기에 각 군현에는 수령의 녹봉과 사객접대를 비롯한 제반 경비를
충당하기 위해 아록전·공수전이 각각 설정되어 있었다.[99] 이들 토지의
규모에 대해서는 세종 27년(1445) 국용전제를 시행할 때와 『경국대전』에서
규정되어 있는 내용을 통해 알 수 있는데, 그 규모가 점차 축소되는 경향을
보이기는 하나 전체적으로 큰 변화는 없었다.[100] 그러나 지방관아 경비는

---

95) 『明宗實錄』 卷9, 4年 10月 庚申條 : 19-674다.

96) 『中宗實錄』 卷86, 32年 12月 丁巳條 : 18-150라.

97) "本朝取民 如一家田稅 所出十分之四 而雜稅居十之六 所謂雜稅者 卽諸色貢物代納
者也"(『世祖實錄』 卷33, 10年 5月 庚辰條 : 7-628라).

98) 李成姙, 1995b, 「16세기 朝鮮 兩班官僚의 仕宦과 그에 따른 收入」 『歷史學報』
145, pp.128~131 ; 李成姙, 2001, 「16세기 李文楗家의 收入과 經濟生活」 『國史館論
叢』 97, p.72.

99) 『經國大典』 卷2, 戶典 諸田條.

100) 金泰永, 1983, 「科田法체제에서의 收租權的 土地支配關係의 변천」, 앞의 책,

아록전·공수전의 소출만으로 사객접대를 비롯한 제반 경비를 충당하기에는
부족하였다. 수령들은 이를 보충하기 위해 관둔전을 설치하였는데,101) 관둔
전의 수확은 공수전이나 아록전의 부족을 보충하는 데에만 사용한 것이
아니라 관아의 수리, 사객의 접대, 軍官의 공급, 병기수선, 그리고 민간에서
미처 마련하지 못한 공물 조달에도 사용되기도 하였다.102)

　관둔전의 설치와 운영권은 전적으로 당해 군현의 수령에게 있었다.103)
수령 중에는 數外屯田을 개간하여 그 일부분을 중앙의 권력자·대신들에게
증여하기도 하였고, 비옥한 둔전과 척박한 개인토지를 교환해 주기도 하였
다.104) 그리하여 이미 성종대에 이르면 "諸邑에 오래된 둔전들로서 비옥한
토지가 公家에 남은 것은 하나도 없게 되었다"고 하였고,105) "각 군현의
둔전은『경국대전』의 규정 액수대로 있는 곳이 많지 않으며, 혹 전혀 없는
곳도 있다"고 할 지경이었다.106) 관둔전의 사점현상은 날이 갈수록 더욱
심해져 명종대에 이르러 둔전의 소출로는 수령의 용도나 사객 하나를 접대하
는 비용도 못된다고 할 실정이었다.107) 이처럼 군현에 소속되었던 수조지가
미미한 상황에서 수령은 군현의 제반 경비뿐만 아니라 사적으로 증여하는
물품을 준비하는데 필요한 별도의 재원을 강구하지 않을 수 없었을 것이다.

---

pp.106~109.

101) 이에 대해서는 李載龒, 1965,「朝鮮初期 屯田考」『歷史學報』29 ; 李景植, 1978,
　　「조선초기 둔전의 설치와 경영」『韓國史研究』21·22합집(1998,『朝鮮前期土地制度
　　研究』(Ⅱ)에 재수록) 참조.
102) "戶曹啓……非唯公須衙祿 至於官廨修茸 使客支待 軍官供給 兵器什物等項 一應調
　　度 及民間未備貢物 皆用屯田所出補之 詳定之意至矣"(『世祖實錄』卷30, 9年 6月
　　癸亥條 : 7-576다).
103) 李景植, 1998, 앞의 책, p.347.
104)『文宗實錄』卷9, 元年 9月 癸丑條 : 6-436나 ;『世祖實錄』卷30, 9年 6月 癸亥條 :
　　7-576다 ;『世祖實錄』卷37, 11年 11月 辛亥條 : 7-711나다.
105)『成宗實錄』卷44, 5年 閏6月 辛丑條 : 9-121다라.
106)『成宗實錄』卷104, 10年 5月 癸酉條 : 10-16가.
107)『明宗實錄』卷16, 9年 5月 戊午條 : 20-199가.

이러한 물품들은 공물, 진상, 환자[還上]를 수납하는 과정에서 충당하였다고
생각된다.

다음의 기사는 명종대 안동부에 사는 생원 李苞가 민들이 고생하는
모양을 그림으로 그려 올린 상소 가운데 수령이 공물을 빙자하여 횡탈한
내용을 보여주고 있다.

> 門蔭之人은 대부분 권귀의 자식이거나 뇌물을 바친 자들인데 수령이
> 되어서는 법을 어기고 횡렴하여 우리 민들을 해치는 것을 이루 다 거론할
> 수 없으므로 우선 심한 것만을 들어 말한다. ① 虎皮는 지금의 수령이
> 山行에서 잡은 것을 모두 자기 소유로 하고 (공물은) 대신 市中에서 사서
> 바치는데 1皮의 값은 米 30石, 木 7·8餘同이나 되는데 이를 민에게 분정하고
> 기한을 독촉해서 며칠 안으로 거두어들인다.……② 요즘 수령들이 公田의
> 柒은 모두 私用하고 상납하는 柒은 민에게 분정해서 취하는데 기한을
> 정해 독촉하여 생산을 모두 가져간다. 왕골[莞草]은 公田이 있어 민간에서
> 거두는 것이 부당한데 官에서 그 값을 징수하는 것을 恒式으로 정해놓고
> 있다.……③ 근년 이래 흉황이 잇달아 민이 草木之皮로 연멸하고 있으므로
> 전하께서는 民의 고초를 가볍게 여기시어 모든 貢獻을 일절 蠲減하라고
> 하였는데 수령이 그 명령을 받들지 않고 낱낱이 수취하는데 독촉이 전과
> 같다(『명종실록』권16, 9년 4월 정유조 : 20-193라).

① 수령이 산행에서 잡은 호피는 모두 자기 소유로 하고, 공물은 민에게
분정해서 시중에서 사서 바친다는 것이다. 각 군현에서 牛·馬·羊·猪·羔
등은 사육하여 상납하기도 하였지만, 獐·鹿·虎·豹 등의 짐승류는 경기를
제외한 각도 도절제사, 主鎭 이하 萬戶·千戶·都尉 등이 강무에서 포획한
것을 상납하였다.[108] 그런데 제읍의 수령이 상시 사냥하여 잡은 것은 私用하
고, 공물은 대신 시중에서 사서 바치고 이를 민인에게 분정하여 거두어

---

108) 제Ⅱ장. 공납의 조달 방법 참조.

들였다.109)

②수령들이 공전의 柴·莞草를 모두 私用하고 상납하는 것은 민인에게서 분정해서 그 값을 징수한다는 것이다. 원래 果實과 紙地·全漆·芝栗 등은 각 군현에서 배양하여 공납에 충당하는 관비공물이었다.110) 그러나 관영의 諸시설에서 생산되는 것은 수령이 私用하고 상납하는 물품은 별도로 민호에 부과하였던 것이다. 관비공물을 민호에게 전가하는 것은 이전에도 간간이 나타났지만, 성종말 연산조 이후에 이르러서는 거의 일반적 경향으로 되었다.

③흉황이 잇달아 모든 貢獻을 일절 견감하라고 하였는데도 수령이 그 명령을 받들지 않고 수취한다는 것이다. 전세는 홍수·한발 등의 자연재해로 흉황을 당하였을 때 隨損給損이 적용되었지만, 공물은 대체로 감면되지 않는 것이 원칙이었다.111) 그러나 水災 등의 자연재해로 인한 실농 등으로 각사에 바치는 공물을 국왕이 한시적으로 혹은 영구히 減除하여 민인이 혜택을 받기도 했지만, 때로는 각관의 수령이 이에 따르지 않고 계속 督納하여 견감의 혜택이 민호에 돌아가지 못하는 경우도 있었다.112) 이 때문에 村巷民은 국가에서 공물을 감면했다 하더라도 어떠한 공물이 감면된 사실조차도 모르고 있는 실정이었다.113) 이에 국가에서는 견감한 공물의 경우에는 감사로 하여금 친히 勸農·里正을 불러서 감면한 뜻을 開諭하여 濫收한 수령을 치죄하는 법을 민간에 주지시키기도 하였고,114) 혹은 각관과 각역에

---

109) 『成宗實錄』 卷2, 元年 正月 己亥條 : 8-458라 ; 『中宗實錄』 卷26, 11年 9月 甲辰條 : 15-217다라.
110) 『世宗實錄』 卷31, 8年 2月 戊辰條 : 3-7가 ; 『文宗實錄』 卷4, 卽位年 10月 庚子條 : 6-312가.
111) 제Ⅱ장. 3. 공납제의 성격 참조.
112) 『中宗實錄』 卷51, 19年 8月 丙辰條 : 16-335가 ; 『中宗實錄』 卷94, 34年 10月 壬午條 : 18-344다라.
113) 『中宗實錄』 卷17, 7年 11月 甲戌條 : 14-621라~2가 ; 『中宗實錄』 卷66, 24年 9月 癸巳條 : 17-147라~8가 ; 『明宗實錄』 卷12, 6年 9月 甲辰條 : 20-43라.

榜을 붙여 曉諭하게 하거나 감사·도사가 제읍을 순시할 때 견감된 물품을
민간에게 알려주게 하기도 하였다.115) 또한 어사를 각도에 파견하여 민인의
疾苦를 묻게 하기도 하였으나,116) 민인은 추문받을 것을 두려워하여 감히
호소조차 하지 못하였다.117)

한편 수령은 각사에 바치는 공물의 元數와 내용을 백성들이 알지 못하는
점을 이용하여 원래의 常貢보다 수배를 거두기도 하였다. 가령 중종 24년
(1529) 9월 장령 尙震은 군현에서 所用되는 물품이 1푼인데 받아들이는
것이 3푼이면 민들은 이것을 공평하게 여겨 어진 수령이라 하였고, 그
중 심한 자는 6·7푼 혹은 8·9푼까지 징수한다고 하였다.118) 심지어 10배까지
징수하는 경우도 있었다.119) 이외에도 민인이 이미 납부한 공물을 再徵하는
경우도 있었다.120)

다음은 진상을 빙자하여 횡탈한 것을 들 수 있다.121) 진상은 공물과는
달리 각도 관찰사, 병마·수군절도사를 위시한 지방관이 국왕에게 奉上하는
예물을 바치는 것이었다. 진상물은 이들 지방관이 管下 각 군현에 부과하여
이를 마련한 다음 군수·현감 중에서 差使員을 선정하여 물목과 수량을
사옹원에 납부하였다.122)

---

114) 『成宗實錄』 卷128, 12年 4月 丁卯條 : 10-207가.
115) 『成宗實錄』 卷4, 元年 3月 丙戌條 : 8-478라 ; 『明宗實錄』 卷12, 6年 9月 甲辰條 :
20-43라.
116) 『中宗實錄』 卷2, 2年 正月 己卯條 : 14-109라.
117) 『中宗實錄』 卷26, 11年 10月 乙丑條 : 15-224가 ; 『中宗實錄』 卷92, 34年 10月 壬午
條 : 18-344다라.
118) 『中宗實錄』 卷66, 24年 9月 丁未條 : 17-152나.
119) "(獻納)朴守紋曰 朴世健 平時馬裝笠飾 僭擬宰相 且海獺之貢用二張 徵及二十 民不敢
苦 呈訴於監司"(『中宗實錄』 卷15, 7年 2月 戊子條 : 14-558다).
120) "大司憲李蓂曰 外方守令 凡於貢物 或已納而疊徵之 或蠲減者復徵之"(『明宗實錄』
卷13, 7年 9月 甲辰條 : 20-102나).
121) "諭八道觀察使曰 各官守令 凡進上物膳 依憑加數 侵漁百姓 其弊不貲"(『中宗實錄』
卷29, 12年 9月 甲戌條 : 15-328가).

임금에 대해 공궤하는 진상은 필연적으로 할거적 농단을 동반하기 마련이었다. 가령 민간의 과일나무에 과일이 열리면 현지의 관리가 나와 개수를 헤아려 監封해두고 익은 뒤에 그 개수대로 채워 징수해가며, 혹 중간에 낙과가 있어 감봉한 숫자에 모자라면 억지로 그 값을 우려내는 주구적 수탈행태가 고려말기에 성행하였다. 똑같은 수탈행위가 조선개국 뒤에도 계속 자행되었고, 거듭되는 금령에도 불구하고 16세기에도 되풀이되었으며, 훨씬 더 내려와 19세기 초에도 마찬가지였다.[123)]

수령이 진상을 빙자하여 민을 침해하는 것은 누차 조정에서 논의되어 금지하는 바였다. 그러나 그러한 불법은 통상 예사로 간주되어 있었다. 세종대에 제주목사 李興門이 진상을 빙자하여 영의정 黃喜, 우의정 河演, 좌찬성 皇甫仁, 우찬성 金宗瑞, 좌참찬 鄭苯·鄭甲孫에게 포육과 말장식을 보낸 것과, 도승지 黃守身과 좌승지 李思哲에게 말장식과 柑子를 보낸 것이 탄로났을 때, 세종은 제주의 수령이 말장식이나 포육 따위를 옛날부터 보내왔다고 한 것은 이를 말해준다.[124)] 따라서 수령이 진상물을 부과 염출할 때 1面에서도 충분히 바칠 수 있는 것을 邑 전체에서 징수하기도 하였고,[125)] 혹은 紅花를 진상할 것이 1두인데도 민간에서 30두를 징수하기도 하였다.[126)] 또 수령들은 진상을 빙자하여 민호·군사·연호를 징발하여 사냥에 동원하기도 하였는데,[127)] 사냥에 빠질 경우에는 이들에게서 면포를 징수하였다.[128)]

---

122) 金玉根, 1984, 『朝鮮王朝財政史硏究』(Ⅰ), p.16.

123) 金泰永, 1994, 「조선 전기 사회의 성격」 『한국사』 7(중세사회의 발전1), 한길사, pp.97~99.

124) 『世宗實錄』 卷116, 29年 閏4月 乙亥條 : 5-18다라.

125) “正言崔自濡對曰 富平官吏 如進上物件科斂事 雖一面 可以充納者 必擧邑徵之 以爲私用”(『成宗實錄』 卷270, 23年 10月 辛丑條 : 12-230라).

126) “領事成希顔曰 臣聞金孟柔 謂一宰相曰 紅花進上之弊不貲 進上雖或一斗 徵於民間 至於三十斗 近來守令 率皆如是 故民多流亡”(『中宗實錄』 卷15, 7年 2月 乙酉條 : 14-558나).

127) 『成宗實錄』 卷40, 5年 3月 丙戌條 : 9-93다 ; 『成宗實錄』 卷241, 21年 6月 丁酉條 :

조선전기 국가에서 필요한 물품은 가능한 한 교환을 통하지 않고 공물·진상을 통하여 본색인 현물로 직접 수취하였다. 당초 각 군현에 분정한 공물은 임토작공에 따라 징수하는 것을 원칙으로 했지만, 不産貢物·難備之物의 분정 등으로 방납의 소지가 원래부터 없지 않았다. 이러한 이유로 일찍부터 민인이 자비하기 어려운 正炭·燒木·穀草 등의 공물에 한하여 방납을 허용하였던 것이다. 그후 세조대에 와서는 공물부담자와 방납인과의 동의가 있을 경우에 한해 방납을 전면 허용하였다.[129] 그러나 방납은 점점 확대되어 명종대에 이르면 "지금 외공은 모두 토산이 아니고 오로지 방납에 의지하는 실정"[130]이라 할 정도였다.

방납은 16세기 이후 척신정치가 전개되면서 궁중·재상뿐만 아니라 권세가들의 대표적인 경제활동의 하나가 되었다. 당대의 실권자인 권세가들은 모리수단으로 수령들에게 직·간접으로 방납을 강요하여 방납활동의 주체자 혹은 배후자로서 활약하였다.[131] 당시 방납의 중심적 존재는 권세가였으며, 그 권력에 부상대고 등의 사상들과 수령이 결탁하고 있었다. 이들은 방납을 통해 '倍蓰' 혹은 '十倍之利'를 운위할 정도로 상당한 이익을 얻었는데, 수령은 富商大賈·巨室大族과 결탁하여 공물을 방납하고 그 이익을 나누기도 하였다.[132]

11-607나 ;『中宗實錄』卷1, 元年 10月 己巳條 : 14-90다.

128) 『燕山君日記』卷45, 8年 8月 壬子條 : 13-509나다 ;『中宗實錄』卷26, 11年 9月 甲辰條 : 15-217다라.

129) 朴道植, 1995, 「朝鮮前期 貢物防納制의 변천」『慶熙史學』19 참조.

130) "知經筵事任權曰……我國貢賦 其初 莫不量其地之有無 而制焉 今則外貢 皆非土産 專倚防納"(『明宗實錄』卷9, 4年 2月 癸亥條 : 19-625나).

131) 당대 실권자로서 방납에 직·간접적으로 종사한 자로는 성종조의 尹殷老(이조판서), 연산조의 鄭崇祖(호조판서), 중종조의 金安老(예조판서), 명종조의 李芑(우의정)·鄭世虎(호조판서)·鄭復昌(대사헌)·許曄(장령)·尹元衡(영의정) 등이었다(高錫珪, 1985, 「16·17세기 貢納改革의 방향」『韓國史論』12, pp.181~182).

132) 朴道植, 1995, 앞의 논문 참조.

수령은 환자를 수납할 때도 여러 가지 명목으로 本數 이상의 잉여곡을 濫收하였다.[133] 환자는 원래 본수를 수납하는 것이 원칙이었으나,[134] 수납할 때 혹은 運輸할 때에는 齲欠이 있었기 때문에 본수 이상의 잉여곡을 징수해야 하는 불가피한 면도 있었다.[135] 그리하여 환자를 분급할 때에는 10~13두를 1석으로 計量하고, 수납할 때에는 15두를 걷기도 하였다. 15두를 1석으로 계량하여 분급했더라도 수납할 때에는 1석당 3두씩의 잉여곡을 걷는 것이 일반적인 현상이었다.[136]

환자를 납부할 때에는 斗斛의 용적과 평미레자가 누구인가에 따라 납부하는 양에서 커다란 차이가 있었다. 두와 곡은 서울에서는 경시서에서, 지방에서는 계수관에서 만들어 印을 찍은 후에 사용하도록 규정되어 있었다.[137] 그러나 각관의 두곡의 규격을 임의로 변개하여 과징하기 일쑤였다.[138] 수령은 환자를 지출할 때에는 작은 두곡을 사용하였고, 받아들일 때는 큰 두곡을 사용하였다.[139] 또 환자곡을 환납할 때는 그 바치는 자로 하여금 스스로 되질하고 스스로 평미레질하게 하는 것[自量自檠]이 원칙이었으나,[140] 말질할 때에는 평미레를 쓰지 않고 손짐작으로 하기 때문에 마음먹기

---

133) 金勳埴, 1993, 『朝鮮初期 義倉制度 硏究』, 서울대 박사학위논문 ; 趙世烈, 1998, 『16세기 還上制 硏究』, 경희대 박사학위논문.

134) 『文宗實錄』 卷8, 元年 6月 己巳條 : 6-394라~5가.

135) "知中樞府事鄭文炯啓曰……還上收納時 不加數升 則倉穀必有耗欠之弊"(『成宗實錄』 卷100, 10年 正月 庚午條 : 9-688나) ; "大抵諸邑 於還上貢物收納時 只收元數 不有餘剩 則運輸之際 豈無齲欠"(『成宗實錄』 卷236, 21年 正月 戊午條 : 11-559가).

136) 『成宗實錄』 卷203, 18年 5月 己酉條 : 11-211가.

137) 『世宗實錄』 卷10, 2年 11月 辛未條 : 2-415나 ; 『文宗實錄』 卷4, 即位年 10月 丁亥條 : 6-305나다.

138) 성종대 執義 金礪石이 명을 받고 여주에 가서 창고에 있는 斛 4개를 보았을 때, 하나는 14斗, 하나는 15斗, 나머지 2개는 14斗 5升 들이였다(『成宗實錄』 卷100, 10年 正月 乙丑條 : 9-687나).

139) 『成宗實錄』 卷4, 元年 3月 乙未條 : 8-480다라.

140) 『世宗實錄』 卷62, 15年 10月 丁丑條 : 3-524가.

에 따라 많은 차이가 났다. 가령 바치는 자가 되질하지 않거나 평미레를 쓰지 않을 경우 斗로 되면 반드시 2~3升을 더하였고, 斛으로 되면 2~3말이 더하였으며, 이를 다시 되면 대개 10석이나 9석에 남는 것이 2~3석이 되었다고 한다.[141]

還上濫收에서 볼 수 있는 또다른 양상으로는 蠲減還上를 수납하는 것과 已納還上를 다시 수납하는 것을 들 수 있다. 전자는 환자를 여러 번 견감했는데도 수령이 그 분급을 기록한 장부를 없애지 않고 해마다 환납할 것을 독촉하는 것이었고,[142] 후자는 이미 수납한 환자를 다시 수납하는 것이었다.[143] 이것은 환자를 납부한 사람의 이름을 還上分給記에서 지우지 않고 또 환자를 납부했음을 증명하는 자문[尺文]도 내주지 않은 상태에서 이미 납부한 환자를 再徵하는 것이었다. 수령 중에는 지난해의 환자를 이미 거두어들이고서도 그 文籍을 두었다가 후년에 다시 거두었는데,[144] 심할 경우에는 一族과 切隣에게서 징수하는 경우도 있었다.[145] 이는 수령이 환자를 납부한 사람에게 尺文을 주지 않아 후일에 考驗할 증빙할 자료가 없었기 때문이었다.[146] 물론 尺文의 교부는 법률로써 규정되어 있었고, 貸者는 환자를 납부할 때 受記에서 자신의 이름을 삭제하는 것을 확인할 수 있도록 하고 있었다.[147] 그러나 수령이나 色吏 등은 권력을 등에 업고

---

141) 『文宗實錄』卷4, 卽位年 10月 戊寅條 : 6-296다.

142) 『成宗實錄』卷4, 元年 3月 乙未條 : 8-480다 ; 『中宗實錄』卷4, 2年 10月 甲午條 : 14-199나 ; 『中宗實錄』卷25, 11年 5月 戊子條 : 15-167라 ; 『中宗實錄』卷60, 23年 正月 甲午條 : 16-617나.

143) "(韓)致亨等 又書時弊以啓⋯⋯各道守令 義倉穀收納之際 不艾文記 再徵於民 民甚苦之 今後收納時 帖字成給 若不奉行 則勿拘赦前 罷黜何如 從之"(『燕山君日記』卷42, 8年 正月 辛丑條 : 13-469나).

144) 『中宗實錄』卷23, 11年 正月 乙酉條 : 15-130가나.

145) "(右議政申)用溉曰 守令 不能奉行 如還上文記 已納者 亦不爻周後復徵之 甚者 徵之一族切隣 其弊不細"(『中宗實錄』卷25, 11年 5月 戊子條 : 15-167라).

146) 『成宗實錄』卷283, 24年 10月 乙亥條 : 12-415나다 ; 『中宗實錄』卷53, 20年 2月 己未條 : 16-384라.

그러한 불법을 자행하였던 것이다.

수령은 민인에게서 本數 이상을 징수한 공물과 進上封餘(封餘進上)·封餘
雜物·封餘食物·封餘物膳 [148] 등으로 人情·賓客接待에 사용하거나,[149] 권세
가에게 私獻之物·私獻[150]의 명목으로 증여하는데 사용하였다.

147) 『成宗實錄』卷283, 24年 10月 乙亥條 : 12-415나다.

148) 『中宗實錄』卷29, 12年 8月 丁卯條 : 15-323가나.

149) 『成宗實錄』卷271, 23年 11月 甲戌條 : 12-236라 ; 『中宗實錄』卷81, 31年 5月 庚辰
條 : 17-661가 ; 『中宗實錄』卷96, 36年 11月 辛亥條 : 18-530가.

150) "憲府啓曰……頃日濟州牧使成允文 常貢之外 又有私獻之物 公然上送 其汎濫無禮之
狀 極爲可駭"(『宣祖實錄』卷137, 34年 5月 癸亥條 : 24-258가) ; "(漢城府右尹李弘
老)曾爲守令 多進私獻 累被寵擢 爲湖南方伯 私獻尤多云"(『宣祖實錄』卷169, 36年
12月 庚子條 : 24-553라).

결 론

　이상에서 고려시대 공납제의 추이, 조선전기 공납제의 내용과 성격, 공물분정의 추이, 국가재정과 공납제 운영, 공물방납의 변천, 私贈관행 등에 대해 살펴본 내용을 요약 정리하면 다음과 같다.

　고려의 공납제는 광종 때 제정되었다. 공납의 수취체제는 군현을 수취단위로 하여 운영되었고, 그 징수 책임은 각 군현의 수령에게 있었다. 공물은 각 군현에 소속된 민호가 부담한 本色인 현물, 각 군현민의 貢役을 동원하여 조달한 물품, 그리고 所의 생산품 등으로 구성되었다.

　그런데 12세기에 들어와 군현민과 소민의 유망으로 인해 공물 수취 방식에는 변동이 일어나게 되었다. 이에 국가는 종래 그들에게서 수취해 오던 공물의 양조차 확보할 수 없게 되었다. 그리하여 종전의 本貫制에 의해 운영되어 오던 민의 파악방식에서 탈피하여 현주지에다 편적하여 수취를 도모하게 되었는데, 이러한 수취체계를 貢戶制라 하고 이에 편적된 민을 貢戶라고 하였다. 공호는 원래 자기 田地를 경작하면서 국가에 租·庸·調를 부담하였던 국가 직속의 공민적 존재인 일반 농민이었다. 이들은 무인정권, 몽골과의 전란 등 사회적 변동을 겪고 난 이후 공민으로서의 사회경제적 자격을 박탈당하고 왕실·권귀의 농장에 예속되어 私民化한 비자립적 농민으로 점차 변질되어 갔다.

고려초기 이래 민호에 대한 공납의 수취는 人丁 기준으로 부과되었으나, 충숙왕 때 甲寅柱案의 완성 이후 인정과 토지를 절충하여 공물을 부과하기 시작하였다. 공납의 수취기준이 인정에서 토지를 절충하여 부과된 것은 이 시기 농업생산력의 상대적 발전에 따라 토지의 경제적 비중이 그만큼 커졌음을 반영한 것이라 할 수 있겠다. 일반적으로 인정과 토지를 절충하여 부과함에 따라 농민경영의 교란 요인이 전기보다 상대적으로 줄어들게 되었으리라 기대되지만, 실제로는 그렇지 않았다. 당시 몽골간섭기 하에서의 외압과 이에 편승한 부원세력배 등으로 야기된 사회구조의 모순은 갑인주안을 바탕으로 한 부세제의 원만한 수행을 어렵게 하였다. 이는 원간섭기 이후에도 마찬가지였다.

조선건국 직후 태조는 고려말 이래 오랫동안 쌓인 공납의 여러 가지 폐단을 제거하고 그 모순을 바로잡기 위해 원년(1392) 10월에 공부상정도감을 설치하여 공납제를 제정하게 하였다. 그 내용은 고려왕조의 공안에 근거하여 세입의 다과와 세출의 경비를 참작해서 오랫동안 쌓인 폐단을 제거하는 것이었다. 그 폐단을 제거하는 일환으로 고려후기 이래 민의 원성이 되었던 橫斂·預徵·加徵·공물대납 등을 규제함과 아울러 공부의 납부액을 감량하는 조처로서 민인에게 부가되었던 調布·貢賦·戶布·常徭·雜貢 등의 잡다한 현물세를 대폭적으로 정리하여 공부 한 가지로 규정하였고, 田籍을 상고하여 그 토지의 물산을 분별하고 공부의 등급을 마련해서 상납할 액수를 정하였다.

공납은 크게 貢物과 進上으로 나눌 수 있다. 공물에는 元貢物과 田稅條貢物이 있었다. 조선전기 공물품목에 대해 비교적 상세히 수록되어 있는 것으로는 『경상도지리지』·『세종실록』지리지·『신증동국여지승람』 등의 관찬지리지와 사찬읍지를 들 수 있다. 이 가운데『경지』와『세지』의 도총론과 일반군현 항목에는 당해 지역의 산물과 공물이 수록되어 있다.『경지』

도총론의 도복상공 항목에는 원공물과 전세조공물이 모두 수록되어 있고, 나머지 항목에는 원공물과 전세조공물이 구분되어 수록되어 있다.

중앙정부는 공물 가운데 일부는 공조를 비롯하여 중앙각사 소속의 경공장들로 하여금 수공업 제품을 제작시키거나 장원서·사포서·전생서 등의 관영 시설에서 花菓·蔬菜·祭享用犧牲 등을 길러 충당하기도 하였지만, 그 대부분은 지방군현으로부터 본색인 현물을 직접 수취하였다. 본색 공물에는 관에서 준비하여 바치는 官備貢物과 각관의 민호에서 수취·상납하는 民備貢物이 있었고, 그 밖에 民戶 중에서 종사하는 생업에 따라 定役戶를 정해두고 특정한 물자의 규정된 양을 생산·포획·제조하여 상납하는 특수공물이 있었다. 관비공물과 정역호가 담당하던 공물은 시대의 추이와 함께 점차 일반 민호에게 부과되었다.

공물은 각 군현의 수령이 공안에 의거하여 당해 군현에 부과된 물종을 마련한 다음 貢吏로 하여금 상납하게 하였다. 진상은 공물과는 달리 각도 관찰사, 병마·수군절도사를 위시한 지방장관이 管下 각관에 부과하여 이를 마련한 다음 군수·현감 중에서 차사원을 선정하여 물목과 수량을 사옹원에 상납하였는데, 그 조달방법은 공물과 거의 같았다.

과전법의 전세규정에 의하면 수전에서는 糙米를, 한전에서는 잡곡을 수취하는 것을 원칙으로 하였다. 그러나 전세 수취에서 곡물 대신에 正布·綿布·綿紬·苧布 등을 거두기도 하였는데, 이를 전세조공물이라 하였다. 전세조공물로 수취된 품목은 곡물류·포류·유밀류가 주류를 이루었다.

전세조공물은 주로 王室供上을 담당하는 기관에서 수취하였다. 즉 왕실과 관련 있는 내자시·내섬시·인순부·인수부 등에서는 供上에 필요한 油·蜜·布를, 예빈시에서는 사신의 宴享이나 祭享에 사용할 油蜜을, 의영고에서는 사신접대나 궁궐에서 필요한 油蜜을, 제용감에서는 衣服하사·倭人에게 답례·進獻 등에 필요한 布類를 각사에 소속되어 있는 位田에서 각각 수취하

였다. 위전 가운데 가장 큰 비중을 차지하고 있는 것은 布貨田이었다. 포화전
은 경기·충청·경상·전라·강원도에 설정되어 있었는데, 경상도에 가장 많이
설정되어 있었다.

과전법 하에서 전세는 홍수·한발 등의 자연재해로 흉황을 당하였을 때
隨損給損法이 적용되었지만, 전세조공물은 이 법이 적용되지 않는 정액전세
였다. 즉 전세조공물은 정액의 전세를 내고, 반면에 米豆를 내는 토지는
작황 정도에 따라 조세를 내고 있었다. 전세조공물에서 수손급손법이 적용되
는 것은 태종 9년(1409) 3월에 와서이다. 따라서 풍흉에 따라 각사의 歲收
증감은 매년 다를 수밖에 없었다. 이러한 문제점을 시정하기 위해 시행한
것이 세종 27년(1445)의 國用田制이다.

국용전제 시행 이전에는 전국의 토지가 京中各司位田과 外軍資位田으로
분속되어 있었기 때문에 해마다 작황에 따라 전세수납의 양에 차이가 생겼다.
경중각사에서는 그 부족분을 으레 外軍資에서 빌려서 충당하였다. 그런데
各司位田制의 형태는 각사별로 개별적으로 운용되어 그 계산이 번잡하였다.
그래서 국가는 州郡의 驛田·衙祿田·公須田을 제외한 京中의 豊儲倉·廣興倉
位田과 各司位田을 모두 혁파하고 이를 國用田으로 귀속시켰던 것이다.
그리고 외방 각관에서는 경중각사에 납부하는 일정한 수를 계산해 민호에
분정하여 輸納하게 하고, 나머지는 모두 그 官의 國庫에 납입하게 하면
계산이 편리할 뿐 아니라 민간에서 납부하던 米穀·蜜蠟·布貨의 어렵고
쉬운 것과 고되고 헐한 것이 거의 균평해진다는 것이다. 국용전제가 시행되
면서 전세조공물의 位田田稅도 개정되었다.

공납·요역·군역 등의 국가적 수취는 군현을 단위로 하여 공동체적으로
책정되는 것이 일반적이었다. 그것은 그 구성원인 개별 농민의 호구나
토지를 파악하는 호적(군적)·양안 등 국가 실세의 기초자료가 미비한 상태여
서 국가수취제를 직접 실상에 맞도록 정확하게 운용하기 어려웠기 때문이었

다.

공물은 원칙적으로 감면되지 않는 一定不動의 성격을 지니고 있었다. 그러나 흉황·기근 등으로 인해 공물의 감면이나 면제가 부득이할 경우에는 각사에서 1년에 필요한 경비와 각사의 창고에 남아있는 수를 참작하여 견감하였다. 견감의 대상이 되었던 공물은 대부분 各官에서 이전에 미납한 공물이거나 각사에 있는 물품 가운데 여유분이 많은 물품, 국용에 긴요하지 않은 물품 등이었다.

각 군현에 분정된 공물은 그 지방에서 산출되는 산물을 징수하는 任土作貢을 원칙으로 하였다. 그런데 특산물이 산출되는 지역에만 공물을 분정할 경우 그 지역은 중앙권력에 의해 항시 집중적으로 수탈의 대상이 되었다. 따라서 국가는 민인의 공물부담을 균평히 하고자 임토작공의 원칙에 위배됨에도 불구하고 불산공물도 분정하였던 것이다.

민호에 대한 공물 분정은 호구와 전결의 다과에 따라 부과되었는데, 이를 위해서는 무엇보다도 그 수취지반인 호적과 양안의 정비가 전제되어야 하였다. 먼저 호구 파악은 공물의 징수·부과는 물론 소농민층의 재생산 기반을 조성하려는 국가의 의도와도 밀접한 관련을 가졌다. 국가에서 호구수를 정확히 파악하지 못한 상황에서는 민인들에게서 공물을 제대로 부과할 수 없었다. 그리하여 국가는 장정의 총수와 거처를 확실히 파악하여 국가재정의 근간을 이루는 부세의 원천을 확보하려는 노력을 거듭하였던 것이다.

국가는 양인의 수를 늘리기 위해 노비변정사업을 비롯하여 승려의 환속, 신량역천층의 설정, 新白丁의 양인화 등을 추진하였고, 호구 파악의 철저성을 기하기 위해 인보법뿐만 아니라 호패법 등을 누누이 시행하였던 것이다. 당시 농민은 국가의 강력한 통제 아래 긴박되어 있어 거주 이전의 자유가 없었는데도 농업생산력의 상대적 저급성으로 인해 생계가 불안정하여 자연적 재해와 국가 사회적 침탈로 흔히 유망 도산하거나 호강자에게 투탁하여 협호·고공·비부·노비로 전락하기도 하였다. 이러한 주민들의 잦은 유망은 근본적으로 호구수를 제대로 파악할 수 없게 하였다. 따라서 국가는 사실상 실재하는 전체의 호구를 대상으로 하지 않고 가능한 한도 내에서 전통적인 관례에 따라 각 군현에 책립한 일정한 호수만을 파악하였던 것이다. 당시 호적에 등재된 자들은 향촌에서 田土를 어느 정도 소유하고 있던 恒産者들이 었다. 호적에 올라있는 이들이야말로 공납을 비롯한 국가의 諸부담을 담당해 간 기본 농민층이라 짐작된다.

量田은 새로 개간한 토지와 은결을 조사하여 量案에 수록함으로써 국가세 수의 확대를 가져옴은 물론이고 陳田을 삭제하고 墾田을 기록하여 그 結負를 바로잡아 부세를 고르게 하는데 있었다. 과전법 하의 양전은 대체로 30년을 한도로 改量하였으나, 공법의 시행을 추진하는 도중에 편찬된 『경국대전』에 는 20년마다 개량하는 것으로 규정되었다. 양전한 후에는 공안을 개정하였 다.

공물은 각 민호에 일률적으로 분정한 것이 아니라 호의 등급에 따라 분정하였다. 조선초기의 호등은 공물분정에서 그 기준이 점차 인정에서 전지로 옮겨가고 있는 추세였다. 공납제 운영에서 수취의 기준을 전결에 두었다는 것은 개별 민호가 보유한 가족·노비의 노동력보다 사적인 소유지 의 다과를 기준으로 삼는 방식으로서 농민들의 보편적인 토지소유와 연작농 업의 보편화라고 하는 농업생산력의 발전을 토대로 한 것이었다.

조선전기 사회의 규정적 영농형태는 1~2결을 소유한 소농민 경영이 주류를 이루고 있었다. 그런데 국가는 모양과 크기가 천차만별한 전국의 전지를 개별적으로 파악할 수 없었기 때문에 토지파악의 기본단위를 5結 1字丁으로 운영하였던 것이다. 5결 1자정은 양전뿐만 아니라 수취의 기초단 위로 기능하였다. 과전법 조문에 수조지 분급의 최소 단위가 5결이었고, 전세에서도 5결 1자정 단위로 수취하였다.

당시 잔잔호가 5결이 분기점이었던 점으로 보아 공물분정 역시 5결 단위로 부과하였다고 생각된다. 물론 5결 이상을 소유한 호(대호~잔호)는 하나의 자연호 단위로 파악되었겠지만, 5결 이하를 소유한 잔잔호의 경우 2家 혹은 3家 이상을 5결로 묶어 하나의 호로 파악되었을 것이다.

각 민호에 대한 공물분정은 호등제에 준거한다는 규정이 마련되어 있었지만, 그것은 단지 호등에 따라 공물을 분정한다는 막연한 기준만이 규정되어 있을 뿐이었다. 그런데 공물에는 여러 가지 잡다한 종류가 있었기 때문에 설사 호의 대소에 따라 공물을 분정한다 하더라도 균일한 기준을 세운다는 것은 곤란하였을 것이다. 이러한 5등호제의 문제점을 해결하기 위해 시행한 것이 '8結作貢制'라 생각된다.

8결은 부근에 살고 있는 자들의 수전과 한전의 결수를 합한 것이었는데, 8결 안에는 소유권자가 상이한 소경전이 수개 이상 포함되어 있었다. 당시 각각의 토지에서 공물을 거둔다는 것은 현실적으로 불가능하였다. 이를 효과적으로 수행하기 위해 납공자 가운데 1명의 중간 대납자를 설정하여 그들로 하여금 수납케 하였는데, 그 직무를 수행한 자는 농민들 중에서도 富豪나 土豪들로 선정된 戸首라 추측된다.

8결작공제는 토지소유의 규모에 따라 공물을 분정하였기 때문에 표면상으로는 부담의 불평등이 있을 수 없었다. 그러나 공물분정의 실상에 있어서는 군현 대소에 따른 지역적 불균형과 신분에 따른 불평등으로 그 성과는 제한적일 수밖에 없었다. 국가는 이에 대한 개선책으로 田結의 규모를 축소시키는 방향을 모색하였던 것이다. 왜냐하면 전결을 많이 소유한 자들은 수취규모가 작아지면 그만큼 많은 공물을 부담해야만 하였기 때문이다. 勢家兩班·豪强品官들이 대동법을 결사적으로 반대한 것도 이러한 연유에서 비롯된 것이라 하겠다. 8결작공제는 5등호제에서 대동법으로 이행되어 가는 중간 형태라 할 수 있다.

조선전기 국가의 재정은 貢案과 橫看에 의거하여 운영되었는데, 이는 국가재정의 모든 것을 망라한 것이었다. 공안은 국초부터 제정되어 있었지만, 횡간은 세조대에 이르러서야 제정되었다. 건국초기부터 勘合法·刷卷色·重記 등 출납·회계에 관한 감찰규정이 마련되어 있었지만, 경비식례가 없음으로 인해 경비지출은 실제로 방만하게 운영되었다. 방만한 경비운영은 필연적으로 민인으로부터 많은 공물을 거두어들이기 마련이었다. 세종대에 경비식례를 제정한 것은 방만한 경비 운영과 과다한 각사의 경비 책정을 바로잡고자 추진된 것이라 할 수 있다. 그러나 당시 경비식례는 모든 관사를 대상으로 한 것이 아니라 재정지출과 관련이 있는 43사 만을 대상으로 한 것이었다. 그리고 각사에서 사용하는 모든 경비를 대상으로 한 것이 아니라 제조하여 만든 물품만을 대상으로 한 것이었다. 그럼에도 불구하고 각사의 경비식례 제정은 향후 횡간의 바탕이 되었다는 점에서 큰 의미를 갖는다고 하겠다.

세종을 이어 경비식례를 다시 추진한 국왕은 세조였다. 세조는 강력한 왕권을 바탕으로 제도 전체 차원에서 통일성을 높이려는 방향으로 개혁을 추진하였다. 그러나 세조는 세종대에 제정된 일부 각사의 경비식례를 궁궐에서부터 제읍에 이르기까지 확대 제정하였고, 성종대에는 이를 보완하여 新橫看을 제정하였다. 세조·성종은 이에 조응하여 공안도 개정하였다. 세조·성종대에 제정된 횡간과 공안은 국가경비를 지나치게 절감하는 방향으로 개정됨에 따라 국가재정 운영상 많은 문제점을 안게 되었다. 이로 인해 국가에서는 경비가 부족하면 으레 引納·別貢加定 등의 임시적인 방법으로 경비를 조달하였다.

연산군 재위 중에는 各陵·各殿, 君과 翁主 등의 증가와 이에 따른 賜與와 계속되는 왕 자녀의 길례·저택 신축, 노리개 등에 막대한 경비가 필요하였다. 이러한 문제를 해결하기 위해 연산군을 비롯하여 경비를 담당한 호조에서는

貢案增額을 주장하였다. 수차례의 논의를 거친 결과 마침내 공안개정을 보게 되는데, 이때 만들어진 공안이 이른바 辛酉貢案이다. 그러나 공안개정을 통해 국가재정이 대대적으로 확충되었는데도 왕실을 최정점으로 하는 낭비의 구조화로 인해 국가재정은 항상 만성적인 적자에 시달리게 되어 引納·加定 등의 형태가 거의 일상화되었다. 조선왕조에서 횡간의 제정은 실로 획기적인 제도였지만, 연산조를 거치는 동안 공안·횡간에 의한 예산제는 사실상 그 의미를 상실하여 갔다.

　방납은 처음에 일부 특수기관 혹은 사원의 승려에게만 부분적으로 허용하였으나, 점차 국가기관뿐만 아니라 관리(지주)·왕실·부상대고·각사이노에 이르기까지 그 범위가 날로 확대되어 갔다. 그 원인은 不産貢物과 難備之物의 분정과 같은 구조적 결함에 기인하는 면도 있었지만, 방납모리배들이 倍蓰 혹은 十倍之利를 운위할 정도로 막대한 이익을 얻었기 때문이었다. 자연경제 하에서의 주구적 수탈은 일시적·우연적 현상에 불과할 뿐이지 항구적일 수는 없다. 방납이 지속적으로 행해질 수 있었던 것은 국가전체로 볼 때 농업생산력의 발전을 배경으로 유통경제와 상품경제가 어느 정도 발달했기 때문에 가능하였다고 생각된다.

　이 시기는 농촌사회의 사회적 분업도 어느 정도 진전되고 있었다. 조선초에 수립된 身役의 경우도 직접적인 노동력징발 형태에서 점차 일정한 대가를 지불하고 대신 역을 지우는 代立의 형태로 바뀌어 갔다. 대립은 각사의 당번 其人, 補充軍, 都府外, 皂隷, 選上奴子에서부터 수군의 입번에 이르기까지 거의 모든 신역에서 이루어지고 있었다. 또한 공물조달을 위해 동원되는 부역으로 노동력 부족현상을 초래하는 상황에서 비납의 편의를 위해 농민들이 자구책으로 가장 쉽게 채택할 수 있는 것이 대납이었다. 이는 부역동원이라는 苦役을 피할 수 있는 확실한 수단이었으며, 이에 따라 농시를 잃지 않고 안정적인 농업경영에 전념할 수 있었으므로 농민들 사이에서 행해지기 시작했다. 그러나 그만큼 미·포를 마련해서 바쳐야 하는 부담이 무거웠기 때문에 이것은 상층 농민들 사이에서 주로 행해졌다. 당시는 공물대납이 공인되지 않은 상태였기 때문에 불산공물을 납부하기 위해서는 미·포를 가지고 공물상품이 구비된 산지 혹은 京市에서 구입하여 납부하였다.

공물조달과 관련해 대납, 방납이 차츰 성행하게 되면서 농민들 가운데 일부는 농산물을 상품화하여 생산하기도 하였다. 안동읍 소재의 농민들이 그 利를 구하기 위해 稻作을 그만두고 왕골을 재배한 것이라든지, 전라도에서 수전을 메워서 요역과 공부에 가장 긴요한 면화를 심은 것은 분명히 상품을 목적으로 한 것이라 할 수 있다.

방납은 16세기에 들어와 지주층의 대토지 소유가 성행하면서 매우 활발하게 전개되었다. 당시에 일어난 새로운 경제변동 아래서 이익을 누린 계층은 척신을 중심으로 한 권세가 및 궁가에 치우쳐 있었다. 당대의 권세가들은 모리수단으로 京官을 통해 수령들에게 직·간접으로 방납을 강요하여 방납 활동의 주체자 혹은 배후자로서 활약하였다. 그들은 대개가 시전상인과 연결을 가져 방납에서의 이득을 할애받고 그 이권을 뒷받침해 주는 관계를 가지는 것이 하나의 추세를 이루었다. 이들이 방납한 대상도 당해각사의 공물에 그쳤던 것이 아니라 御供에까지 미치게 되었다.

당시 방납모리배들은 정치권력을 매개로 하여 교역에 기생함으로써 상당한 이익을 획득하고 있었다. 특히 흉년으로 인해 물가가 상승했을 때에는 이 틈을 타서 더욱 많은 이익을 얻었다. 방납이 이들에게는 상당한 이익을 가져다주었지만, 이를 담당하는 농민에게는 가혹한 수탈행위로 작용하여 파산유망한 자도 적지 않았다. 그리하여 조선전기 위정자들은 일찍이 공물방납이야말로 민생에 폐해를 끼치는 모리행위일 뿐만 아니라 왕조의 현물재정 체제를 위협하는 것으로 인식하여 이를 금지하였던 것이다.

그러나 발전하는 경제체계 속에서 점차 비중을 높여가고 있던 방납행위를 상품유통경제 및 수공업의 발달에 따라 국가가 바람직한 방향에서 이를 수용함으로써 本色貢物 대신 교환수단인 미포로 수납하는 대동법으로 귀착되었던 것이다. 대동법은 생산물의 본색징수가 米·布·錢을 매개로 전세화되는 부세형태의 변화뿐만 아니라 이전의 본색공물 대신 관용물자를 시장구조를 통해 구매·사용하는 체제로의 전환을 이루었다는 점에서 그 의의를 찾아볼 수 있겠다.

'옛날의 제후' 혹은 '一邑의 主'라고 칭해졌던 수령은 專任의 지방 행정관으로서 군현내 민인들의 생활에 지대한 영향을 미쳤기 때문에 조선 건국초부터 역대 국왕들은 수령의 선임에 특별한 관심을 가졌던 것이다. 그러나 국초에는 현감의 秩品인 6품 이상의 관품소지자가 절대적으로 부족하였기에 330여 개에 달하는 군현을 유능한 인재로 충원하기가 어려웠다. 이러한 문제를 해결하기 위해 국가는 성중관 및 서반 각처의 거관인 중에서 守令取才에 합격할 경우 수령으로 제수하였던 것이다.

그러나 성중관 출신 수령 가운데 80~90%가 수령의 업무를 제대로 수행하지 못해 부임한 지 얼마 안 되어 貶黜되기 일쑤였다. 수령의 잦은 교체는 결국 수령의 지방실정 파악을 어렵게 하였고, 나아가 영송의 폐단으로 군현민에게 큰 부담을 주었다. 이에 국가는 수령의 자질을 높이기 위해 성중관이 거관하여 수령취재에 합격해야만 종6품의 현감에 제수하였다. 과거제도가 본궤도에 오르고 등과 출신자가 증가하면서 성중관 출신자들은 수령취재에 합격만 해놓고 제때 수령에 서용되지 못해 종신토록 진출하지 못하는 경우도 많았다. 반면에 문음출신자는 어린 나이에도 불구하고 수령으로 진출하였던 것이다.

16세기에 들어 훈척정치가 시작되면서 문음출신이 양적으로 크게 확대되었다. 문음출신자가 수령으로 진출하는 데는 과거 급제자보다 오히려 유리한 면이 있었다. 문과출신자의 경우 과거에 합격했다 하더라도 가문의 배경이 없으면 3관의 權知로 7~8년을 복무해야 비로소 9품을 받을 수 있었고, 이들이 6품까지 올라가려면 또 8년이 걸렸다. 이들이 30~40세에 등과할 경우에는 3관의 한 모퉁이에서 늙어 버리는 형편이었다. 3관의 권지가 음직만도 못하다고 한 것도 이 때문이었다. 무과출신자는 문과출신자에 비해 권지로 분관하는 길과 그후 거관하는 길이 더 좁아 합격자 가운데 세력이 없는 자는 고향으로 돌아가 늙어 죽을 때까지 시골에 묻혀서 지내는 경우도 있었다.

　수령 가운데 자신의 능력에 의해서 관직에 진출하였거나 승진이 가능한 문반관료들에게는 별문제가 없었겠지만, 고위관직자의 추천이나 연줄에 의해 관직에 진출한 문음 혹은 무반 출신의 수령이 포폄에서 좋은 성적을 받기 위해서는 포폄을 담당한 감사에게 직접 청탁을 하든지, 아니면 감사에게 절대적인 영향력을 행사할 수 있는 권세가에게 청탁을 해야만 하였다. 따라서 이들 수령은 자신을 후원해 주는 관리에게 정기적으로 물품을 바쳤던 것이다. 이외에 고위관리나 그의 자제가 지방에 당도했을 때 사적으로 물품을 증여하기도 하였고, 赴京使臣이 지날 때 人情이라 하여 물품을 증여하기도 하였다. 이상의 경우는 중앙의 고위관리가 지방수령에게 물품을 요구했다기보다는 수령이 후일에 좋은 직책을 얻기 위해 그들과 교분을 두터이 할 필요에서 사적으로 물품을 보낸 것이라 생각된다.

　수령의 사증이 증가하는 원인은 먼저 수조권적 지배를 통한 수입의 중요한 몫을 차지하였던 과전·직전법의 폐지와 밀접한 관계가 있다고 이해된다. 조선왕조에서 양반사대부에 대한 대우와 배려는 신분·과거·관직·군역·부세 등 여러 방면에 걸쳤는데, 그 가운데서도 가장 전형적인 것은 토지분급제와 녹봉제였다. 전주가 전객에게서 징수하는 물종 가운데 가장 기본이 되는 것은 田租였다. 전주는 규정된 전조 이외에 草價와 일상생활에 필요한 薪炭·材木·馬草 등의 잡물을 사적으로 징수하였다. 이로써 양반지배층들은 과전만 점유하고서도 넉넉히 가세를 지킬 수 있었던 것이다. 그러나 명종대에 직전세 폐지 이후 관료들에 대한 대우는 이제 녹봉만이 유일한 대우수단으로 남게 되었다.

수령의 사증이 증가하는 또 하나의 원인은 부마·왕자를 비롯하여 부상대고·이서층에 이르기까지 혼인·喪葬·저택·복식·음식 등에서의 사치풍조의 만연과 밀접한 관계가 있다고 생각된다. 15세기 후반에서 16세기로 들어서면서 사치풍조의 만연으로 재경관인이 지방수령에게 서찰을 보내어 물건을 요구하는 이른바 '折簡求索' 행위는 더욱 빈번하게 자행되었다. 당시 정권을 장악하고 있던 척신·권신은 혼인·상례·제례 등의 대소사에 필요한 물품을 각 군현의 수령에게 직접 求請하여 그 수요에 대비하는 것이 거의 관례화되어 있었는데, 각 군현의 수령은 이를 예사로 여겨 숫자대로 갖추어 보내주는 것이 법례인 것처럼 되었다. 좀 과장된 표현이지만 명종대에 수령이 권문에 사사로이 보내는 물품과 자기 집에 보내는 물품이 국왕에게 진상할 때의 물품보다 10배나 되었다고 하였고, 윤원형의 집에는 8도에서 보내오는 물품이 封進하는 것보다 백배나 되었다고 하였다.

조선전기에 각 군현에는 수령의 녹봉과 사객접대를 비롯한 제반 경비를 충당하기 위해 아록전·공수전이 각각 설정되어 있었다. 그러나 이미 성종대에 이르면 각 군현의 둔전은 『경국대전』의 규정 액수대로 있지 않은 곳이 많았고, 혹 전혀 없는 곳도 있다고 할 지경에 이르렀다. 명종대에 와서는 둔전의 소출로는 수령의 용도나 사객 하나를 접대하는 비용도 못된다고 하는 실정이었다. 이처럼 군현에 소속되었던 수조지가 미미한 상황에서 수령은 별도의 재원을 강구하지 않을 수 없었다. 수령은 민인에게서 本數 이상을 징수한 공물과 進上封餘(封餘進上)·封餘雜物·封餘食物·封餘物膳 등으로 人情·賓客接待에 사용하거나, 권세가에게 私獻之物·私獻의 명목으로 증여하는데 사용하였다.

참고문헌

1. 자료

『高麗史』(亞細亞文化社, 1972).

『高麗史節要』(亞細亞文化社, 1972).

『朝鮮王朝實錄』(太祖實錄~光海君日記：國史編纂委員會, 1958).

『經國大典』(景仁文化社, 『朝鮮王朝法典集』 所收, 1972).

『經世遺表』(丁若鏞, 民族文化推進會, 1977).

『大典續錄』(景仁文化社, 『朝鮮王朝法典集』 所收, 1972).

『大典後續錄』(同上).

『葛川集』(林薰, 民族文化推進委員會, 『韓國文集叢刊』 28 所收, 1987).

『白沙集』(李恒福, 民族文化推進委員會, 『韓國文集叢刊』 62 所收, 1987).

『三峯集』(鄭道傳, 民族文化推進委員會, 『韓國文集叢刊』 5 所收, 1987).

『西厓集』(柳成龍, 民族文化推進委員會, 『韓國文集叢刊』 52 所收, 1987).

『松江集』(鄭澈, 民族文化推進委員會, 『韓國文集叢刊』 46 所收, 1987).

『栗谷全書』(李珥, 民族文化推進委員會, 『韓國文集叢刊』 44 所收, 1987).

『潛谷遺稿』(金堉, 民族文化推進委員會, 『韓國文集叢刊』 28 所收, 1987).

『潛冶集』(朴知誡, 民族文化推進委員會, 『韓國文集叢刊』 80 所收, 1987).

『重峰集』(趙憲, 民族文化推進委員會, 『韓國文集叢刊』 54 所收, 1987).

『浦渚集』(趙翼, 民族文化推進委員會, 『韓國文集叢刊』 85 所收, 1987).

『南冥集』(曺植, 亞細亞文化社, 1981).

『訥齋集』(梁誠之, 亞細亞文化社, 1973).

『撫松軒先生文集』(金淡, 回想社, 1989).

『磻溪隨錄』(柳馨遠, 東國文化社, 1958).

280

『香湖先生文集』(崔雲遇, 景仁文化社, 1997).

『慶尙道地理志』(亞細亞文化社, 1983).

『新增東國輿地勝覽』(亞細亞文化社, 1983).

『陟州誌』(三陟鄕土文化硏究會, 1991).

『朝鮮時代 私撰邑誌』(李泰鎭·李相泰編, 人文科學硏究院, 1989).

『增補文獻備考』(國學資料院, 1997).

『燃藜室記述』(李肯翊, 民族文化推進委員會, 1968).

『大東野乘』(民族文化推進委員會, 1971).

『萬機要覽』(民族文化推進委員會, 『古典國譯叢書』 68, 1971).

『眉巖日記草』(柳希春, 國學資料院, 1982).

『朝鮮民情資料』(民昌文化社, 1994).

『湖西大同節目』(국사편찬위원회, 『각사등록』 48 : 충청도 보유편, 1991).

『湖南廳事例』(규장각도서 15232).

2. 저 서

姜萬吉, 1984, 『朝鮮時代商工業史硏究』, 한길사.

姜晋哲, 1980, 『高麗土地制度史硏究』, 고려대출판부.

金基興, 1991, 『삼국 및 통일신라 세제의 연구』, 역사비평사.

金武鎭, 1990, 『朝鮮初期 鄕村支配體制 硏究』, 연세대 박사학위논문.

金玉根, 1984, 『朝鮮王朝財政史硏究』(Ⅰ), 일조각.

金玉根, 1988, 『朝鮮王朝財政史硏究』(Ⅲ), 일조각.

金容燮, 1990, 『增補版 朝鮮後期農業史硏究』(Ⅱ), 일조각.

金泰永, 1983, 『朝鮮前期土地制度史硏究』, 지식산업사.

金勳埴, 1993, 『朝鮮初期 義倉制度硏究』, 서울大 박사학위논문.

南智大, 1993, 『朝鮮初期 中央政治制度硏究』, 서울大 박사학위논문.

閔成基, 1988, 『朝鮮農業史硏究』, 일조각.

閔賢九, 1983, 『朝鮮初期의 軍事制度와 政治』, 韓國硏究院.

朴道植, 1995, 『朝鮮前期 貢納制硏究』, 경희대 박사학위논문.

朴宗基, 1990, 『高麗時代 部曲制硏究』, 서울大出版部.

朴平植, 1999, 『조선전기 상업사연구』, 지식산업사.

朴平植, 2009, 『조선전기 교환경제와 상인연구』, 지식산업사.

朴洪甲, 1994, 『朝鮮時代 門蔭制度 硏究』, 探求堂.

邊太燮編, 1986, 『高麗史의 諸問題』, 삼영사.

宋洙煥, 2000, 『朝鮮前期 王室財政研究』, 집문당.

劉承源, 1986, 『朝鮮初期身分制研究』, 을유문화사.

柳承宙, 1993, 『朝鮮時代鑛業史研究』, 고려대학교 출판부.

劉元東, 1977, 『韓國近代經濟史研究』, 一志社.

陸軍士官學校 韓國軍事研究室, 1968, 『韓國軍制史』(近世朝鮮前期篇).

尹用出, 1998, 『조선후기의 요역제와 고용노동』, 서울대 출판부.

李景植, 1986, 『朝鮮前期土地制度研究』, 일조각.

李景植, 1998, 『朝鮮前期土地制度研究』(Ⅱ), 지식산업사.

李基白, 1968, 「高麗史 兵志의 檢討」 『高麗兵制史研究』, 一潮閣.

李成茂, 1980, 『朝鮮初期 兩班研究』, 일조각.

李樹健, 1984, 『韓國中世社會史研究』, 일조각.

李樹健, 1989, 『朝鮮時代 地方行政史』, 민음사.

李榮薰, 1988, 『朝鮮後期社會經濟史』, 한길사.

이장우, 1998, 『朝鮮初期 田稅制度와 國家財政』, 일조각.

李章熙, 1989, 『朝鮮時代 선비研究』, 박영사.

李載龒, 1984, 『朝鮮初期社會構造研究』, 일조각.

李載龒, 1999, 『조선전기 경제구조연구』, 숭실대출판부.

李存熙, 1990, 『朝鮮時代地方行政制度研究』, 일지사.

李泰鎭, 1986, 『韓國社會史研究』, 지식산업사.

李泰鎭, 1989, 『朝鮮儒教社會史論』, 지식산업사.

李惠玉, 1985, 『高麗時代 稅制研究』, 이화여대 박사학위논문.

李鎬澈, 1986, 『朝鮮前期農業經濟史』, 한길사.

李羲權, 1999, 『朝鮮後期 地方統治行政 研究』, 집문당.

임용한, 2002, 『朝鮮前期 守令制와 地方統治』, 혜안.

張東翼, 1994, 『高麗後期外交史研究』, 일조각.

鄭杜熙, 1983, 『朝鮮初期 政治支配勢力研究』, 일조각.

趙世烈, 1998, 『16세기 還上制 研究』, 경희대 박사학위논문.

千寬宇, 1979, 『近世朝鮮史研究』, 일조각.

崔貞煥, 1991, 『高麗·朝鮮時代 祿俸制研究』, 경북대학교 출판부.

韓永愚, 1983, 『朝鮮前期社會經濟研究』, 을유문화사.

韓沽劤·李成茂·閔賢九·李泰鎭·權五榮, 1986, 『譯註經國大典』(註釋篇), 정신문화연구원.

韓沽劤, 1992, 『其人制研究』, 일지사.

韓沽劤, 1993, 『儒教政治와 佛教－麗末鮮初 對佛教政策－』, 일조각.

홍희유, 1989, 『조선중세수공업사연구』, 지양사.

白南雲, 1937, 『朝鮮封建社會經濟史』, 改造社.

田川孝三, 1964, 『李朝貢納制の研究』, 東洋文庫.

有井智德, 1986, 『高麗李朝史の研究』, 國書刊行會.

宮嶋博史, 1991, 『朝鮮土地調査事業史の研究』, 東京大學 東洋文化研究所.

3. 논문

姜順吉, 1985, 「忠宣王의 鹽法改革과 鹽戶」 『韓國史研究』 48.

강승호, 1999, 「朝鮮前期 私主人의 發生과 活動」 『東國歷史教育』 7·8.

姜制勳, 1995, 「朝鮮初期 徭役制에 대한 재검토」 『歷史學報』 145.

姜制勳, 1998, 「朝鮮初期의 田稅貢物」 『歷史學報』 158.

姜制勳, 2002, 「조선초기의 富商 許繼智의 신분과 권력 배경」 『韓國史研究』 119.

高錫珪, 1985, 「16·17世紀 貢納制 개혁의 방향」 『韓國史論』 12, 서울대 국사학과.

具山祐, 1988, 「高麗前期 鄉村支配體制의 成立」 『韓國史論』 20.

具玩會, 1982, 「先生案을 통해 본 朝鮮後期의 守令」 『慶北史學』 4.

權寧國, 1985, 「14세기 榷鹽制의 成立과 運用」 『韓國史論』 13.

金德珍, 1996, 「16~17세기의 私大同에 대한 일고찰」 『역사학연구』 10, 전남사학회.

金 燉, 1993, 「燕山君代의 君·臣 權力關係와 그 推移」 『歷史教育』 53.

金東洙, 1989, 「고려 中·後期의 監務 파견」 『全南史學』 3.

金東洙, 1990, 「조선초기의 군현제 개편작업 – 군현병합 및 직촌화작업을 중심으로 – 」 『全南史學』 4.

金東洙, 1993, 「『世宗實錄』 地理志 産物項의 檢討」 『歷史學研究』 12, 전남대 사학회.

金東洙, 1993, 「『世宗實錄』 地理志의 基礎的 고찰」 『省谷論叢』 24.

金東哲, 1985, 「高麗末의 流通構造와 商人」 『釜大史學』 9.

金柄夏, 1970, 「朝鮮前期의 貨幣流通 – 布貨流通을 중심으로 – 」 『慶熙史學』 2, 경희사학회.

金錫亨, 1941, 「李朝初期 國役編成의 基柢」 『震檀學報』 14, 진단학회.

김선경, 1994, 「朝鮮前期의 山林制度 – 조선 국가의 山林政策과 인민지배 – 」 『國史館論叢』 56, 국사편찬위원회.

金素銀, 2002, 「16세기 兩班士族의 수입과 경제생활 – 『默齋日記』를 중심으로 – 」 『崇實史學』 15.

金玉根, 1981, 「朝鮮時代 漕運制 研究」 『釜山産業大 論文集』 2.

金宇基, 1990, 「朝鮮 中宗後半期의 戚臣과 政局動向」 『大丘史學』 40.

金潤坤, 1971, 「大同法의 施行을 둘러싼 찬반 양론과 그 배경」 『大同文化研究』 8, 성균관대 대동문화연구원.

金載名, 1991,「高麗時代의 雜貢과 常徭」『淸溪史學』8.

金鍾哲, 1987,「朝鮮前期의 賦役·貢納制 硏究成果와 국사 敎科書의 敍述」『歷史敎育』42, 역사교육회.

金鍾哲, 1992,「朝鮮初期 徭役賦課方式의 推移와 役民式의 確立」『歷史敎育』51.

金鎭鳳, 1973,「私主人 硏究」『大丘史學』78, 대구사학회.

金鎭鳳, 1973,「朝鮮初期의 貢物代納制」『史學硏究』22, 韓國史學會.

金鎭鳳, 1975,「朝鮮初期의 貢物防納에 대하여」『史學硏究』26.

金泰永, 1978,「科田法下의 自營農에 대하여」『韓國史硏究』20.

金泰永, 1981,「科田法上의 踏驗損實과 收租」『經濟史學』5.

金泰永, 1981,「科田法體制下의 土地生産力과 量田」『韓國史硏究』35.

金泰永, 1982,「科田法體制下의 收租權的 土地支配關係의 變遷」『慶熙史學』9·10.

金泰永, 1982,「朝鮮前期 貢法의 成立과 그 展開」『東洋學』12, 檀國大 東洋學硏究所.

金泰永, 1989,「朝鮮前期의 均田·限田論」『國史館論叢』5.

金泰永, 1990,「朝鮮時代 農民의 社會的 地位」『韓國史 市民講座』6, 일조각.

金泰永, 1992,「晦齋의 政治思想」『李晦齋의 思想과 그 世界』, 성균관대 대동문화연구원.

金泰永, 1994,「조선 전기 사회의 성격」『한국사』7(중세사회의 발전1), 한길사.

金炫榮, 1986,「고려시기의 所에 대한 재검토」『韓國史論』15.

羅恪淳, 1988,「高麗時代 監務에 대한 硏究」『退村閔丙河停年紀念史學論叢』.

남원우, 1991,「15세기 유통경제와 농민」『역사와 현실』5, 역사비평사.

南智大, 1994,「조선초기 禮遇衙門의 성립과 정비」『東洋學』24.

盧鏞弼, 1984,「洪子藩의 便民十八事에 대한 연구」『歷史學報』102.

朴京安, 1985,「高麗後期의 陳田開墾과 賜田」『學林』7, 연세대.

朴京安, 1990,「14世紀 甲寅柱案의 運營에 대하여」『李載龒博士還曆紀念 韓國史學論叢』, 한울.

朴京安, 1990,「甲寅柱案考」『東方學志』66, 연세대 국학연구원.

朴道植, 1987,「朝鮮初期의 講武制에 대한 一考察」『慶熙史學』14.

朴道植, 1993,「高麗時代 貢納制의 推移」『慶熙史學』18.

朴道植, 1994,「朝鮮前期 貢物分定의 推移」『關東史學』5·6合輯.

朴道植, 1995,「朝鮮前期 貢物防納制의 변천」『慶熙史學』19.

朴道植, 1995,「朝鮮前期 8結作貢制에 관한 硏究」『韓國史硏究』89.

朴道植, 1996,「朝鮮初期 國家財政과 貢納制 운영」『關東史學』7.

朴道植, 1998,「16세기 國家財政과 貢納制 운영」『國史館論叢』80.

朴道植, 1998,「조선전기 공납제의 내용과 그 성격」『人文學硏究』1, 관동대 인문과학연구소.

284

朴道植, 2000, 「朝鮮前期 貢吏연구」『人文學研究』 3, 관동대.

朴道植, 2004, 「朝鮮前期 田稅條貢物 研究」『人文學研究』 8, 관동대.

朴道植, 2008, 「율곡 이이의 공납제 개혁안 연구」『栗谷思想研究』 16, 율곡학회.

朴時亨, 1941, 「李朝田稅制度의 成立過程」『震檀學報』 14.

朴定子, 1971·1972, 「朝鮮初期 公田－民田의 財政節次에 대하여－」『淑大史論』 6·7.

朴宗基, 1984, 「高麗 部曲制의 構造와 性格」『韓國史論』 10.

朴鍾守, 1993, 「16·17세기 田稅의 定額化 과정」『韓國史論』 30.

朴鍾進, 1990, 「高麗時代 稅目의 用例檢討」『國史館論叢』 21.

朴鍾進, 1993, 「高麗前期 貢物의 收取構造」『蔚山史學』 6.

朴鎭愚, 1988, 「朝鮮初期 面里制와 村落支配의 강화」『韓國史論』 20.

朴平植, 1988, 「朝鮮初期 兩界地方의 '回換制'와 穀物流通」『學林』 14.

朴平植, 1994, 「朝鮮前期의 穀物交易과 參與層」『韓國史研究』 85.

朴平植, 2002, 「朝鮮前期의 主人層과 流通體系」『歷史教育』 82.

박현순, 1997, 「16~17세기 貢納制 운영의 변화」『韓國史論』 38.

朴洪甲, 1986, 「朝鮮前期의 無祿官」『嶠南史學』 2.

백승철, 1994, 「16세기 부상대고의 성장과 상업활동」『역사와현실』 13.

徐明禧, 1990, 「고려시대의 「鐵所」에 대한 연구」『韓國史研究』 69.

成鳳鉉, 1993, 「朝鮮初期 婢嫁良夫所生의 從良과 贖身法」『韓國史研究』 82.

宋洙煥, 1992, 「朝鮮前期 寺院田－王室關聯 寺院田을 中心으로－」『韓國史研究』 79.

宋洙煥, 1996, 「조선초기의 各司奴婢와 그 經濟的 위치」『韓國史研究』 92.

宋在璇, 1986, 「16세기 綿布의 화폐기능」『邊太燮博士華甲紀念史學論叢』, 三英社.

宋正炫, 1962, 「李朝의 貢物防納制」『歷史學研究』 1, 전남대 사학회.

宋讚燮, 1987, 「朝鮮前期 農業史研究의 動向과 「국사」 교과서의 검토」『歷史教育』 42.

申解淳, 1987, 「朝鮮時代 京衙前의 職務에 대해여－朝鮮前期의 資料를 중심으로－」『崔永禧華甲紀念論叢』.

安秉佑, 1986, 「高麗初期 財政運營體系의 成立」『高麗史의 諸問題』, 三英社.

安秉佑, 1989, 「高麗末·朝鮮初의 公廨田－財政의 構造·運營과 관련하여－」『國史館論叢』 5.

安秉佑, 1994, 「고려후기 농업생산력의 발전과 농장」『14세기 고려의 정치와 사회』, 민음사.

安秉佑, 1998, 「高麗後期 臨時稅 징수의 배경과 類型」『한신논문집』 15.

楊普景, 1998, 「조선 중기 私撰邑誌에 관한 연구」『國史館論叢』 81.

廉定燮, 1994, 「15~16세기 水田農業의 전개」『韓國史論』 31.

廉定燮, 1995, 「농업생산력의 발달」『한국역사입문』(2), 풀빛.

吳　星, 1990,「朝鮮初期 商人의 活動에 대한 一考察」『國史館論叢』12.

오영모, 1979,「李朝의 陸運·漕運에 대한 연구-호남을 중심으로-」『全北史學』3.

吳定燮, 1992,「高麗末·朝鮮初 各司位田을 통해서 본 국가재정」『韓國史論』27.

尹根鎬, 1975,「朝鮮王朝 會計制度 研究」『東洋學』5.

元昌愛, 1984,「고려 중·후기 監務增置와 지방제도의 변천」『淸溪史學』1.

李景植, 1976,「16世紀 地主層의 동향」『歷史教育』19.

李景植, 1978,「조선초기 둔전의 설치와 경영」『韓國史研究』21·22합집.

李景植, 1986,「조선전기 전주전객제의 추이」『애산학보』4, 애산학회.

李景植, 1986,「高麗末期의 私田問題」『朝鮮前期土地制度研究』, 일조각.

李景植, 1986,「職田制의 施行과 그 推移」, 위의 책.

李景植, 1987,「16世紀 場市의 成立과 그 基盤」『韓國史研究』57.

李景植, 1988,「朝鮮前期의 土地改革論議」『韓國史研究』61·62.

李景植, 1991,「高麗時期의 作丁制와 祖業田」『李元淳教授停年紀念 歷史學論叢』, 教學
　　　社.

李光麟, 1955,「號牌考」『庸齋白樂濬博士華甲紀念國學論叢』.

李光麟, 1962,「京主人 研究」『人文科學』7, 연세대 인문학연구소.

李大熙, 1963,「李朝時代の漕運制について」『朝鮮學報』23.

李秉烋, 1976,「朝鮮中期 文科 及第者의 進出」『東洋文化研究』3.

李秉烋, 1992,「中宗·明宗代 權臣·戚臣政治의 推移와 晦齋의 對應」『李晦齋의 思想과
　　　그 世界』, 성균관대 대동문화연구원.

李炳熙, 1993,「朝鮮初期 寺社田의 整理와 運營」『全南史學』7.

李成茂, 1987,「朝鮮時代 奴婢의 身分的 地位」『韓國史學』9, 韓國精神文化研究院.

李成茂, 1990,「『經國大典』의 編纂과『大明律』」『歷史學報』125.

李成妊, 1995a,「조선중기 어느 兩班家門의 農地經營과 奴婢使喚-柳希春의『眉巖日記』
　　　를 중심으로-」『震檀學報』80.

李成妊, 1995b,「16세기 朝鮮 兩班官僚의 仕宦과 그에 따른 收入」『歷史學報』145.

李成妊, 1999,「조선 중기 吳希文家의 商行爲와 그 성격」『朝鮮時代史學報』8.

李成妊, 2001,「16세기 李文楗家의 收入과 經濟生活」『國史館論叢』97.

李成妊, 2009,「16세기 지방 군현의 貢物分定과 수취」『역사와현실』72.

李樹健, 1971,「朝鮮初期 戶口研究」『嶺南大論文集』(人文科學)5.

李樹健, 1974,「朝鮮初期 戶口의 이동현상」『李瑄根紀念韓國學論叢』.

李樹健, 1976,『韓國史論文選集』(朝鮮前期篇), 일조각.

李淑京, 1987,「朝鮮 世宗朝 貢法制定에 대한 贊反論의 검토」『高麗末·朝鮮初 土地制度
　　　史의 諸問題』.

李榮薰, 1980,「朝鮮後期 八結作夫制에 관한 연구」『韓國史研究』29.

李榮薰, 1988, 「朝鮮後期 農民經營에서 主戶-挾戶關係」『朝鮮後期社會經濟史』, 한길사.

이인재, 1991, 「고려 중후기 지방제 개혁과 감무」『外大史學』 3.

李章雨, 1988, 「朝鮮初期 軍資田에 대한 一考察」『歷史學報』 118.

李章雨, 1992, 「朝鮮初期의 國用田」『震檀學報』 73.

李載龒, 1965, 「朝鮮初期 屯田考」『歷史學報』 29.

李載龒, 1967, 「朝鮮前期 遞兒職에 대한 고찰－西班遞兒를 중심으로－」『歷史學報』 35·36합집.

李載龒, 1970, 「朝鮮前期의 水軍」『韓國史研究』 5.

李載龒, 1974, 「朝鮮前期의 祿俸制」『崇田大論文集』(人文社會科學篇)5.

李載龒, 1988, 「16세기의 量田과 陳田收稅」『孫寶基博士停年紀念 韓國史學論叢』, 지식산업사.

李載龒, 1991, 「朝鮮前期의 國家財政과 收取制度」『韓國史學』 12, 韓國精神文化研究院.

李載龒, 1995, 「朝鮮初期 布貨田에 대한 一考察」『韓國史研究』 91.

李宰熙, 1993, 「朝鮮 明宗代 '戚臣政治'의 전개와 그 성격」『韓國史論』 29.

李貞熙, 1985, 「高麗後期 徭役收取의 實態와 變化」『釜大史學』 9.

李貞熙, 1992, 「高麗後期 수취체제의 변화에 대한 일고찰－常徭·雜貢을 중심으로－」『釜山史學』 22.

李鍾日, 1990, 「朝鮮前期의 戶口·家族 財産相續制 研究」『國史館論叢』 14.

이지원, 1990, 「16·17세기 前半 貢物防納의 構造와 流通經濟的 性格」『李載龒博士還曆紀念 韓國史學論叢』, 한울.

李泰鎭, 1968, 「軍役의 變質과 納布制의 實施」『韓國軍制史』(近世朝鮮前期篇).

李泰鎭, 1979, 「14·15세기 農業技術의 발달과 新興士族」『東洋學』 9.

李泰鎭, 1983, 「16세기 沿海지역·堰田개발－戚臣政治의 經濟的 背景 一端－」『金哲埈博士華甲紀念史學論叢』.

李泰鎭, 1984, 「高麗末 朝鮮初의 社會變化」『震檀學報』 55.

李泰鎭, 1989, 「15·6세기의 低平·低濕地 開墾 동향」『國史館論叢』 2.

李泰鎭, 1996, 「小氷期(1500~1750) 천변재이 연구와『朝鮮王朝實錄』－global history의 한 章－」『歷史學報』 149.

李鉉淙, 1977, 「朝鮮初期의 對外關係 : 倭人關係」『한국사』 9, 국사편찬위원회.

李惠玉, 1980, 「高麗時代 貢賦制의 一研究」『韓國史研究』 31.

李鎬澈, 1986, 「水田農業」『朝鮮前期 農業經濟史』, 한길사.

李鎬澈, 1986, 「토지파악방식과 田結」, 위의 책.

林承豹, 1990·1991, 「朝鮮時代 邑號昇格에 관한 研究」(上·中)『民族文化』 13·14.

鄭亨愚, 1965, 「高麗 貢物制度에 對하여」『史學會誌』 5.

池斗煥, 1988, 「朝鮮前期 軍役의 納布體制 확립과정」『韓國文化研究』 1, 釜山大.

蔡雄錫, 1986,「高麗前期의 社會構造와 本貫制」『高麗史의 諸問題』.

蔡雄錫, 1990,「12·13세기 향촌사회의 변동과 민의 대응」『역사와 현실』 3, 역사비평사.

千寬宇, 1979,「科田法과 그 崩壞－朝鮮初期 土地制度 一斑－」『近世朝鮮史研究』, 일조각.

崔石雲, 1966,「世祖時의 號牌法施行」『鄕土서울』 28.

崔承熙, 1967,「集賢殿研究」(上·下)『歷史學報』 32·33.

崔承熙, 1977,「兩班儒敎政治의 進展」『한국사』 9, 국사편찬위원회.

崔承熙, 1993,「世宗朝 政治支配層의 對民意識과 對民政治」『震檀學報』 76.

崔完基, 1976,「李朝前期 漕運試考－그 運營形態의 變遷過程을 중심으로－」『白山學報』 20.

崔完基, 1992,「朝鮮中期의 穀物去來와 그 類型」『韓國史研究』 76.

최이돈, 1996,「16세기 전반 향촌사회와 지방정치－수령인선과 지방제도 개혁을 중심으로－」『震檀學報』 82.

崔貞煥, 1982,「朝鮮前期 祿俸制의 整備와 그 變動」『慶北史學』 5.

韓相權, 1985,「16世紀 對中國 私貿易의 展開」『金哲埈博士 華甲紀念史學論叢』, 지식산업사.

韓榮國, 1985,「朝鮮王朝 戶籍의 基礎的 研究」『韓國史學』 6, 韓國精神文化研究院.

韓榮國, 1989,「朝鮮初期 戶口統計에서의 戶 口」『東洋學』 19.

韓永愚, 1977,「朝鮮前期 戶口總數에 대하여」『인구와 생활환경』.

韓永愚, 1977,「朝鮮建國의 政治·經濟基盤」『한국사』 9, 국사편찬위원회.

韓永愚, 1983,「朝鮮初期의 上級胥吏와 그 地位」『朝鮮前期社會經濟研究』, 을유문화사.

韓㳛劤, 1957,「麗末鮮初의 佛敎政策」『서울大學校論文集』(人文社會科學) 6.

韓㳛劤, 1964,「世宗朝에 있어서 對佛敎政策」『震檀學報』 25·26·27合輯.

韓㳛劤, 1991,「文宗~世祖朝에 있어서의 對佛敎施策」『韓國史學』 12, 韓國精神文化研究院.

韓㳛劤, 1991,「麗末·朝鮮前期 其人役 變遷의 背景과 그 實際」『其人制研究』, 一志社.

韓忠熙, 1980,「朝鮮初期 議政府 研究」(上·下)『韓國史研究』 31·32.

韓忠熙, 1985,「朝鮮 世祖~成宗代의 加資濫發에 대하여」『韓國學論集』 12, 계명대 한국학연구소.

韓亨周, 1992,「朝鮮 世宗代의 古制研究에 對한 고찰」『歷史學報』 136.

許種玉, 1984,「朝鮮初期의 集權的 封建國家權力의 物質的 基礎에 관한 考察」(2)『社會科學論叢』 3-1, 釜山大.

今堀誠二, 1939,「高麗賦役考畧」(1·2·3)『社會經濟史學』 9-3·4·5.

宮嶋博史, 1980,「朝鮮農業史上における15世紀」『朝鮮史叢』 3.

有井智德, 1963,「李朝補充軍考」『朝鮮學報』 21·22.

有井智德, 1966, 「李朝初期の戶籍法について」『朝鮮學報』39·40.

有井智德, 1967, 「田川孝三著 『李朝貢納制の硏究』」『朝鮮學報』81.

六反田豊, 1987, 「李朝初期の田税輸送體制」『朝鮮學報』123.

田川孝三, 1944, 「近代北鮮農村社會と流民問題」『近代朝鮮史硏究』.

田川孝三, 1956, 「李朝貢物考」『朝鮮學報』9.

田川孝三, 1957, 「貢案と横看」『東洋學報』40-1·2.

田川孝三, 1958, 1960, 「李朝進上考」『朝鮮學報』13, 15, 16.

田川孝三, 1960, 「朝鮮初期の貢納請負」『史學雜誌』69-9.

田川孝三, 1960, 「朝鮮初期における僧徒の貢納請負」『東洋學報』43-2.

田川孝三, 1961, 「貢納請負の公認と禁斷」『朝鮮學報』19.

田川孝三, 1964, 「吏胥·奴隷の防納とその展開」『李朝貢納制の硏究』.

田川孝三, 1964, 「貢納·徭役制の崩壞と大同法」위의 책.

北村秀人, 1960, 「高麗時代の「所」制度について」『朝鮮學報』50.

北村秀人, 1981, 「高麗時代の貢戶について」『人文硏究』32-9, 大阪市立大.

周藤吉之, 1939, 「高麗朝より朝鮮初期に至る王室財政」『東方學報』10.

周藤吉之, 1940, 「高麗朝より朝鮮初期に至る棉業の發達」『社會經濟史學』12-3.

ABSTRACT

A Study on the Tribute System in Early Choson Dynasty

by Park, Doh-Sik

The aim of this thesis is largely to study the transition of tributary institution in the contents and character of tributary institution in the first term of Choson Dynasty, the shift of tributary distribution, the tribute and management of national finance, and the change of tributary Pangnap(防納 ; indirect payment).

The exploitational institution of tribute in Koryo Dynasty was administered by the Gunhyun(郡縣 ; regional reign). Each provincial tribute was levied by the local products of each year. But escape from land began to appear broadly since the 12th century, so the country which had exploited them could not maintained the necessary amount of the tribute.

Exploitating the tributary from the peasantry was usually levied by the number of persons, but new compromise of the person and land size began to appear after the king Ch'ungsuk. Because the land dominate a lot of the economic parts. In general the comprising or the person and the land size did not work out and the disturbed structure resulted to decrease cultivation peasantry in Koryo Dynasty. As the Mongol dominated the Koryo Dynasty, began to rise and this social contradiction made it difficult to maintain Gab-in-ju-an(甲寅柱案, centering around the reform of land system in the reign of king Chungseon). Founding the Choson Dynasty since the end in Koryo Dynasty, the first Emperor(king

Taejo) directed to correct to contradiction the tributary institution accumulated and change it put in to good order on 1392.

The various successive abuses were eliminated after the establishment of the Kong-bu-sang-jeong-do-gam(貢賦詳定都監). The tribute was divided into the land tax and pure products. And they were furnished through the Kwanbi-kongmul(官備貢物 ; the tribute of saving by the district office), Minbi-kongmul(民備貢物 ; the tribute of exploitating from each family), and Jeong-yok-ho(定役戶 ; the tribute of bribed to the government by the occupation of the folk).

Generally speaking the exploitation from the nation were the tribute(貢納), labor service(徭役), military service(軍役) and they were collectively imposed to people by the Gun-hyun. Because it was difficult that the central government couldn't investigate the number of houses and the amount of lands. And the census of registers(戶籍) and the land registers(量案) which were provided as the base of the national exploitation, and they were prepared and run as the institution of the national exploitation. In the land tax(田稅), when the natural disaster such as a flood or a drought was occurred, the exemption according to loss(隨損給損) was applied, but for the amount of tribute which collected by each Gun-hyun did not lessen. After the famine and poor harvest, the reduction of tribute or the exemption of tribute was inevitable. But even though the king decreed was exempt of the tribute and ordered to decreeze the tribute, each provincial mandarins didn't execute it, therefore the people as a rule couldn't receive favors from authorities.

The tribute to every district made it a rule to estimate the amount to be based on the producing district so the tribute only became fixed fact and the region was exploitated continually and any specific produce always was intensively exploitated also by centural authorities. Thus so as to make burden the tribute equally, the centural authorities sometimes imposed the burden to the non-products beside the main.

The tribute was imposed according to the size of the family and the registered land, it seems that the base of imposing taxes shifted from the person to the land. And the basic of exploitation was chiefly based on the land above all were due to the development of agricultural productivity.

The main type of the agricultural production of the first term of Choson society was generally the peasantry holding of 1~2kyul(結). But the sizes were varies, it was difficult that the nation couldn't individually and also make an investigation to fit. Therefore the nation standized the size of land to 5kyul 1Ja-jeong(字丁), and run of the course the exploitation of the tribute was imposed by the Ja-jeong. The peasantry possessing more than 5kyul became a unit by itself, but peasantry who posses less than 5kyul were compiled together and bound by the 2~3 family to became one unit. But later this system changed by the 8kyul unit after the king Seongjong. Generally speaking, as the peasantry who had the heavy burdens couldn't maintain the condition and rose in the riot, when it was imposed. The tribute and labor service were throughly imposed according to the land, but in fact as the country magistrates(守令) and the Hyang-ni(鄉吏 ; local functionaries) were afraid of the influential person, they shifted the influential person's burden and such taxes to the peasantry. Such phenomenon was general in the 16th century.

The public finance in the first term of Choson Dynasty was run by Kong-an(貢案 ; the annual revenue) and Hoeng-gan(橫看 ; the annual expenses), they were main sources of national finance. The former was enacted as an act from the beginning of Choson Dynasty, but the latter was instituted in the king Sejo. Before the Hoeng-gan was instituted, the expenditure did not have the established rule. There was a great difference among all collected the tribute of each authorities(各司) and the contents of it differed greatly, and some cases exceeding the tribute from the peasantry happened. Enacting Kyung-bi-sik-rye(經費式例 ; a table describing the expenditures) of centural authorities(中央各司), of the king Sejong period were made from such difficulties.

It was the king Sejo who succeeded and implemented the Kyung-bi-sik-rye of the king Sejong. The king Sejo having the strong royal authority enforced the innovation to raise the systematic reformation. He enlarged the application of Kyung-bi-sik-rye instituting in the king Sejong's system, and imposed it from the royal place to every village authorities, thereafter the king Seongjong complemented it and reformed it into the new Hoeng-gan(新橫看). So as to correspond to the new Hoeng-gan, the king Sejo and Seongjong reformed the Kong-an. But they contained many problems and such reformation tended to the curtailment of national expenditure. After Yonsan-gun, when the expenditure was insufficient, to supplement it the advance tribute(引納) or another tribute(別貢) was implemented and was used it for the new provisions. The pangnap to the government was prohibited as a rule from the founding of the country, but it became enlarged by the state organ to a Buddhist priest(僧侶), the landed class(地主), a royal household(王室), a merchant of wealth, the government Employees and Slaves(各司吏奴). That ground was in the defect in mechanism like a merchant of wealth(富商大賈), who above all processed and continued to accumulate the wealth immense profits they ignored the proceedings. But what continues practice of the Pangnap was grounded on the circulation economy and the commodity economy which has developed greatly. On the whole of country was supported by agricultural productivity. The development of agricultural productivity enlarged the circulation economy even among the peasantry.

On this period the agricultural productivity increased and the specialization of the craftsman from the village society appeared. So the confrontation of wildly exercised Sinyok(身役) and the generalization of Daenap(代納 ; payment by proxy), Pangnap happened and the peasantry incorporate into the circulation economy. So the compulsory labour to provide the tribute caused the shortage of labour force. Under the contions the peasantry should choose for themselves the Daenap for the convenience of preparatory payment(備納).

While, in the 16th century, the large possession of the landed class prevailed, the Pangnap was vigorously got into action. Under the new economic fluctuation in the 16th century the influential families and the royal families centered with the a meritorious retainer(戚臣) became sole possessor or the profits. The former obtained directly or indirectly the Pangnap from the country magistrates and they became the main group who acted and supporters for the Pangnap. In this trend the most of them received the profits from the merchant in relation, in connection with the commerce activities and intervened the various interest and privileges. They had an important effect not only the tribute of the authorities concerned(當該各司) but also the tribute offered to the king.

The profiteer of Pangnap obtained the considerable profits from the Pangnap, but the peasantry who are liable to it's effect undergone much exploitations, and many of them failed. Therefore the administrators of Choson Dynasty prohibited the Pangnap which considered evil system to damage the peasantry and risk the national financial institution of the Dynasty. But the relative importance of the Pangnap was increased in the growing economic structure, and the national management of the Pangnap was groped into such system as to receive rice(米) and cotton cloth(布) instead the general farmer's products.

찾아보기

296

300

302